不公正契約を規制する法理の研究

―イギリス・アメリカ法の動向と問題点―

法学博士　百瀬　睿三　著

中央大学出版部

出 版 に 寄 せ て

中央大学法学部教授

法学博士　木　下　　毅

　この論著は，筆者が企業人として国際契約を担当していた当時の実務経験を通して抱いた疑問，そこから生じた問題意識に基づいて，「契約自由の原則（特に免責条項）」と「不公正契約を規制する法理」との関係を論じた，英米契約法に関する歴史的，比較法的かつ実務的・実証的研究である．この論文の特長は，現代アメリカ法の基盤を構築した Oliver Wendell Holmes の「法の生命は，論理ではなく経験であった」とする実用的道具主義（pragmatic instrumentalism）的発想を軸足に据え，①　近代法と現代法の史的考察を踏まえたマクロ的アプローチと，②　英米の判例（第1次的資料）に基づくミクロ的な比較法的分析を併用し，その上で，③　国際契約の実務体験を通して直接感じた不公正契約の実態とこれを規制する法理の実効性について三次元的に考察した点にある．そこから，筆者は，各国法が実質主義（substantialism）に向いつつある傾向を説明しようとしている．

　本論文の注目点は，まず，イギリスの「基本的違反（fundamental breach）」の法理をめぐる控訴院と貴族院の意見対立が，制定法（Unfair Contract Terms Act, 1977）に基づく「合理性テスト（reasonableness test）」により発展的に解消した後，『制定法に基づく裁判官の裁量（statutory discretion）』が「基本的違反の法理」に代替し，イギリスの裁判所が不公正の実体に直接アプローチする手段を得た，と分析している点である．これは，イギリス法の形式主義から実質主義への転換を的確に捉えた指摘といえよう．他方，アメリカ契約法における Holmes 以来の「契約違反者の意思ないし動機の扱い（契約違反に対し厳格責任とそれに付随する救済システムが『過失〈わが民法415条：責めに帰すべき事由〉』と関

係なく働くという前提)」と「救済のレベルとの相関関係」についての緻密な分析も，アメリカ契約法の伏流を丹念に析出したものといってよい．

この論文は，終論の英米の対比の中で，比較法的にみて注目すべき指摘を行っている．筆者は，「両国法の根源的な差異は，現実主義的な思想の定着の有無」にあるとし，「ホウムズやパウンドに先導された」アメリカのリーガル・リアリズムは，ほぼ「20世紀を支配した」とみる．「イギリス法は，現実主義者の革命を受けたことがない」と指摘した上で，次のようにいう．「確かに，同じ法系に属する両国にあっても，個々の法理や法準則の使い方には相当の差異が認められた．例えば，イギリスでは，1950年代に開発された基本的違反の法理が，後に，貴族院で否定されたのであるが，アメリカには，そのような論争はなかった．その逆に，アメリカでは，違反者の意思と救済のレベルを結び付けるか否かの論争があったが，イギリスでは，そのような論争はなかった．そして，イギリスでは，免責条項を規制する制定法 (Unfair Contract Terms Act, 1977) の基準が整備されたのに対し，アメリカでは，古いエクイテイの法理，即ち，非良心性の法理 (doctrine of unconscionability) が，多分に，その役割を果している．このような差異は，アメリカ法が直接実質に関与する傾向を強めたのに対し，イギリス法は，多分に，形式からアプローチする傾向を強めて行った結果である」と．しかし，今日では，イギリスの裁判所も，「制定法に基づく裁判官の裁量」の発達により，「契約の実質に直接関与する手段を得た」とみる．

さらに，筆者は，契約違反に対する懲罰的損害賠償適用の可能性を分析して，「最大の実体的差異は，契約違反と不法行為の併存債務の領域で起きた」と指摘した上で，次のようにいう，「アメリカでは，1980年代から『効率的違反の法理 (doctrine of efficient breach)』の前進により，契約違反の領域への不法行為責任の侵入に一定の歯止めが掛ったのに対し，イギリスでは，過失責任の方からアプローチして，併存債務の問題を一般法化した．もちろん，前者は，契約違反と同時に不法行為を招いた意思の要件を重視し，後者は，引受義務

(duty of skill) 違反に併存債務の帰責事由を求めているという違いはある．しかし，これらの違いも，個々の判例に当って検証して行くと，少なくとも，契約法の領域では，多分に，法技術的アプローチの違いに収斂し，どこまで実体的な違いに結び付いているか疑わしいという印象を受ける．例えば，併存債務の問題では，何れにしろ，『特別な関係（special relationship）』の要件が両者に共通しており，これが実体的差異の拡大を防いでいる」と．このような両国法の比較は，契約法の史的考察と法的関係を発生させる事実（operative facts）に基づく分析によって初めて可能になったといえよう．

そして，結論的には，英米法が不公正であると認識した事実，即ち，契約の取消もしくは解除または損害賠償を正当化する要件を；① 不意打ち，② 信認関係の破壊，③ 意思の強制または抑圧，および ④ 契約責任の否認または権利侵害に集約している．その上で，契約法の「救済または補償を支配しているのは，効率性の概念である」との理解を示している．そこから，「違反者の意思は，原則として，救済のレベルとは関連しない」との結論を導びく．このような Coke–Holmes を貫く「契約を破る自由（ただし，損害賠償は支払わなければならない）」と Posner に代表される「法と経済学（Law and Economics）」の分析に基づく「効率的違反」の関係を「古典法原則への回帰」として好意的に評価しているのも，実務家的感覚といえようか．

残された問題は，両国法が「不公正の是正を，手続的公正の担保で実現しようとしたのか，より踏み込んだ実体的正義に求めたのか」という点にあるとし，この点を判断するに当って，筆者は，「非合理性」ないし「非良心性」を判断するのはどの時点かに着目した．そして，「両国は，これらの基準を契約締結時の状況で判断するとしているので，その意味では，これらは手続的公正の要求であると位置づけざるを得ない」とした上で，次のようにいう．「アメリカ法は，形式主義を脱して以来，司法積極主義を採っているし，非良心性の法理自体がエクイテイに由来しており，余り，制限を伴わずに適用されて来た．これに加えて，契約履行段階の要求として，誠実かつ公正な取引義務（good faith and fair dealing）を課している．また，違反の重大性を決する時（実質的侵

害テスト）は違反の時である」とし，「アメリカには『全ての状況からみて』是非を弁別する法的基盤が整っている」と論ずる．これに対し，「イギリス貴族院は，依然として司法消極主義から抜け出すことができていない」．にもかかわらず，「現実には，実体的不正義を座視することもできず，手続的なルールを援用する形で，契約に介入して来た」と分析する．ここでは，英米の相違点と共通的核心とがきめ細かく分析されているように思われる．

そして，最後に，コモン・ローは，「合理人モデル」を所与の前提としてきたが，不公正契約は，「合理人モデルが妥当しないところで起きる」．その結果は，「富の収奪と経済的非効率以外の何物でもない．経験的に証明された自由経済市場モデルの有利性と不公正契約に対する法的介入の妥当性の相克は，理論だけでは解決できない二律背反であった」という認識を示す．その上で，「現実主義が目指していたものは，社会学的に認識された『悪さ』の是正なのである」と結んでいる．

以上を要するに，この論文は，わが国英米法の研究水準に，法制史的・法理論的側面だけに止まらず，不公正（unfair）なるものの実態を実務経験的感覚によって補完しながら，法的関係を発生させる事実に基づく実証的・実務的アプローチを試みたオリジナリテイのある論稿といえよう．この論文の公表・出版が，日本法を含む，日英米間のさらなる展開の契機となればと願って止まない．

2006年10月

まえがき

　この研究の端緒は，筆者が一企業人として，国際契約を担当していた時代の素朴な疑問にある．即ち，欧米の法律家が起草したドラフトは何故このように複雑かつ長文なのだろうか？　免責条項の表現が何故過激なのだろうか？　はたして，過失責任の排除を求めるような契約条項が法的に有効なのだろうか？などなどである．

　戦後の混乱期を抜け経済成長が実感され始めた昭和30年代を過ぎても，国際契約の場合，多くの日本企業には，そのような長文の契約書を起案または審査する能力はなかった．また，現実に，自社の意思を貫くだけの交渉力を有しなかった．そこで，重要な国際契約では顧問契約を有する社外の法律事務所の援助を受けたのであるが，当該契約の一般条項（general conditions of contract）が基本的に変わることはなかった．そのような場合でも，営業上の必要から契約は締結されたのである．

　そこで，退職し時間が自由になったのを契機に，不公正契約条項と帰責事由の解明に乗り出したのだが，それが簡単なものでないことは予想以上だった．それは，この課題が自由経済システムの根幹をなす，契約自由，当事者自治の原則とその弊害を調整する法思想，法技術そのものだったにもかかわらず，法の発展をもたらした法思想の時代的変化を充分理解することなく文献調査，判例分析に入って行った為だったと思われる．若し，私が，中央大学大学院で木下　毅　先生に巡り合っていなかったら，この様な拙い論文でも完成させることは困難であっただろう．木下　先生が，つとにご指摘になっていた様に，意思理論（will theory）客観理論（objective theory）以外に，関係理論（relational theory）等々も重要な法的強制力の基礎を提供していたのである．更に，20世紀末に至って，法的強制力の基礎は，更なる広がりを見せた．

　この研究を進める上でもう一つの悩みは，準拠法を何にするかであったが，

これは，私が担当したことのある国際契約の殆んどがイギリス法またはアメリカ法準拠であったことから，これに依ることとした．むしろ，イギリス法またはアメリカ法準拠で起草された契約条項を単純に文理解釈して疑問を拭いきれなかったのだから自然の流れだったのである．ただ，わが国でも，近年「自己責任主義」という言葉が喧伝されている現状からして，一般に，個人主義的で権利と義務意識が強いと思われている国の法を基準に，問題の解析に当る意味も考えた．

　この論文を上梓するに当り，私の研究が，仮に，将来，私と同じ疑問を抱いた研究者または実務者の理解の一助になれば幸いと思う．

2006年10月

百　瀬　睿　三

目　　次

出版に寄せて
まえがき
主要参考文献

第1章　序論：問題の所在

1．一般的背景 ……………………………………………………… 1
2．論文構成と執筆方針 …………………………………………… 3
　1）問題の所在 ………………………………………………… 3
　2）アプローチの方法 ………………………………………… 4

第2章　本論：イギリス法の分析

第1節　社会の変化と法の変化 ………………………………………13
1．歴史分析：契約自由と規制（policing）法理の消長 ………13
　1）第1の時代：封建法から近代法へ ………………………13
　　(1)　契約自由という概念の生成 …………………………13
　　(2)　コモンローとエクイテイ ……………………………18
　　(3)　司法，立法判断の動揺 ………………………………22
　2）第2の時代：法の近代化と契約自由の確立 ……………25
　　(1)　政治経済学（political economy）と自由主義経済学の影響 ‥‥25
　　(2)　形式主義（Formalism）の発達とエクイテイの後退 ………28
　　(3)　個人主義と契約自由 …………………………………30

　　　　(4) 現実的対応と理論的対応 …………………………………32
　　3) 第3の時代：法の現代化と契約自由の後退 ……………………37
　　　　(1) 小口ローン及び売買証書による貸付 ……………………41
　　　　(2) 競争法の後退 ………………………………………………45
　　　　(3) 形式的契約自由から実質的契約自由へ ………………………48
　　4) 第4の時代：サッチャー改革と保護主義の後退 ………………50
　2. 要因分析：形式主義的契約法理論の修正 ……………………………52
　　1) 交渉力の格差の増大 …………………………………………………52
　　　　(1) 標準契約書の出現と普及 …………………………………53
　　　　(2) 選択の自由の後退 …………………………………………55
　　　　(3) 保護の必要性の増大 ………………………………………56
　　2) 形式主義の理論的不適合 ……………………………………………59
　　3) 本節のまとめ …………………………………………………………62
第2節　イギリス現代法の焦点：不公正契約を規制する法理の発達…65
　1. 契約の成立に関連する法技術 ……………………………………………65
　　1) 不実表示（misrepresentation）……………………………………65
　　　　(1) 表示（representation）と契約条項（term）の区別 …………69
　　　　(2) 不実表示と契約違反の請求権競合 ……………………………74
　　　　(3) 原状回復と補償理論の操作 ……………………………………75
　　2) 契約成立（incorporation）のルールの操作 ………………………82
　　(1) 証書否認の答弁（non est factum）……………………………84
　　　　(1) Foster v. Mackinnon（1869）……………………………………84
　　　　(2) Gallie v. Lee（1968）,（1969）,（1971）………………………87
　　(2) 契約の一部否認（チケットケース）……………………………94
　　　　(1) Parker v. South Eastern Railway（1877）…………………94
　　　　(2) Thompson v. L. M. & S. Ry. Co.,（1930）…………………95
　　　　(3) Chapelton v. Barry U D C（1940）……………………………96
　　　　(4) Curtis v. Chemical Cleaning & Dyeing Co.（1951）…………97

		(5)	Olley v. Marlborough Court Ltd.（1949）……………………98
		(6)	Thornton v. Shoe Lane Parking（1971）……………………98
		(7)	Interfoto Picture v. Stiletto Visual Programmes（1988）………99
2．	契約の解釈による内容規制 …………………………………………101
	1）	黙示条項（implied terms）の挿入 …………………………101
	2）	慣行の黙示または強制 ………………………………………105
		(1)	Pelly v. Royal Exchange Assurance（1757）………………105
		(2)	Hutton v. Warren（1836） ……………………………………106
		(3)	Reynolds v. Smith（1893） …………………………………107
	3）	事実の推定：ビジネスの効用テスト ………………………109
		(1)	K. C. Sethia Ltd v. Partabmull Rameshwar（1950）………109
		(2)	Gardner v. Coutts & Co.（1968）……………………………110
	4）	当事者意思の推定と合理性の基準 …………………………111
		(1)	Trollope v. N W M Reg'l Hospital Board（1973）…………111
		(2)	Damodar General T. J. Park（1986）………………………114
	5）	明示条項または黙示の義務との抵触関係 …………………117
		(1)	Les Affréteurs Réunis Société Anonyme v. Walford（1919）……117
		(2)	Johnstone v. Bloomsbury Health Authority（1991）………118
	6）	本節のまとめ …………………………………………………123
3．	違反の深刻さに対応する規制 ………………………………………126
	1）	基本的違反の法理の消長 ……………………………………131
		(1)	Karsales（Harrow）Ltd v. Wallis（1956）…………………131
		(2)	Suisse Atlantique v. N. V. Rotterdamsche（1967）…………132
		(3)	Harbutt's Plasticine v. Wayne Tank & Pump（1970）………136
		(4)	Photo Production v. Securicor（1980）……………………141
	2）	不当威圧または経済的強迫と交渉力の不均衡 ……………148
		(1)	Lloyds Bank Ltd v. Bundy（1975）…………………………148
		(2)	North Ocean Shipping v. Hyundai（1978）…………………151

　　　　(3) CTN Cash and Carry Ltd v. Gallaher Ltd（1994）………………157
　　3) 不法行為責任との関係 ……………………………………………163
　　　　(1) Hedley Byrne & Co Ltd v. Heller & Partners Ltd（1964）……168
　　　　(2) Midland Bank Trust Co v. Hett, Stubbs & Kemp（1979）………170
　　　　(3) Henderson v. Merrett Syndicates Ltd（1995）…………………175
　　4) 本節のまとめ ………………………………………………………181
4. 1970年代までの状況 ……………………………………………………188
　　1) 判例法の規制：解釈のルールか法のルールか？ ……………188
　　2) 制定法の規制：黙示の保証及び人身傷害 ……………………192
　　　　(1) 動産取引における黙示の品質保証 ……………………………192
　　　　(2) 死亡または人身傷害に対する免責の禁止 ……………………193
　　　　(3) 免責条項の規制：不公正契約条項法の成立へ ………………194
　　3) 不公正契約条項法（Unfair Contract Terms Act, 1977） ………197
　　　　(1) 法律の概要 ………………………………………………………197
　　　　(2) 免責条項の機能と規制方法 ……………………………………200
　　　　(3) 標準契約書の規制 ………………………………………………202
　　　　(4) 合理性の基準 ……………………………………………………203
5. 不公正契約条項法（1977）以降の動向 ……………………………207
　　1) 介入的／非介入的アプローチ？ ………………………………207
　　　　(1) George Mitchell v. Finney Lock Seeds（1983）………………208
　　2) ジョージミッチェル以降の注目判例 …………………………213
　　　　(1) Stag Line v. Tyne Shiprepair Group（1984）…………………213
　　　　(2) Ree-Hough v. Redland Reinforced Plastics（1985）…………215
　　　　(3) Phillips Products v. T. H & H Plant Hire（1987）……………217
　　　　(4) Smith v. Bush（and Harris & Another v. Council）（1990）……224
　　3) 本節のまとめ ………………………………………………………231

第3章　本論：アメリカ法の分析

第1節　社会の変化と法の変化 …………………………………239
1．歴史分析：規制（policing）法理の消長 ……………………239
1）第一の時代：形式主義的法思想の継承 ………………………241
2）第二の時代：革新的法思想の勃興 ……………………………244
3）第三の時代：官僚制の成熟と現実主義の継続 ………………247
4）第四の時代：東西冷戦と現実主義 ……………………………249
5）第五の時代：冷戦終結と経済至上主義 ………………………254
2．要因分析：法思想の変化 ……………………………………262
第2節　アメリカ現代法の焦点：如何に実質(substance)に迫るか？…272
1．違反の深刻さに対応する規制 ………………………………276
1）完全な違反（total breach）の法理 …………………………276
2）催告と治癒 ……………………………………………………278
(1)　催告と終結権 ………………………………………………278
(2)　履行期の指定 ………………………………………………279
2．現実的規制とエクイテイ ……………………………………281
1）強迫（duress）と不当威圧（undue influence）……………281
(1)　脅しの不当性 ………………………………………………283
(2)　脅しの成立要件 ……………………………………………285
(3)　強迫の効果の継続性 ………………………………………287
(4)　Kovian v. Fulton County National Bank & Trust（1994）……288
(5)　不当威圧（undue influence）………………………………296
2）非良心性の法理（Doctrine of Unconscionability）…………299
(1)　UCC以前の判例分析 ………………………………………301
(2)　非良心性の法理の成文化 …………………………………307
3）関連の法理またはルールを修正または補強する機能 ………311
(1)　約因の法理の修正 …………………………………………311

        (2) 免責条項の規制 ……………………………………316
        (3) Monsanto Co., v. Alden Leeds, Inc (1974) ……………322
　3．違反者の意思の扱いと不法行為責任 ………………………334
　　1） 違反者の意思に着目しない先例 ………………………336
        (1) Globe Refining Co v. Landa Cotton Oil Co. (1903) ……336
　　2） 違反者の意思に着目する先例 …………………………342
        (1) Jacob & Youngs v. Kent (1921) ……………………342
        (2) Groves v. John Wunder Co. (1939) …………………344
　　3） 契約違反と救済のルールの変遷 ………………………345
　　4） 不法行為からのアプローチ：不誠実違反の法理 ………348
        (1) Seaman's Direct Buying v. Standard Oil (1984) ………353
        (2) Freeman & Mills, Inc. v. Belcher Oil Co. (1994) ………361
　　5） 契約違反への揺り戻し：効率的違反の法理 ……………365
        (1) Patton v. Mid-Continent Systems, Inc (1988) …………367
        (2) DuPont v. Pressman (1996) …………………………371

第4章　終論：比較法的分析

1．不公正契約を規制するアメリカ法とイギリス法の異同 ……377
　　1） 規制の方法と発展の異同 ………………………………380
        (1) 契約の基本的目的を達成しなかった違反の取り扱い …380
        (2) 関係の重視とエクイテイ及びコモンローの法理の扱い …383
        (3) 不法行為責任からのアプローチ ………………………385
　　2） アメリカ法の急旋回 ……………………………………390
2．日本法に採用された法技術の類似性 ………………………392
　　1） 契約成立のルールの操作：錯誤無効または債務不履行 ……395
        (1) 変額保険のケース ………………………………………395
        (2) 欠陥建築のケース ………………………………………396

2）契約の解釈による方法：起草者に不利に ……………………398
　　　(1)　保険契約と起草者に不利に ………………………………398
　　　(2)　建築契約と起草者に不利に ………………………………399
　　3）不法行為責任を認めた事例 …………………………………401
　　　(1)　変額保険の勧誘と不法行為 ………………………………401
　　　(2)　欠陥建築と不法行為責任 …………………………………402

第5章　結論：
契約法は何を不公正と認識し，如何に規制したのか？

1．法的または法技術的な規制の流れ ……………………………407
2．彼等は，何を不公正と認識したのか？ ………………………413
3．手続的公正か実体的正義か？ …………………………………414

項目索引 ……………………………………………………………419
判例索引 ……………………………………………………………431

主要参考文献

イギリス法文献

P. S. Atiyah ： (1) The Rise and Fall of Freedom of Contract (1979)
　　　　　　　(2) An Introduction to the Law of Contract (1989) 4th ed.： Oxford, Clarendon Press

G. Treitel ： (1) The Law of Contract (1991) 8th ed. Sweet and Maxwell
　　　　　　(2) International Encyclopedia of Comparative Law (1988)

Furmston, Simpson ： Law of Contract (1986) 11th ed.： London Butterworths

Furmston ： Cheshire, Fifoot and Furmston's Law of Contract (1996) 13th ed.： London Butterworths

B. Coote ： Exemption Clauses (1964)： London Sweet and Maxwell

R. Davies ： Contract (1986)： London Sweet and Maxwell

R. Lowe ： Commercial Law (1983) 6th ed.： London Sweet and Maxwell

Keenan ： Smith and Keenan's English Law (1986) 8th ed.： London Pitman

HAUSBURY'S STATUTES OF THE ENGLAND, 3rd. ed.

Law Comm Rep ： Exemption Clauses in Contract., 1st Rep. (Law Comm 24. Scot Law Comm 12, 1969)

Law Comm Rep ： Exemption Clauses 2nd Report (Law Comm 69. Scot Law Comm 39, 1975)

Adams/Brownsword ： The Unfair Contract Terms Act 'A Decade of Discretion'： LQR Jan. 1988

J. H. Baker ： (1) An Introduction to English Legal History. (2002) 4th ed.： London Butterworths
　　　　　　 (2) 日本語版：小山貞夫訳　イングランド法制史概説．創文社（1975）．ただし，同書　1971　の翻訳版

R. C. Van Caenegem ： (1) Judges, Legislators and Professors (1987) Cambridge Univ. Press
　　　　　　　　　　 (2) 日本語版：小山貞夫訳　ミネルバァ書房（1990）

アメリカ法文献

Corbin：Contract one volume edition（1981）：West Publishing
Farnsworth：Farnsworth on Contract（vol, 1, 2, 3）2nd ed.
Dawson/Harvey/Henderson：Contract（cases and comment）7th ed.（1998）：
　　　　NY Foundation Press
G. Gilmore ：(1) The Death of Contract（1974）：Ohio Univ. Press
　　　　　　(2) The Ages of American Law（1977）：Yale Univ. Press
White Summers：Uniform Commercial Code
Morton J. Horwitz：The Transformation of American Law, 1870-1960（1992）：
　　　　Oxford Univ. Press　日本語版：樋口範雄　訳　弘文堂（1996）
H. W. Finkelman：American Legal History（1991）
Gary Minda：Postmodern Legal Movements（1995）：NY Univ. Press
Cooter/Ulen：Law and Economics 2nd. ed.（1997）Addison-Wesley Educational
　　　　Pub. Inc.（大田勝造　訳　日本語版）
Restatement of the Law Second of Contracts
Uniform Laws Annotated：Uniform Commercial Code Master Edition（sales）
　　　　1952, w/official comments
Magnuson-Moss Act（1975）：United State Code annotated Title 15 Trade &
　　　　Commerce
von Mehren：Civil-Law Analogues to Consideration：Harvard Law Review vol.
　　　　72 Apr. 1959

比較法文献

Zweigert/Kötz：An Introduction to Comparative Law 3rd. ed. 1995, Clarendon Press・Oxford（Weir 訳　英語版）

Angelo/Ellinger：Unconscionable Contract：Comparative Study of the Approaches in England, France, Germany and the US：Int'l & Comp. Law Journal Loyola of L. A. vol. 14. July 1992

邦文文献

木下　毅：(1) 英米契約法の理論．1977 年，東大出版会
　　　　　(2) アメリカ私法．1988 年，有斐閣
　　　　　(3) アメリカ法入門．1984 年，日本評論社（共著：伊藤正己）
樋口範雄：(1) アメリカ契約法．1998 年，弘文堂
　　　　　(2) フィデューシャリーの時代（信託と契約），1999 年，有斐閣
田井義信：イギリス損害賠償法の理論．1995 年，有信堂
内田　貴：契約の再生．1990 年，弘文堂
植田　淳：英米法における信認関係の法理．1997 年，晃洋書房
村上政博：(1) アメリカ経済法．1993 年，弘文堂
　　　　　(2) 特許・ライセンスの日米比較（第 2 版）．1990 年，弘文堂

第 1 章　序論：問題の所在

1. 一般的背景

　この論文は，英米契約法が不公正と認識した，契約の締結若しくは履行方法または何らかの民事上の責任を潜脱する契約技術の問題を扱っている．また，この論文は，未履行契約のリスク配分機能が不公正に働く実態を問題にしている．不公正契約を法技術的に論ずる時，特に困難性を生ずる問題は，免責条項である．免責条項は，当事者間のリスク配分を担保すると同時に，「同意あれば被害なし（volenti non fit injuria）」の原則に基づき，契約法または不法行為法上の責任を契約で逃れる技術となり得るのである．

　不公正契約の規制（立法的・司法的介入）は，契約自由または当事者自治の原則に抵触する，古くて新しい問題であった．即ち，法律論的には，産業革命（18世紀末～19世紀始め）前夜のイギリスで，コモンローとエクイテイの対立の中で始まったと考えられる．

　この点は，後に詳述するが，アテイヤ（P S Atiyah）[1]によれば，コモンローの法律家は'経済的自由主義を受容し，大法官府（the Chancery）は，伝統的に保護的介入主義であった'[2]のだが，1770年頃までに，コモンローの優位が確立し，エクイテイの衰退と形式主義的法思想（formalism）の時代が始まったのである．この過程で，不公正契約の規制は，客観論（objective theory）と約因の法理（consideration theory）の中に埋没したのである．

　この思想は，イギリス及びアメリカで，ほぼ，19世紀を支配したと認められるが，19世紀後半からの産業経済構造の変化，経験的に証明された，法的判断と現実との乖離の実感，社会主義の進出，第一次，第二次大戦期以降の中央集権的官僚制国家または近代福祉国家の制度論の立場から修正を余儀なくさ

れた．

 20世紀に入って，裁判所は，不公正を是正する様々な法理を開発してきた．しかし，司法的介入だけでは不充分で，時に，特別立法を要することもしばしばであった．レッセフェールは，福祉立法（walfare legislation）に置き換えられた．この流れは，1970年代まで，約束者の責任を強化する方向で，または受約者の信頼を保護する方向で，一貫して継続したが，1980年代からは，経済の規制緩和に同調して，逆流現象も生じている．またこれを社会現象として捉えれば，全体主義（totalitarianism）または集産主義（collectivism）に嫌悪感を示す個人主義（individualism）的風潮または価値観の多様化とも同調しているといえるだろう．また，理論的には，法に，他の社会科学の知見を応用する傾向，特にアメリカでは，ミクロ経済学の手法（効率性分析）を応用した'法と経済学'の影響と理解するのが正しいのかも知れない．

 ただ，これら規制法理の沿革を辿ると，極めて錯綜しており，必ずしも明解とはいいかねる実体が浮び上がる．例えば，イギリスでは，1977年，不公正契約条項法（Unfair Contract Terms Act）が成立した訳だが，余りの複雑な条文構成と解釈指針故に，有力な学者から厳しい批判が寄せられた経緯がある．今日でも，法律家は，簡明な答を持ち合わせていない，またはホウムズ（Oliver Wendell Holms, Jr.）[3]の見解'法の生命は論理ではない，それは経験であった（1881）'[4]から脱却できていないと言っても過言ではないだろう．

 この論文では，イギリス及びアメリカ契約法が辿った成果を分析し，二つの示唆を得ることを主目的とする．即ち，第1は，彼等が，契約法の領域で，何を不公正と認識し，如何に規制したのかの確認であり，第2は，共に経済自由主義を標榜する国で採用された法技術の共通性である．また，方法論的には，アカデミックな法理の研究に止まらず，むしろ，判例研究に軸足を置き，ケースごとの事実に着目して，イギリスまたはアメリカ契約法が開発した法技術の有効性に，実証的または実務的な見地から注目する．これらの作業を通じて，不公正の概念を帰納することになる．

 イギリス及びアメリカ契約法が開発した法理や法準則の中には，文理的に見

れば，抵触関係にあるものが多数ある．例えば，買主をして注意せしめよ（caveat emptor）対 信義誠実原則（good faith），主目的ルール（main purpose rule）対 明白な意味の原則（plain meaning rule）または正式文書以外の証拠排除の原則（parol evidence rule）などがこれに当る．従って，これらの法理や法準則には，射程距離の違いや適用順位を考えざるを得ないが，専門書に当っても一般法化された基準は示されていない．従って，現代法[5]の分析では，個々のケースの事実認定と法律判断を照合する作業がどうしても必要なのである．方法論的にはドーソンの 'cases and comment'[6] を参考にした．

［参照注］
1：P S Atiyah：Formerly professor of English Law and Fellow of St. John's Collage, Univ. of 0xford.
2：主要参考文献．P S Atiyah Book(1), pp. 112, 113. pp. 116, 117.
3：Oliver Wendell Holmes, Jr., 1841〜1935. 連邦最高裁裁判官
4：Holmes The Common Law（1881）Lec. Ⅰ., p. 5.（M. Howe ed., 1963）；木下　毅　主要参考文献(1)p. 80.
5：後述．第3章第1節1. 2)〜5)；同．2（要因分析）．
6：主要参考文献．Dawson/Harvey/Henderson：Contract（cases and comment）．

2. 論文構成と執筆方針

1) 問題の所在

不公正契約条項の規制（契約の内容規制）は，契約効果の法的安定性を守る見地から契約自由または当事者自治を尊重する立場と，契約締結能力の不均衡という現実に立却して，不公正は是正されなければならないとする立場の抵触関係である．レッセフェールでは，契約は，何れの当事者にもベターオフをもたらすと観念していたのだが，現実には，一方的なワースオフに繋がったケースも多い．例えば，免責条項は契約不履行または不完全履行に対する救済を妨げ，極端な約因不相当は欺罔の結果であることが多い．後に述べるように，古

典法では，一方的なワースオフに繋がったケースは当事者の学習効果で何れ是正されると考えた（後述：第2章第1節1.2）注2)-22)）のだが，現実は，そうならなかった．

その原因は，古典的なコモンローの契約法理に，不公正な契約の履行結果を是正する基礎が含まれていなかったことにある．契約は，当事者が条件を選択して締結すべきものであって，裁判所が，積極的な意味で，再決定することはないのである．勿論，裁判所が何もしなかった訳ではない．確かにコモンローは，古くから，一部の契約を別扱して厳格責任を課して来たし，形式主義法学の論理と現実との不整合が拡大する中で，裁判所は，起草者に不利に（contra proferentem）契約を解釈して，受約者を保護してきた．しかし，それは，主に，政治と法の民主化が定着した，現代の成果であり，多分に，法技術的な対応の積み重ねだったのである．残念ながら，それは，後に，批判的法学研究（Critical Legal Studies. 後述．第3章1節 1.5））の厳しい批判にさらされることになった．確かに，現代法が開発した契約法は，複雑すぎる．更に，契約類型ごとに個別のルールがあり，分野別の専門家でなければ，手に負えないほどである．

ただし，筆者の理解では，そこに，明解な筋が通っていなければならない筈なのである．なぜならば，われわれの住む自由経済主義（economic liberalism）の社会では，自分が求める自由と同様の他人の自由を侵害しなければ，取引の自由は保証されている．しかし，ルールが分からなければ，ゲームにならないのである．

そこで，第2章第1節以下では，現実の契約慣行にも触れながら，問題の具体的把握に努めることとする．

2） アプローチの方法

最初の課題は，史的考察である．即ち，規制（policing）法理と司法判断の変遷を辿ることである．この作業には，二つの目的がある．即ち，歴史的な，一般背景分析または時系列的分析というべきものと，形式主義的近代法が現代に

至って実質主義的または現実主義的修正を余儀なくされた，要因分析というべきものの二つである．この作業は，イギリス法（第2章第1節）とアメリカ法（第3章第1節）に分けて行う．

　始めに述べた通り，不公正契約の規制は，契約自由の原則と抵触する問題である．イギリスでは，ベイカー（J. H. Baker)[2)-1(1)]，ヴァンカネハム（R.C.Van Caenegem)[2)-1(2)]など法制史家の分析の他に，アテイヤが1770年代までさかのぼって，契約自由の原則の形成，発展，変貌を大書[2)-2]にまとめているので，一通りその業績をたどる必要がある．この作業によって，近代法が現代法的修正を受けざるを得なかった背景を理解することができるだろう．その上で，現代法上の課題として，彼等が不公正を解決するために開発した法技術の詳細に立ち入ることができるのである．

　この，現代法の分析は；
　①　契約の成立，履行，契約違反と救済，不法行為との関係，
　②　特定の契約類型（例えば，消費者契約）に縛られない分析，
　③　同旨のケースまたは同じ法理の適用に関する経時的変化または結論の異同，
　④　制定法に依存した内容と法の適用状況，
　⑤　法規制を潜脱する契約技術の発達，
などに注意して行う必要がある．その中で，今日でも社会的に解決を迫られている問題を意識しながら，不公正を認定する主要な切口を設定するように努めなければならない．勿論，この論述も，イギリス法（第2章第2節）とアメリカ法（第3章第2節）に分けて行う．また，不公正契約を規制する法技術全般への言及は，主に，イギリス法の中で行い，アメリカ法では，イギリス法との異同に注意しながら行うことにする．

　イギリス現代法の焦点（第2章第2節）で，特に注目するのは，以下の5項目である．
　①　不実表示：不実表示と契約違反の請求権競合，

② 現代法の規制とエクイテイ：不当威圧と強迫の拡張概念，
③ 基本的違反の法理の消長：控訴院と貴族院の判断の違い，
④ 不公正契約条項法（1977）の成立と制定法に基づく司法裁量（合理性の基準），
⑤ 不法行為責任からのアプローチ：深刻な違反とネグリジエンスの関係．

　成立当時，不公正契約条項法自体は，100年以上継続した契約法の基本理念，即ち，レッセフェールへの決別と評されたのだが，それは，戦後の制度論（instrumentalism）と良く整合する．ただし，この論文では，ビジネス契約に適用されるこの法律の基準（合理性のテスト）を掘り下げて論述するものとしたい．

　貴族院は，フォトプロダクションケース（1980., per Wilberforce LJ., 後述．第2章第2節　3.1)(4)）で，基本的違反の法理を否定し，保険の付保がある場合，ビジネス契約のリスク配分については，不介入（司法消極主義）を鮮明にした．また，使用者責任についても，制限説に立った判断を下している．ところが，ジョージミッチェルケース（1983., per Bridge LJ., 後述．第2章2節　5.1)(1)）では，間違った種を販売した種苗業者に免責条項の規定にもかわわらず高額の損害賠償を命じている．司法中立主義と評されるこの判決は，禁反言の法理に基づいていると考えられ，フォトプロダクションとは異なったアプローチを行ったとの論評（後述：Adams/Brownsword：本論第2章5.注.[1]-[3]）がある．

　また，合理性の有無を判断する時について，法律委員会第2次報告（Law Com. Rep. No. 69., 1975）は'そのケースの全ての状況において，問題の条項に依存することが公正または合理的であるか否か'と強く勧告したのであるが，議会はこれを退けて'契約締結時'を採用した．しかし，現実の裁判では，'そのケースの，全ての状況において判断する（Interfoto Picture Library；1988., per Bingham LJ., 後述：第2章第2節　1.2)(2)(7)）'ものがある．これもフォトプロダクションとは異なったアプローチであろう．

従って，免責条項を中心として，同法施行後から最近までの判例に直接当り，その傾向を明らかにする必要がある．

次は，アメリカである．この国でも，ホーウィッツ（Morton J Horwitz），ギルモア（Grant Gilmore），ミンダ（Gary Minda）（後述．第3章第1節　1.2)）等の業績を辿ることによって，契約自由の原則の変貌を，時代的背景及び学問的背景も含めて，かなり理解することができる．

端的に述べれば，ホウムズに先導されて，19世紀的形式主義を脱却したアメリカ法思想には，イギリス法より，はるかに大きな変動が現れている．それは，イギリスより，はるかにダイナミックなアメリカ社会がもたらしたものであり，イギリスより，はるかに影響力の大きい，アメリカの国際的地位がもたらしたものであったといえよう．

法技術的には，ホウムズ以来のアメリカ法は，形式を排し，如何に，ケースの実態に迫るかを問題にしている．しかし，それは同時に，法の中立性，公平正，客観性の維持を困難にする路線であった．問題になったのは，主観と客観の対立であり，普遍的価値観と個別的価値観の法的評価であった．

イギリスと異なり，アメリカが依存した中心的な法理は（当事者の意思が問題となる）"非良心性の法理"であった．エクイテイに淵源を持つこの法理は，ハードウィック卿（Lord Hardwicke：Earl of Chesterfield v Janssen；1750., 後述．第3章第2節　2.2)）の判示と共にアメリカに伝わり，1950年代以降，制定法（UCC）の裏付けを得て，また，契約法リステイトメントの成文化を受けて，更に，明確な根拠を持つこととなった．ただ同時に，アメリカでは，1970年代後半から，契約違反者の意思（有責性：culpability）と損害賠償額の認定範囲を切り離そうという意向が強く働くようになったことも指摘されなければならない．もともと，契約責任は，引き受け（undertaking）が実現したか否かが問題とされていたのだから，その意味では，厳格責任であり，違反者の意思は，関係がなかった．しかし，それが，結果的に約束者に対する苛酷（hardship）に

繋がるところから，長い間に，コモンローの厳格性が緩和されてきたもので，その反作用として違反者の意思が関係するのは避けられなかった．それは，誠実かつ公正取扱義務（duty of good faith and fair dealing）[2]-[3] にも結実している．しかし，当事者の内心を客観的に立証するのは，なかなか，困難である．一方，アメリカ不法行為法では，懲罰的損害賠償（一部の州では契約違反にも認められる）の認定とからんで，不法行為者の意思の有責性が問われるのだから，問題は複雑である．

違反者の意思の有責性と損害賠償額の範囲を切り離そうという傾向は，当事者の意思を離れて弁別する伝統的客観理論への回帰というよりは，どうも，法と経済学の'効率性分析'に影響されたものと考える方が妥当性が高いようだ．その意味で'効率的違反の法理（doctrin of efficient breach）'に繋がる傾向といえる．

以上の理解に立って，アメリカ現代法の焦点（第3章第2節）では，
① 現代法の規制とエクイテイ：強迫の拡張概念と不当威圧，
② 非良心性の法理の展開：免責条項を含むコモンローのルールを修正する機能，
③ 違反者の意思の扱いと損害賠償基準の操作，及び，
④ 不法行為責任からのアプローチ：不誠実違反と悪意（malice）の関係，
⑤ 80年代以降の法の急旋回と効率的違反の法理の関係，
を論述の中心に据えたい．

法と経済学派の主張によれば，契約法，不法行為法に（更には刑法にも）共通する，そして国境を超えて妥当する'効率性の基準（最適解）'が得られる筈である．彼等は，民事責任と損害賠償（刑事責任と刑罰）をトレードオフの関係で見たのである．その意味でアメリカ契約法は，ギルモアの指摘とは，やや異なる意味で，"契約責任の問題は不法行為責任に嚥下される形で結着するだろう[2]-[4]"に向っているのかも知れない．

更に，アメリカ法では，1970年代後半から存在感を増している，批判的法学研究（Critical Legal Studies）の動向にも注意しなければならない．彼等は，法という抽象理論の構築より，社会的に認識された不公正に接続して，従来は，法的には認められなかった価値観の法的価値を高めるべく行動しているのである．彼等の思想的特質は，様々な価値観の是認である．これは，必然的に，普遍論の否定に繋がる．

次に，これまでの分析を踏まえて，この論文のまとめを書くことになるが，そこでの論述は，二つのパートに分けた．即ち；比較法的分析（第4章）と，契約法は，何を不公正と認識し如何に規制したのか？と題して記述した結論部分（第5章）である．

第4章では，同じ法系に属するイギリス法とアメリカ法でも，不公正契約を規制する法理の発展に相当の違いがあることを指摘しなければならない．例えば，契約解除の正当化事由として，イギリスでは基本的違反の法理（doctrine of fundamental breach）が否定されているのに対し，アメリカには，契約法の基本設計の中に，完全な違反の法理（doctrine of total breach）がある．両国間には，中核となる法理の違い（非良心性の法理／合理性の基準）があるのである．この分析は，次の結論を導びく序論にもなるのだが，不公正契約を規制する法理が目指しているところが，手続的公正の担保で良いのか，現実的衡平の担保が不可欠なのかによって評価が分かれるところだろう．

一般的に見れば，エクイテイの法理が，より大きく残ったアメリカの方が，現実的衡平に近い．ところが，最近アメリカで有力な，法と経済学者の主張は，利益最大化を目指す個々の取引が自由取引市場で限界効率をもたらすとしているので，エクイテイの法理に頼らず，結果的公正の担保が可能だと推測される．それが，介入主義（paternalism）を嫌う，最近のアメリカの傾向に繋がっているのである．若し，法と経済学者の主張に同調する，効率的違反の法理がアメリカに定着したとすれば，非良心性の法理または黙示の誠実かつ公正な取り扱い原則（good faith and fair dealing）との抵触関係が生ずるだろう．

これに対し，不公正契約条項法で，法律委員会の勧告（全ての状況）を退けたイギリスは，手続的公正の担保で良いと考えているように見える．ただし，サッチャー引退以降，労働党が政権にある同国で実際の判決はどうなのだろうか．不公正契約条項法成立後20年位の経過を踏まえて論述する必要があるだろう．

　また，ここでは，日本法にも言及してみたい．そこでの注目点は，共に，自由主義経済体制下にある諸国で採用された法技術の共通性である．筆者の理解では，各国法は，理論大系または概念構造の違いにもかかわらず，実質（substance）に関与する方法論では共通性が見られるのである．そこで，日本法の判例分析を介して，英米法との共通項を指摘して見たい．

　そして，最後に，以上の分析から得た知見を基に，結論（第5章）を起草する訳だが，そこで論述すべき課題は，次の3点である．即ち；
　　① 契約自由を規制した，現代法の発展を要約し，
　　② そこから，彼等が，何を不公正と認識したのかを帰納し，そして，
　　③ それが，手続的公正，実体的正義の何れを担保しているのか，
考察することである．
　不公正契約を規制する法技術の設計を考えていくと，結局「契約法が担保している目的は何か？」という設問に突き当る．それは，20世紀を，ほぼ，支配した現実主義が余りにも多くの判断基準に依拠したため，その根底にある原理原則が見えなくなってきたことと関係している．勿論，それは，経済自由主義に軸足を置いた社会経済システムの中で，富（wealth）の増大や効率の促進をもたらすものでなければならない．目的は，そのために，如何なる概念手段を用いれば良いか，または，そもそも，何らかの概念手段を使おうとすること自体が誤りなのかなのである．
　一般的な認識の中には；
　　① 約束に誘導された合理的な期待の実現：受約者の信頼の保護（介入

的・中立的）
　② 契約の法的効果の担保：当事者自治の尊重（中立的・非介入的）
　③ 経済システムの効率性の担保：富の増大（理論的には中立的，現実には介入的）

などが含まれている．

　そして，これらは両立しうるものであるとの意見もあるだろうが，軸足を何れにとるかによって，介入度に相当の開きが発生する．従来，この軸足は①に乗っていたと思われるのだが，80年代から，市場経済主義，自己責任主義というキャッチフレーズと共に②に移ったように見える．アテイヤはこの傾向を，サッチャー，レーガン政権と共に生じた，古典理論への回帰？[2)-5]と評している．

　法と経済学者の主張に同調した，この傾向は，アメリカ共和党政権下で特に強い．この理論が魅力的なことは，契約法，不法行為法に共通の理解が得られることである．また，数学的な分析が可能なのだから，法準則が簡明なものになる可能性が高い．

　ただ，法と経済学者も，それは理論上のことで，現実には，実証的アプローチが必要との立場をとっている．それは，彼等の分析手法が，いわゆる'合理人モデル'を前提としていること及び，契約の外部コスト（例えば，公害対策，廃棄物処理費用など）を，内部コストに転換する基準（public policyの介入）が必要なことなど，検証を要する課題があることなどの現れなのかも知れない．

　以上に述べたことは，余りにも混沌としていて，一貫性がないと批判されるかも知れない．しかし，余りにも混沌として複雑な現代法の構成から，不公正契約を規制する法理を抽出することこそが，この研究の目的なのである．

［参照注］

2)－1：(1) J H Baker, Q. C., LL. D., F. B. A.: Professor of the Law of England and Fellow of St. Catharine's Colledge, Cambridge ; Honorary Bencher of the Inner Temple.

⑵　R C Van Caenegem : Professor of Medieval History and Legal History in the University of Ghent.
2）-2：主要参考文献　Atiyah Book⑴.
2）-3：第2次契約法リステイトメント　§ 205 ; UCC § 1-201（19）.
2）-4：主要参考文献　Gilmore Book⑴
2）-5：主要参考文献　Atiyah Book⑵　p. 30 ff. 'Developments since 1980. Return to Classical Principles'

第2章　本論：イギリス法の分析

第1節　社会の変化と法の変化

1. 歴史分析：契約自由と規制（policing）法理の消長

1)　第1の時代：封建法から近代法へ（1688～1770）

(1)　契約自由という概念の生成

'契約自由'という概念は，1688年の無血革命以降のイギリスで，比較的安定した社会制度の中で成熟してきたものである．その時代のイギリスは，土地貴族（landed aristocracy）中心に支配階級が形成され，資産（土地）が保有されていたのであるが，一次産品中心の商品経済も発達しつつあった[1]-1．ただし，'身分から契約へ'といわれたイギリスの階級制度は，中世においても完全に固定的なものではなく，16世紀においてすら'高貴な血筋は購入できる（blue blood was purchasable）'[1]-2という感覚があったようである．この時代には，不動産権に対する上層階級（Crown/Landed Aristocracy/Gentry）内の要求も変わりつつあった．

この問題を理解するには，更に時代をさかのぼって，イングランドにおける，王権の盛衰と，コモンローの関係に若干触れておく必要があるだろう．蛮勇割拠の中世において，中央集権的な国家の成立は，武力によってもたらされた．これは，特に，史実の引証を待つまでもないことであるが，イングランドでは，10世紀頃までに，単一の王国が形成されたものと考えられている[1]-3．しかし，それは，地方的または私的な共同体（州：shire or county；ハンドレッ

ド：hundred；（自治）都市：city）の集合体としての特長を色濃く残していたものであった．これが，真に，中央集権的な単一国家に成長したきっかけは，1066年，ノルマンディ公ウイリアム一世（1066～1087）によるイングランドの征服であると考えられている[1]-[4]．1085，86年には，全国検地（Domesday survey）[1]-[5]が行われた．彼の治世下で，中央行政府の権能が地方まで浸透したのである．ここから，王国全体に遍く施行されるという意味での，コモンローの発達が始まった．ただし，ベイカー（J. H. Baker）によれば，コモンローの主要な発展には，ヘンリー二世治下（1154～1185）のクララダン法（Assize of Clarendon, 1166）に，より重要な契機が求められるのである[1]-[6]．そして，それから約2世紀の間に，国家法としての法大系が，王の裁判官によって整えられていった．裁判管轄権についても，少くとも世俗の問題については，王権裁判の前進が顕著であったのに反比例して，地方的または私的な共同体の裁判は，衰退に向かわざるを得なかった[1]-[7]．かくして，州（shire）の長官であったシェリフ（sheriff）の裁判管轄権は，事実上，刑事裁判（pleas of the Crown）で失われ，次いで，合法的に，1215年のマグナカルタで禁じられてしまった[1]-[8]．これらの変化は，地方組織として最大の，州の，司法と行政権能の殆どを奪ってしまった．シェリフは，財務府の厳重な財政的監視の下に置かれた王国の役人の一人に過ぎなくなった[1]-[9]．民事裁判でも同じようなもので，シェリフに残された権限は，契約と不法行為に関するものであったが，1278年の立法[1]-[10]が，これを40シリング以下に制限したので，物的財産に関する裁判管轄権は，国王の裁判所に移ってしまった[1]-[11]．

　ここで話を，封建的土地保有態様（feudal tenure, feudal duty）に移さなければならない．アングロサクソンのイングランドにも，同時代のヨーロッパと同様，'封建制度（feudal institutions）'のような土地保有制度が存在していた．この制度の下での土地の保有には，一般に，領主と領民との間を繋ぎ止める，忠順の誓い（commendation）を伴うと考えられていた．全てのアングロサクソン人は，特定の領主に仕えていると見做されなければならなかったが；臣従関係は，領土とは別に，忠順の誓いのみによっても成り立ちうるものでもあった．

同時に，全ての土地は，王に帰属するという概念は明確でなく，私有地（allodial land）も存在し得た．

　しかし，ウイリアム一世と共に，封建的土地保有態様は，突然，厳格な制度の様相を見せ始めた．ノルマンの支配者は，新しい王と戦った上層階級の土地を没収し，1070年代から再配分を始めた．王が保有した土地の，第1順位の借用権者（the tenancies in chief）は，新しいノルマン人の家族に集中したのである．その見返りに，第1順位の借用権者（以下，保有権者と記す）は，王に，忠誠を誓い騎士奉仕を約した．ここで，王の'封主権'に対して何らかの奉仕（knight service, civil service, spiritual service, etc.）を見返りに認められる'封建的土地保有制度（feudal tenure, feudal duty）'の骨格が出来上がったのである[1)-12]．この制度の下で，第1順位以下の保有権者が金銭目的のために土地を譲渡するには，譲受人に自分の地位を譲り渡す（代置：substitution）か，自分の地位を保全したまま，譲受人をテナントとする（再下封：subinfeudation）するかしかなかった．これは，不動産保有条件に付随する各種の権益（incidents：上納金 aids；移転許可料 fine for alienation；先占権 primer seisin と 相続料 relief；不動産復帰権 escheat；後見権 wardship；その他）の帰属に関わる問題であった．これらは，保有権の移動が生じた時に，上位の保有者に経済的利益を保証する手段であったので，上位の保有権者は，当然，保有権の連鎖が残る再下封の方を好んだ．

　このような難点を解決するために，下位の保有者は，概ね，二つの方法で対応した．一つは，王の封主権との対立の中で，政治的な解決を図る方途であり，もう一つは，法的に，王を含む上位の権利者の権利を潜脱する方法である．前者の例としては，1290年の不動産権譲渡法（Statute Quia Emptores, 1290）がある．この法律は，それ以降，譲渡は，上位の保有権者の了解を必要とすることなく，また移転許可料（fine）を要することなく，代置により行うことを定めた．この結果，単純不動産権（fee simple）では，中間保有権者が，次第に，排除されることになった．また，その結果，イングランドの土地の大部分は，直接，国王の下封権の下に置かれることにならざるを得なかった[1)-13]．こ

れとは別に，イギリスの法律家が，顧客のために，日常的に努力したことは，保有者の付随的義務を最少限に管理することと相続対策であった．それには，上位の権利者の復帰権を含む付随的権益（incidents）を封じることと，極めて厳格な法定相続制限を潜脱して家産の安全な継承を図る必要があった．このために開発された仕組みが，ユース（use）または信託（trust）であったのである．

ここでは，それらの詳細に入ることを避けるが，何れにしろ，1500年頃までには，イングランドの土地の大部分はユースを付して保有されていたと考えられている[1)-14]．ユースまたは信託の極端な発達は，二つの弊害を生じたと考えられた．即ち，① 土地の受益者（真の権利者）が誰であるか，第三者には良く分からない．② 付随的権益を発動する機会が無くなり，封建領主，特に，王の収入が激減することである[1)-15]．問題は，これらの制度がエクイテイに依拠していたことにある．ユースの蔓延に対抗して，エドワード一世（1272～1307）からヘンリー七世（1485～1519）の間の王は，封建制のもたらすべき財政上の利益を回復せんとする制度上の努力を殆どしなかった．しかし，チューダー朝（1485～1603）に至って，王は，財政目的の封建制（fiscal feudalism）の復活を決意した[1)-16]．その一歩として，1490年（stat. 4. Hen.Ⅶ, chap. 17）と1504年（stat. 19. Hen.Ⅶ, chap. 15）の制定法は，ユースの受益者の法定相続人に，被相続人が無遺言で死亡したのであれば，現実に占有していた状態で死亡した時と同じコモンロー上の付随的条件に従うことを求めた．より本格的な回復の試みは，ヘンリー八世（1509～1547）の治世で行われた．1520年代の後半，王とその助言者は，一部の貴族と，封建的付随条件は復活するが，コモンロー上の支払義務の三分の一を限度とすることで妥協を図った．ところが，1532年，これが法案として庶民院（Commons）に提出されると，議員達は，徹底的に反対した．彼等は，課税は，彼等の同意なしには行えないことを知っていたし；また，ユースは，既に，大法官府で認められ法的に確立した制度で，少なからず土地の相続を可能にする有効な手段であることを知っていたからである．王は，若し，彼等が，三分の一の妥協案を飲まないのであれば，'コモンローの

許す限りの厳しさを持って臨む：search out the extremity of the law' と脅したのであるが，彼等は，これに妥協することなく，王も，その発言を撤回しなかった[1)-17]．1535年に成立したユース法（The Statute of Uses, 1535 ［1936］）は，相続権を圧縮する王室の政策を完全に実行した[1)-18]．同法は，立法技術的にも財政的効果でも大成功であった．しかし，政治的に成功したと認められることはなかった．ノーフォーク候（the Duke of Norfolk）は，直ちに，今迄で最悪の法律であると言明し[1)-19]，また'近視眼的な政治的復讐'と評された[1)-20]．イングランド北部で起きたカトリック農民の反乱（恩寵の巡礼の反乱：Pilgrimage of Grace in 1536）の後で，国王は，ジェントリー層に対して，同法の適用を停止してしまった．また，4年を経ずして，遺言法（The Statutes of Will., 1540）は，始めて，自由土地保有権を遺言により処分するコモンロー上の権利を認めた．しかし，付随権益については，かの三分の一原則が維持され，騎士奉仕に基づいて土地を保有している第1順位の保有者は，三分の二以上は遺贈することが許されず，三分の一は，国王に，後見権その他の付随権益が残ることになった．1540年の遺言法の後も，この制度がもたらした財政的効果は，実質的なものがあったが，この方式の課税の実態は，不規則かつ偶発的であるとして批判され続けた．そして，最終的には，1660年の，軍事的土地保有態様廃止法（Military Tenures Abolition Act）で放棄されるに至った．

　これ以降，国の財政は，より広い課税基盤：消費税（excise duty），住宅税（house tax），購入税（purchase tax），所得税（income tax），相続税（death duty），資本承継税（capital transfer tax），付加価値税（value added tax）その他に依存することとなった[1)-21]．これは，実質的には，土地貴族に，土地のテナントから所有者へという地位の変更をもたらしたと考えられている[1)-22]．この間，商人や企業家は，商業経済を介して貨幣を蓄積し，新資産階級を形成していった．そして，婚姻や土地の買収により，土地貴族に比肩しうる，ジェントリー層を形成するに至ったのである．

　封建的土地保有制度が持つ，契約的側面は，ベイカーも指摘しているが[1)-23]，チューダー朝の採用した，財制的封建制（fiscal feudalism）に対する反

発を，契約自由という概念の生成と結び付けて理解したのは，アティヤである．つまり，彼は，'契約自由' または '当事者自治' という概念には，国王による土地保有という封建的な制度に対する新旧両方の資産階級の，自由保有，自由処分という願望が結びついていたと理解したのである[1)-24]．

この時期の，経済社会構造の変化として，アティヤは；
①　交通インフラ，特に運河及び有料道路 (Turnpike Trust) の整備，
②　非農業都市人口の増大（農業人口比率の低下：1688年90%，1760年代50%），
③　都市近郊（特にロンドン近郊）の商業的農業の発達，
④　金融制度の発達（1675年，Bank of England 設立．1793年までに地銀数約400），
⑤　公共信用（ファンド公債）私的信用（株式，オプション取引，その他）の拡大，
⑥　保険産業の発達，

などを指摘をしている[1)-25]．

この時期，貿易取引は依然として国策の下 (Cromwell's Navigation Act of 1651) にあったが，取引自体は，統制から，比較的自由であった．また，国内取引の拡大は，自由企業 (free enterprise) が活動できる余地を拡大していった[1)-26]．商取引に加え銀行，株式・公社債，保険など，いわゆるソフトビジネスの発展は，何れも約束 (promises) に依拠しており，契約法の整備を必要とする構造的変化であった[1)-27]．

(2)　コモンローとエクイテイ

アティヤによれば，充分な歴史的検証の有無は別にして，イギリスの歴史学者，経済学者は，'コモンローの法律家には，クック卿（1606年，KB主席裁判官）[1)-28]の昔からまたはそれ以前から，経済的自由主義 (economic liberalism)，即ち，財産保有の自由，取引及び職業選択の自由，金利及び貸金の自由，独占

または結合からの自由，個人の意思決定の自由及び行政または司法介入からの自由を受容する伝統があった[1)-29']，と考えているのである．

その起源は，伝統的には，クック自身が当事者の一人であった，ベイコン（1618 年，Lord Chancellor）[1)-30] との，法律及び憲法闘争に求められている[1)-31]．クックにとって，自由とは，国王専制からの政治的自由であった．それは，チューダー（1485〜1603），スチュアート（1603〜1714）王朝が，政治的自由と同時に経済的自由を制限するために，司法，立法制度を使用しようとしたからであり，自由とは，コモンローの法律家が王権に対立することと同調していた[1)-32]．

更に，アティヤは，なぜコモンローの法律家が，そのような思想信条に至ったかについて，次のように推測している[1)-33]．

① コモンローの法律家（ベンチの裁判官及びバリスター）自体が，極めて個人的専門職業であった．全ての裁判官は，バリスターから任用され，身分制にとらわれることなく，自分の能力でトップまで昇進できる例外的なコースであった．

② 依頼人の多くが取引の自由を求める新興商人階級に属していた．現実に法曹は，17 世紀から，取引及び企業を拘束する独占，ギルド，結合（combination）を攻撃し始めた（例えば；East India Co., v. Sandys (1684) Skin. 132, 90 ER 62）．これらは，封建体制が認めたものであり，18 世紀に確立した法の支配（rule of law）と相容れるものではなかった．

③ バリスターとそこから任用された裁判官の多くが，土地資産階級の出身ではあったが，相続権を持たない人々だった．彼等自身は中流に属し，商取引慣行に慣れていなかったとしても，取引の自由に反感を懐いていた訳ではなかった．そして，彼等自身が，様々な経済活動（例えば，公社債投資）に参入すると同時に，各種契約約款の起草に力を貸していた．

コモンローの法律家の伝統が，経済自由主義にあったとすれば，大法官府

(Chancery) の伝統が，規制，保護及び介入主義にあったことに疑いはない．それは，無血革命以前からの伝統を継承しており，相当程度，経済を規制した．また，私人間の関係及び行為を取り扱っていた[1)-34]．オックスフォード伯ケース (1615)[1)-35] で，エレズミア卿は，大法官府の存在理由を次のように述べている；

> 人々の訴えは，余りにも多様でまた限りがないので，全ての個別事情に上手く合致し，または個々の状況で役に立たないことがないような一般法準則を作ることを不可能にしている．大法官の職責は，どんなものであれ，詐欺 (frauds)，信託違反 (breaches of trust)，権利侵害 (wrongs) または抑圧 (oppressions) に対する人々の認識を是正することであり，またコモンローの持つ厳格性を緩和し軽減することにある．

エレズミア卿の時代までは，エクイテイのコモンローに対する優位が明らかであった．彼は，コモンローにより判決が下された後でも，大法官府に訴えを起こすことを奨励したのである．しかし，エクイテイの曖昧性に対する批判は，エレズミア卿の時代以前から続いていたのである[1)-36]．そこで，ノッティンガム卿 (1673～1682) の時代には，準則に従っての衡平という考え方が採用され始めた．彼は，'自分が依拠している良心とは市民としてのまたは公的な良心に他ならず，従って，一定の処置方法と結び付いている' と述べた[1)-37]．これによって，エクイテイは，法としての鋳型に固めらる道に進むことが確実になった．信託 (trusts) もモーゲージ (equitable mortgages) も，コモンロー同様の明白なルールで支配されることになった．契約と不法行為の問題では，大法官は，通常，コモンローに従うことになった．エクイテイ上の不法行為が殆ど無くなっただけでなく，契約を余り苛酷でないように修正することも無くなった：'大法官は，誰の交換取引も改めない' のである[1)-38]．約因を伴わない契約は，良心に基づいて結ばれたのであってエクイテイに基づくものではないという判断が示されるようになった[1)-39]．エクイテイでも先例拘束がコモン

ロー同様に重視されるようになった．そうはいっても，エクイテイが個別的事情に注目する特質が失なわれた訳でもなかった．エクイテイに関して最初に刊行された本（格言集）は，極めて広範な性質を有する 14 項目ほどの一般原則，例えば；'エクイテイはエクイテイである'，または'エクイテイは弊害を防ぐ'などに編集されている[1)-40]．しかし，この裁判所が最も関心を寄せた財産権問題には，多くの大法官または大法官府弁護士会リーダーの優れた能力が注がれ，また後に作成された判例集などの全てが，エクイテイを確実性がある科学的な法に結び付けたのである．

　本来，実体より手続を重視するコモンローの欠陥を補正するためのエクイテイが，コモンロー上の準則と同程度に法技術的な準則に縛り付けられたことは，皮肉な結果をもたらした．即ち，この裁判所の訴訟は，費用と遅延そして絶望の同義語になったのである．それには，三つ位の原因が指摘されている[1)-41]．即ち，一つには，大法官が忙し過ぎたことである．この裁判所の決定は，最終的には一人の大法官の双肩に掛っていたのであるが，仮に，彼が，専任の常勤裁判官だったとしても，これは，大変なことである．しかし，現実には，大法官は，国事行為及び行政を司り，貴族院の運営にも参加していた．もう一つは，大法官府の判決が，通常，最終判決になることにある．このため，歴代の大法官は，全ての事実が判明するまでは，エクイテイ上の救済を与えることに慎重にならざるを得なかった．最後に，最も悪いことに，大法官府事務官の報酬が，給料と手数料（fee system）の二つに依存していたことがある．この手数料制度は，相当柔軟なもので，彼等は，訴訟を長びかせるような裁判所規則を作ることに熱心になったし，また，贈賄と手数料の違いも不分明であった．これらの，問題点を解決するため，多くの改善策が採られたが，解決には至らなかった．むしろ，状況は悪化し，エルドン卿（1801〜1806. 1807〜1827）の時代には，裁判事務の遅れだけを見ても致命的であった．1824 年には，エルドン卿を長として，原因調査委員会が出来たが何も解決できなかった．1808 年に始まった，Morgan v Lord Clarendan ケースは，16 年経っても未だ事務手続中で，弁護士は，誰も指名されておらず，経費は，3719 ポンドに達してい

た[1]-42. アティヤによれば，エクイテイは，長い衰退の過程に入っていたのである[1]-43.

(3) 司法，立法判断の動揺

この時期の契約自由に対する司法及び立法判断の動揺を象徴するのが，グロスターシャー織工ケース (Gloucestershir weavers case)[1]-44 である.

1728年に，地方的裁判所 (local court) 裁判官 (local justice) は，グロスターシャー州の織工の最低賃金を定める慣行を復活させたが，織物業者は，この賃金水準を無視し，その執行は，既に，無効であると主張した．しかし，1756年になって，織工側が議会に陳情，賃金を設定する判決の正当性を確認する法律が制定された．その結果，徹底した審理が，地方的裁判所裁判官の面前で行われた．織物業者は，最低賃金の3倍が支払われているケースを提示した．彼等は；

① 何れにしても，様々な織物があり，様々な職能を必要とするので，単一の若しくは若干数の賃金レートを決めても余り現実的でない．また，仮に，数百のレートを決めたとしても，出来の良し悪しには対応できないと主張した．

② また，トラブルを起こす織工に対し，裁判所が政策的意思を持って，明らかな援助または快楽を与えるべきでないと主張した．

そして，彼等は，公然とまたは率直に，契約自由を次のように主張した；われわれは，これは個人の自由及び取引の権利と矛盾していると思う，それは主人と従業員の間で立派に成立した契約を置きかえる法である[1]-45.

地方的裁判所裁判官は，明らかに，これらの弁論に説得され，賃金レートの設定を取り止めたのだが，6週間に及ぶ織工側のストライキの結果，前判決に戻り賃金レートを設定した．しかし，翌年，今度は織物業者側が議会に陳情を行い，議会は，前年に織工側の陳情に基づき制定した最低賃金法を廃止してしまった．これを契機に，イギリスでは，1563年以来継続した，地方的裁判所裁判官が賃金を裁定する慣行が廃れ，18世紀中頃からは，賃金評価が行われ

ることが少くなり，賃金レートの設定は，極めて稀になって行ったのである[1)-46]．

これは，国の福祉権能と契約自由の原則との抵触関係を理解するために，記憶すべきケースである．後に詳述するが，アメリカにも全く同旨の判決 (Lochner v. N. Y.)[1)-47] がある．契約自由を憲法上の権利と認識したアメリカとの共通性を示すものとして，極めて興味深い．

イギリスは，このように，封建的な社会構造が近代化されつつある過程で，産業革命を迎えたのである．そして，契約自由の原則は，国王の専制に対抗する法理としての側面を離れ，専ら，契約当事者間の取引関係を約定する機能に集約していった．

［参照注］
1)－1：主要参考文献　Atiyah (1)　p. 12.
1)－2：主要参考文献　Atiyah (1)　p. 15.
1)－3：主要参考文献　Baker (1)　pp. 6〜8：The Old English Assembles ; pp. 8〜10：From the Communal to Personal Authority
1)－4：主要参考文献　Baker (1)　pp. 12〜14：The Origin of Common Law
1)－5：主要参考文献　Baker (1)　p. 73.
1)－6：主要参考文献　Baker (1)　pp. 13, 14；同．第 1 版翻訳版　p. 12&17.
1)－7：主要参考文献　Baker (1)　p. 22 ff：Effect of Local Justice
1)－8：主要参考文献　Baker (1)　p. 23. n. 45：Magna Carta 1215, cl. 24 (1225, c. 17) ; No sheriff ... may hold pleas of Crown.
1)－9：主要参考文献　Baker (1)　p. 23.
1)－10：Statute of Gloucester c. 8（pleas of Trespass）；主要参考文献　Baker (1)　p. 23.
1)－11：主要参考文献　Baker (1)　pp. 23, 24.
1)－12：主要参考文献　Baker (1)　p. 223 ff：13 Real Property：Feudal Tenure
1)－13：主要参考文献　Baker (1)　p. 242：Quia Emptores Terrarum 1290
1)－14：主要参考文献　Baker (1)　pp. 242, 243：Evasion and preservation of incidents ; p. 248 ff：Real Property：Feudalism and Uses
1)－15：主要参考文献　Baker (1)　p. 252：Effect on Feudal Law
1)－16：主要参考文献　Baker (1)　p. 253 ff：Tudor Legislation and Fiscal Feudalism
1)－17：主要参考文献　Baker (1)　p. 254.

1) -18：主要参考文献　Baker (1)　p. 255 ff : The Statute of Uses (1536 [1536]) and wills (1540)
1) -19：主要参考文献　Baker (1)　p. 256.
1) -20：E W Ives, 82 English Historical Rev. p. 695.
1) -21：主要参考文献　Baker (1)　p. 255 ff : The Statute of Uses (1535 [1536]) and wills (1540)
1) -22：主要参考文献　Atiyah (1)　p. 14.
1) -23：主要参考文献　Baker (1)　p. 223；ノルマン人の領主とテナントの関係は，契約的なものと見ることができるかも知れない：また最初の契約は，財産の売却というより終身土地保有権者の指名の性格が強かった．この契約的性格を前面に押し出したのは，やはり，征服であった．．．．；n. 10. p. 225：12世紀中葉からの文献（R. FitzNigel, Dialogus de Scaccario ; C. Johnson ed. 1983. p. 54）にも，同旨の記述がある．また，13世紀のカノン法学者も封建制を契約的に分析し，fee をテナントの義務に対する約因と理解していた．
1) -24：主要参考文献　Atiyah (1)　pp. 14, 15.
1) -25：主要参考文献　Atiyah (1)　pp. 24〜35 : the state of the economy
1) -26：主要参考文献　Atiyah (1)　p. 27.
1) -27：主要参考文献　Atiyah (1)　p. 102.
1) -28：Sir Edward Coke（1552〜1634），1606年 KB 首席裁判官
1) -29：主要参考文献　Atiyah (1)　pp. 112, 113.
1) -30：Sir Francis Bakon（1561〜1626），1618年 Lord Chancellor
1) -31：主要参考文献　Atiyah (1)　p. 113.
1) -32：主要参考文献　Atiyah (1)　p. 113.
1) -33：主要参考文献　Atiyah (1)　pp. 113〜116.
1) -34：主要参考文献　Atiyah (1)　p. 116.
1) -35：Earl of Oxford's Case (1615) 1 Ch. Rpt 1, 6.；主要参考文献　Baker (1)　p.106.
1) -36：主 要 参 考 文 献　Baker (1)　pp. 108, 109 ; Chancery and the Common-Law Courts
1) -37：Cook v Fountain (1676) 3 Swan. 585, 600, per Lord Nottingham C.；主 要 参 考文献　Baker (1)　p. 110. n. 74.
1) -38：Maynard v Moseley (1676) 3 Swan. 655；主要参考文献　Baker (1)　p. 110. n. 76 及び pp. 325, 326.
1) -39：Honywood v Bennett (1675) Nottingham Rep. (73 SS) 214；主要参考文献　Baker (1)　p. 110. n. 77.
1) -40：R. Francis : Maxims of Equity (1727)；主要参考文献　Baker (1)　p. 111. n. 79.
1) -41：主要参考文献　Baker (1)　p. 111〜113；Practical Defects of the later Chancery.
1) -42：主要参考文献　Baker (1)　pp. 113.
1) -43：主要参考文献　Atiyah (1)　p. 117.

1) –44：主要参考文献　　Atiyah（1）　p. 74.
1) –45：主要参考文献　　Atiyah（1）　　p. 73 ; E Lipson, Economic History of England., ⅲ. 15.
1) –46：主要参考文献　　Atiyah（1）　p. 74.
1) –47：Lochner v N. Y., 198 US 45（1905）

2)　第2の時代：法の近代化と契約自由の確立（1770〜1870）

　この時期のイギリス（または大英帝国）は変化の時代であり，人々は，概ね，変化を歓迎し，'自分達のやり方で世界を形成できる'自信を懐き始めた時代であった[2)-1]．この時代に，契約自由または私的自治の原則に影響を与えたと思われる，いくつかの現象が指摘できる．

（1）　政治経済学（political economy）と自由主義経済学の影響

　この時期の立法政策と司法判断に，最も影響を与えた思想は，アダムスミスとその後継者が考えた政治経済学と自由主義経済学の原則であることは広く一般の認知を得ている．1776年に出版された彼の代表作「国富論」は，出版と同時に好評を博したのであるが，同時に，それは当時の国論を代表していたという側面も指摘されている．アテイヤによれば[2)-2]，「国富論」は，必ずしも経験的なデータに基づいて書かれたものではなく，いくつかの自然法思想，即ち；

①　社会には物理現象の世界と同様の秩序が存在する，
②　これらは人間本来の理性と道徳観によって発見される，
③　そこから，もっとも望ましい結果を導びく，一般的な法が演繹される，
④　従って，これらの自然法原則を，できるだけ実定法に反映することが望ましい，

に依拠していた．
　'人は，通常，公共の利益を促進しようと思っていないし，また現に，どれ程促進しているかも知らない．．．．　人は，ただ自分の儲けを目指しているにす

ぎないのであるが，まさにその場合，見えざる手に導びかれて，自ら意図しない目的を促進しているのである（注．国富論Ⅳ編Ⅱ章）'．

　アダムスミスとその後継者が考えた経済原則が，政府または議会の政策に，強い影響を与えたことは疑いがないようである．ピット首相（William Pitt；第1次：1783～1801,第2次：1804～6)[2)-3]は，殆どそのまま「国富論」に述べられた思想を受け入れ，トーリー党の政策原理に据えたと言われている[2)-4]．現に彼は，1795年，賃金統制及び家族手当に関する自身の提案を撤回した．1800年には，同様の理由で，食料不足にもかかわらず，海外コーンの買付に反対し，自由市場に任せる政策を採った．フランス革命が反映した時代に，ピットの後継者であった，アディントン首相（Lord Sidmouth, 1801～4)[2)-5]，ジェンキンソン首相（1812～27)[2)-6]も，レッセフェールの信奉者で，特に，15年間首相を務めた，ジェンキンソンは，何事であれ，神聖な契約自由を侵害することには非常に消極的であったと評されている[2)-7]．

　1817年には，リカード（David Ricardo：1772～1823)[2)-8]の「経済学及び課税の原理（Principles of Political Economy and Taxation）」が刊行され，政治経済学者（political economist）の影響力はかつてないほど強くなった．同年，カニング首相（George Canning：1827-8)[2)-9]は，庶民院（Commons）の議論で'私人間の契約には介入しない'理論を是とする傾向が増大していることを認めている[2)-10]．この傾向は更に，スペンサー（Herbert Spencer 1820～1903)[2)-11]によって抽象化され，契約自由の原則は，社会秩序を絶対的な最小限の強制をもって維持するメカニズムであるとして，理想化されて行った．

　'明らかに，人には，申し込みと承諾の自由がある；人には，拒絶の自由がある；個人は，限定なしに，隣人が同様に行動することを妨げない限り，そして隣人と同時に，これらの事を行うことができる．しかし，誰もそれ以上行うことはできない；誰も他人に物品を手放すよう強制はできない；誰も，他人に特定の価格を強制できない；誰も，相手方より多く行動する自由の責任を引き受けることなしに，行動することはできない'[2)-12]．

　つまり，18世紀には王権に対抗する支柱であった'契約自由の原則'は，

19世の前半に，自由放任主義的な経済理論の裏付けを得て，自由取引市場維持のための'絶対的契約自由'に変化して行ったと見て間違いはないだろう．このため，イギリスの司法は，1830年頃から，政策には踏み込まないとする，消極主義的傾向（例えば，Scott v Avery, 1856）が強くなり，裁判所は，契約自由の原則をぎりぎりまで拡大して行った．この傾向は，1870年頃まで続いたのである．

例えば，今日でも良く引用されるジェッセル記録長官（Jessel M. R.）の意見は，次のようなものであった；

> 他の公共政策が要求するものを超える公共政策があるとすれば，それは，充分かつ適切な理解力を持つ人は，最大限契約の自由を持つべきであり，自由にかつ任意に，彼等が結んだ契約は，神聖なものとして扱われ，正義の裁判所において執行されなければならないと言うことである．従って，この最高の公共政策に基づき，この契約自由の原則に，人は，軽々しく介入しないよう考えなければならない[2)-13].

> 私は，彼が酒飲みであったし，大変強い振戦譫妄症（注．アルコール中毒症）であったと思うが，回復は可能であった，また大変しっかり書くこともできたと思う．自分で選択したのであれば，人は100%支払に同意することができる．人が愚か者であってはならないという理由はない．自分が望めば，人は，法によって愚か者であることも許される．（能力の低い者が）株式市場または賭博テーブルでギャンブルを行う，または自分の資産を道楽につぎ込むことを想定すれば，それは多分愚かな行為だが，それでも，法は，彼が愚か者であることを妨げたりしない[2)-14].

勿論，この判旨は，一般的なパブリックポリシーを超える'契約の聖域'の是認であり，それは'本人の意思能力（capacity）'にも影響されないとする，極めて個人主義的な思想といえるだろう．一方，議会または政治経済学者の見解は，社会動態に併せて変化して行った．

(2) 形式主義（Formalism）の発達とエクイテイの後退

　以上のような経済学的信念は，司法の場では，形式主義的法思想の発展に結びついて行った．同時に，形式主義に対してイギリスでは，後にアメリカで起きた学問的論争，即ち，現実主義（Realism：後述．第3章1節1.2）の立場からの厳しい批判はなかったようである．アテイヤは'イギリス法は，現実主義者の革命を受けた事がない'[2]-15 と述べているのだが，今日でも実感される，司法積極主義的なアメリカと消極主義的なイギリスとの背景を説明できる経緯の一つと理解して良いだろう．

　勿論，それが当時のイギリス経済に都合が良かったからであるが，'自然の秩序'には介入すべきでないとする自由主義経済学者の主張は，司法的には，特に契約事件では，コモンローの裁判官の次のような態度または信念に結びついたと考えるのは，極めて，自然の成り行きであった；

① 全ての法は，法理または原則に依拠している，それらは先例から演繹される，

② 法は，基本原理に基づく科学であり，政策的判断は裁判官の機能ではない，

③ 裁判官の責務は純粋に受動的であり，解釈に限定される，

④ 事件を正しく判断するには，一つの（科学的な）方法しかない．

　つまり，形式主義は，当事者自治の尊重であるが同時に全く非介入的である．契約の結果（outcomes）に，裁判所は関与しないという意味で，一方が愚かな選択をしても，それは自由市場システムの一部であるとして突き放されてしまう．正に，'買主をして注意せしめよ（caveat emptor；Chandelor v. Lopus, 1603)'である．契約の法的安定性を担保する意味では，直訳主義的（literalism）であり，書面性の要件を重視する傾向に結びつく．そして，裁判所がエクイテイ的な介入または政策的な判断をしないという態度は，仮に，社会的需要に応える必要が生ずれば，必然的に，議会の権能に期待せざるを得ない状況に繋がる．この時代，不公正契約条項を規制する法理が大幅に後退したのは歴史的必然であった．

価格の決定は全く当事者の自由に委ねられた．取引の安全を守る見地から約因の不相当（inadequacy）だけでは契約を無効とすることはなくなった（Mortimer v. Capper, 1782 ; Adams v. Weare, 1784 ; Griffith v. Spretly, 1787）．道徳的義務（the moral obligation doctrine）も約因たりうるとの考えも放棄された（Eastwood v Kenyon, 1840）．制限的取引慣行も規制されなくなった．それは，契約自由の範囲内（Wickens v. Evance, 1829）の問題なのである．

裁判所は，自然法的な信念に従い行動し始めたのかも知れない．そこで彼等は，財産権は保全されなければならない，契約は，守られなければならないと考えていたのだろう．その目的のために設計されたルールは，純粋に，法的なものだと考えられていたのかも知れない．しかし，純粋に法的なものとして承認された法準則は，事実上，自由取引市場を満たすための経済学者の主張と同じものであった．

形式主義の成長はエクイテイの衰退と同調した．アテイヤによれば，それは，この時期，大法官を務めたエルドン卿（John Scott Eldon：1801〜6, 1807〜27)[2)-16]の個人的性癖にも原因があったのである．彼の優柔不断な性格と審理の延長傾向は，大法官府裁判所に持ち込まれるケースの激減を招いた．これは，コモンロー裁判所の業務増大と裏腹の関係にあった[2)-17]．1839 年，当時の指導的な執筆者であり大法官府裁判所の実務者でもあったジョージスペンス（George Spence）は，'現状では，何んらかの合理的な結論に到着するだろうとの希望と反対の考えを懐いた者でなければ，誰も，大法官府裁判所の法廷に入ることはできない[2)-18]' と皮肉に述べている．また，1851 年には，破産裁判所のコミッショナーフェン（Fane）が，庶民院の委員会に，'実務的には，パートナーシップの会計に関する紛争で，大法官府裁判所の判決を得るのは殆んど不可能である' と告げた記録がある[2)-19]．正に，時代の要請に応えられない古いシステムの弊害が推察される事態である．そうして，最初の高等法院法（Judicature Act）が 1873 年に成立するまで，エクイテイ裁判所は，ひどく不自由な状態で，衰退の一途を辿った．

一方，この時代の法システムに深く浸透した形式主義的法思想は，契約の法

的安定性と迅速な取引の確定を求める時代の要請に適合しており，また，経済の拡大に伴って，コモンロー裁判所に大量に持ち込まれた取引ケースを能率的に捌くにも適していた．そして，客観理論の登場によって，更にその支配力を強固なものとしていった．

　もっとも，彼等は，このような契約自由の原則に基づく判決は，個別のケースでは当事者にハードシップを強いることがあることは承知していた．しかし，彼等は，仮に，現在裁いているケースの結果が苛酷だと思われても，それは，司法判決がもたらす長期的な教育的効果（抑止力または矯正力）で正当化されると考えていたようである[2)-20]．

(3) 個人主義と契約自由

　産業革命の進行に伴う，人口の増大，就業構造の変化，専門職及び頭脳労働者の増大は，18世紀的な同質的小集団による社会構成を根本的に変化させたと思われる．人口移動は，地理的にも心理的にも，人々を村落共同体から切り離した．都市部において，技能労働者（職人）に身分保障をもたらしていた慣習的な組織であるギルドや同業組合（City Corporation）は，独占的であるとして，攻撃され続けた．新興階級としての，個人企業家，商人及び専門職は，もともと，極めて個人的に独立した存在であった．紡績工場主と紡績工の関係は，地縁関係にとらわれない，出来高払いの雇用関係になった．上位の職位にある使用人についても，必然的に，非人間的で賃金だけの関係になっていった[2)-21]．このような金銭的結びつきだけの関係（cash nexus）は，必然的に個人主義的であり，契約を媒介することなしには成立しなかった[2)-22]．専門化，分業化も，必然的に契約関係の増加をもたらしたと思われる．

　要するに，1770年から1800年頃のイギリスでは，社会の構成要素が，急速に個人単位となり，彼等は，それぞれ自立（self-reliance）せざるを得なかった．周辺との関係は，多角的ではなく，二者間の関係として形成され，与えられたり課されたりするものではなく，本人が選択するものであった．社会は，単に二者間の関係の集合体として存在していたに過ぎない．メイン（Sir Henry

Maine) が,'身分から契約へ (from status to contract : 1861)' と評した状況である[2)-23]．

当然のことながら，このような，社会的メカニズムとしての個人主義に基づく自由経済は，富の再配分機能を持たず，大きな富の不均衡をもたらした．そして，深刻な社会現象をもたらした．現に，当時のロンドンの治安は，非常に，悪かったようである[2)-24]．最低賃金制度の保護を離れた労働者層 (working class) には，何も良い事がないと感じられたであろう．彼等が団結して (trade union を結成して) 待遇改善を求めるようになるのは想像に難くない．また経済の大型化は，企業家の側にも，個人経営からパートナーシップそして法人化への動きをもたらした．つまり，社会の構成単位が個人を離れて集団化する現象 (collectivism：集産主義) が，反作用として，生じていたのである．

そして，産業化によって成功した中流層自体が，この時期の個人主義がもたらした弊害の是正，即ち，街における法と秩序の回復，スラムや不衛生な住宅環境の改善，日常生活またはビジネス上の規律の回復及び債務の支払並びに契約の遵守を求めた．彼等は，社会生活に品位や優雅さを求め，奴隷貿易，さらし台 (pillory) や公開処刑，子供の煙突掃除夫，炭鉱での女性労働に反対した[2)-25]．つまり，実体的な「社会的メカニズムとしての個人主義」は，比較的早い段階からその併害が指摘され，機能を失っていったのである．ただし，「理念としての個人主義」は，その後もコモンロー諸国に深く根付いていったことは説明を要しないだろう．

このような社会情勢は，当然，司法／立法／行政間の機能分担に影響を与えた．また契約自由の原則も，個人が集団の統制に服す意味で制限されざるを得なかった．19世紀の中頃までには，議会の立法権能は，著しく強化された．その当時，オックスフォードの教授であったダイシ (A V Dicey)[2)-26] は，この時期の立法の中に，二つの傾向を識別している．即ち，契約自由または個人主義を助長した立法と集産主義 (Collectivism) を擁護した立法の流れである．彼は，前者の影響力が強かった期間を 1825 年から 70 年頃，後者の影響力が強かった期間を 1865 年頃からと考えていた[2)-27]．前者の例としては，庶民院の特

別委員会が，あらゆる介入が有害であるとの信念の下に成立させた，旅客法の全廃（1826, 27：ただし，1828年には，新法として復活，1842年には，完全に事業規制法的内容に戻った），1834年の救貧法（Poor Relief Act, 1834）改正，更には，ピール内閣（1841～46）の時に行われた穀物法の廃止などがある[2)-28]．後者の例としては，1871年に成立した労働組合法（Trade Union Act, 1871）及び1844年の会社法（Gladston's Companies Act, 1844），有限会社法（Limited Liability Act, 1855）の成立が指摘できるだろう．この後者の傾向は，現実の社会改革に根差したものであり，実体法の変更を伴うものであった[2)-29]．それは，後に，アテイヤが述べたように'完全に，新しい社会の創造を始めた，新しい実業家または企業家によって構成された中産階級がもたらしたもので，選択の自由と契約自由の規律を，社会または経済のコントロール方法としての，行政権または行政手続に置き換える'[2)-30]効果をもたらしたのである．

このこのような意味で，この時期の立法は，古典的政治経済学の影響が強く現れると同時に，次に述べる，多数決原理並びに社会工学的な視点に基づいた政策をも取り込み始めていたと指摘できるのである．これは，二つの副次的効果をもたらした．その一つは，裁判所が政策立法の複雑性を嫌って，議会主権の影に隠れ，中立的な態度に終始するようになったことである．それは，彼等が新たな法を策定する責務を，実質的に，放棄したことに等しい[2)-31]．また，これは，立法を介してではあったが，原則が後退し，現実主義に道を譲り始める端緒となったのである[2)-32]．

（4） 現実的対応と理論的対応

a） 労働者保護

ⅰ） 結社の自由と労働組合

古典的政治経済学の理論は，契約自由を拘束する，全ての，独占及び制限的取引慣行の禁止と相容れない．そこで，結社の自由と契約の自由との間に抵触関係が生ずる訳だが，当時のイギリスでは，労働者が団結すること自体は，そ

れが個々の労働者が雇用者と取引できる自由を阻害しない限り，契約自由には抵触しないと考えられていた．しかし，拘束的な結合または合意を目的とした団結であれば，例えば，労働者の多数決により働かない合意をすることは，依然として，コモンローの犯罪的共謀であり起訴の対象であった[2)-33]．このような理論的背景以外の要因として当時の政治情勢がある．革命戦争（注．1792～1802：フランス革命政府とオーストリア，プロイセンとの一連の戦争）の勃発後，革命の輸出を恐れたイギリス政府は，労働者の団結を含む全ての団結を禁止した．1799年と1800年の団結禁止法（the Combination Act）がそれである．この法律は，1824年に緩和され，労働組合の合法性が基本的には認められたのであるが，それは，ナポレオン戦争（1805～15）が終わった後の世論に同調したものと思われる．ただし，その結果は，ストライキと暴力的防害の続発であった[2)-34]．1825年の修正法は，これの揺り戻しであった．25年法は，基本的には労働組合の合法性を維持したが，労働組合の決定が個々の組合員を拘束する方法は，かなり，制限された．個々の労働者は，依然として，個別的自由交渉が認められ，組合の多数決で少数を拘束することは認められなかった．

　イギリスで，労働組合法（Trade Union Act）が成立したのは，1871年である．この時から，個々の労働者にとって，多数決ルールが契約自由に置き換わったといえる．彼等は労働組合に参加するか否かの自由は保持したのであるが，労働組合に参加することは，予め行動の自由を放棄し，集団の利益のために多数決原理に従うことを意味した．ただし，このような拘束は，今日的に考えれば，社団（corporation）と社員（member）の関係などに広く見られるものであり，契約自由との関連を余り意識することなしに，社会一般が受容している問題だろう．

ⅱ）　労働条件の改善：工場法（Factory Act）の成立

　契約自由との関係で合法化が難航した労働組合の場合と異なり，紡績工場の労働条件の改善は，政治経済学者からの反論はあったものの，議会主導で比較的スムーズに進んだ．この分野の改善は，まず孤児の徒弟労働の改善（the Health and Morals of Apprentices Act, 1802）から始まった．自分自身が大きな紡績

工場主の息子であったロバートピール卿（Sir Robert Peel：1788〜1850. 保守党）の提案で，1819年法は，これを両親のある子供に拡大した．'子供は，フリーエージェントではないので，議会の保護を必要とする' という彼の主張に，議会内で余り異論がなかったようである[2)-35]．1830年代に入ると，子供だけでなく，大人の労働時間も制限すべしとの主張が顕在化して来た，いわゆる10時間運動（ten hours movement）である．その結果，ウィッグ党政権下で成立した1833年法（the Factory Act, 1833）は，9歳未満の子供の雇用を禁止，9歳から13歳の子供は1日9時間，14歳から18歳までの若年労働者は1日12時間までとし，実効性を担保するために，初めて工場検査官の指名規定を置いた．1844年にはピール政権によって，保護年令が21歳までに拡大された．この時には，未だ大人の労働時間を制限しない原則は維持されたが，1853年には，工場の稼動時間が12時間に制限される形（労働10時間プラス食事休み2時間）で結着した[2)-36]．

勿論，古典的政治経済学者は，不介入を是とし '大人の労働時間制限は正当化されない（Political Economy Club, 1844)[2)-37]' と議決したのであるが，議会のディベートは党派を超えて現実主義的であったことが窺える．

b) 高利の取り締まり（Usury Laws）

上記2例と異なり，理論派が完全勝利したのは，利息制限法の分野である．イスラムの教えで金利が禁止されていることは良く知られているが，キリスト教社会であるイギリスでも，金利を伴う金銭の貸付は少くとも理論上禁止されていた[2)-38]．しかし，16世紀の中頃から，経済の実体は，商業主義に移行し，キリスト教を離れて行った．合理的な金利は，受容する傾向が強まり，高利との区別が必要となった．一方，スコラ学派の間では，何が高利で，何時それは回収できるのかという議論が延々と続いたようである[2)-39]．因みに，当時の法定制限は，1571年法で10％，1623年法で8％であった[2)-40]．産業革命の全期間を通じて，法定利息は最高5％であった．しかし，当時は，商業主義の進行と技術革新に伴う資金需要が強かった時であり，利息制限を潜脱する貸付が横行

したことは想像に難くない．要するに，古典的政治経済学者の主張からすれば，これが弊害なのである．貸手は，取引の合法性の疑いで生ずるリスクヘッジのためにプレミアムを要求する．従って，借手は，介入主義の結果，より高い金利を強制されるのである．アテイヤによれば，18世紀の末までに，経済学者または法律家の利息制限法に対する見解は，否定的なものに統一された．しかし，世論は必ずしもそうではなかったようである．

その結果，利息利限法を撤廃する政府の試みは，数回の失敗（1816年，1821年）を経験した後，1837年に，12ヶ月以下の為替手形を利息利限法の対象から外すことに成功した．最終的には，1854年，完全撤廃に成功したのである．

もっとも，バインスのように，現実主義的な，鋭い分析を行った者もいた．彼は1845年に出版した「利息制限法の研究（Observations on Usury Laws）」の中で，借手が良い担保を提供できない場合，デフォルトのリスク計算が難しいために，問題が生じると主張した．これは，優良な担保を提供できる借手のコストと異なり，市場レートが存在するケースではない．更に，小額の借手，例えば，弱小商人の場合は，彼が希望した時に自由に行動できる訳ではない．彼等は，金貸しのなすがままに，または威迫の下で借入を行わなければならない．彼は，与信不足のためにビジネスが破滅するのを恐れて，自分自身の状況または資金不足を多分開示しない．その結果は完全な当事者間の不均衡である．しかし，今日では，容易に理解されるこの分析が，当時の立法と司法に影響することは余りなかった．

［参照注］

2）-1：主要参考文献　Atiyah (1)　p. 219.
2）-2：主要参考文献　Atiyah (1)　p. 295.
2）-3：William Pitt：首相在席　第1次　1783～1801, 第2次　1804～6.
2）-4：主要参考文献　Atiyah (1)　p. 506.
2）-5：Henry Addington；Lord Sidmouth：首相在席　1801～4.
2）-6：Robert Jenkinson：首相在席　1812～27.

2) − 7 ：主要参考文献　Atiyah（1）　p. 507.
2) − 8 ：David Ricardo（1772〜1823）.
2) − 9 ：George Canning：首相在席　1827〜8.
2) −10：主要参考文献　Atiyah（1）　p. 507.
2) −11：Herbert Spencer（1820〜1903）.
2) −12：Herbert Spencer：Social Statics（1851）pp. 146, 147.
2) −13：Printing and Numerical Registering Co v Sampson, （1875）per Jessel MR., LR 19 Eq., 465.
2) −14：Bennet v Bennet, （1876）per Jessel MR., 43 LT 246n., 247.
2) −15：主要参考文献　Atiyah（1）　p. 388.
2) −16：John Scott Eldon., Load Chancellor　在席：1801〜6, 1807〜27.
2) −17：主要参考文献　Atiyah（1）　p. 393.
2) −18：主要参考文献　Atiyah（1）　p. 393.
2) −19：Report of the Select Committee on Partnership Law（1851）HC　議会記録ⅩⅧ. I, 85〜7.
2) −20：主要参考文献　Atiyah（1）　pp. 395, 396.
2) −21：主要参考文献　Atiyah（1）　pp. 257, 258.
2) −22：主要参考文献　Atiyah（1）　p. 258.
2) −23：主要参考文献　Atiyah（1）　p. 259.
2) −24：主要参考文献　Atiyah（1）　p. 230.
2) −25：主要参考文献　Atiyah（1）　p. 231.
2) −26：Albert Venn Dicey（1835〜1922）. 1882年から Vinerian Proffessr of English Law；当時のイギリスで始まった大学での法学教育を担った，Maitland, Anson, Pollock などと並び評価される有名教授の一人（参照. 主要参考文献 Baker p. 171）.
2) −27：主要参考文献　Baker（1）　pp. 212〜220（特に, 215〜217）：Law Reform Movements.
2) −28：主要参考文献　Baker（1）　pp.212〜220　及び　Atiyah（1）　pp.506〜568：Ch. 16：Freedom of Contract in the Parliament（1770〜1870）.
2) −29：主要参考文献　Baker（1）　p. 216.
2) −30：主要参考文献　Atiyah（1）　p. 231.
2) −31：主要参考文献　Baker（1）　p. 217.
2) −32：主要参考文献　Baker（1）　p. 217.
2) −33：主要参考文献　Atiyah（1）　p. 258.
2) −34：主要参考文献　Atiyah（1）　p. 531.
2) −35：主要参考文献　Atiyah（1）　p. 538.
2) −36：主要参考文献　Atiyah（1）　p. 540.
2) −37：主要参考文献　Atiyah（1）　p. 541.
2) −38：主要参考文献　Atiyah（1）　p. 66.

2) −39：主要参考文献　Atiyah⑴　p. 66.
2) −40：主要参考文献　Atiyah⑴　p. 66.

3) 第3の時代：法の現代化と契約自由の後退（1870〜1979）

既に述べたように，この時代は，二つの大戦と戦間期及び戦後期を含む動乱の時代であった．そして，大英帝国の崩壊など，政治的にも経済的にも国際競争から，イギリスは後退を余儀なくされた．国家間対立，社会主義の台頭，そして戦争目的の遂行，これらの何れからしても，古典的経済理論及びレッセフェールと時代とのミスマッチは明らかであった．イギリスは，混合経済に移行せざるを得なかった．このような時代背景の中で，古典的契約モデルの失敗も，誰の目にも，明らかになっていった．イギリスは，この時代に古典的契約モデルから離れて行った訳だが，それは，一つには，混合経済に基づく必然的結果として，二つには，多数決原理に基づく選択の結果として，三つには，法理ではなく事実を重視する現実主義または経験主義に基づく判断の結果として受容されて行ったと思われる．

まずここでは，ある程度時間の流れを追って，この時代の特長を次のように要約しておこう[3)−1]．

① 1867年の選挙法改正で労働者階級まで選挙権が与えられ，民主主義と多数決原理が定着した．1880年代には，社会主義運動が始まった．

② イギリス社会の構成単位は，個人から団体に移り，多角的に結びつきを深め全体として有機的に構成された相互依存型の社会になった．それは，競争制限的な社会である．1870年代には，個人経営に代わって，主要産業が法人化され，また多くの中小企業が事業者団体（Trade Association）を作って団結した．加えて，国有企業が巨大な独占を確立する一方，労働組合も全国規模で団結した．1920年代末までに，イギリスは，古典的自由主義経済と別れ，混合経済に移行し

た．個人の自由選択の余地は大幅に減少し，契約の領域も価値も減少した．経済は集団化し，公共政策の名目の下で，自由競争は，大幅に制限された．

③ 国家対立，イデオロギー対立の時代にあって，中央集権的官僚統制国家が成熟した．混合経済体制の下で，政府の役割は大きく前進した．彼等は，公益事業の分野で直接経営を拡大する一方，介入的立法を次々と成立させた．その中には，社会主義的政策（または，戦争目的）に同調する不動産権の制限，借地(家)人への権利付与など，前世紀の法制を根本的に変更したものが含まれる．

④ 更に，1940年代からは，ケインズのマクロ経済理論が，イギリスの政治経済政策に影響を与え続けた．もっとも，彼がイギリスの政策にどの程度影響を与えたかを分析することは，この論文の目的ではない．ただし，彼は，1915年から1919年まで，大蔵省 (the Treasury) に勤めていたし，また，第二次大戦中に，戦後の国際通貨体制基礎を定め，後に，IMFの創設を導びいた，ブレトン・ウッズ協定で，大蔵省を代表して交渉に当ったこと，及び，1940年以降は，亡くなるまで同省のアドバイザーを勤めていたことを指摘しておけば充分だろう．更には，戦後初の，労働党内閣 (C. R. Attlee : 1945. 7～1951. 10) で蔵相を務めた，ドールトン (Hugh Dalton) のアドバイザーだったことも指摘できる[3)-2]．

⑤ ケインズの政策提言を一言でいえば；政府は，総需要を維持するために責任を持たなければならないということである．そのためには，財政中立論にとらわれることなく，インフレを生じない範囲内で，政府借入に基づく公共投資を推進しなければならないということである．彼は，マクロ経済学者であったので，彼の，政策提言は，契約法の構造に直接影響を与えるものではない．ただし，彼は，国際金融政策（外貨及び外国為替管理），国内金融政策（通貨供給及び金利統制），雇用政策としての公共投資，マクロ経済概念及び財政政策を利用した'管

理された経済'の推進論者であったので，古典派の政治経済学者が信奉したレッセフェールの概念を共有する者ではなかった[3)-3]．

⑥ 更に，戦後政治では，失業率の低下が政治目標とされた．1944年の雇用政策に関する白書は；戦後における高度で安定的な雇用水準の維持を，政府は，主要な目標及び責務の一つとして受け入れると述べている．その後，労働党政権は，許容できる失業率の最高は3%であると言明した[3)-4]．その背景には，何よりも，社会の中核に成長した労働者階級が生活の安定を求め，社会保障や労災保障など，保護的政策を求めたことがある．それには，政府の福祉権能の強化が必要であった．これは，後に「イギリス病」の原因になったのだが，サッチャー改革（1979年）まで変わることがなかった．

⑦ 法と経済理論，法と倫理との分離が進んだ．契約の領域では，原則（principles）の重要性が低下し，形式主義は，後退した．その代わりに，経験主義，現実主義が前進した．ケインジャンの政策提言の前進とは逆に，自然法思想に基づいたレッセフェールと契約自由の後退は，誰の目にも，明らかだった．

⑧ 裁判所の機能は，実態に即してまたは正当な解釈に即して，紛争を調節することが重視されるようになった．多分に，善良な取引慣行など外部規範に基づく類型的妥当性が意識されるようになった．技術的には，契約の目的論的解釈（construction）が行われるようになった．また，エクイテイに代わって裁判官の裁量（discretion）特に制定法に基づく裁量が重視されるようになった．その中には，利息制限法（Usury Laws）のように，契約内容の見直し（修正権）を裁判所に認めたものがある．また，その逆に，

⑨ 議会の立法権能が強化された結果，裁判官が政策的判断を示さないようになった．特に，イギリスでは，この傾向が第二次大戦後まで続き，皮肉なことに，これが形式主義的司法の延命につながった．制定法の文理解釈原則[3)-5]などは，その代表例として指摘できる．一部の

裁判官が，或る程度積極的な判断を示すようになったのは，第二次大戦後のことである．その代表格は，控訴院のデニング記録長官（A. T. Denning MR）だろう．貴族院が，自分自身に課した先例拘束の原則を緩和したのも，1966年のことであった[3]-[6]．ただし，この段階では，そして，今日でも，控訴院民事部（Civil Div.）及び一部の合議法廷（divisional court）では，この原則の緩和は，明確でないのである．

⑩ 耐久消費材，住宅などの個人消費，更には個人貯蓄，個人投資などが経済の基盤をなすようになった．これは，新しい社会問題を生じ，契約法上，消費者保護が必要となった．ビジネス契約と消費者契約を分けて解釈する傾向が定着した．技術的には黙示条項を契約に読み込むことによって，相当程度，問題解決が図られた．

⑪ 1950, 60年代以降，契約法の後退に反して不法行為法の前進が顕著であった．法技術的に契約責任の追求が困難なところでは，不法行為責任が追求されるようになった．これは，多分に，過失責任原則を離れて，潜在的にせよ危険性がある物（またはサービス）を市場に投入した者は，偶発リスクの保険人（insurer）でもあるべきだという思想と同調しており，ビジネス上の責任と一般の責任を区別して考えることを是認するものとなる．最終的には，厳格責任に繋がるものとなる．また，製造物責任，専門家責任，または全ての契約を通じて，人身傷害が厳格責任とされているのは，その典型であろう．この分野の法の発展は，1963年，貴族院が，経済的損失を生じた誤まった陳述に対して訴えが成立することを認めて以来，また，1995年，契約違反と不法行為責任の併存債務（concurrent liability）が認められて以来，契約違反と不法行為責任の関連で，被害者に有利な，法の大きな前進があった．これについては，後述；不実表示（第2章第2節1.1)）及び不法行為責任との関係（第2章第2節3.3)）の中で再度述べる．

アテイヤは，既に，1800年代から多数の介入立法（その中には，度量衡，取引

単位の法制化など，当時の感覚では詐欺防止のために必要だったのかも知れないが，今日の感覚で再評価すると，むしろ市場機能が円滑に発揮されるために必要なものも多かった）が議会で成立したことを見ても，古典的契約理論（モデル）の失敗は明らかだったと指摘している[3)-7]．その上で，古典モデルが妥当しなかった領域を；

　　第1に，外部コストの無視，及び第三者（債権者）との権利関係の調整．
　　第2に，独占及び市場の失敗．
　　第3に，消費者の無知から生じる問題，

に集約している[3)-8]．これらの諸問題は，現代法の課題としても解決を要するものであることは多言を要しないであろう．

　現代法的には，例えば；

　第1の問題でのアテイヤの指摘は，善意の第三者（債権者）との権利関係の調整に失敗したことが主題なのだが，今日では，全て契約を介して行われると言って支差のない経済活動（生産と消費）が，結果的に，より大きな外部コストまたは社会的コストの発生要因となっていることが指摘できる．環境分野で莫大な後処理費用（公的支出）などがこれに当る．特に，不法投棄などは，刑法または不法行為法だけでは対処しきれない社会問題になっている．

　第2の問題では，WTO体制の中で，1980年代から競争法の見直しが進んでいる最中である．そして，

　第3の問題としては，黙示条項の補充，製造物責任の強化等によって相当程度問題の解決が図られてきたのであるが，製造物に該当しない商品（コンピューターソフトなど）については，新しい問題が発生してくるだろう．

　この時代に生じた契約自由の後退の詳細はアテイヤに譲る[3)-9]として，ここでは，議会の介入が極めて遅く弊害が目立った小口金融及び競争制限の分野について，19世紀末から20世紀に入っての展開を具体的に指摘しておく．

(1) 小口ローン及び売買証書による貸付

　既に指摘したように，イギリス議会は1854年に利息制限法を廃止してし

まった．その結果は各種の高利小口金融の横行である．アテイヤによれば[3]-[10]，当時の一般的貸付単位は 50 ポンドだったようである．（期間ははっきりしないが）これに 50 ポンドの金利が付く．貸付の形は手形貸付である．借手は総額 100 ポンドの手形を何枚かに均等分割し（元利均等返済）事前に振り出す．ただし，一回の債務不履行でもあると，債務者は期限の利益を失い，直ちに全額の返済義務を負う．また，懲罰的金利も加算される．金融業にとって，この方法の「みそ」は；手形を振出させていることにより，債務者が常に「不渡り＝倒産」の恐怖にさらされていること．1869 年の債務者法（Debtors Act）で，約束手形上のデフォルト判決に 6 週間以下の禁固が可能だったことである．彼等は，数回の債務不履行に対しては，敢えて回収を急がず，全てを元本に繰り入れた新ローン（いわゆる借り換え）に乗り換えることを勧め，数回の借り換えで，短期間に貸付額を当初の数倍から数十倍にふくらませることができた．勿論手形貸付であるから，第三者の裏書きを求めることも可能であっただろう．

　同じ方法が，売買証書（bill of sale）によっても利用できる．売買証書は 19 世紀後半に，信用販売で引き渡した物品の所有権（または抵当権）を，代金支払完了まで売手が留保する方法として始まったもののようである．勿論，金融業者が作成した印刷標準書式が用いられる訳だが，売買に際し売買証書を発行し，対象となる物品のリストと，それらに関する権利が支払完了まで売手に留保されていること及び債務不履行の場合には，直ちに押収（または差し押え）が可能であることを約定する．買手は，債務者としてサインするだけである．1881 年庶民院の委員会に提出された印刷書式によれば，債務不履行とは；

① 物品の管理に手落ちがあった場合
② 債権者の安全を脅かす何んらかの行為を行った場合
③ 施設（premises）を又貸しした場合
④ イギリスを離れた場合
⑤ 逮捕された場合，または
⑥ 要求に応じて，料金のレシートが提示できなかった場合，

を含む様々な事態である．債務者が，その一つにでも失敗した場合には，債権

者は，債務不履行を治癒する如何なる機会も与えることなく，つまり，催告を要することなく '物品を押収できると規定されていた（注．リポ権（repossession）の行使）．

　この方法は，債務者が取得済の財産に対しても容易に応用（バイバックしてリースバック）できるし，判例[3)-11]では，事後取得する財産に対する担保権の設定も有効であったので，他の一般債権者の権利を侵害するものとして働いた．これは，優先債権として余りにも強く他の債権者にとっては完全に不意打ちになる．1845年以降，一連の売買証書法改正は，登録を要求することによって，不意打ちの予防を試みたが，その実効がどれ程であったかは疑わしい．なぜなら，1881年の議会証言[3)-12]では，殆どの証書が，債務者が破産状態にあるのを気が付いた後で作成されていたからである．地方的裁判所裁判官達は，1878年法20条（破産時に登録済の証書が破産管財人に優先する規定）の廃止を求めた．彼等は，これらの証書は，他の債権者に対して詐欺に当ると主張した[3)-13]．

　確かに，一連の法改正は，金利を統制することなしに規制を強化した，例えば，

　　① 1854年以降の売買証書の登録制：他の債権者保護
　　② 1878年法によるソリシターのアテスト：債務者への説明
　　③ 1882年法による30ポンド以下の売買証書の禁止：安易な借金の防止
　　④ 1882年法による書式の統一：約款の内容規制

などである．しかし，これらの法改正は，むしろ弊害の方が目立ったようである．例えば，登録制は，売買証券自体の信用を増し，ちょうど抵当証券と同じような流通を可能としたし，30ポンド以下の売買証書の禁止は，最低借入単位の切上げのために，小口資金を必要としている借り手に必要以上の借り入れと利払を強制することに繋がり，そして，ソリシターのアテストは，現実には，滅多に守られることがなかったと報告されている[3)-14]．

　いくつかの金融業者は強欲で有名になった．1897年庶民院の委員会で証言を求められた，アイザックゴードンは，古典的契約法の法理に基づき自分の行

為を弁護した；私は，自分のリスクで自分の金を賭け，自分が適切と信ずる方法で取引を行う完全な権利を持っている[3)-15]．彼は，実質 3,000〜4,000％の金利を課していることを認めている[3)-16]．彼の認識では，それは全て，契約自由と自由取引の範囲内なのである．その結果は，貸金業法（Moneylending Act, 1900）の制定である．若し金利が法外で，取引が苛酷または非良心的若しくはエクイテイ裁判所が救済を与えるようなものであれば，この法律は，裁判所に金融取引（moneylending transaction）のやり直しを認めたのである．つまり，エクイテイの後退があまりにも酷い権利の乱用を招き，更には，耐え難いものになったことへの反省である．ただし，方法論的にはエクイテイへの単純回帰ではなく，制定法に基づく裁量（statutory discretion）の形を採っている．

　残念ながら，問題は，これで終わりではない．19世紀末には，多分，売買証書法（及びファクター法）の回避を狙って，ハイヤーパーチェース契約が開発された．この契約の狙いは，多分，売買証書方式と全く同じものであるが，当事者は，物品の賃貸借関係に立つのであるから，そもそも債権者（lessor）にとって権利の留保という概念を追加する必要性がない．賃料の支払が遅れた場合には，ただ賃貸物件を引き上げるだけである．この方法であれば，第三者（他の債権者）の権利を妨げることはない．正に，この点に着目して，裁判所は，ハイヤーパーチェース契約は，売買証書法及びファクター法に触れないことを認めた[3)-17]．しかし，'再融資取引（refinancing transaction）'の場合は，現有する物品を，一旦，金融業者に売却し，それをリースバック（ハイヤーパーチェース）することであるから，先に指摘したように，事実上破産状態にある者の資産を担保として売買証書を作るケースと何等変わることがない．旧所有者は物品の占有は継続しているが，所有は，明らかにリース業者に移転しており，物品の差し押えの権利は，第三者と競合することなく，常に，リース業者にある．

　現代法的にみても，ハイヤーパーチェース契約は，様々な難題を引き起こしているのであるが，議会が，ハイヤーパーチェース契約に介入したのは，1938年である．そして，1964, 65年改正を経て，74年，消費者信用販売法（Consumer Credit Act, 1974) に拡大され，一応の，結着を見た．裁判所は；'全く法外 (grossly exorbitant : s. 138)' または '完全に，通常の公正取引原則に反する (grossly contravenes ordinary principles of fair dealing : s. 138) 契約' を，'公正を期するために (so as to do justice : s. 137)' 見直すことができるのである．ここにエクイテイ的裁量と別の判断が働いていると考えることは難しい．

(2) 競争法の後退

古典的契約モデルの深刻な失敗は，競争法の分野である．1870年頃から，イギリス経済は，国際競争力を失い始めたが，同時に，植民地戦争及び二度の大戦によって，彼等は，国力も失って行った．その一方で，国内的には同業者団体 (Trade Association) が成長し，制限的取引協定が一般的となった．市場分割協定，生産または販売数量協定，価格協定，再販価格維持協定その他である．イギリスは，既に，自立した個人が社会の構成単位だった頃に成立した古典法の理論が全く妥当しない社会に変化していたのであるが，契約自由の原則に慣れていた裁判官は，明白な違法性または性的非倫理性がない限り，全ての契約は，原則として，執行されなければならないと考えていたようである．

例えば，1875年には，4人の採石業者が共謀し，その1人だけがバーミンガムコーポレーションの入札に参加し，他の3人は，入札結果をシェアーする協定を結んだケース (Jonesケース)[3)-18] があった．原告は，甚だしい制限的取引協定であり，違法な謀議だとして協定破棄を求めた．しかし，裁判所は，原告請求から被告を守る反訴（差止請求）を認めただけでなく，バーミンガムコーポレーションの訴訟当事者適格すら認めなかった．

1890年には，有名な海運協定 (Mogulケース)[3)-19] が貴族院で審理されている．このケースは，船会社のカルテルが，支那茶貿易を行っている荷主に，カルテルに参加している船に積荷することを条件に，実質的な累積リベート (aggregated rebates) を申し込んだものである．原告は，カルテルから締め出された船主で，明らかに当該ビジネスから排除される危険があった．請求は，カルテル協定の差し止めである．法律構成は，事実上，原告等をお茶貿易から排除

した'共謀 (conspiracy)'による不法行為である．しかし，控訴院は，多数で，貴族院は，全会一致で，請求を棄却した．担当裁判官 (Bowen LJ) は，'若しカルテルのメンバーが独占的地位を利用しようと試みたのなら，新しい競争相手によって打倒されるだろう'と考えた．また'自由取引の国において，制度的な鋼鉄の体制でない限り，そのような同盟がいつまでも成功するという議論の余地のある推定'を拒否した[3)-20]．

　上記の引用からも明らかなように，この判決は，このカルテルの執行力自体を，厳密な意味では，認めなかったのであり，むしろ，カルテル自体は，それが本当に私的独占を形成しうるものであれば違法であり，協定の執行は，担保されないと読めないことはないようにも思われる．しかしその後，貴族院は，制限的取引協定の違法性判断を避けるようになり，1894年には，Nordenfeltケース (Nordenfelt v Nordenfelt Guns and Ammunition〔1894〕A. C. 535) で，営業譲渡に伴う不争約款を容認し，1901年までには再販価格維持協定も裁判所が認めるようになった[3)-21]．

　その後も制限的協定が支持される判決が続いた．1909年，United Shoe Machineryケース[3)-22]では，製靴機械製造業者と機械の賃借り人の間の協定で，事実上20年間の独占を意味する，排他的使用義務を課した約款を枢密院 (Privy Council) は有効と判断した（注．後述：同じ協定が1915年，アメリカでは，連邦最高裁でシャーマン法違反と判決されている）．1913年には，石炭の生産カルテルを容認[3)-23]．1928年には，ホップの生産販売カルテルを容認[3)-24]．驚くべきは，1942年のCrofterケース[3)-25]である．そこでは，雇用者団体と労働組合の間で，競合製造業者が使用する物品の販売を禁止する協定が容認されたのである．制限的取引協定を使って私的利益を増加させたい企業家は，お互に団結できるだけでなく，労働者ともタイアップできたのである．勿論労働者達は，自分達の利益にもなると判断したのだろう．

　制限的取引慣行が侵害している利益は，概ね；

　　① 市場メカニズムが阻害される経済全般の不利益
　　② カルテル等から締め出された者が被る個別的不利益

③　協定当事者間の利益のインバランス,
に分類可能だが, 古典法の理論は, その何れにとっても, 満足な解決をもたらすことができなかった.

　何故イギリスは, これほどまでに制限的取引協定を容認したのだろうか？確かに法律論としては, いくつかの問題点が指摘できる. 即ち；
　　①　これらのケースが, 事実または証拠に基づいて審理されたのではなく, 専ら, 陪審抜きで, 法律問題として審理された.
　　②　法廷には, 公益を代表して主張立証するものがいなかった.
　　③　公益に反する, または違法性の証明がない限り, 当事者の判断は最善の判断であり, 公益の増進にも繋がるとの推定に依拠した等々,
民事訴訟手続法上の結果だったとする見方である. しかし, その主因は；
　　④　司法的には, 形式主義の失敗. 即ち, 古典的契約法理論, 契約自由の原則への信頼が余りにも強過ぎたのであり,
　　⑤　社会的には, 当時の市民自体が制限的取引慣行を容認していたからであろう.

　イギリス社会が制限的取引慣行に批判的になったのは, 第二次大戦終結後のことである. 例えば, 石油業界では, 巨大な先行投資の回収を容易ならしめるため, インテグレーションといわれる, 上流部門（資源開発）から下流部門までを一貫化した経営統合が一般的なのだが, 末端の小売店（ガソリンスタンド等）は, 契約に基づく専売特約店（ディラー）に依存している部分が多いのである. 専売特約店は, 一定地域（テリトリー）内の専売権を認められ, 元会社の商標を利用して営業ができる代わりに, 元会社からの一括仕入れ（必要量購入契約：requirments contract）に拘束される. このこと自体は, 商標権の利用許諾その他の営業的技術的支援及び品質保証などから考えて, 一応問題はないと思われ, 自動車販売, 飲料販売などでも広く採用されているものである. ただし, 特約店の系列移動が長期間拘束されていることから, 契約の有効期間については議論がある. 1968年, 貴族院は, エッソ石油ケース[3)-26]で, 安定的な販

売網を維持するために5年以内なら合法的だが，これを延長する合理的な証拠が示されなければ，21年間は長すぎると判示した．本件は，制限的取引慣行の法理に抵触するとされたものだが，ハドソン卿によれば，'公共の利益は，私人または私企業の利益に勝る'[3)-27]のである．これを，United Shoe Machinery ケース〔1909〕から Crofter ケース〔1942〕までと比較した時，余りの変わり様に驚きを禁じ得ない．このような変化は，如何なる背景から生じたものであろうか？

(3) 形式的契約自由から実質的契約自由へ

既に指摘したように，イギリス契約法が形式主義から離れ始めたのは，1870年代からと思われる．確かにこの時代は，政治的には，1867年の選挙制度改正，即ち，労働者階級への選挙権の付与，1880年代からの社会主義の勃興，そして，第一次（1914〜18），第二次世界大戦（1939〜1945）に繋がる，変革と動乱の時代であった．また，1945年以降は，ケインズ経済学と労働党政権下での政策運営が長かった．確かにイギリスは，混合経済に移行したのかも知れないが，自由主義経済に決別した訳でもなかった．むしろ，この時代の共通項を求めれば，端的にいって，一般大衆の発言力が政治的にも経済的にも増大していった時代であったということができよう．特に，戦間期，戦後期においては，戦時体制への反発もあって，リベラリズムが好まれ，個人の価値観の尊重が求められる傾向があった．その一方で，社会主義的な主張は，最初は，戦中期の全体主義的色彩に対する嫌悪感から，次いで，経験的に証明された計画経済の失敗から，次第に，色あせて行った．つまり，最近では，再び自由主義経済への信任が強まっているのである．

このような文脈の中で，契約自由の原則を評価すると，確かに，自然法思想，レッセフェールの哲学または形式主義と結び付いた契約自由は，大幅な後退を余儀なくされたのだが，理念としての個人主義の側面では'選択の自由'，'当事者自治の原則'との結び付きが大幅に前進しなければならないという印象を受ける．

いうまでもなく，現代イギリス契約法は，約因の交換理論と客観理論で武装されているのだが，そこで，古典的理論の機能不全が生じた原因を，一般的には，'古典的契約理論が，交渉力の均等な当事者のために設計されていたから'と説明している．逆説的には，産業革命の結果もたらされた，経済の高度化，ライフスタイルの変化が，契約当事者間に交渉能力の不均衡を生み，これが古典的理論に機能不全をもたらしたのである．

その詳細は，次章に譲るが，ここでは，多くのビジネスが免許事業となり，契約自由に介入する多くの制定法が成立したことを指摘しておきたい．例えば；

① Increase of Rent and Mortgage Interest Act, 1915：家賃統制（戦時立法）
② Agricultural Holdings Act, 1948：農業用地借地人保護
③ Hire-Purchase Act, 1965：3種類の信用販売契約の包括的規制
④ Fair Trading Act, 1973：消費者保護
⑤ Consumer Credit Act, 1974：公正取引庁長官による信用販売業者の監督
⑥ Sale of Goods Act, 1979：消費者保護，品質保証の担保
⑦ Unfair Contract Terms Act, 1977：免責条項の規制

などである．

ただし，1980年代以降，これらの中でも特にパブリックポリシーに依拠した立法は，介入主義（paternalism）であるとして批判の対象になった．

［参照注］

3) -1：主要参考文献．Atiyah (1)　pp. 571～715. Part Ⅲ 'The Decline and Fall of Freedom of Contract'
3) -2：G. C. Peden. Keynes, the Treasury and British（1988）
　　；翻訳版．西沢保　1996　早稲田大学出版部．pp. 10, 49, 60, 71.
3) -3：前出　Peden, pp. 17, 33～43, 44～53, 75～77.
3) -4：前出　Peden, pp. 60, 71.

3) - 5：主要参考文献. Caenegem p. 20, 21.；Interpretation Act, 1978.
3) - 6：Practice Note (1966) 3 All ER 77；主要参考文献. Baker p. 201.
3) - 7：主要参考文献. Atiyah (1) pp. 506〜568. Part II Ch 16 'Freedom of Contract in Parliament'
3) - 8：主要参考文献. Atiyah (1) pp. 613〜626 Part III Ch 18 'Laissez-Faire and Freedom of Contract' Ch 19 The Decline of Freedom of Contract., pp. 681〜715
3) - 9：主要参考文献. Atiyah (1) pp. 571〜715 Part III 'The Decline and Fall of Freedom of Contract'
3) -10：主要参考文献. Atiyah (1) pp. 708~713 Part III 'Moneylenders and Bill of Sale'
3) -11：Holroyd v Marshall (1862) 10 HLC 191, 11 ER 999；Tailby v Official Receiver (1888) 13 App. Cas. 523.
3) -12：〔1881〕HC Parliamentary Papers, viii . 1, p. 83.
3) -13：前出　議会記録〔1881〕p. 83.
3) -14：前出　議会記録〔1881〕p. 64.
3) -15：〔1977〕HC Parliamentary Papers, Minutes of Evidence, xl. pp. 405, 652.
3) -16：前出　議会記録〔1977〕p. 558.
3) -17：Helby v Mathews〔1895〕AC 471；McEhtire v Cross-eye Bros.〔1895〕AC 457.
3) -18：Jones v North〔1875〕LR 19 Eq., 426.
3) -19：Mogul Steamship v McGregor and others 23 QBD 544., 判決維持. 23 QBD 598., 判決維持.〔1892〕AC 25.
3) -20：per Bowen LJ；前出　Mogul case pp. 619, 620.
3) -21：主要参考文献. Atiyah (1) p. 699.
3) -22：United Shoe Machinery Co., of Canada v Brunet〔1909〕AC 330.
3) -23：Attorney-General Australia v Adelaide Steamship Co.,〔1913〕AC 781.
3) -24：English Hop Growers v Dering〔1928〕2 KB 174.
3) -25：Crofter Hand Woven Harris Tweed Co., v Veitch,〔1942〕AC 435
3) -26：Esso Petroleum v Harper's Garage Ltd.〔1968〕AC 269 ff.
3) -27：前出　Esso case〔1968〕AC 269, 315 G.

4)　第4の時代：サッチャー改革と保護主義の後退（1979年以降）

　第二次大戦後の大英帝国の崩壊と輸出市場の喪失は，イギリス製造業に深刻な痛手をもたらした．所謂イギリス病である．
　アテイヤは，ミセスサッチャーの登場（1979年）以来，法の領域でも回帰現象が生まれたと主張する[4)-1]．彼女の民営化政策（privatization）は，制定法の分

野で，公的規制の緩和をもたらした．それは，経済学的には市場原理，競争原理への回帰であるが，法律学的には，選択の自由の尊重と契約自由への回帰となる．

　この回帰現象を擁護する，経済学（または制度学）的な主張を要約すれば；
　　① 市場原理の利用は，経済の効率化の有力な手段である，
　　② 規制，産業保護，補助金は，消費者が真の競争価格で物を購入する機会を奪う，
　　③ 干渉主義 (paternalism) は，自由市場を歪め，原価上昇を招き，市場を縮小させる，
というものである．

　例えば，貸家市場での借家人保護は，多分に，家賃統制 (rent control) に依存するが，これは家主の投資意欲を阻害し，優良な貸家そのものの減少を招いてしまった（わが国で借地借家法の改正が論ぜられているように，イギリスにも同じ議論があることは極めて興味深い）．最低賃金制も，労働コストを上昇させ，一定分野の産業基盤を奪い，むしろ失業を増大させたとの批判が展開された．

　これらの主張を法政策論として支援すれば；
　　① 契約自由に対する公法的規制は，個人の選択の自由を奪う，
　　② 一般市民は，既に，契約法的に洗練されており，干渉的な法的保護は必要ない，
　　③ 独占が市場競争を阻害するのであれば，規制緩和で競争を促進すれば良い，
　　④ 福祉政策（例．rent control）を契約法の領域に持ち込むのは間違いである．個人が国の福祉政策を肩代りしなければならない理由はない，
などの回帰現象擁護論に繋がる．これらの主張は，相当，激しいもので，動産売買法 (Sale of Goods Act, 1979) の商品性 (merchantability：通常購入する目的に適合する商品性の黙示の保証) をも攻撃する．彼等は，約因の額 (the amount of the consideration) の評価なしに商品としての品質 (merchantable in quality) は決められないと主張する．または，法的な品質保証なしに，より安い値段で買いたい

個人の権利を侵害すると主張する．例えば，有力な自動車会社は，一般的な保証（3年間または6万キロ）以上に，有料で保証期間の延長に応じているのだから，市場には，品質保証の選択の自由があると主張し，法的保証義務（duty of merchantability）に疑問を呈する．

このような現象は，契約法の分野，特に制定法の分野での新しい流れを形成するものと考えられる．即ち，市場競争を促進する法の整備であり，保護主義的な法規制の廃止である．このような現象は，市場での交換取引（bargaining）が均等な交渉力（equal bargaining power）の上で行われているなら全く正当である．この回帰現象は，18, 9世紀的な契約自由への回帰を意味するものでないことは確実だが，自己責任の強化に繋がるものとは考えざるを得ない．しかし，筆者の実務経験では，一般市民が既に契約法的に洗練されており，法的保護を必要としないほど自立しているとは思えない．ビジネスの分野でも同じようなもので，裁判所の介入が必要ない程，公正取引（fair bargain and fair dealing）が実行されているとも思えない．

［参照注］

4)－1：主要参考文献　Atiyah (2)　30 ff. '5 Developments since 1980 : Return to Classical Principles'

2. 要因分析：形式主義的契約法理論の修正

1) 交渉力の格差の増大

形式主義的契約理論が現実主義的思考から修正を迫られた要因は，ほぼ，経済の動態的変化に対応した契約慣行の変化に求められる．即ち，標準契約書の出現と普及，選択自由の後退，消費者契約の増大などである．ここに，客観理論と約因の法理が持つ制約が加わる．

（1） 標準契約書の出現と普及

産業革命以降のイギリス経済は，飛躍的に拡大し，鉄道その他の公共輸送（common carriers）事業及び大規模な製造業，商業，金融業の発達を見たが，これが，契約実務慣行に重大な変化をもたらした．即ち，標準契約書（written standard form of contract）の出現と普及である．このようなケースでは，契約は，一方当事者が，全ての条件を提示し，相手側は，それに従うか否か（takes or leaves it）の手続でしかなくなった．しかも，日常的な経済活動または生活に必要なサービスまたは商品は，大きな組織が供給するようになってきていたので，一般人は，これに従うより他に道はなかった．契約自由は，もはや，抽象的観念の世界に閉じ込められてしまった．

従って，標準契約の問題は，強過ぎる交渉力がもたらす，様々な弊害を内包するものとなるが，これが最初に認識されたのは，鉄道会社の輸送約款に含まれる免責条項であった．鉄道会社に輸送を依頼され，その管理下に置かれた（即ち，寄託された）[1]-1 品物に対して，コモンローは，厳格責任を課していたので，彼等は，約款で，責任制限（19世紀初頭の約款では，5ポンド）を始めた[1]-2．当初は，裁判所も議会も，この約款に好意的であったが，19世紀の始めには，この条項が，過失免責をカバーしているか否か疑問視されるようになった[1]-3．1830年の輸送法（Carriers Act, 1830 ; stat. 11 Geo. Ⅳ, c. 68）は，寄託者が割増金を払わないのであれば，事業者に10ポンドを超える金額の免責特約を許している．そして，この条文は，過失免責を含むと判示された[1]-4．1840年代に，この免責条項は，更に拡大され，鉄道会社は，'発生した損害の如何にかかわらず，責任は，一切排除される' という趣旨の約款を用い始めた；これは，不法行為上の過失と同時に契約違反をもカバーするものとなる．当時の裁判所は，これらの免責条項に友好的であった．なぜなら，'鉄道の発達は，社会に新しい利益をもたらしており，この発明をもたらした事業者は，鉄道輸送に付随する避けられないリスクから，自分自身を守る権利を認められて然るべき[1]-5' または，争いようもない原則に従って，'詐欺も違法性もない場合，裁判所は，契約の当事者が熟慮の上合意している条件は，それが如何に

苛酷なものであっても，有効と認めざるをえない[1)-6]'と考えたからである．この時までに，レッセフェールは，コモンローの中に深く浸透しており変えるのには遅すぎたのである．勿論，鉄道旅行が普通のことになっていた一般人にとって，これは，歓迎されるものではなかった．大企業が条件を提示すれば，それが，どんなものであれ，服従せざるを得ないことと同じであった．

　ここで，問題解決に動いたのも議会であった．1854年法（Railway and Canal Traffic Act, 1854）が成立した時，免責条項の問題は，貴族院で議論され，野党側から，強い批判が提出された．例えば，ブラハム卿（Load Brougham）は，鉄道の免責条項は，正当に取り扱うならば，強迫故に無効であるべきだ；なぜなら，契約条項に同意するにせよ，鉄道を利用しないようにするにせよ，公衆（the public）には選択の自由がないではないかと述べた[1)-7]．このため，同法には，次の条文が付け加えられた；鉄道に委託された物品について，鉄道会社は，コモンロー上の責任を排除または制限する条件の如何にかかわらず，当該条件が，第1審裁判官に'公正かつ合理的（just and reasonable）'と認められない限り，過失責任を逃れることはできない[1)-8]．これにより，裁判所は，現実には，任意の交換取引が行われていない鉄道の免責条項を見直す権限を与えられたのである．しかし，合理性基準に客観性を保つ困難性も認識され，その後の立法には，同旨の条文は，採用されなかった．他方，免責条項は，鉄道以外の契約にも広く採用され，その段階では，寄託に伴うコモンロー上の厳格責任を排除する特約という，当初の性格を離れ，広くコモンロー上の責任を排除または制限する条項に変質していたのである．そこで，裁判所は，自分達で，免責条項の効果を削減する方途を探し，有名な解釈のルール'起草者に不利に（contra proferentem）'に基づき，契約文言と矛盾しない範囲で，その効果を最も狭い範囲に絞り込んだのである[1)-9]．これにより，免責条項は，明白な言葉で免責範囲を指定していない限り，起草者を守ることはなくなった．

　しかし，問題は，ここでは終わらなかった．20世紀の中頃までに，標準契約の大量普及は，解決しなければならない社会問題を提起した．上に述べたように，標準契約書を利用した場合，契約は，合意の結果だということは，非常

に狭い意味しか持たない．多くの場合，固有の交渉の機会は，与えられない．契約条件は，一方が提示し，他方はそれを受諾するか否かの選択でしかない．しかも，このような契約を受諾しなければ，現代では，経済活動も日常生活も成り立たないのである．特長的なことは，商品を提供する方に有利であり，対価を支払う方に不利だということである．大きな組織は，法的資源（法律家の助言，契約書起案能力，訴訟対応能力）において優位にあり，相手には，契約内容を理解する能力がないことも知っている．不動産担保ローン（例．mortgage：譲渡抵当権付が多い），投資信託（investment trust），買取選択権付賃貸借（hire-purchase）の契約を読んで，その内容を正しく理解できる個人が何人いるのだろうか？これらの標準書式は，提示者の強い交渉力（bargaining power）に支えられて普及していく．それ故に，市場での競争から得られる利益と選択の自由を阻害する．確かに，この問題は，起草者に不利に（contra proferentem）という解釈のルールで，相当程度修正された．しかし，1950年代には，コモンローの裁判官の間で，厳しい意見対立を招き，更には，1970年代後半まで，論争が続いたのである（後述：第2章第2節 3, 4, 5）．

(2) 選択の自由の後退

　選択の自由の機会が低下した理由は，経済社会構造と無縁ではない．例えば，標準品の大量生産及び大量販売は，市場での選択の自由は阻害するものの，規模の利益をもたらすことによって製造原価を引き下げ，製造業者，消費者の双方に利益をもたらす．このような経済学的なアプローチは，効率化を優先する現代の取引全てに当てはまる．保険契約または不動産担保ローンでも，全ての契約者に同じ条件を守らせることで，単に金融機関の事務負担を軽減するのみならず，大数の法則により正確な損失率（loss ratio）の予測が可能となり，合理的な保険料または金利が提供できると主張することが可能だろう．政治的背景も考慮に入れなければならない．19世紀後半からの国家主義的な，または，社会主義的な政策によって，多くの産業分野が国有または公営の下で育成された．これら公営企業の提供するサービスは，国民（消費者）の利益の

ためという前提から出発しており，交渉の対象とされるべきものではなかった．この文脈から分かるように，現実問題として，市場に選択の自由がなく，それが政治的経済的に是認されるのなら，買手の自由は制約されても仕方がないという思想が生まれる．他方，議会も裁判所も，19世紀の中頃から，選択の自由を担保する環境が存在しない場合，契約への，立法または司法的介入による実質的な均衡の回復が必要との立場を是認していたのであるが，これも，選択の自由の後退を阻止することはできなかった．

しかし，このような短絡的思想は，交渉力の格差に由来する不公正を許し，独占と制限的取引慣行 (restrictive practices) による利益を許すことになる．現に，1870年から1950年の間のイギリス経済は，独占と制限的取引慣行によるネットワークに覆われていた（前述．第2章第1節 1.3）(2)：競争法の後退）．それは，選択の自由を制限し，経済の効率を阻害し，契約の自由と正義に関する疑念を生み，国力の低下を招き，結果として，批判や改革 (Mrs. Thatcher's reform, 1979) に繋がった．

ここまでの論点は，二つある；即ち，市場環境に，実質的な契約自由または選択の自由が存在しない場合，保護的立法または介入的司法判断で衡平を回復するか，または，市場の自由競争機能を回復して，後は，当事者自治に委ねるかの二者択一である．1850年代以降，何れにしろ，サッチャー改革までのイギリスは，この前者を選択したと評しても誤りということはないであろう．

(3) 保護の必要性の増大

比較的狭い社会環境の中での当事者間取引 (arm's length transaction) を前提にした，古典的な契約法は，交渉力の格差に余り関心を払っていなかった．その逆に，消費者を含む，当事者の属性（または階級：class）に着目した保護が必要との認識は，現代法上の課題で，これが広がったのは，一般に，20世紀に入ってからと考えられている[1]-[10]．しかし，このような，法政策発動のベースになった法技術は，黙示の保証 (implied warranty) の歴史を辿ることによって，相当古くまで遡ることができる．即ち，'買主をして注意せしめよ (caveat emptore)' には，いくつかの例外則が考えられたのである．

　その一つは，食料品または，飲料に関するもので，15 世紀の初頭から，コモンローは，明らかに，これらのケースを別扱いにし始めた．コモンローは，健康に有害でない食品の供給義務を黙示したのである[1)-11]．これは，後に，有害食品防止法（Adulteration of Food and Drink Act, 1860）に繋がっている．

　その二は，より広い適用可能性を持つ法準則の発展で，ワランテイーが存在しない場合でも；表示と異なることを知りて告げざりし売手[1)-12] または商品を検査する機会の与えられなかった買手[1)-13] には，ケィビァットエムプトールに一定の制限が加えられるという考え方である．

　その三は，製造物の供給者は，自然物の供給者より重い保証債務を負って然るべきだという考え方である[1)-14]．

　しかし，イギリスの裁判所が，訴訟方式（forms of action）と訴訟進行令状（judicial writ）にこだわっていた時代には，証拠上，明示の保証が擬制され黙示条項の挿入という法技術は使われていなかったので[1)-15]，この当時の判例を黙示の先例として扱うことは，出来るものではなかった．従って，黙示条項の作用は，主に，巡回陪審裁判の慣行（nisi prius practice）に隠れた問題であり，これらの記録が 19 世紀になって明らかにされ始めてから注目されるようになった．しかしながら，それ以前にも，取引慣行と都市裁判所の実績の研究が，少くとも，17 世紀末までに，黙示の保証が広く商人社会で受け入れられていたことを示している[1)-16]．また，18 世紀の王座裁判所の裁判官（Mansfield CJ）のノートブックの研究から，彼等が，事実審の証拠上の慣行を承知していたことも分かっている[1)-17]．

　1893 年に，それまでの判例法が，動産売買法（Sale of Goods Act, 1893）で成文化された時，起草者の Chalmers 裁判官は，法による黙示条項を，買手が，品物の受け取りを拒否できるコンディションと拒否できないワランテイに区分した．彼は，商品適合性（marchantability）と目的適合性（fitness）をコンディションに分類したのである[1)-18]．従って，これらは，債権債務関係が発生する'先行条件（condition precedent）' だということができる．しかし，今日の理解

からすれば，やや不思議なことに，同法の黙示条項は，コモンローの場合と同じく，全て，明文で排除可能な規定だったのである．そこで議会は，20世紀に入って，特定の種類の契約で，排除することのできない義務規定という政策を追求し始めた．これらを法が黙示する目的は，'取引プロセスを介してでは，自分達を守ることができないと認められる人々を守る'[1)-19]ことであった．これらの保護は，まず，不動産賃借人に与えられた；Increase of Rent and Mortgage Interest Act, 1915（戦時統制法）から始まった家賃統制（rent control），Agricultural Holdings Act 1948 による農用地借地人の保護などである．消費者保護では；Hire-Purchase Act 1965, Fair Trading Act 1973, Consumer Credit Act, 1974, Sale of Goods Act, 1979 などがある．更に，Unfair Contract Terms Act, 1977 も重要な機能を有していることは疑いの余地がないが，それは，後に，詳細に述べる．

［参照注］

1) -1 : 主要参考文献　Baker (1)　pp. 359, 360.
1) -2 : 主要参考文献　Baker (1)　pp. 359, 360.
1) -3 : Gibbon v Paynton (1769) 4 Burr. 2298 ; J. N. Adams, 7 Anglo-American Law Rev. pp. 140～143.
1) -4 : Hinton v Dibbin (1842) 2 QB 646.
1) -5 : Carr v Lancashire and Yorkshir Rly Co (1852) 7 Ex. 707.
1) -6 : Peek v North Staffordshire Rly Co (1863) 10 H.L.C. 473, 556 per Cockburn CJ.
1) -7 : Parliamentary Debates (HC), vol. 133 (3rd ser).
1) -8 : Railway and Canal Traffic Act (1854), 17&18 Vict., c. 31, s. 7.
1) -9 : 主要参考文献　Baker (1)　pp. 359～361.
1) -10 : 主要参考文献　Baker (1)　p. 359 ; 主要参考文献　Atiyah (1)　pp. 544, 545.
1) -11 : 主要参考文献　Baker (1)　pp. 336, 357 ; 主要参考文献　Atiyah (1)　p. 545.
1) -12 : per Frowyk CJ ; Note (c. 1506) Caryll Rep. 552, B&M 516 ; 主要参考文献　Baker (1)　p. 357.
1) -13 : Gardiner v Gray (1815) 4 Camp. 144 ; Laing v Fidgeon (1815) 6 Taunt. 108.
1) -14 : Jones v Bright (1829) 5 Bing 533 ; 76 Georgetown Univ. Jo. at 1974 ; Mansfield MMS, vol. I .356.
1) -15 : 主要参考文献　Baker (1)　357 ; Milson 77 LQR 279.
1) -16 : 主要参考文献　Baker (1)　358

1) -17：76 Georgetown Univ. Jo. at 1973 ; Mansfield MMS, vol. Ⅰ. 572.
1) -18：Sale of Goods Act, 1893, 56 & 57 Vict., c. 71, ss. 11〜14.
1) -19：主要参考文献　Baker (1) 359.

2) 形式主義の理論的不適合

以上に加えて，コモンローの理論に特長的な，客観理論 (objective theory) と約因の法理 (consideration theory) が救済を困難にした理由として指摘できる．

イギリス契約法は，客観理論（外面的表示としての契約条項の解釈を重視する）によってかなり支配されている．勿論これは，類型的アプローチと相当程度連動しており，契約の客観性に依拠することによって，当事者の個別の意思を直接問題とすることなく，法の安定性を維持しようとするものである．

最近の判決としては，ラドクリフ卿 (Lord Radcliff) が，この理論を上手く説明している．これは，影響力の強い判決としてアテイヤも引用しているものである．

> 問題は，当事者の現実の合意または意図ではなく，合理的な当事者として，如何なる合意または意図を持っていたのかという推定である．従って，われわれが知りたいものはその状況である．しかし，現実には，合理人を代表するものは裁判所であり，当事者が合理的に合意または意図すべきであったものを述べるのは裁判所になる．これで，裁判所が最終的に課す解決は，当事者の意図に基づく真意にあるのではなく，他の法準則と同じく，単純に，法準則に基づくことが明らかになる（注．Davis Contractors ケース〔1956〕AC．フラストレーションが使えるか否か争われた事件)[2)-1]．

この解釈論は，契約当事者の真の意思が問題なのではなくて，合理的な判断ができるであろう当事者として，如何なる合意をしたのか，または如何なる意図があったと推定しうるかを問題としている．逆説的には，契約当事者は，相手が合理人であるとの推定に立って，契約を結んで支差ないとの前提が成り立

つ．更に，イギリス人は，真意性の徴憑として書面性を重視する傾向が強い．この理論の下で契約を解釈すれば，仮に，合理人であっても，現実には，しばしば'錯誤'，'欺罔'または'威圧'の結果として合理的判断を欠き，予期せざる不意打ちまたはハードシップに遭遇する危険は無視できない．まして，当事者能力に格差がある場合は，どこからが不当かという問題が生ずる．

そこで，不公正契約条項は，しばしば，主観的テスト（substantive test）といっても支差ない法技術の対象とされてきた．それは，アメリカ法の表現（UCC§2–302オフィシャルコメント1）を借りれば，契約成立のルールの操作（manipulation）または隠れた方法（covert tools）と呼ばれるものである．

また，約因の不相当（inadequacy）も，コモンローが，理論上，不公正の認定に困難を生じる問題である．もともと，約因は，約束に法的拘束力を持たせるための必要条件であるが，一般的には，裁判所は約因の相当性，または契約内容の厳しさなどは問題としない[2)-2]．もともと，価値観は，極めて主観的なものだし，仮に，収益還元法に従って数理的に考えても，物の価値は，利用法によって異なる．つまり，価格は，用途と一体の関係にあるのであって，その決定権は，当事者にある．これこそが，経済自由主義と一体化された当事者自治の原則に則している．ところが，自由取引で有利なバーゲンを狙う者は，常に，この原則を利用しようとする．給付の不均衡などは意に介さないのである．特に，交渉力の不均衡が存在する場合には，強者は，その地位を自己利益実現のために利用することが可能であり，弱者は，強者の要求に屈するしか方法がない．それが行き過ぎれば，交換取引の実体は，一方的な利益の収奪に過ぎず，社会の富を減少することはあっても増加することはない．勿論，伝統的な理論でも，約因不相当が詐欺，威迫または不実表示などの結果であれば，契約は，取り消し可能である．これらには，一方当事者の悪意が働らいていることが多く，自由で任意な意思の合致と見られないことから，容易に納得できる．ただし，このアプローチは常に手続的公正の担保の範囲内であり，結果的公正を担保することはない．

結果的に，イギリス契約法は，現実を直視する修正の過程で，エクイテイに

起源を持つ法理に相当程度依存することになった．例えば，約因不相当のコントロールは，数々の例外則の対象となったのであるが，その一つに，'不当威圧の推定（presumption of undue influence）'がある．そこでは交渉力の不均衡が強く意識され，当事者間に特定の関係が存在する場合には不当威圧の推定が成立し，立証責任は転換し，当事者の反駁が認められない限り，契約は取り消し可能になる．

ただし，不当威圧の推定については，デニング裁判官が Bundy ケース[2)-3]の中で，一般ルールとしての存在を強く示唆したのであるが，80年代からの逆流現象の中で，今日，これは，見直しの過程にあるように思われる．これらのアプローチについては，黙示的品質保証によるコントロールも加え，判例検証の中で更に検討する．

以上，不公正契約を規制しなければならないという考え方が，社会的に定着した原因について記述したが，これを規制する権限が裁判所にどこまで認められたかという分析も重要なアプローチである．つまり，裁判所の権限（jurisdiction）が及ぶ範囲は，方法論的に，手続的公正（procedural fairness）の担保しか認められないのか，エクイテイの法理がそうであったように，場合によっては，契約条項を修正し，結果的正義（substantive justice）を保証することが認められるのかという視点である．

既に述べたように，当事者自治の原則を尊重する意味では，手続的公正を担保する以上の契約への介入は，なかなか，難しい．しかし，契約自由が無視している外部コスト及び給付の不均衡の実態に触れれば，結果的正義にも目を向ける必要がある．

［参照注］

2)-1：Davis Contractors v Fareham UDC,〔1956〕AC 696.
2)-2：主要参考文献　Treitel(1)　p. 70.
2)-3：Lloyds Bank Ltd v Bundy,〔1975〕QB 326.

3) 本節のまとめ

　まず，最初に，指摘しなければならないことは，この論文が対象としている'不公正 (unfairness)' という言葉自体は，極めて，慣用的な言葉で，契約法上，一定の法律的概念を伴った専門用語ではないということである．確かに，不当労働行為 (unfair labor practice)，不当解雇 (unfair dismissal)，不公正競争 (unfair competition) のように '不公正 (unfair)' を冠した専門用語はある．ただし，これらは，労働関係法または競争法上の用語で，その意味を分析したところで，この研究の目的に即したものにはならない．

　そこで，この研究では，主に，彼等の判例を分析して，個々の具体的な事実から，彼等が，必ずしも文言にとらわれることなく，如何なる行為を，'契約の取り消し事由' または '契約違反' 若しくは '不法行為' と認識して，如何なる 'ルール' で，如何に '救済' してきたか分析する必要があると思われる．そこから，'不公正契約' の一般概念を帰納することができるだろう．

　この作業は；契約の締結，履行，または違反と救済など，一連の段階をカバーして行う必要がある．勿論，この作業は，彼等の法準則が，契約類型別 (categorical) に発展してきた経緯を無視するものではない．むしろ，類型別のルールがどこまで抽象化され，不公正な契約技術を規制するルールとして，どこまで一般法 (general law) 化されたかを知ることが重要なのである．

　契約を類型別に考える傾向にもかかわらず，この研究の結果は，不公正契約を規制するルールの一般化 (generalization) が，かなり進んでいることを示している．また，彼等は，問題をできるだけ客観的な方法でコンロールしようとしているのだが，少くとも，契約の成立と解釈のルールの操作では，主観的テスト (substantive test) としかいいようのない方法が浮かび上る．その詳細は，順次，述べるとして，次の章では，不公正契約条項を規制する法理を，次の5項目；

　　① 契約成立 (incorporation) に関する法技術．

② 契約の解釈（construction）による内容規制．
③ 違反の深刻さ（seriousness of breach）に対応する規制．
④ 交渉力の不均衡（inequality in bargaining strengthen）及び，
⑤ 不法行為責任（breach of duty to care and skill），

からのアプローチに分類し，先例を引用しながら，その実態を解明することにする．

　既に述べたように，不公正契約条項を規制するためにイギリス現代法が行った修正は，古典法または近代法のミスマッチを修正する見地から行われているものであって，そこに，大系的，理論的構成を発見するのは，なかなか，困難である．
　ドイツの比較法学者ケッツ（Hein Kötz）は，共著，'比較法入門（An Introduction to Comparative Law）'[3)-1] の中で，しばしば，各国法は，異なった理論構成を採っており，それは，大きく異なっているように見えるが，そこには，数々の例外則が設けられており，現実の対立は，それほど，先鋭でない[3)-2] と述べている．また，イギリスでは，トリーテルが，大陸法系と英米法系では，それぞれ，出発点とする法理に，非常に，大きな相違があるが，そこには，多くの例外と制限が加えられており，その相違は，見かけほど大きなものではないと説いている[3)-3]．これは，各国法が現実主義的修正を行ってきた結果であると言っても支障ないだろう．イギリス法も全く同じ経緯を辿ったのである．そこでは，法技術的対応の積み重ねが繰り返された．このような理解も，また，次章以下の，判例研究を介して確認することになる．
　それでは，契約成立（incorporation）に関係する法技術から始めることにしよう．ここでは，欺罔的手段を弄して，相手側に不利な契約を結ばせる行為が規制される．

［参照注］
3) -1：Hein Kötz : M. C. L.（Mich），F. B. A.., Prof. Univ. of Hamburg.

: An Introduction to Comparative Law 3rd. ed. 1998. Clarendon Press・0xford（英語版）
3) -2：同書. pp. 484, 485.
3) -3：主要参考文献. Treitel(2)：Remedies for Breach of Contract s. 71.

第2節　イギリス現代法の焦点：
不公正契約を規制する法理の発達

1．契約の成立に関連する法技術

1）　不実表示（misrepresentation）

　不実表示の歴史は古く，既に，19世紀には契約の成立と関連する法理として，実体的な機能を果たしていた．
　イギリス法が採用した概念手段としての表示とは；

　　　契約の一方当事者（表示者）が契約前に相手側（被表示者）に行った事実の表明であって，契約条項（term）の一部にはならなかったのだけれども，被表示者が契約に誘導された理由（即ち，誘因：inducement）の一部を構成するものをいう．また，不実表示とは，事実上正しくない事実の表明である[1)-1]．

　これに対し，コモンローは，詐欺的不実表示（fraudulent misrepresentation）に限って取り消し（rescission）と不法行為法上の損害賠償（damages）を認め，他方，エクイテイでは，全ての不実表示に，取り消し（rescission）と原状回復（restitution）を認めるようになった．つまり，不実表示はコモンローとエクイテイの融合物なのである．また，契約前に行われた誤まった事実の表明という特質は，エストッペル，ワランティーまたは錯誤及びコモンロー若しくはエクイテイ上の何らかの義務違反と重複する概念となっている．そして，上記の最後の指摘は，不実表示が不法行為であることを示唆する．
　詐欺は犯罪である．契約がその手段に利用されたのであれば，そのような契約の効果は否定され，コモンロー上の救済が与えられるべきことに異論はない

だろう．ただし，一般的に，詐欺という用語には，相手の財物を詐取するような，一方当事者の動機を重視する要件が含まれる．コモンローの見解では，'詐欺罪は，彼が邪悪な心を持っていたことが示されなければ，どの裁判所でも訴追を維持することができない恐ろしいこと'[1]-2 なのである．ただし，民事上の訴訟原因として詐欺には，これより若干広い概念が含まれる可能性に注意する必要がある．この考え方を継承して，裁判所は，リーディングケース Derry v Peek (1889)[1]-3 で，'誠実な確信の欠如 (absence of honest belief)' を詐欺の必須要件としたのである．逆説的には，表示者が自分の表示を本当に正しいと信じていたのなら，彼が如何に愚かであっても，または彼が軽挙妄動若しくは過失に基づいて間違った助言をしたとしても，詐欺で責任を負うことはないという結論を導びいたことになる[1]-4．

　他方，エクイテイは，'相手側の表示に信頼を置いて自分の立場を変えた者は，表示に誤りがあったという事実だけで一定の救済を必要とする'[1]-5 という理念に依拠していた．

　Derry v Peek ケースは，誤まった事実を記載した「事業目論見書 (prospectus)」で株式を募集した，会社取締役の責任が問われたものである．この目論見書を発行した会社は，プリモスで路面鉄道の事業化を予定しており，議会に特別法 (Special Act) の成立を要請した．この特別法は確かに成立したが，馬力 (hose power) 以外の動力を使用する場合には，別途，商務省 (Board of Trade) の許可を条件としていた．因みに，同社は蒸気機関 (steam engine) の使用を予定していたのである．同社取締役の宣誓証言によれば，彼等は，特別法の成立を以って，蒸気使用の許可も当然得られるものだ，または（悪くても），何等かの追加措置若しくは合理的な要求に応えさえすれば，商務省の許可は得られるものだと考えていた．つまり，同社には（事実上または実質的に）蒸気使用の権利があると考えて，問題の目論見書を発行したのである[1]-6．彼等には，蒸気使用を前提にした事業計画が議会を通過した後で，商務省が蒸気使用の許可をしないことは夢想すらできなかった[1]-7．しかし，商務省は，これを許可せず，この事業計画は実現されなかった．控訴院は，このケースで，

'仮に，相手を，自分の陳述に基づいた行動に誘導するために，その正誤を承知することなく，または正しいと信ずるに足る合理的な根拠なく，正しいと断言し，相手がそのように行動し損害を被ったのであれば，法は，その当事者に損害賠償請求の権利を与えるべきと思う（Hannen 卿）'，または '事実，正しくなかったにもかかわらず，表意者が何等合理的な基礎なく正しいと信じていた場合には，損害を受けた当事者からの訴えが可能である（Lopes 卿）' と述べて，原告の訴えを認める判決を下している．しかし，貴族院は，全裁判官一致でこの判決を逆転した．

この時の，貴族院の，判断基準はハーシェル卿（Lord Herschell）の判決理由に良く現れている．彼は，二つのことを強調している．その第1は，この訴訟方式は，詐欺の訴え（Action of Deceit）と呼ばれるもので，単なるコモンロー上の訴えであるとの指摘である．このような裁判では，重要な事実の不実表示に基づいて，契約の取り消しを求める裁判とは基本的な相異があることに留意しなければならないのである．...彼の意見では，詐欺に対する衡平法上の訴訟方式などはないのである[1)-8]．その上で，彼は，コモンロー上の詐欺の訴えでは，原告に，現実の詐欺（actual fraud）の主張立証を求めている．彼は，控訴院の裁判官が採用した判決理由；即ち，'相手の行動を誘導するために或る断言をなしたる者は，仮に，それが正しいか誤りかを承知することなく，または正しいと信ずるに足る合理的な根拠もなく，正しいと断言し，相手が，それによって損害を被ったのであれば，法は，その当事者に詐欺で損害賠償の請求ができる権限を与えるべきと思う'[1)-9]，を完全に否定した訳ではないが，'正しいと信ずるに足る合理的な根拠' については，'極限まで踏み込んだ先例解釈が必要'[1)-10] と指摘している．そして，数多くの先例解釈[1)-11] から，'不注意または軽率に（誤まった）信念を懐いた者が，他人が，それに基づいて行動するであろう表示をした場合，彼は，非難に値することはあるにしても，詐欺という言葉が，Pasley v Freeman（3 T. R. 51）以降，今日まで使われたのと同じ意味では，それに該当しない' と判示した．...正しくないことを知って断言した時と同じ責任を負わせるためには，少くとも，'表意者自身に，正しいか

正しくないことを承知していないという認識があった（reckless misrepresentation）'ことが必要なのである．'そうでなければ，善意で誤った陳述をした者を指すことにもなる'という結論に達したのである[1)-12]．つまり，本件被告の行為は，未必の故意のまたは認識ある過失とまではいえないと判断されたのである．

Derry v Peek の原告は，請求を不法行為責任（詐欺）で構成した．この判決は，故意と過失の違いを強調したものと理解することができるが，貴族院が，少くとも，物理的損失（physical damage）に対比される意味での経済的損失（economic loss）のケースでは，過失による訴えは成立しないと判示したものと受け止められ，その後，約70年間，非詐欺的不実表示は，全て，善意不実表示と一緒に区分されなければならなかった[1)-13]．因みに，貴族院が，始めて，過失による誤まった陳述（negligent misstatement）を認めたのは，ヘドレイバイアン（Hedley Byrne, 1963）[1)-14]だといわれている．

このような，コモンローの，狭い，限定的概念手段から生じた救済の不充分性に対し，エクイテイ裁判所は，19世紀の中頃までに，善意不実表示に救済を与え始めた．善意不実表示を誘因として契約に入った者に，自分の選択で契約を取り消し，その義務から逃れる手段が与えられたのである．ただし，徐々に確立された当初のルールでは，特定履行の請求に対し，防訴抗弁として有効[1)-15]というものであった．原告側からの取り消し請求を正当化するには，もっと強い不実表示，現実には，詐欺的不実表示が必要との意見が有力であった[1)-16]．

このような概念構成から認識された問題点は，概ね，次の通りである[1)-17]．
① 当該陳述が，契約の一部になったか否かを決定するルールを必要とする．表示が契約の一部となったのであれば，原告の請求は，不実表示を離れて法律構成を採用できるし，また採用しなければならない．
② 如何なる訴訟原因を採用するかの判断は，多分に，認められうる救済の範囲または時効等の関係で，原告の関心事となる．若し，契約違反

と不実表示の請求権競合が認められるのであれば，少くとも，裁判の入口で，原告側は，法律構成の技術的リスクを大幅に低下させることができる．この場合，不実表示の中で，詐欺的と善意不実表示の請求権競合が認められないのは，上記，判例（Derry v Peek）から明らかである．残る問題は，契約違反と不実表示の請求権競合が可能か否かになる．

③　表示が詐欺的であれば，多分，救済を与えることに大きな問題は生じない．しかし，上記の理由から，原告が非詐欺的不実表示（善意不実表示または過失による不実表示）を選択した場合，原状回復で充分な救済が認められるか，不充分な時には，どの程度，補償理論を操作（manipulate）できるか考えなければならない．

以下，順次これらの問題を検討して行こう．

(1)　表示（representation）と契約条項（term）の区別

　この問題自体は，論理的に充分割切可能である．不実表示における基本命題は，契約以前に行われた陳述（statement）の効果なので，仮に，その内容が契約の基本に関するものであれば，それはコンディション（後述）に該当するだろうし，それ以外の付随的なものであれば，ワランティー（後述）に該当する可能性が高い．これに近い意見を表明しているのは，控訴院のデニング裁判官である．彼は，Dick Bentley Productions Ltdケース（1965）[1)-18]の中で，'若し，或る表示が，相手を契約に誘導する特定の目的を持って，交渉段階で行われたものであり，現に，契約の誘因となったのであれば，それは，一義的には，ワランティーを意図したと推定される基礎を提供する．．．．ただし，表示の当事者が，誤りを犯すに当り，本当に善意であり，善意不実表示の証明が本当に示されれば反駁を認めれば良い．そのような状況でも，彼が，その表示に拘束されなければならないとすることには不合理がある'[1)-19]と述べて，契約違反の方からアプローチした上で，善意不実表示の立証により，損害賠償から原状回

復へという責任軽減の余地を残す判断を示している.

ところが,このような契約違反の方向からの論理的割切は,先例上,満足できる結果を残したとは考えられていない.むしろ,必ずしも'過誤(fault)'への反駁なしに,契約違反の責任を免がれた,多くの,先例と一致させることができないとして批判されているのである[1)-20].確かに,これらの先例には,表示者に明らかな不注意があったもの[1)-21],または,明らかに,本気で引き受けた契約条項の一部であると決定するのに,裁判所が妙な消極性を示すもの[1)-22]が含まれている.それでは,イギリス法は,どのような基準で契約条項と契約の誘因となった陳述(または表示)を区分したのであろうか?

歴史的には,契約前に,契約に誘導するために行われた陳述が,単なる表示なのか契約条項なのかの区別は,事実の一つとして陪審に委ねられていたということである[1)-23].今日では,これが陪審に委ねられることは滅多にないが,オーソドックスな見解では,どのような意図(intention)で当該陳述が行われたのかという事実認定の一つだという見方が有力だということである[1)-24].

例えば,Heilbut, Symons & Co v Buckleton (1913)[1)-25]では,Moulton 卿が,付随契約の確認を主張するものは;そのような契約条項(terms)だけでなく,全ての当事者の契約の意思(animus contrahendi)の存在を明確に証明しなければならない[1)-26]と述べた.この時,彼は,'申し込みと承諾'の確定のために,この要件を必要としたのである.これは,単なる誇張(mere puff)や冗談,または怒りから発した言葉には法的効果はないとする見解[1)-27]の同一線上にあると見ることができる.

ただし,この見方は,約因の存在を契約の唯一の客観証拠と考える理論展開と整合しないとして,繰り返し批判されてきた[1)-28].その一方で,いくつかの類型(例:家族間の取り決め,労働協約)では,明らかに,約因の存在が認められたにもかかわらず,その取り決め(arrangement)が契約(contract)とは異なるとの理由で,司法救済(enforcement)には馴染まないとされた先例が,現に,存在する.そこで,ここでは,不実表示のケースをやや離れるのである

が，契約の意思（animus contrahendi）の要件が支配的とされたケースを見ておこう．

　例えば，家族間の'取り決め'では，当事者間の諍いで，しばしば，当初の約束が反故にされる．Balfour v Balfour (1919)[1)-29]では，アトキン裁判官（Atkin LJ）が'夫と妻との間で結ばれた，この取り決めは，相互約束を含む，または私が述べた約因を含む取り決めである．しかし，当事者は，そこに法的効果が伴うべきと意図していた訳ではないので，契約には，該当しない'[1)-30]と判示している．第二次大戦後も，この原則は，基本的には，変化することなく踏襲されている．Jones v Padavatton (1969)[1)-31]では，母親の希望に沿って，ワシントンでの仕事をあきらめ，ロンドンの親元に帰省した娘のケースが争われた．この母親は，1962年，娘の帰国に際し，彼女がロンドンで弁護士になるために，毎月200ドルの援助と自宅の一，二室の使用を認める約束をしていた．しかし，母親は，娘との諍いの後で，5年後に，家の占有を求めて訴を起こした．裁判所は，1962年の約束に有効な約因があることは認めたが，Balfour v Balfourの原則が適用されること，及び家族間の取り決めに法的拘束力はないとの推定は，反駁されたことはないと述べて，母親の占有権を認めている．'家族関係は，市場とは異なる，そこは取引を行うところではなく，無償の奉仕を行うところなのである'[1)-32]．

　同じケースで，Salmon LJは，もっとオーソドックスなルールからアプローチして同じ結論に達した．彼は，'契約の当事者が，苛酷な要求をするのとは異なる特定の状況（注．ここでは母娘関係）にあったという事実は，その当事者が苛酷な要求をする権利を持たない訳ではない'[1)-33]，'母親が自分の家を処分する権利または彼女が希望した時に，単なるライセンシー（日本法では，ほぼ使用貸借人に当る）の娘を立ち退かせる権利を取引で手放した証拠は何もない'[1)-34]と述べている．この取り決めを，ライセンスと見た判旨からは，意思のテストと交換取引（bargain）のテストが同じものでありうる示唆を受ける．しかし，トリーテルによれば，'誰も，当事者の意図に触れることなく，双互的約束が，取引であったのか贈与の交換であったのか述べることはできな

い'[1)-35]のである．ここで，バーゲン理論に'追加的な'意図の要件の要否は，必然的に循環論に陥ってしまうように見える．

この時期の別の裁判[1)-36]で，貴族院は，Balfour原則の適用制限の意向を示しているのだが，この原則は，更に，ビジネスライクな方向に拡大して行く．即ち，知人間の便宜供与約束と謝礼[1)-37]，無料パスの給付[1)-38]などである．これらは，単純ライセンスと契約を分けるケースにも該当させ得るので，約因の交換理論の中でも，或る程度，説明できるが，それと異なるケースもある．それは，集団的労働協約（団体協約：collective bargaining)[1)-39]のケースである．

労働協約は，一般に期間の定めがないこと，改訂が繰り返されること，妥協の産物として曖昧な文言が使用されることなどから，契約の意図が問題になる背景を含んでいる．そこで，ここでは，二つの問題，即ち；この種の取り決め自体の，司法的な執行可能性（enforceability）の問題と，更に，任意履行約束（ex gratia）の文言が含まれている場合の，司法的執行可能性を見ておこう．

前者に格好の先例としては，フォードケース[1)-40]，後者のケースとしてはEdwards v Skyways Ltd（1964)[1)-41]が適当だろう．

フォードケースは，被告を含む，同社との雇用関係にある労働者が加盟する19位の組合の連合団体が，同社と1955年から1969年の間に締結した3本の協約（Agreements）の効力が争われたものである．この協定は，主に，労使交渉の進め方を定めたもので，会社側が組合側に，交渉権その他の権利を認める代わりに，交渉中，組合側は，作業停止その他の違反ストをしないという条項を含んでいた．そして，同社は，組合側が協定に違反したとして，裁判所に，正規ストの一方的差し止め命令（ex parte injunctions）及び暫定的救済命令（interlocutory relief）の継続を求めたのである．裁判所は，このケースで，充分な約因（ample consideration）の存在を認めた[1)-42]上で，労働組合連合と単一の雇用者との間に結ばれた協約の直接的強制（direct enforcement）を制限する法律は，イギリスにはないので，問題は，コモンローの原則で裁かれると判断した[1)-43]．

そこで，裁判所は，当事者が如何なる'意図（intentions）'を持っていたか

発見する必要があると考えた．そして，これらの意図を'この時期に存在した意見の一般的状況，特に，彼等が，協定の締結に際し，自分達の意図を形成するために，必ず参照したであろう資料'[1)-44]から推定した．これらの文献の大勢は，Kahn-Frend教授の業績を継承するもので，'当事者は，法的拘束力を持つ契約を結ぶことを意図していない'ので，裁判所は，強制執行できないというものである[1)-45]．これらを参照して，裁判所が出した結論は，この協定は，'紳士的な義務の引き受け（undertakings binding in honour）の範囲に止まる'[1)-46]というものであった．この判旨を，純粋なバーゲンセオリーの範囲内で説明するのは難しい．この判決に黙示された政策は，集団的労働協約の中の，平和的紛争解決義務（peace obligation）は，当事者が法的強制力よりも社会規範または社会的統制の中で担保されるという選択をしたと解釈すべきなのであろうか？

後者のケース（Edwards v Skyways Ltd（1964））[1)-47]では，一人の余剰解雇パイロットへの支払約束（ex gratia payment）に契約効があるか否か争われた．裁判所の出した結論は，'協定の当事者は，明白な言葉を使って，自分達の取り決めが紳士協定であって法律協定ではないことを示すことができる'[1)-48]としたものの，'任意の（ex gratia）'という用語法は，'この取り決めが法的効果を持たない必然または推定を黙示しない'[1)-49]というものであった．

以上のような司法判断の状況に対し，ヘッペル（B A Hepple）[1)-50]は，法律関係を創設する何等かの追加的証拠を求めるアトキン裁判官（Atkin LJ）の判旨は，'通常の意味で，申し込みと承諾及び約因が存在する状況に拡大されてはならない．このような拡大を行う試みは，フォードケースのように，必然的に，不必要な法的フィクションの利用に繋がる'[1)-51]と批判している．

つまり，これらは，文書化されたと否とに関わりなく，約因を伴う約束を，全て，契約として扱うか否かの基準を扱っているのである．それは，約因に追加する'契約の意思'の要否について，イギリス法上，議論があることを示している．約因を伴う約束を，常に，契約として扱うか否かの基準の曖昧性は，不実表示では，契約前に行われた陳述が，契約の一部になったか否かを決める

ルールの曖昧性に繋がる.

　それは，訴訟原因を考察する場合，第2の問題，即ち，不実表示と契約違反の請求権競合を認めるか否かを派生させる．勿論，請求権競合を広く認めるのであれば，このルールの曖昧性がもたらす，法技術的なリスクは減少する．認めないのであれば，救済の範囲に影響するばかりでなく，法律構成如何によって門前払のリスクを抱え込む問題になる．これには，二つのタイプがある．

(2) 不実表示と契約違反の請求権競合

　第1のタイプは，或る陳述が契約締結前に存在し，そして，文書化された契約の中にも，同じ表現が見られる場合である．このタイプは，一般論としては，損害賠償が請求できる契約違反を選択した方が原告有利と思われるが，免責条項などとの関係で，契約の取り消しが可能な不実表示を選択した方が良いケースも考えられる．しかし，当該陳述が契約に'統合された (merged)'と考えて，不実表示に対する救済は，受けられないとする先例がある[1)-52]．第2のタイプは，交渉の過程で単発的に行われた陳述で，契約条項または表示の何れとも分類可能な時に生ずるものである．現実には，この分類は，原告の選択によって決せられる．契約に，表示の文言が記載されている場合と異なり，当該表示が，黙示的に契約に統合されているので，不実表示は選択できないとされたケースは見当らない．この良い例が，Leaf v International Galleries (1950)[1)-53]である．このケースの原告は，コンステーブル[1)-54]だといわれて購入した絵の引き取りを求めた．被告の発言は誤りであったことが立証されており，仮に，原告が，損害賠償を求めても勝訴するものだろう．しかし，彼は，善意不実表示での契約解除を求めた．控訴院は，コンディション違反に対する契約解除権が失なわれた場合[1)-55]，原告が，未だ，善意不実表示で契約取り消しができるか否か，明らかに，悩まされたが，このケースでは，原告の選択を認めたものの，消滅時効により取り消し権は失われたと判決した．

　以上の判例分析からは，契約違反と不実表示の請求権競合の帰趨は，判然としない．しかし，ファームストンは，判例法上の原則は，契約条項 (term) と

表示 (representation) のカテゴリーは，お互に排他的で，原告がこれを選択することは許されないと考えているのである[1)-56]．従って，原告側の選択は，状況に応じて，契約違反，詐欺的不実表示または過失による不実表示若しくは善意不実表示の何れかとせざるを得ない訳だが，その何れか一つだけを選択せざるを得ないものとすれば，一般的には，主張立証責任の負担が少ないエクイテイの'善意不実表示'を選んだ方が得策という判断が生ずるだろう．そこで，不実表示での原状回復で充分な救済が得られるのかという，第3の問題が生ずる．

(3) 原状回復と補償理論の操作

元々，エクイテイの裁判官は，自分達の判断には柔軟性があり，自分達の救済手段では，より現実的な原状回復が可能と主張している．ブラックバーン卿 (Bluckburn) は，エクイテイ上の司法権を行使するに当り；'裁判所は，利益の均衡に配慮し，また劣化に対する控除を行うことができる．また，私は，エクイテイ裁判所には，当事者を契約以前の状態に正確には戻すことができなくても，その権限の行使によって，常に，現実的に正しいことを実行する慣行があったと思う'[1)-57] と述べている．

勿論，損害賠償に比して原状回復の方が，必ずしも，救済レベルが低い訳ではないが，原状回復の場合，物理的損失に対比される意味での経済的損失は救済され難い．そこで，エクイテイの裁判官は，狭義の原状回復に追加する概念手段として，損失補償 (indemnity) を使った．ただし，この損失補償を，全体として，極限状態まで行えば，損害賠償と同じことになる．そこで，裁判所には，損害賠償と混交しない範囲内で，この概念を使用できる限界を明らかにする必要が生じた．ボウエン裁判官 (Bowen LJ) に依れば，'それは，当該契約の結果生じた債権債務関係 (obligations) として，正しく述べられていたとしても，全ての債権債務の補填を受けられるのではなく，当該契約によって新たに必然的に生じた債権債務でなければならないのである[1)-58]．

このボウエン裁判官の基準は，原状回復で認められる損失補償の範囲を比較

的狭く定めたものと考えられているが，かなり抽象的と思われるこの基準を理解するには，具体的な証例に当る必要があるだろう．それは，Whittington v Seale-Hayne (1900)[1]-59 に手際良く示されている．

　このケースの原告は，品評会クラスの家禽のブリーダーで，契約目的の農場施設は，完全に衛生的であるとの口頭説明を受け，リース契約の勧誘を受けた．この表示は，後の契約には含まれていない．従って，契約条項ではない．この施設は，本当は衛生的でなかった．水源には有害性があり，そのために，農場のマネジャーは，重病になった．また，家禽は，死ぬか無価値になった．更に，都市計画局（urban district council）から，施設及び住宅とも居住の用には適さないと宣告され，下水道の改修を命じられた．

　この裁判で，原告は，詐欺には当らないことを理由に，損害賠償の請求はできないことに同意したが，この契約に入ったことによりもたらされた結果に対し，損失補償される（indemnify）権利はあると主張した．この損失は，失われた家禽750ポンド，販売損失100ポンド，繁殖シーズンの逸失500ポンド，病気治療100ポンドを含む深刻なものであった．しかし，裁判所は，これらの項目は，損害賠償の請求では有効なのであっても，損失補償の請求では，認められないものであり，原告の権利は，リースの支払に要した金員及び計画局の命令で施設の改修に要したコストに限られると判示した．つまり，この契約が創設した債権債務関係（obligations）には，家禽小屋の建設及び飼育，農場マネジャーの居住または駐在は，含まれていなかったのである．

　小括：結局，伝統的な不実表示の法理に内在した諸問題は，司法的な対策が練られる前に，議会で解決が図られることとなった．それが不実表示法（The Misrepresentation Act, 1967）の成立である．この法律は，不遡及など適用範囲を定めた第5条及び6条を除くと，わずか3ヶ条の極めて短い法律である．更に，第3条は，免責条項の効果を制限したものなので，ここでの議論と対応する規定は，第1条と2条のみである．

　その第1条は，善意不実表示に基づく取り消し権の制限を大幅に緩和した．

即ち，不実表示が契約条項になったか否かに関係なく (s.1 (a))，不実表示に基づく取り消し権の行使が可能となり，また，契約が履行済の場合も，土地または人的財産の売買契約を含む，全ての契約で同じ請求ができることになった (s.1 (b))[1)-60]．これは，善意不実表示の請求に対する，全ての障害が除去されたことを意味しない；契約の追認 (affirmation)，請求の遅滞 (delay)，原状回復の不能 (restitutio in integrum impossible)，第三者の権利侵害 (intervention of third parties' rights) を伴う場合には，なお，制限に服さなければならない．ただし，これらは，不実表示法固有の問題というより，契約一般法の問題というべきだろう．

同法第2条が行った重要な変更は，当該不実表示が契約の一部になったか否か，または詐欺的であったか否かに関係なく（即ち，過失による不実表示も含めて），被告に損害賠償の義務を課したことであり (s. 2(1))，更に，善意不実表示の被害者に，取り消しの代わりに，損害賠償を与える一般権限を裁判所に認めたことである (s. 2(2))．このセクションは，二つの批判に応えるためのものであった．即ち，サブセクション(1)では，従来の不実表示法で損害賠償の請求ができる条件，即ち，当該不実表示が詐欺的であったか，または契約の一部となっていた（注．契約違反で法律構成できる）場合に限る制限を排除したことである．サブセクション(2)では，善意不実表示に対して認めうる，原状回復の範囲が現実に生じた損失に対して小さ過ぎるケースの，補償理論上の制約を回避し，更にその逆に，原状回復に要するコストが表示者にとって，苛酷に過ぎるケースの弊害も修正した．なお，技術的には，このサブセクションによる，原状回復に代わって損害賠償を認める権限は，裁判所が，契約は，存続したと見做した上で行使する，エクイテイ上の救済と位置付けられている[1)-61]．

この法律の制定の結果，裁判所が，判例法上，段階的に緩和してきた不実表示法上の制限は，原告側の法律構成の自由度が増したことによって，更に，実質的な変更がもたらされた．即ち，不実表示の請求では；

① 当該条項が契約条項になったか否かの別なく，損害賠償の請求が可能になった．

② 善意不実表示でも，取り消しと損害賠償は，代替可能な請求手段となった．
③ 若し，不実表示の被害者が，詐欺または過失で損害賠償請求権を持つのであれば，取り消しに代えて，または取り消しと共に損害賠償の訴えを起こすことができる，

ことになったのである．

　勿論，原告側は，損害賠償を選んだ場合，請求の基礎を契約違反とするか，不法行為とするか決めなければならない．この区別は，二つの意味で重要である．即ち，一つには，救済の目的が，契約と不法行為では異なることに由来する．契約では，契約が履行された時に，被害者が占めていたであろうところに彼を置くことにあり；不法行為では権利侵害（または義務違反）が行われる前の地位に彼を戻すことが求められる．二つには，因果関係（remoteness）のテストの違いに求められる．不法行為でのそれは，権利侵害（または義務違反）が行われた時の予見可能性に求められる；契約でのそれは，契約時であることが明白である[1)-62]．この詳細に入ることは，この論文の主目的ではないので，詐欺的または過失による不実表示による損害賠償の請求は，不法行為の請求であるという説が有力であること[1)-63]，また，不実表示法2条(2)項の請求，即ち，善意不実表示に対する損害賠償の請求は，このサブセクションが'契約が継続していることを宣言し，取り消しの代りに損害賠償を認める'と規定しているところに注目する必要があることを指摘するに止めたい．このサブセクションの文脈は，契約違反からアプローチすることを示唆しているように見えるが，ホフマン（Hoffmann）裁判官は，'s. 2(2)に基づく損害賠償は，表示がワランテイだった時に認められる金額を超えることは決してない．また，現在の目的で，それが下回る状況を議論する必要はない'[1)-64]と述べている．これは，契約違反の認定からアプローチして，損害賠償の額を決定するのだが，コンディション違反で認められる損害賠償とは，異なることを意味しているのだろうか？

　以上，不実表示からのアプローチが，表意者（または約束者）の陳述に着目

しているといえるのに対して，次の'契約成立のルールの操作'は，多分に，受約者の理解（または錯誤）に着目した法技術だといえる．次節の最初に述べる'証書否認の答弁'は，表意者の不実表示を誘因とする契約であるので，本節の中で扱うことも可能である．ただし，契約効果の否認という視点では，全部否認か一部否認かという違いはあるにしても，不実表示と，次に述べる'契約成立のルールの操作'には変わりがない．加えて，証書否認の答弁では，多分に，受約者の理解（または錯誤）からのアプローチが採用され，加えて，否認の効果が，'当初から無効（void ab initio）'となる点で，不実表示の効果，取り消すことができる（voidable）と異なる．そこでは，第三者の利益との抵触関係が扱われるのだが，法準則の連続性を意識するために，編集上，あえて，契約成立のルールの操作の最初に持って行った．

[参照注]

1)－1：主要参考文献　Furmston 275
1)－2：Le Lievre v Gould ［1893］1 QB 491, 498, per L. Esher
1)－3：Derry v Peek ［1889］14 App Cas 337 ; Lobban 112 LQR ; No. 31., 5 Times 625 ; Furmston p. 283.
1)－4：主要参考文献　Furmston p. 283
1)－5：主要参考文献　Furmston p. 276
1)－6：5 Times 625, 634
1)－7：5 Times 625, 634
1)－8：5 Times 625, 626
1)－9：5 Times 625, 629., per L. Hannen
1)－10：5 Times 625, 630
1)－11：Pasley v Freeman（3 TR 51）以降この時まで
1)－12：5 Times 625, 631
1)－13：参照：per L. Moulton, Heilbut, Symons & Co v Buckleton ［1913］AC 30, 49 ; 善意不実表示には損害賠償の余地がない；即ち，この段階での善意（innocent）は単に詐欺でないことを意味し過失を含む.
1)－14：Hedley Byrne & Co Ltd v Heller & Partners Ltd ［1964］AC HL（E）465, ［1963］2 All ER 575 ; 参照．Furmston 285
1)－15：Rawlins v Wickham ［1858］3 De G&J 304 ; Torrance v Bolton ［1872］8 Ch App 118

1) -16：Cadman v Horner ［1810］18 Ves 10 ; Furmston 295
1) -17：Happle ［1970］CLJ 122, 130~135 ; Furmston 274, 275
1) -18：Dick Bentley Productions Ltd v Harold Smith（Motors）Ltd ［1965］1 WLR 623
1) -19：［1965］1 WLR 623, 627
1) -20：主要参考文献　Furmston 318
1) -21：例．Redgrave v Hurd ［1881］20 Ch. D. 1
1) -22：例．Oscar Chess v Williams ［1957］1 All ER 325 ; 比較　Dick Bentley Productions Ltd v Harold Smith（Motors）Ltd（［1965］1 WLR 623, ［1965］2 All ER 65 ; Beals v Taylor ［1967］3 All ER 253
1) -23：参照：Power v Barham ［1836］4 A&E 437 ; Miller v Cannon Hill Estates Ltd ［1931］2 KB 113
1) -24：参照．Treitel(1)314~320 ; Furmston 273~275 ; Hepple ［1970］CLJ 28, 122 ~137
1) -25：Heilbut, Symons & Co v Buckleton ［1913］AC 30
1) -26：［1913］AC 30, 47
1) -27：参照：Treitel(1)149 Contractual Intention
1) -28：例．Williston on Contracts, 3rd ed., s. 21 ; C J Hamson's critique of the Report of the Revision Committee ［Cmd 5449］in 1938, 64 LQR 233 ; J Unger ［1956］19 MLR 96 on Simpkins v Pays ［1955］1 WLR 975 ; Hepple ［1970］CLJ 122, 127~134
1) -29：Balfour v Balfour ［1919］2 KB 571
1) -30：［1919］2 KB 571, 578, 579
1) -31：Jones v Padavatton ［1969］1 WLR 328
1) -32：Unger ［1956］19 MLR 96, 98
1) -33：［1969］1 WLR 328, 334
1) -34：［1969］1 WLR 328, 335
1) -35：Treitel(1)2nd. ed.（1966）105
1) -36：Pettitt v Pettitt ［1969］2 WLR 966 ; per Hudson LJ 983, per Upjohn LJ 992
1) -37：Coward v Motor Insurers' Bureau ［1963］1 QB 259；法律関係を創設する意図の不在を理由に契約関係を否認
1) -38：Wilkie v LPTB ［1947］1 All ER 258；従業員用の無料パスの契約効を否定；Gore v Van der Lann ［1967］2 QB 31：申請に基づいて交付された無料パスの契約効を認定
1) -39：例．Ford Motor Co Ltd v Amalgamated Union of Engineering and Foundry Workers ［1969］1 WLR 339
1) -40：［1969］1 WLR 339；参照：N Selwyn. Collective Agreements and the Law［1969］32 MLR 377
1) -41：Edwards v Skyways Ltd ［1964］1 WLR 349

1)-42：[1969] 1 WLR 339, 350
1)-43：参照：Trade Unions Act 1871, s. 4；労働組合間の協定の直接的強制を制限
1)-44：例：Report of the Royal Commission on Trade Unions and Employers' Associations [Cmnd. 3623, 1968], paras. 470〜474；Written evidence to that Commission submitted by Confederation of British Industry, paras. 172, 174；Ministry of Labour pp. 76, 80；Trade Union Congress, paras. 339, 341；Court of Inquiry into the causes and circumstances of dispute between the parties represented on the National Joint Council for Electricity Supply Industry [Cmnd. 2361, 1964], paras. 140；Industrial Relations Handbook (Ministry of Labour, 1961) 19.；Flanders, Clegg edn., Kahn-Frend in The System of Industrial Relations in Great Britain (1954) 55〜58
1)-45：参照：Flanders, Clegg edn., Kahn-Frend in The System of Industrial Relations in Great Britain (1954)
1)-46：[1969] 1 WLR 339, 356
1)-47：[1964] 1 WLR 349
1)-48：[1964] 1 WLR 349, 355
1)-49：[1964] 1 WLR 349, 356
1)-50：B A Hepple [1970] CLJ 122
1)-51：[1970] CLJ 122, 134
1)-52：Pennsylvania Shipping Co v Compagnie Nationale de Navigation [1936] 2 All ER 1167；cf. Compagnie Chemins de Fer Paris-Orléans v Leeston Shipping Co[1919]1 LLR 235
1)-53：Leaf v International Galleries [1950] 2 KB 86, [1950] 1 All ER 693
1)-54：Constable 1776〜1873；イギリス風景画家
1)-55：[1950] 2 KB 86, 91；[1950] 1 All ER 693, 695
1)-56：参照：Furmston 292
1)-57：Erlanger v New Sombrero Phosphate Co [1878] 3 App Cas 1218, 1278, 1279
1)-58：Newbigging v Adam [1886] 34 Ch D 582, 594
1)-59：Whittington v Seale-Hayne [1900] 82 LT 49
1)-60：参照：Halsbury's Statute of England., 675., General Note for s. 1.
1)-61：参照：Halsbury's Statute of England., 676. General Note for s. 1 & 2
1)-62：参照：契約違反；Furmston 607〜644.
　　　　　　不法行為；Salmond and Heuston. The Law of Tort., 20th ed. 515〜540
1)-63：参照：MacGregor. Damages, 15th ed. paras 1718〜1722；Winfield and Jolowick Tort, 14th edn p. 289
1)-64：William Sindall plc v Cambridgeshire Country Council., [1994] 3 All ER 932

2) 契約成立（incorporation）のルールの操作

　契約成立のルールの操作は，不公正な不意打ちから受約者を守る，法技術の一つである．不実表示が，契約前に行われた，'表意者の行為（正しくない事実の陳述）'に着目したのに対し，契約成立のルールの操作では，外形的には成立している契約の，全部または一部を否認するために，'受約者の意思（理解または錯誤）'に着目した法技術だといえる．そこには，立証責任の転換が伴う．契約成立のルールの操作には，次元の異なる，二つの問題が含まれる．即ち，契約の一部否認と全部否認のケースの違いである．

　契約の一部否認では，専ら，契約当事者間の債権債務関係の調整が課題であり，具体的には，免責条項の効果を規制するための，法技術としての側面が大きい．

　ここで，何が，不意打ちになりうるのか，われわれの，卑近な例から考えてみよう．原則的には，サインのある書面は，契約の効果を持つ証書であることが多い．物品の発注書，ホテルの宿泊カード，洗濯またはドライクリーニングの依頼などは，一方当事者だけのサインであるが，それを業者が受けとれば，申し込みと承諾となり，契約は成立する．また副本が署名者に交付されるのが通例である．ただし，署名者が，それを，契約書と理解しているかどうかは別問題である．ホテルの宿泊カードは，それが，法的には契約の一部であるとしても，単なる身元と宿泊予定の確認位にしか思われていないし，洗濯物と引き換えに渡された伝票は，単なる領り証だと理解されているかも知れない．一方，業者側は，自社の標準約款に基づいて契約が成立したと考えている．

　一般に，クリーニング代は安いものである．そのような安価な約因の見返りに，高い損害賠償義務を引き受けていては，商売にならない．一方，クリーニングを頼むお客は，自分では洗濯のできないデリケートで高価な外出着の洗濯と仕上げを，彼等の，専門技能に期待しているのである．しかし，業者の免責条項に従えば，実は，お客が，二つの潜在的リスクを引き受けている．高価な衣服が駄目にされるかも知れないし，洗濯に出していた間に（所有者の占有を離

れている間に）紛失または盗難に遇うかも知れない．それは，発注者（お客）が，コントロールすることのできないリスクであるにもかかわらず，業者側は，約款で低い賠償限度額を決めている．

　従って，相手側に不利な条項は，しばしば，不公正な不意打ち条項になる危険性がある．これと同旨のケースは，19世紀の中頃から，鉄道の利用または手荷物預かりの，免責条項の効力を巡って争われてきたので，通常，チケットケースといわれる．これらは，契約成立のルールの中では，一部否認のケースとして，主に，顕著性（conspicuous）の要件または黙示の保証（implied warranty）との抵触関係の中で解決されてきたのである．

　例えば，トリーテルは，次のように説く；

> 免責または責任制限を求める者は，当該条項が契約の一部として組み込まれていたことを示さなければならない．また，正しい解釈に基づいて，当該条項が現に生じた契約違反と（それに起因する）損失または損害賠償をカバーしていることを示さなければならない．若し，これが示せたとしても，彼は，未だ，当該条項が無効と判示されるかも知れない[2)-1]．

　この立証は，サインのある書面による場合と単なる通知による場合で難易度が異なるのであるが，判例上，若干の表現の違いはあるものの，相手が現実に当該条項の存在に気が付いたか，合理人であれば気が付いたであろう状況が存在しなければならないことを示している．勿論それは，契約成立時の問題である．

　これに対し，両当事者のサインがある書類があっても，そもそも，契約が成立していたのか否か争われるケースも発生する．つまり，契約の全部否認のケースである．これには，サインのある証書（deed）が詐取されたような，極めて深刻なケースが該当する．仮に，証書が，詐取されたものであっても，それに基づく権利が，善意有償の第三者に移ってしまうと原状回復は極めて難しい．そこでは，詐欺の被害者の原状回復請求権の及ぶ範囲と善意で権利を取得した第三者の権利の保全という，利害調整が重要なテーマとなる．善意無過失

の被害者の最後のより所は，恐らく，'証書否認の答弁（non est factum）'になるだろう．この答弁も，契約成立のルールの例外則であり，また善意有償の第三者の権利不可侵原則の例外則である．証書否認の答弁は，16世紀末のThoroughgood'sケース[2)-2]で，若し文字の読めない人が，証書の文面を，不正確に読み聞かされた後でサインしたとしても，彼は，それに拘束されないと判示されたことに由来している．このケースは，次に述べるFosterケース〔1869〕で，先例として引証されたものである．

イギリス契約法のテキストに必ず登場するチケットケースは，取り敢えず後回しにして，ここでは，証書否認の答弁から分析を始めることとする．

［参照注］
2) －1：主要参考文献　Trietel(1)　p. 197.
2) －2：Thoroughgood's〔1584〕2 Co. Rep. 9b.

(1)　証書否認の答弁（non est factum）

(1)　Foster v. Mackinnon　（〔1869〕LR 4 CP　p. 704）

事件概要：このケースは，高齢の資産家マッキノン（Mackinnon）が，ケント州サンドゲートで，鉄道事業の立ち上げを企図していた会社の秘書役カロー（Callow）に騙されて，為替手形に裏書をさせられたものである．彼は，近隣に資産を持っており，この事業に興味を持っていた．問題の手形は，クーパー（Cooper）が振り出した3千ポンドの為替手形で，振出しから6ヶ月後が支払日となっていた．この手形には，クーパーから被告マッキノン，次に　J. P. パーカー，T.A. プーリー，そしてA.G. プーリーまで連続した裏書があった．そして，この手形は支払期日前に，何んら，詐欺の通知を受けることなく，原告の手に渡った．原告は，これをA. G. プーリーの債務の一部として受け取ったものであり，善意有償の取得者である．

被告は，この裏書は自分の筆跡ではない，また自分は，為替手形を受領したことも裏書したこともないと主張したのであるが，原告の証人として呼ばれた，カーローの証言によれば；彼は，問題の'手形'を被告のところへ持参し，それは'保証書'であると説明して，そこに名前を記入するよう頼んだのである．実は，それ以前に，カーローは，会社が，銀行から資金を借りるために，被告に，保証書へのサインを頼んだことがあり；（その時は，何んの債務も生じなかったので）被告は，前に与えたものと同様の保証書にサインするのだと信じ込んで；その手形の裏面のクーパーの直ぐ次に署名したのである．カーローは，被告に，紙面の裏側しか見せなかった．しかし，現物は，通常の形式の為替手形であり，スタンプがあり，その印影は，紙面を透かして見ることができた．従って，このケースの法的な問題点は，次の二つになるであろう；
① 被告が，この書類にサインした時に，過失があったか否か．
② カーローの証言を正しいとして，詐欺的に取得された裏書に基づいて，被告に責任があるとすることができるか．

　首席裁判官説示：評決に先立ち，首席裁判官から次の説示があった．'若し，裏書の署名が被告のものでなければ，または，仮に，彼の署名だったとしても，それは，"保証書"だという，詐欺的表示で得られたものであって，かつそれが手形であることを知らずに，保証書だと思い込んでいたのであれば，更に，署名することについて，被告に，過失がないのなら，彼は，評決を得る権利がある'．
　これに対する評決は，説示の誤り及び証拠に反する評決により，仮決定（a rule of nisi）となったのであるが，結局，再審理（new trial）で，そのまま，確定判決（rule absolute）になった．

　判決要旨（Byles　裁判官）：原則及び先例によれば，仮に，視覚障害者が，または読み書きのできない人が，若しくは何かの理由で（過失の含みなしに）読むことを差し控えた人が，内容を偽って読み聞かされた書面契約を有する時に

は；視覚障害者または読み書きのできない人が署名した書面が，後に，読み聞かされた内容と全く異なる性質のものであることが明らかになるほど，読んだ人がサインした人をミスリードした時には；少くとも，（署名者に）過失がなければ，そのようにして取得した署名に効力がないことは明白である．またこれは，詐欺が存在する場合，詐欺で無効になるだけでなく，'署名（signature）に署名した人の意思が伴っていないからである'；言葉を換えれば，彼の名前が記された契約に，彼は署名しようとしたことはなく，従って，また，法的には署名したことにならないのである[2)-3]．

しかしながら，この原則が，流通証券に適用された場合，それは，限定的に適用されなければならない．これらの証券は，譲渡可能なだけでなく，国の通貨の一部を構成しているのである．善意有償取得者を守るために，この一般ルールの修正が必要である．従って，若し金額スタンプのない手形に名前を記入して，それを手放し，後に不正記入されても‥‥その手形がカバーする金額について債務が生ずる．しかし，そのケースは，サインした当事者が，自分が何をしているのか知っているのである：裏書人は，裏書を意図していたし，引受人は，引き受けを意図していた，為替手形は，金額，日付，期日そして名宛人を未定のままにされており，それらは，後に記入されるべきものであった[2)-4]．

しかし，現在審理中のケースでは，証拠及び陪審の認定によれば，被告に，為替手形を裏書する意図は全くなく，全く違う性質の契約に，サインしようとしていたのである．それは，彼が予定したものではなく，後に，彼の署名した文書が，結局，為替手形であることが分かったのである．これに関し，彼には，無過失責任があったとすることはできても，彼に，過失があったとすることはできない[2)-5]．‥‥彼は，証書の法的効果について騙されだけでなく，実現の内容について騙されたのである[2)-6]．これらの理由から，われわれは，首席裁判官の説示は正しいと考える．確定判決（rule absolute）．

小括：結局この問題は，手形を詐取された者と，その手形を善意有償で取得

した者との利害の抵触関係である．更に，流通証券の流通性を保証するというパブリックポリシーも関係する．手形を詐取した者とされた者との間であれば，法的には，詐欺または不実表示で争った方が，解決が容易かも知れない．しかし，そのような悪事を働く者には，通常賠償資力などなく，現実的な効果が担保されない危険性がある．善意有償取得者には，手形詐欺の責任がないので，手形を詐取された者の唯一の望みは，多分，証書否認の答弁になる．また，法理論的には，不実表示では，契約を取り消すことができる（rescindable）のであるが，証書否認の答弁では，当初から無効（void ab initio）なのである．これにより，否認の効果が，直接，第三者に及ぶこことなる．

前述の説示では，この答弁が成功する三つの要件；
　① 詐欺的表示に誘導された，
　② 全く別の種類の書面にサインするのだと信じ込んでいた，
　③ 署名することに過失がなかった，
を挙げているのだが，このうち過失の標準は，明らかに高齢者のそれをテストしているのである．一般に，裏書による保証は，手形などに固有の形式であり，通常の証書であれば保証人の署名欄は表面にくる．従って，被告には，問題の書面が手形ではないかと注意する義務はあったように思われるが，判決では，これらの事実及び法律問題に触れていない．そこから，この判決は，高齢者の注意能力を基準にしたものと考えざるを得ない．

これらの要件を，微妙に制限的に修正している最近の判例が，Gallie v. Leeケース〔1971〕[2]-[7]であるので，貴族院判決を中心として，この判例を少し詳しく見て行くこととしよう．

(2) Gallie v. Lee（〔1968〕1 W. L. R. 1190.,〔1969〕Ch. 2. 17.,〔1971〕H. L. 1004）
事件概要：このケースは，78歳の未亡人が，自宅の不動産賃借権（leasehold）を，信頼していた甥のパーキン（Parkin）に，贈与しようとしたものであ

る．ただし，自分が死ぬまで，そこに家賃なしで，住めることが条件であった．彼女は，甥が，この家を使って，お金を工面したがっていたことを知っていたし，彼の仕事仲間のリー (Lee) が，それに協力していたことも知っていた．一方，パーキンは，自分の名義で，不動産賃借権を取得し，ローンを受けることは望まなかった．別れた妻からの扶養請求の強制に繋がることを恐れたのである．そこで，彼は，リーに中に入ってもらい，住宅モーゲージを使ってお金を工面することを考えた；そして，このスキームの第1段階として，3000ポンドで，リーに，賃借権を譲渡する書類が作成された．リーが，お金を工面し，分割して，パーキンに支払うことを予定したのである．メガネが壊れていたので，未亡人は，この書類を読まなかったが，リーから，これは，（立合人としてサインしていた）パーキンへの，'贈与証書'であるとの説明を受けた後にサインした．その後，リーは，パーキンを介して'権原証書'も入手，これらを，ノーザンプトンの住宅保障協会 (Town and Country Building Society) に提出，モーゲージを設定して2000ポンドを調達した．しかし，そのお金は，未亡人へもパーキンへも渡さなかった．自分の債務の支払に充当したのである．そして，モーゲージの償還も行われなかった．

以上に基づき，未亡人は，non est factum に基づく，譲渡無効の確認判決と権原証書の返還または4500ポンドの損害賠償を求めて，リー及び住宅保障協会に対して訴えを起こした．

このケースは，確かに'贈与'が実は'売買'であり，また譲受人が'甥'ではなく'他人'だったのだから，Foster v. Mackinnon に従えば，全く別の種類の書類であることは間違いなさそうである．また，詐欺的に誘導されてサインさせられた事実も認定されている．

以上の事実認定に立って，第1審裁判所 (Stamp 裁判官) は；
 ① 原告がサインした譲渡証書は，彼女とリーとの間に対応するものと異なった性質及び類型のものなので，これは彼女の証書ではなく，また

第2章　本論：イギリス法の分析　89

　　　彼に権原を与えるものでもない．
　　② 証書の性質及び類型について，原告が不注意にも誤導されたことは，
　　　住宅協会に対する注意義務違反を構成せず，彼女の訴答は禁反言に当
　　　らない，
として，証書否認の答弁に基づく，譲渡無効の確認判決を与えている．

　これに対し，住宅協会が控訴．控訴審では，控訴院が貴族院と同じように，
先例拘束の原則を変更できるのか否かが問題となった．

　控訴審判決要旨（〔1969〕Ch. 2. 17.）：控訴容認：善意の住宅協会に対抗する
手段として，譲渡を無効にする証書否認の答弁は，次の理由で不成功であ
る[2)-8]．

　デニング裁判官：原告は，法律効果を持つ書類を読まず，その種類及び内容
について，他人の言葉を信用してサインしたのである．このようなケースに適
用されるべき原則では，彼女の証書に信頼を寄せて行動した住宅協会に対し
て，自分の証書ではないということはできない[2)-9]．控訴院は，貴族院同様，
自分に課した先例拘束を，誤りであったと破棄する自由を表明しなければなら
ない．この意味で，書類の性質と類型に関する錯誤の有無（void abinitio）と内
容に関する錯誤の有無（voidable）は，裁判所を拘束してはならない[2)-10]．
　原則は次の通りでなければならない；読み書きのできる成人が，法的な効果
を意図しながら，書類の性質，内容または効果について，他人の言葉に依存
し，自分では読まないで署名した時には，彼は，善意の第三者が，それに依拠
して行動する前に，詐欺または錯誤で，それを無効にすることはできるにして
も，最初から無効だということはできない[2)-11]．
　ラッセル裁判官：証書否認の答弁を成功させるに充分な証拠が示されていな
い[2)-12]．仮に，裁判所が認定した事実を認めるとしても，彼女が署名した書類
と予定していた書類は，何れも抵当権の設定によりお金を借りることができる

種類のものなので，全く違う類型のものだとはいえない[2)-13]．控訴院は，貴族院が，より強い理由で誤りを修正できるのであるから，自身の先例に拘束されるべきである[2)-14]．

サルモン裁判官：証書に記載された相手の特定に関する錯誤は，証書否認の答弁を成功させる錯誤とはならない[2)-15]．リーの不実表示が原告のサインを誘導したこと，及びそのような誘導が，証書否認の答弁に，必要不可欠であることが，事実に基づいて証明されていない．控訴院が，自身の先例に拘束されることは，魅力的でない制限だが，しかしそれは，全ての裁判所の宣言によってのみ変更可能である[2)-16]．

以上の通り，このケースは，控訴院で逆転されたのであるが，スタンプ裁判官の請求により，更に，貴族院へ上訴されたのである．上記の判旨から見て問題は，善意の第三者に対抗する二つの要件；①全く異なる書類であったか，②署名者の過失の有無にしぼられる．

貴族院判決要旨（〔1971〕H. L. 1004）：控訴院判決維持；善意の住宅協会に対し，この譲渡を無効とする証書否認の答弁は成立していない．原告のGは，彼女の書類だと信頼が寄せられ，金銭の貸し付けが行われた，明らかに，法的な文書に署名しており，それを，自分の署名ではないと否認することはできない．

リード裁判官：証書否認の答弁は，少くとも，書類の一般的効果を見出す努力を怠った者には適用できない．現に署名した書類と署名しようとした書類の間には，根本的または基本的差異がなければならない[2)-17]．

ハドソン裁判官：証書否認の答弁を支持する証書の差異は，全ての考察の，実体または物事の根源に迫る事項に依拠しなければならない[2)-18]．

ディルホーン裁判官：署名者が，予定していたものと何か異なった法律効果を持ったとしても，彼が，考えていたものと何か異なる内容を含んでいたとしても，充分条件とはならない．この違いは，書式を完成する署名者の意図には決して該当しないような，完全にまたは基本的な差異でなければならな

い[2)-19].

　ウィルバーフォース裁判官：或る書類は，同意の要素が全く欠けている時だけ，即ち，当該書類が及ぼした取引の効果が，意図した取引の本質または種類と全く異なる時だけ（取消可能と異なる意味で）無効と判決されなければならない[2)-20].

　実質的に，このテストは，良く理解されている現代の慣行の中で，性質と内容の区別から離れていることを除いて，Thoroughgood (1584) 及び Foster (1869) から異なるものではない．ただし，この一般テストには，一定の敷衍が必要である．

　第1に，意思の欠缺は，この結果をもたらした問題なのであって，結果をもたらす手段ではないのである．詐欺それ自体は，契約を取消可能にする以上の何物でもない[2)-21].

　第2に，通常の教育を受けた人は，自分自身で書類の目的及び効果を確かめなかったからといって，そこに署名した結果から逃れられない[2)-22].

　第3に，詐欺に対して，署名者が通常の注意を払わなかったケースがあることである．1911年までは，法には，明らかな合理性があった：Foster ケース〔1869〕（前出）で，過失は，この答弁の利益を奪うとしている．Bragg's ケース〔1911〕[2)-23] 以来，譲渡証券のケースを除き，'単なる不注意'は，無効ではなく当該書類に完全に依存した第三者に対する注意義務を伴うものでなければならないとされた[2)-24]．私の意見では，Bragg's ケースまでの多数意見は，書類に署名した後で，それを手放し，他人に渡した者は，通常の慎重さを有する人が署名に際して払う注意義務を有するのであって，若し，これを無視すれば，その書類の本旨から生ずる債権債務関係を否認する権利を失うのである....従って，Bragg's ケースは，誤りであって，もはや先例として引証されてはならない[2)-25].

　文盲，視覚障害，理解力不足などの人については，この法にジレンマがある．一方で，法は，伝統的に，また適切に，彼等を，ハードシップまたは他人に押し付けられた負担から救済することができた．他方で，署名者の状態また

は立場を知る由もない，善意の第三者の立場に注意を払わなければならない．私は，全てのケースに適用できる特定の解決法があるとは思わない．私は，合意が本当に欠けていたとしても，法は，このクラスの署名者に対してでも，法律文書に署名する際には，状況に応じて，責任をもって注意深く行動するよう求めなければならないと思う．G夫人は，高齢の女性ではあったが，身体的または精神的に無能力だった訳ではない[2)-26]．

　小括：Foster ケース（1869）と Gallie ケース（1968）との間には，勿論多くの判決がある訳だが，以上の考察から次のことが指摘できる；

　第1に，署名者の無過失の要件（注意義務の標準）が，厳しくなっていることである．即ち，両ケース共，高令者のそれを問題としているのだが；Foster では，為替手形の表を見るだけの努力を欠いていたにもかかわらず，署名者の'無過失'が認定され，Gallie では，メガネが壊れて読めなかった事実を認定しながら，署名者の'過失'を認定している．この場合，過失とは，後続する，第三者の権利を侵害しない，注意義務である．

　第2に，文書の類型／内容／相手の差異については，必ずしも，当該文書の持つ法律効果の差異の重大性が考慮されるのではなく，無効とした場合の，現実的な社会的影響の重大性の方を重視することである．即ち，譲渡証券とその他の証書では，善意の第三者の保護のため，ルールが異なることを再々示唆しているにもかかわらず，譲渡証券の裏書（保証のつもりが譲渡証券：Foster ケース）で，証書否認の答弁を認定し，異なる種類の証書の署名（贈与のつもりが売買証書：Gallie ケース）で棄却しているのである．当事者間の一義的な法律効果の点から考えれば，保証と裏書の間には本質的な差はない．一方，贈与と売買の間には，法律効果として，本質的な違いが存在するといわざるを得ない．しかし，現代の金融取引の中では，何れの証書も貸し付けの担保の用に供することができるのである．しかも，贈与証書（または売買契約）からスタートしたの方が，物的担保をとれるので，担保価値は高いと評価される可能性が高い．与信力の低い単名手形より，はるかに貸し付けを受けやすい．従って，文書類型

の違いに基づく一義的な法律効果の違いは，二義的には消えてしまう．文書類型の違いは，現実的な判断基準には，馴染まないのである．

なお，この二つのケースの間には，署名者の注意義務の標準を緩和したBragg's ケース（1911）があったのだが，それは Gallie ケースで覆されている．

次は，契約の一部否認，いわゆる，チケットケースである．契約成立（incorporation）のルールの操作は，意思理論の影響を受けたと認められる，顕著性（conspicuous）の要件から始まる．ここには，立証責任の転換という法技術が併用された．ただし，このアプローチは，不当性の有無は別問題として，当該条項に，顕著性を持たせれば良い訳だし，また標準約款の一部として，社会的認知が進めば，法理としての有効性を失う．後に触れるように，今日では，顕著性を満足しただけでは，充分条件とはならないのである．ただし，重要な法技術の発展の一部であるので，ここでは，複数のケースを時系列的に分析することによって，簡単に，責任強化の方向性を見ておこう．

［参照注］

2)－3：Foster v Mackinnon〔1869〕LR 4 CP, 704, 711.
2)－4：前出〔1869〕LR 4 CP, 704, 712.
2)－5：前出〔1869〕LR 4 CP, 704, 712, 713.
2)－6：前出〔1869〕LR 4 CP, 704, 713.
2)－7：Gallie v Lee〔1971〕HL 1004.
2)－8：Gallie v Lee〔1969〕Ch 2. 17, 18.
2)－9：前出〔1969〕Ch 2. 17, 37 E.
2)－10：Gallie v Lee〔1969〕Ch 2. 17, 37 E.
2)－11：前出〔1969〕Ch 2. 17, 36 H〜37 D.
2)－12：前出〔1969〕Ch 2. 17, 40 C〜F.
2)－13：前出〔1969〕Ch 2. 17, 40 H〜41 B.
2)－14：前出〔1969〕Ch 2. 17, 41 H〜42 B.
2)－15：前出〔1969〕Ch 2. 17, 44 C.
2)－16：前出〔1969〕Ch 2. 17, 49 C〜G.
2)－17：前出〔1971〕HL 1004, 1016, 1017 B〜C.
2)－18：前出〔1971〕HL 1004, 1018 H〜1019 A.

2) -19：前出〔1971〕HL 1004, 1022 G〜H.
2) -20：前出〔1971〕HL 1004, 1026 A〜B.
2) -21：前出〔1971〕HL 1004, 1026 D.
2) -22：前出〔1971〕HL 1004, 1026 E.
2) -23：Carlisle and Cumberland Banking Co. v Bragg〔1911〕1 KB 489.
2) -24：前出〔1971〕HL 1004, 1026 G.
2) -25：前出〔1971〕HL 1004, 1027 B〜C.
2) -26：前出〔1971〕HL 1004, 1027 D〜F.

(2) 契約の一部否認（チケットケース）

初期の一連のケースは，鉄道小荷物の輸送または小荷物の一時預り (left baggage) 約款に記入された免責条項の効果である．イギリスの一般輸送会社 (carrier) は，通知 (notice) による責任制限を18世紀の末から19世紀の前半に始めたようである．低料金で効率的な輸送を目指す鉄道会社にとって，保険会社なみの責任を求められても納得できなかっただろうし，何よりも，イギリスの代表的産業であった海運業で，責任制限が広く認められていたのだから自然の成り行きだったのかも知れない．制定法 (Carriers Act, 1830) も，当初は，彼等の立場を支持していた．しかし，早くも，1854年法 (Railways and Canal Traffic Act, 1854., s. 7) では，免責条項を制限する方向に転換している．この間の事情は，既に，述べた（第2章2 1）(1))．それは，鉄道会社が輸送機関として独占的地位を享受し始めた頃と一致しているのである．このような時代背景にある判例を以下に参照する．

(1) Parker v. South Eastern Railway （〔1877〕2 C. P. D. 416）

本件は，鉄道が一時預りの荷物を紛失し交付した預り書の，裏面及び掲示に記載のあった，10ポンド以上の責任は負わないとする条項が，契約条件の合理的で充分な事前通知 (reasonably sufficient notice of the condition) に当らないという理由で，認められなかった．原告等の主張によれば，彼は切符を，'領収書' または '預り証' だと思っていたのである．ただし，バッガレイ (Baggallay）裁判官によれば，若し，手荷物領り所の発行する切符に契約条件が含まれていることが，一般に認知されれば，荷物を領けた人が，その契約慣行を知らなくても有効である[2)-27]．また，ブラムウェル（Bramwell）裁判官によれば，若し，原告が受託条件を読んでいれば，異議の申し立てはできない[2)-28]として扱われる．

　これは明らかに，問題を，知不知または手続的な視点で扱っている．従って，問題の充分合理的な事前通知の存否は，状況によって変わるということである．バッガレイ裁判官の意見では，本人の知不知だけでなく，社会的な認知の有無も考慮されるのである．正に，これを反映しているのが次のケースである．

(2)　Thompson v. L. M. & S. Ry. Co.（〔1930〕1 KB CA 41）

　本件は，'文盲'の原告が，自分の姪に割引周遊券（注．5割引）の購入を依頼したものである．なお，原告は，切符を購入した姪とその父親の3人で旅行した．

　周遊券の表には'周遊；条件は裏面参照'とあり，裏面には'現行の時刻表記載の条件による'とあった．そして，時刻表には'周遊券その他正規料金以下で発行された切符は，当社一般規則または条件及（致命的であると否とにかかわらず）所持人その他が受けた身体傷害，損害または遅延について，会社を訴えることができないという条件に基づいて発行されている'と記載されていた．

　原告は，ダァーウェン（Darwen）駅で下車の時に，プラットホームの傾斜に足を滑らせケガをしたのである．列車は，ホームを通り過ぎ，停車位置の修正を行ったのであるが，それでも，原告の下車位置は，ホーム端の傾斜にかかっていた．従って，ケガの原因は，鉄道側の過失と認定されている．

　本件では，原告が文盲であった事実は，法的な立場を変更するものではない；彼女は，切符の受領により（割引）周遊券が発行された条件に拘束される；また時刻表に特別条件が記載されているとの券面表示は，その存在及び内

容の充分な通知に当ると判決されている[2)-29]. 原告負訴である.

　ハンワース (Hanworth M. R.) 裁判官は，'われわれは，周遊列車による特別な輸送のための，特別な契約を扱っていることに留意すべきである．列車の発着時刻などを確認した姪の父親は，注意すれば，全ての条件を確認することができた' として，割引輸送には，特別な条件が伴う先例 (Nunan v. Southern Ry. Co., [1923] 2 K. B. 703, 707) があることを強調している[2)-30].

　一般に認知されていれば，または当事者が注意をしていれば，その存在に気が付いた筈なので，免責条項の効果を否認することはできないとする，この判旨は，その後の判決で徐々に修正されていった．それは，受約者の理解を問題にするレベルから，徐々に，侵害された権利の内容に注目するなど，むしろ法の問題として，加害者の責任を強化する方向である．後に述べるように，今日では，人身傷害に関する不法行為責任を，契約で，排除することはできない；標準契約書の条項は，起草者に不利に解釈するなどが定着しているのだが，この段階では，問題を，直接的に法の問題として処理するアプローチが採用された訳ではない．この傾向を理解するために，更に，最近までの判例を，時系列的に見て行こう．

(3)　Chapelton v. Barry U D C（[1940] 1 KB 532）

　本件は，海浜で使用するデッキチェアーの貸し出しで，デッキチェアーの破損による人身傷害が問題となっている．デッキチェアー置場には，料金（3時間2ペンス）と切符を返却まで保持すべきことが掲示されていた．切符の表には利用可能時間を除いて特別な注意書きはなかった．免責条項は，切符の裏面に印刷されていただけであった．原告はデッキチェアーを2脚借用，海浜の平らなところに通常通り設置，これに座ったところキャンバスが木枠から外れ落下負傷した．第1審の裁判官は，被告の過失は認定したが，特別契約条項の通知は，切符に印刷されたことで充分であるとして，原告の請求を退けている．

　しかし，控訴審判決は，切符はレンタルが支払済を示す，単なる，証憑また

は領収書以上の何物でもないとして，原告の請求を認めている．

ゴッダード（Goddard）裁判官によれば，このケースは，鉄道の切符，クロークルームの切符，または受寄者（bailee）が発行した書類と異なり，．．．．この状況では，これが通常の権利を制限するものだったり，特別な形式の契約書だと想像することは，誰にもできないのである[2)-31]．

この判旨は，正に，当該契約条件に対する社会的認知の有無を基準にしているように見える．この年代でも，人身傷害に対する責任は，厳格責任ではなかったのである．

契約成立の過程で不実表示があった場合も，契約効果が否定される．それが，次のケースである．

(4) Curtis v. Chemical Cleaning and Dyeing Co.（〔1951〕1 KB 805）

本件では，ビーズとスパンコールが付いた白いサテンのウエディングドレスのクリーニングが争われた．店側（被告）は'領収書'と見出しが付いた紙面に，お客（原告）のサインを求めた．原告が'なぜ領収書にサインするのか？'と尋ねたところ，（原告によれば）被告は'特定のリスクについて責任を持てないため'と答えた．ところが，現実に記載されていた条件は'会社は，クリーニングまたは遅延により生じた損害賠償の責を負わない'という包括的免責であった．

控訴審判決理由（Denning　裁判官）は；コモンローが課している責任を排除しようとする者は，その影響を受ける人に強く訴える明示の規定で行わなければならず，また契約の一部であることに彼の同意を得なければならないと述べている[2)-32]．そして，印刷書式を提示してサインを求める時に，免責条項の存在と範囲について相手の注意を求めなければ，一定の状況下では，免責が全く存在しないか，または何れにしろ提示された書類に含まれているものより狭い範囲の免責とならざるを得ないと述べている．彼は，このケースは，その良い例証の一つであると述べ，免責条項が契約の一部となるためには，相手の同意を得なければならないという一般則があることを強く示唆しているのであ

る[2)-33].

このケースの判旨は，後に述べる顕著性の要件及び黙示保証（implied warranty）に繋がるといって支差ない．

契約成立のルールの中では，免責条項の存在を伝えるタイミングも重要である．

(5) Olley v. Marlborough Court Ltd.（[1949] 1 KB 532）

本件では，ホテル客室内の毛皮が盗まれて，鍵を保管していたホテルの責任が問われた．客室内に掲示された免責条項は，契約後の条件提示に当るので無効と判示されている．

しかし，契約締結の時に，通知が行われていたとしても，合理的な事前通知になるとは限らない．それが次のケースである．

(6) Thornton v. Shoe Lane Parking（[1971] 2 QB 163）

本件では，駐車場内で起きた人身傷害が争われた．問題の駐車場はロンドンBBCの近くに新設された多層・自動機械式駐車場（multistory automatic car park）であった．外部の掲示には料金と'所有者のリスク'で駐車することが記載されていた．事実認定によれば，トールゲートの信号は最初赤であり，車を乗り入れ，金を入れ，発券機から切符を受け取ると，信号が青に変わり乗入れが可能になる，その後は，機械的に上の駐車位置に移動される方式である．切符の左下には'施設内に掲示されている条件に従って発券'との記載があり，当該条件は，発券機の反対側の柱に掲示されていた．その第2項は，'当ガレージは施設内で生じた人身傷害に責任を負わない'と述べていた．原告は，出庫の際，トランクから荷物を出そうとしていて重傷を負ったものである．なお，従業員の立合いは行われていない．

正式事実審理（trial）の裁判官は，原告の過失割合を50%と認定した上で，3637ポンドの損害賠償を被告に命じている．控訴審も原判決維持である．

判決理由は，合理的な事前通知が行われていないためである．担当裁判官に

よれば，それは'原告が駐車を取り止めることが現実的に不可能だったことと密接に関連している[2)-34]'．'現実問題として，トールゲートの前に車を置いて，運転者が一人一人下車して掲示を読みに行くとはとても考えられない[2)-35]'のである．また，デニング裁判官は，'私は，免責条項を非合理性故に無効とすることをためらう訳ではないが，これは，最も明白な方法で相手の注意を喚起していない限り，裁判所が有効性を認めることはできない広範で深刻な権利の侵害に当る[2)-36]'と述べている．

即ち，非合理性が無効原因となりうること，及び伝統的な顕著性の要件を使った場合でも，侵害された権利の内容によって，要求される顕著性の程度が異なることを強く示唆している．結局，控訴院は1988年の判決（Interfotoケース）でこの立場を採用した．

(7) Interfoto Picture Library Ltd v. Stiletto Visual Programmes Ltd. （〔1988〕1 All ER 348）

本件は，写真資料の貸出し業者が，資料（スライド）の返却が遅れた顧客に対して，高額な'ホールディングチャージ'を請求した事件である．被告の要請に対し，原告は，47枚のスライドに'貸出し条件'と大文字で記した書面を同封して発送した．そこには貸出し期間は14日間であること，返却の遅滞に対しては，1日1枚当り5ポンドのホールディングチャージが課されると明記されていた．被告は，この資料を使うことなく室内に放置し，約1ヶ月間返却を失念した．そこで，原告が16日分のホールディングチャージ3783.50ポンドを請求したものである．

控訴院は，通常相手側が気が付かないような負担を求める条件は，相手の注意を，明確かつ合理的に喚起する必要があること，このホールディングチャージの規定は，それに該当する非合理的かつ異常な規定だと述べて，契約の一部となっていないと判示している．裁判所の認定によれば，当時のホールディングチャージの相場は，週3.5ポンド以下であった．判決は，提供役務相当金額の請求（quantum meruit）の法理を使った，ホールディングチャージの減額修正

である[2)-37]．一般には，問題の条項が契約の一部になっているかいないかだけを裁判所は判断するのであるが，この判決は，減額修正にまで踏み込んだ例外的な判決といえる．

小括：契約成立のルールの操作による不公正契約の規制は，契約の全部または一部を取り消し可能にする効果を持つ．その意味で，必然的に，有効か無効か，二者択一的にならざるを得ない．しかし，現実的に考えれば，加害と被害の関係は全て，相対的なものであって，注意義務違反が双方にある中間的な事象も多いのである．また，当事者自治の原則に従えば，または，善意有償の第三者保護の視点に立てば，契約の成立自体は認めた上で，問題の条項のみを修正する方が，利益の均衡は維持しやすい．しかし，それ以上に，顕著性の要件自体がテストに合格するには，表現または手順という外形を整えれば良いのだから，法律効果の不充分性や限界は自明の理といわざるを得ない．これに対し，デニング裁判官は，非合理性（unreasonableness）の適用をためらわない（前出 Thornton ケース 170 C）と述べているのである．この意見は，法の問題として処理する姿勢を示唆しているように思われる．1854年法（前出．Railway and Canal Traffic Act, 1854）に採用されたものの，イギリス法に定着しなかった合理性のテストは，更に後年，現代法の支配的要件として採用された訳であるが（後述：Unfair Contract Terms Act, 1977），これらのケースは，イギリス法の発展の経過を示すものとして興味深い．

これらの判例には，イギリス現代法の動向として，二つの問題が含まれている．一つは，成立のルールの操作から解釈のルール重視への移行であり，もう一つは，手続的公正から実体的妥当性への介入である．そこでは，免責条項の存否を離れて，責任の所在と損害賠償の基準が重視される．現に，Thornton 及び Interfoto ケースで，裁判所は不法行為（過失相殺）または準契約の法理（quantum meruit）を使ったとはいえ，契約内容を修正して，損害賠償額を決定しているのである．この意味で，イギリス現代法では，現実的な解釈のルールが極めて重要な役割を担うことになって行った．また同時にイギリス契約法の

基準は，秘めた形ではあるが，次第に，実体的効果を意識するようになって行ったといえる．例えば，起草者に不利に (contra proferentem) というルールは，法の中立性を或る意味で変更して，受約者保護に軸足を移しているのである．

　これから記述する，黙示条項，違反の深刻さ，交渉力の不均衡は何れも解釈のルールの範疇に入るものであるが，不公正契約を規制する視点から，それぞれ異なるアプローチを試みたもといえよう．

［参照注］
2) -27：Parker v South Eastern Railway〔1877〕2 CPD., 416, 424.
2) -28：前出.〔1877〕2 CPD., 416, 426.
2) -29：Thompson v London, Midland & Scottish Ry. Co.〔1930〕KB CA., 41, 42.
2) -30：前出.〔1930〕KB CA., 41, 49.
2) -31：Chapelton v Barry Urban District Council〔1940〕1 KB 532, 539.
2) -32：Curtis v Chemical Cleaning and Dyeing Co.〔1951〕1 KB 805, 808.
2) -33：前出.〔1951〕1 KB 805, 809.
2) -34：Thornton v Shoe Lane Parking〔1971〕2 QB 163, 173 F〜G.
2) -35：前出.〔1971〕2 QB 163, 173 G〜H.
2) -36：前出.〔1971〕2 QB 163, 170 C.
2) -37：Interfoto Picture Library v Stiletto Visual Programmes Ltd〔1988〕1 All ER 348, 348 f〜g, 350 d〜e.

2. 契約の解釈による内容規制

1) 黙示条項 (implied terms) の挿入

　かなり徹底しているわが国の諾成主義に較べれば，イギリス契約法は，今日でも要式性を重視するし，現実に契約書が作成されることも多い．しかし，現実論として，全ての偶発リスクまでカバーする，完全な契約書を起草することは，不可能だし，ビジネスセンスから見ても，そのような努力を日常的に行うことは，非効率または不経済といえる．従って，契約書が不完全であること自体は，古くから受容されて来たところであり，契約書が明示しなかった事項に

ついては，契約法の一般原則に委ねられる．そこで，当事者間で片付かないような紛争が生じ，司法救済を求められれば，裁判所は，契約に明示されていない材料を採用せざるを得ない．その時，コモンローで採用される概念手段が'黙示条項'である．

　黙示の約束という概念の利用は，引受訴訟（assumpsit）の中で，長い歴史を持つ：負債を支払う約束の黙示は，債務負担支払引受訴訟（indebitatus assumpsit）の基礎であった．ファームストンによれば；

　　　裁判所は，18世紀から19世紀にかけて，不完全な契約書を正常または通常のものとして読むために，黙示条項の概念を広く採用した．この時，裁判所は当事者の了解事項を補充すると主張しながら，現実に契約に黙示されたものは，大陸の商事法または民事法から分岐した追加の基準だったのである[1]-[1]．

　ここで，注目すべきは，上の文脈の後段である．即ち，黙示条項が，不公正契約を規制する法理として機能する所以は，黙示の保証（implied warranty）という概念手段によって，ケイヴィアットエムプトール（caveat emptor）が，事実上骨抜になってしまったことなのである．そして，イギリス現代法では，全ての契約に，固有の属性に応じた黙示条項が存在することを認めた上で，契約類型（例：動産売買，保険契約，不動産賃貸など）の別に応じて，黙示の保証に関する相当部分が制定法に移行し，契約では，排除しがたいものとなっていった．同時に，このような黙示の保証については，制定法上の規定が整備されてきた現状を踏まえて，コモンロー上では，黙示の保証リストを閉鎖する傾向が存在することも指摘されなければならない．つまり，黙示条項は，当初は，当事者の意思を補充する解釈手段として，次に，実質的には，法的な追加の基準の保証手段として，最後には，これを明確化した，成文法の義務規定として，不公正契約を規制する機能を果たしてきたのである．

　これらの諸機能のうち，ここでの焦点は，第2の機能，即ち，実質的に法的な追加の基準の保証手段として，司法的に，'黙示'がどこまで認められたか

である．言葉を換えれば，必ずしも，典型的契約類型にはとらわれることなく，契約の解釈（construction）によって，どこまで黙示が許されたかである．ここには，四つ位の黙示のパターンが存在する．即ち；

① 慣行の黙示．これには，特別ルールとしての合理的な慣行の強制が含まれる．
② 事実の推定．
③ 当事者または合理人としての当事者の意思の推定，更に，
④ 取引慣行またはコモンロー上の義務の黙示と契約の明示条項との抵触関係，

である．

以下の，判例研究では，上記の視点から，代表的な先例を分析するものとする．ただ，これも，多くの黙示の保証が成文法化されたことと関連しているのだが，イギリス法の判例調査では，何れのケースでも，徐々に司法的な黙示の可能性が狭められてきていることを，もう一度，指摘しておこう．即ち；

慣行の黙示については，1919 年に貴族院が，契約の明示条項と矛盾しない範囲で可能との判断を示し（後述）[1)-2]，慣行が外部証拠として採用される可能性を狭めている．

また，事実の推定に関する司法権能は，ボゥエン裁判官が，1889 年，'ビジネスの実効性テスト（business efficacy test）[1)-3]' を主張したことによって正当化されたのであるが，その後，1939 年，マッキノン裁判官が主張した 'おせっかいな第三者のテスト（officious bystander test）[1)-4]' によって，この司法権能の制限的な運用が図られている．

ボゥエン裁判官は，'ビジネスの実効性テスト' を次のように説明している；

　　私は，若し或る人が，全てのケースを調べれば，そこには，多くの黙示の保証または法的な約定があるのだが，全ての場合に備えて，両当事者が意図していなければならなかったような実効性は，法が，当事者の意図を

推定して黙示し，担保していることを発見するだろうと信ずる[1]-5.

このような，広い司法権能は，不注意または不器用な起草に起因する誤りまたは脱漏を修正しなければ，契約当事者の目的自体を否定してしまう危険を避けるために，便利な法技術であるが，裁判所がやり過ぎれば契約の変性に繋がる．そこで，裁判所は，この権能を，どちらかといえば，自己抑制的に運用してきたのである．

例えば，スクラットン裁判官によれば；黙示条項は，当該のビジネスセンスで契約に実効性を与えるために，必要な時だけ，挿入することができる (Reigate case〔1918〕)[1]-6 のである．

ところが，マッキノン裁判官によれば；

何れの契約にも，黙示の余地が残されていることは，自明の理であり，いうまでもなく明白なことは明示の必要がない．若し，おせっかいな第三者が，当事者間の交渉中に，そのような条項を明示するように示唆した場合，つっけんどんに'当り前の事だ'と，たしなめられるようなものでなければならない[1]-7 のである．

また，ライト卿は；当事者が意図すべきであったビジネスの実効性を当該取引に持たせるために，いうまでもなく必要な条項だと断言できるものでなければならない (Luxor (Eastbourne) case〔1941〕)[1]-8 と述べている．

ピアソン裁判官によれば；裁判所にとって，若し，それが示唆されていれば，当事者が合理人として採用していたと認められるだけでは充分でない：それはいうまでもなく，契約にビジネスの実効性を与えるために必要な条項であって，暗黙ではあっても，当事者が彼等自身のために結んだ契約の一部をなすものでなければならない (後述：Trollope and Colls case〔1973〕)[1]-9 のである．

ただし，これより広い裁判所の裁量を示唆した判決もある．例えば；

スティン裁判官は，仲裁人の述べた，解釈による黙示 (constructional implication) の判旨を否定することなく；若し，裁判所または仲裁人が，契約に明示されていない条項の示唆に直面した場合，ケースによって，合理人であれば，仮定としてではなく，躊躇することなく'勿論です，それは言うまでもなく明

らかです，というだろうと納得できる時に黙示が許される' としているのである（後述：The Damodar General T. J. Park〔1986〕)[1]-[10]．

以上のことから指摘できることは，裁判所が，解釈による黙示条項を挿入する場合，先に述べた，二つのテストが行われていることである．その一つは，当事者の意思の補充に重点を置く'おせっかいな第三者テスト'であり，もう一つは，ビジネスの合理性に配慮する'ビジネスの実効性テスト'である．その何れが採用されたかによって，正当化されうる裁判所の権能の幅に違いが出て来るという仮説が成り立つだろう．

そこで，ここでは，これら二つのアプローチの違いも考慮に入れて，上で述べた，黙示の四つのパターンに沿って，上記の文脈に関連する判例分析を行ってみたい．

［参照注］

1) − 1 : 主要参考文献　Furmston (2) pp. 14, 15.
1) − 2 : Les Affréteurs Réunis Société Anonyme v Walford〔1919〕AC HL (E) 801.
1) − 3 : The Moorcock〔1889〕14 PD 64.
1) − 4 : Shirlaw v Southern Foundries (1926) Ltd.〔1939〕2 KB 206.
1) − 5 : 前出．〔1889〕14 PD 64, 68, 70.
1) − 6 : Reigate v Union Manufacturing Co., (Ramsbottom)〔1918〕1 KB 592, 605.
1) − 7 : 前出．〔1939〕2 KB 206, 227.
1) − 8 : Luxor (Eastbourne) Ltd. v Cooper〔1941〕AC 108, 137.
1) − 9 : Trollope and Colls Ltd. v North West Metropolitan Regional Hospital Board〔1973〕3 WLR 601, 609
1) −10 : Mosvolds Rederi v Food Corpn of India (The Damodar General T. J. Park)〔1986〕2 LLR 69, 70.

2) 慣行の黙示または強制

(1) Pelly v. Royal Ex. Assurance (〔1757〕1 Burr 341)：慣行の黙示

事実関係：本件は，海上保険の付保範囲が争われたものである．原告は，自

分の船に保険をかけ，ロンドンと中国との往復航海に従事した．広東河に到着した時，この船のタックル（注．荷役用の道具）は，慣行に従い取り外され，陸上の倉庫に保管中に，事故で焼失した．保険約款に基づく請求は，この損失が往路航海が終わった陸上で生じたので，それは航海の範囲外であり，保険がカバーするリスクの対象外になると反駁された．

判決要旨：マンスフィールド卿は，この反駁を却下；このような船が，そのような積荷または航海で，通常，行わなければならないことは，全て約款が参照すべきものと理解される，また明示のものと同じく，その一部を成すと理解されると述べた．

(2) Hutton v. Warren（〔1836〕1 M&W 466）：合理的な慣行の強制

事実関係：これは，不動産賃貸終了時の補償に，合理的な取引慣行が強制されたケースである．本件の地方には，慣行によって，テナントには，特定の営農方法によって耕作を継続する義務があり，従って，耕地の途中返還に当っては，それまでに蒔いた種及び労働に対して，公正な補償が得られるとされていた．

判決要旨（Baron Parke）：商業取引では，既に長い間，慣行または慣用に基づく外部証拠が書面契約の付帯事項として認められてきた．商業取引以外のケースでも，当該慣行が周知または優勢な場合，同じルールが，生活上の取引について，認められてきた；そしてこれは，そのような取引では，当事者は，彼等が行わなければならないことの全てを契約書面に表すつもりはなく，良く知られた慣行を引用するという推定に基づいている．正式の証書が作成された場合，特に捺印証書でリースした場合，コモンローの厳格性に対して，このような緩和が賢明にも適用されたか否かは，多分，疑わしい；しかし，これと正反対のことが先例によって確立している，また，不動産賃貸権者とテナントの関係は，契約によって変更されない全ての慣行的義務が有効であり，また，これと違う方法を追求するには遅すぎるという前提で長い間規制されて来た；また，若しこの慣行が妨げられれば，多くの不都合が生ずるだろう．

コモンローは，正に，不動産賃貸権者とテナントの相互義務を余り述べていない，なぜなら，コモンローは，テナントに不動産損壊行為がない限り，彼に，管理方法選択の自由を与えているのである．従って，地方ごとに，全ての当事者に有益な慣行として確立した規則を，裁判所が導入することに好意的であったとしても，驚くに当らない[2)-1]．

(3) Reynolds v. Smith（〔1893〕9 TLR 494）：合理的な慣行の強制

事実関係：本件は，鉄道会社の優先株売却に当り，真正でない旧所有者のサインの有効性と，証券ブローカーの黙示の免責補償義務（implied indemnity）が争われたケースで，ロンドン証券取引所会員ブローカーが非会員ブローカーを提訴したものである．

1879年に，被告は，トーマスバートン（Thomas Barton）という人に，当該株式の売却を依頼された．被告は，原告に，'取引所の規定に従い'売却するように指示した．この株券は，トーマスバートンとアンバートン（Ann Barton）の名義で，またトーマスとアンがサインした趣旨の譲渡書が被告に交付され，更に，それは，顧客（Hillingdon卿）のために購入した，原告に交付された．売買代金（額面£922）が支払われ，そしてヒリングドン卿の名儀が所有者として鉄道会社に登録された．ところが，1887年に，アンのサインが偽造であることが判明したのである．

アンは，額面922ポンドの株券の所有者であることの宣言を求めて，鉄道会社を提訴，控訴院で認められた．そこで，原告（Hillingdon卿のブローカー）が，取引所裁判所（the Committee of the Stock Exchange）に，保証債務の履行を求めて被告を提訴した．取引所規則には，'株式または株券売却人は，交付した全ての書類などが真正かつ正規なものであることなどに責任を持つ（the seller of shares or stock is responsible for the genuineness and regularity of all documents delivered and for such)' とあった．取引所裁判所は，この請求を認め，ヒリングドン卿が放棄せざるを得なかった株式と同数の購入を強制した．更に，原告は，自身が被った損失の回復を求めて，被告を提訴，陪審が原告が本人として被告と取

引したことを認定したので，それ以上の審理は行われず，原告勝訴の判決が下った．被告は控訴したが，控訴院は原判決維持．更に被告が貴族院に上訴[2)-2]．

以上の事実関係から生じた紛争の法的要点は，取引所裁判所の管轄権が非会員に及ぶか，取引規則の責任条項が，黙示の免責補償（indemnity）に繋がるか否かである．

貴族院判決要旨：ここにある唯一の問題は，被告にこの支払を行うように，また彼が Messrs. Brunton, Bourke and Co. に対する，彼の債権債務関係を解除する目的で，この債務を負うよう命ずるに当り，取引所裁判所がその管轄権の範囲内で行動したか否かである．取引所裁判所が，それに従って職務を執行する取引所規則の詳細を，控訴人が，承知していたか否かは重要でない．なぜなら，彼が，被告に指示をした時には，会員間の紛争を処理する権限を，この裁判所に与える規則があることを知っていたのであり，また被告が取引所の会員であり，従って，これらの規則が不合理であることの証明がない限り，この規則の対象であることを知っていたからである．... 被告は，その判断を，彼には明白と思われた，取引所規則に置いていたのである（注．購入側ブローカーは，当該株式の所有権を争っているのではない，彼が求めていたのは免責補償の履行であった）．控訴棄却．原判決維持[2)-3]．

小括：これらの判例から，慣行の黙示が，契約に強制力を与える機能を持つことが理解できる．それは，(1)のケースでは保険事故の範囲を被保険者に有利に解釈するために使われたのであり，(2)のケースでは，正式の証書で別途の条件が明示されない限り，取引慣行が外部証拠として採用されることを示している．これは，パロールエビデンスルールの緩和と見てよいだろう．(3)のケースでは，取引所規則の適用が，黙示的に，非会員ではあったが玄人である証券ブローカーには及ぶが，素人である依頼人までは及ばないことを示している．それは，取引の安全のために必要なルールとして，証券ブローカーに，売却依頼

人の権原または代理権の正当性及びサインの真贋に対する注意義務を課している．この義務の履行に失敗すれば，取引の安全のために，ブローカーが補償の責を負うのである．

［参照注］
2）-1：Hutton v Warren 〔1836〕1 M&W 466, 475, 476.
2）-2：前出．〔1836〕1 M&W 466, 494, 495.
2）-3：前出．〔1836〕1 M&W 466, 495.

3) 事実の推定：ビジネスの効用テスト（business efficacy test）

(1) K. C. Sethia (1944) Ltd v. Partabmull Rameshwar (〔1950〕1 All ER 51)

事実関係（政府規制と輸出不能の抗弁）：本件は，インド政府のジュート輸出割当に関するもので，原告は，ロンドン，被告は，カルカッタの貿易商である．原告は，イタリア向に一定量のジュートを，1947年から1948年1月ジェノバ渡し（cif）で買い付けた．両当事者は，インド政府の'ライセンス'なしには，ジュート輸出はできないことを知っていた．また，1947年に'割当制'が採用され，シッパーは，1937年から1946年の間のうちの1年を基準年として選び，その年に'輸出実績'がある国に対して'輸出割当'が得られることを知っていた．被告は，1946年を基準年として選んだが，その年には，イタリア向輸出実績はなかったので，ジェノバ向けの割当は，得られる筈がなかった．その結果，1948年に，新しい規制により，被告が，イタリア向けに若干の割当を得るまで，船積は，行われなかった．契約書には，履行は，'輸出割当如何による（subject to quota）'との明示はなかった．

原告の請求に対し，被告は，契約に'ビジネスの効用（business efficacy）'を与えるために，'輸出割当如何'が，先行条件として黙示されるべきであると主張した．この紛争は仲裁に付され，仲裁人は，被告に有利な裁定を下したのであるが，原告の請求により，ロンドンジュート協会裁判所に回付され，同裁判所が，裁定を破棄した（1949年6月23日　Goddard C. J.）．これに対し，被告

が，控訴院に上訴したが，上訴棄却となった[3)-1].

判決理由：裁判所は，当該条項が作用することを，両当事者が明らかに意図していたと思われる時だけ，黙示を行うのである；両者は，輸出割当が必要なことは理解していたが；

① この条件が満足されるか否かは，専ら，被告の行動如何にかかっていたのであり，また，

② この契約は，割当の対象であることが未修正でも充分有効であり，また，被告の割当を得る努力は全く不充分である．

タッカー裁判官（Tucker LJ）は，両者は，同じ業界団体に所属していたのであるが，そこでは，'輸出割当如何' を明示した契約書と明示していない契約書が利用されていたこと，また，仮に，被告の主張を認めれば，(基準年の選択如何で) 他の契約を優先して履行するオプションが被告側に生ずることを指摘している[3)-2].

(2)　Gardner v. Coutts & Co.　（〔1968〕1 WLR 173）

事実関係（贈与による優先購入権の潜脱）：原告は，隣接する二筆の土地を所有していた人（原所有者：譲渡人）から，そのうちの一筆を隣接地の優先購入権付で購入した人（譲受人）の相続人である．契約によれば，譲渡人は3000ポンドで隣接する一筆の優先購入権を譲受人またはその相続人に与えるとの特約付で，最初の一筆を譲受人に売却した．ところが，譲渡人は残りの一筆の優先購入権を相続人（原告）に与えることなく，贈与で自分の妹に譲渡した．2年後に譲渡人は死亡，原告が，彼の遺言執行人を契約違反で提訴．

判決要旨（Cross J）：私は，優先購入権の供与には，他人に資産譲渡を申し込むべき第三者に，優先購入権を打ち負かす目的で，...贈与してしまう権利は認められないとの黙示があると考える．この問題を検討する方法として，若し，私がスクラットン裁判官のテスト（business efficacy）とマッキノン裁判官のテスト（an officious bystander）を適用すれば，マッキノン裁判官のテストに関する限り，その時，誰かが譲渡人に '貴方は，若しかして（別の人に）資産

贈与を希望するかも知れないことを明示していませんね...' といえば, '勿論, それは黙示されています. 予定の売却が目指すものは, 予定の贈与でも同じことです' と答えたに違いないと思う. 従って, 原告は, 問題の請求権を継承する[3)-3].

小括：上記には, 2種類の当事者間の取引のケースを参照しておいた. (1)のケースは商人間取引であり, (2)のケースは個人（素人）間取引である. (1)のケースでは, 両者が属していた業界団体に2種類の取引約款があったことが支配的である. それに反し, (2)の個人間取引では, 当該契約から, 当事者の意思を推定する以上の外部要件はない. ただし, 当事者の意思の推定を, 文理的に契約に忠実に行うケースと, 文理的意味を離れて, 合理人の意思を推定する場合がある. それが, 次の検討課題である.

［参照注］
3)－1：K. C. Sethia (1944) Ltd. v Partabmull Rameshwar〔1950〕1 All ER 51, 52.
3)－2：前出.〔1950〕1 All ER 51, 57 D.
3)－3：Gardner v Coutts & Co.〔1968〕1 WLR 173, 179 DEF.

4) 当事者意思の推定と合理性の基準

(1) Trollope v North West Metropolitan Reg'l Hospital Board (〔1973〕WLR 601)：文理解釈による当事者意思の推定

事実関係：本件は, 建築請負契約の竣工遅延が争われたものである. 被告が発注した建築請負契約は, 三つのフェーズに区切られており, フェーズごとに, 竣工期日が決められていた. ただし, フェーズⅠの付滞条件23は；遅延が, 設計監理者（architect）の指示に基づく変更に該当する事項その他特定の事項により生じた場合には, 設計監理者に, 工期延長の権限を認めていた. フェーズⅢの工期は, フェーズⅠの工事終了証明発行後6ヶ月経過した日から1972年4月30日までとされ, ただし, 付滞条件23が再度適用され, フェー

ズⅠの遅延に含まれない，特定の事項に該当する遅延の加算が認められた．フェーズⅠの現実の遅延は，合計59週で，設計監理者は，付則23条に基づき，合計47週の延長を認めた．そのうち25週は，設計監理者が発注者のために認めた設計変更であり，22週は，それ以外の，請負業者には，責任がない特定事項であった．（このため）フェーズⅠの工事終了証明は，1970年6月22日まで発行されず，当初30ヶ月を予定していたフェーズⅢに許される工期は，約16ヶ月しか残らなかった．それでも，この建築業者は，自分の請負範囲は，16ヶ月で終了できると主張したが，発注者側が，そのような短期間では，喜んで仕事をする指名下請業者は見つけられないと主張した．

そこで，建築業者は，高等法院に，契約の真の解釈に基づいて，また現に発生した事象にあっては，フェーズⅢの竣工日は，フェーズⅠに対する47週延長と同期間の追加によって修正されなければならないことにはならないとする宣言を求めた．

このケースが，社会現象として面白いところは，付則23条により損害賠償額の予定（liquidated damages）の義務を負う，建設業者の方が工期短縮を要請し，発注者の方が延長を求めていることである．同時に，法律論としては，高等法院から貴族院に至るまでの，判旨の変遷に注意する必要がある．即ち，イギリスにあっては，どちらかといえば，司法積極主義または現実主義的な判決を行うことで知られた，デニング裁判官（控訴院）の判旨が貴族院で明確に否定されており，見解の違いが浮き彫りになっている．

高等法院（Donaldson 裁判官）は；契約の明示条項は，文理的に，また黙示条項なしに解釈されされなければならないとして，求められた通りの宣言を行った．しかし，控訴院が，多数意見でこの決定を逆転．

控訴院判決理由：
（理由1：因果関係：Denning MR）ビル建築契約に ── その他の契約でも同じであるが ── ，特定の時間内に作業を完了しなければならない規定があっ

た場合 —— 追加作業の発注のような行為は，全く合法的であるが —— 仮に，一方当事者の行為が，他方当事者の期間遵守を不可能または非現実的にした場合，その原因を作った当事者は，もはや規定期間に固執することはできないことは良く受け入れられている．その原因を作った者は，期間内の未完成に対し，何等かのペナルティーまたは損害賠償額の予定を求めることはできないのである．本件の期間（注．フェーズⅠの遅延のうち付則23適用期間）は，相当長くなっている．フェーズⅢは，合理的な時間内に履行されなければならない —— 即ち，約定の期間プラス彼の行為による（フェーズⅠの）遅れに対する合理的延長である，これは（Dodd v. Churton〔1897〕1 QB 562 で）確立したルールである[4)-1]．

（理由2：黙示条項：Denning MR, Phillmore LJ）同じ結論を導びく，別のアプローチも可能である．それは，黙示条項による方法である．両当事者は，付則21の中で，仮に，フェーズⅠが契約期限内に完成しなかった場合，何が生ずるかを述べていない．彼等は，それを，見逃したに違いない；そうでなければ，何んらかの規定を置いただろう．....両当事者が，将来発生することを予想しながら，何等かの規定を置かなかった時 —— それぞれは，裁判所が与える意味に期待したに違いない．しかし，そのことに何等考えが及ばず，彼等が規定しなかった事が生じた場合，公正で合理的な当事者が考えたら規定したであろう条項を，裁判所自身が黙示する．端的にいえば，裁判所が，何が公正で合理的であるか決定する．... 再度，われわれは問わなければならない：当事者は，公正で合理的な人として，若し，予見可能性があったら，どのような合意をしたであろうか？私が思うには —— 彼等が合意したと推定される —— 公正で合理的な解決は，フェーズⅠの完工が，設計監理者の認める合理的な遅延によって，延期された場合には，フェーズⅢの期日も，同様に延長されるべきことである[4)-2]．

反対意見（控訴院 Cairns 裁判官）：私は，このケースで，契約にビジネスの実効性を与えるために，何等かの，黙示条項が必要だとは思わない．建設業者

は，契約で定めた工期までに，フェーズⅢの完成を困難にするかも知れない状況のリスクを引き受けたのである．ここには，その例外に該当するものはない．... 私が，ここに黙示条項を入れられないとする理由の一つは，仮に，フェーズⅠが，期日までに完成しなかった場合，その関連で，フェーズⅢの工期が，延長されなければならないと両当事者が考えたとしても，私は，延長期間を特定する何らかの手段を見いだすことができないからである[4)-3]．

これに対し，貴族院が建築業者の上訴を認めた．

貴族院（Peason 裁判官）判旨：このケースの司法的意見の相違に直面して，私は，ドナルドソン裁判官（高等法院），カーンズ裁判官（控訴院少数意見）の意見の方を好む．それは，それらが，より伝統的であり，改善が望ましい時でも，裁判所は当事者のために契約を作らないという基本原則に合致するからである．裁判所の機能は，当事者が，彼等自身のために策定した契約を解釈（interpret）し適用することである．仮に，明示の条項が完全に明白で曖昧でなければ，異なった意味を選択する可能性はない：仮に，裁判所がもっと適切な条項を考えたとしても，明白な条項は，適用されなければならない：黙示条項は，いうまでもなく，契約に効用を与えるために必要なものであって，暗黙であっても，当事者が自分達のために形成した契約の一部となるものでなければならない．これに関連する条項は，完全に明白であり曖昧なところはない：フェーズⅢの完工期日は，付則Cで1972年4月30日と定められている．この条項自体は一つの意味しか持ち得ない[4)-4]．

(2) Damodar General T. J. Park （〔1986〕2 LLR 69）
：合理人としての当事者の意思の推定

事実関係：本件は，外航船の用船契約における，荷役許容時間（allowed lay time）と滞船料が争われたケースである．本船（2隻）は，アメリカ～インド（カルカッタ）間の穀物輸送に従事した貨物船で，契約は，単独航海用船契約で

あった．この種のカルカッタ向配船については，二つの特殊条件があった．第1に，カルカッタは，水深が浅く，本船の直接接岸が困難なので，通常，バージ (lightening vessel) による，沖取りが行われることである．第2は，カルカッタ港は，船混みがひどく，沖待ちを余儀なくされることが多いので，用船契約に，'ソンドヘッド条項 (Sondheads clause)' といわれる条項が入っていることである（注．ソンドヘッドは，港湾当局が指定している待機錨地である）．

この用船契約38条によると，荷役許容時間の計算には，本船からバージへの積込み時間は算入されない：揚荷港または場所における荷役許容時間は，用船者またはその代理人の通常の営業時間内に，船長から荷役準備完了の書面による通知を受け，更に税関検査及び検疫終了24時間後からカウントされる．38条の後段3節がソンドヘッド条項である：カルカッタにおいて，若し，カルカッタ港の船混みのため，本船が荷役準備完了の通知を発することが出来ない場合には，荷役許容時間は，本船のソンドヘッド沖到着通知が無線で発せられ，通常営業時間内に，用船者またはその代理人に受信された日の翌営業日午前8時からカウントされるものとする．

このケースでは，バージ (9隻中8隻) への沖取りはソンドヘッドではなく，本船がソウゴール島 (Saugor Island) 沖に移動してから行われた．そして，船混みのため，バージは，カルカッタに直行することができず（滞船を余儀なくされた），荷役準備完了の通知は (Sondheads 条項に従い) 通常の方法で発せられた．

なお，地理的条件を説明すれば，カルカッタは，河口から60マイル程上流の河川港で，ソウゴール島は，河口附近にあり，ソンドヘッドは河口から50マイル沖合の待機錨地である．つまり，争点は，カルカッタに，より近いソウゴールで発した荷役準備完了（現実にはバージへの積荷完了）の通知が，ソンドヘッド条項に基づく，荷役準備完了の通知に該当するか否かである．

用船者側は，仲裁及特別事件 (special case) の審問で，ソウゴール島沖での積込完了は，ソンドヘッド条項の通知には，該当しないと主張，なぜなら38条は'船舶のソンドヘッド到着通知'を求めているからである[4]-[5]．

判決要旨（Steyn　裁判官）：カルカッタで船混みがあったこと及び錨地での沖待ちを余儀なくされた間に，バージには，ソゥゴール島で荷役準備完了通知を出す権限があったことを認める．用船者の主張を認めれば，100マイルの意味のない航海を強いることになり，それは商業的に何の意味もなく，船主が沖取り場所を決定できるとした35条の趣旨にも合致しない（注．通常，地理的または数値的表現に曖昧性は認められないので，用船者の主張は，滞船料の発生を妨げる故意が推定されるけれども，文理解釈では，退けることが難しい種類の主張に当る）．

時々，契約には，本当に実定法のルールに従って，条項が黙示されるといわれる．別のタイプの黙示は，契約に，ビジネスの実効性を与えるためのものである．そのような黙示の基礎は，それなしには，契約が機能しないことである．しかしながら，このケースにもっと適切な黙示の形式もある．それは，裁判所が単に合理的と考えたから黙示が許されるのではない．…そうではなく，若し，裁判所または仲裁人が，ケースによって，合理人であれば，仮定としてではなく，契約に明示されていない条項の示唆に直面した場合，躊躇することなく：勿論です．それは言うまでもなく明らかです，というだろうと納得できる時は，黙示が許されるのである[4)-6]．

私の判断では，当事者が置かれた状況では，合理人は，疑いもなく，見過ごして明示されなかった条項，仲裁人（Mr. Eckersley）が判決の中で述べた黙示条項；仮に本船がカルカッタに近い場所に移動した場合には，バージへの積荷役完了が積役準備完了に該当することに同意していたと思う．この点，仲裁廷は，正しい結論に達している[4)-7]．

小括：ここに対比した2ケースの文言は，数値的な表現または地理的な表現なので，文理的には，何れも曖昧性を見出し難いものである．そこで，黙示の是非を判断する各裁判官の意見は，相当，対立している．しかし，ここでは，この課題に関する結論を未定のままにして，更に，同旨の課題を含む，判例分析を進めることとしたい．

［参照注］

4)-1：Trollope and Colls Ltd v North West Metropolitan Regional Hospital Board 〔1973〕WLR 601, 607 EFG.
4)-2：前出.〔1973〕WLR 601, 608 DEFG., 608 H.
4)-3：前出.〔1973〕WLR 601, 607 CD.
4)-4：前出.〔1973〕WLR 601, 609 BCD.
4)-5：Mosvolds Rederi v Food Corpn of India（Damodar General T. J. Park）,〔1986〕2 LLR 69.
4)-6：前出.〔1986〕2 LLR 69, 70.
4)-7：前出.〔1986〕2 LLR 69, 71.

5) 明示条項または黙示の義務との抵触関係

(1) Les Affréteurs Réunis Société Anonyme v. Walford （〔1919〕AC HL (E) 801）：明示条項と慣行との抵触関係

本件では，対象船舶が政府に徴用され，民間の定期用船契約が履行されなかったのにもかかわらず，船主から契約を仲介した船舶ブローカーへのコミッションの支払が契約通り強制された．

事実関係：契約には，'（本船喪失の有無と関係なく）本用船契約締結次第，全用船料の3％を，コミッションとして，ウォルフード（Walford）に支払う'とあった．船主は，本船が徴用され，用船契約が履行されなかったため，コミッションの支払を停止．被告側（Walford）が支払を求めて提訴．これに対し，船主側は，'用船契約ブローカーのコミッションは，用船料が，用船契約に基づいて，確かに入った時だけ支払可能である'との取引慣行があると主張した．

第1審裁判官は，先例（Harley & Co. v. Nagata〔1917〕23 Com. Cas. 121）から，慣行が明示の条項に優先することを認めた[5)-1]．これに対し，ブローカー側が控訴，控訴院は，ブローカー側の請求を認めた．これに対し，船主側が上訴したが，貴族院は，控訴院判決を維持した．

貴族院判決理由：船主による，コミッションが支払可能なのは，契約に基づく用船料が入った時だけであるという慣行の主張は，契約の文言と整合しないので，ブローカーの請求に対する抗弁として認められない（同旨：London Export Corporation v Jubilee Coffee Roasting〔1958〕2 All ER 411, 420 H：慣行の主張は，契約の明示条項または必然的な黙示条項が，当該慣行の黙示を何ら妨げない時だけ挿入できるのである．また更に，契約書全体の主旨と一致する時だけ挿入できるのである）．

(2) Johnstone v. Bloomsbury Health Authority（〔1991〕All ER 293）：明示条項と黙示の義務との抵触関係

事実関係：原告は，若い病院住み込みの勤務医（senior house officer）で，被告病院の産科に；週40時間勤務，プラス，病院から要求があれば勤めなければならない残業時間として，週平均48時間の条件で雇われた．

原告は，余りにも長時間労働を強いられたので（注．病院が要求できる残業時間が，週平均48時間なので，残業時間の繰り延べが行われた場合，1週間の勤務時間は，週88時間を相当超過することを意味する），また，残業手当は，通常に反して，基準レートの1/3だったので，彼にとって，この契約は，何も良いことがなかった[5)-2]．彼は，睡眠時間が余りとれず，自分の健康を害し，患者を危険にさらしたと主張した．原告の申し立てによれば，週100時間以上，また週末には，30分の仮眠だけで，49時間以上の連続勤務を求められたことがあったのである[5)-3]．原告は，病院側が，雇用者として，彼の安全と福利（safety and well-being）に合理的な注意を払う，黙示的義務に違反したと主張した．原告側の，請求趣旨申し立ての要点は，次の通りであった[5)-4]．

① 法的に，週72時間以上，また最低8時間以上の休み時間を含め，連続24時間以上の勤務は要求されないとする宣言．

② 被告が，週72時間以上，また最低8時間以上の休み時間を含め，連続24時間以上の勤務を要求することを禁止する差止命令．

③ 損害賠償請求．

控訴院の段階では，原告は，既に，病院を退職していたので，差し止め命令は意味がなくなっていた．しかし，第1審で，72時間は恣意的な数値である

としても，何れにしろ，原告の健康が許す勤務時間はこの程度で，平均 88 時間以下であると認められていたので，①と②の請求項目は，次のように変更することが認められた[5)-5].

① 原告は，法的に，8 時間を下回らない休憩時間を含め，連続 24 時間以上の勤務を病院から要求されることはないという宣言．
② 原告は，仮に，残業時間が週平均 48 時間以下になっても，法的には，健康被害が予想されるほど長時間勤務を求められることはないという宣言．

これに対し，病院側は，最低 8 時間以上の休み時間を含め，連続 24 時間以上の勤務は，それを要求できる明示条項がない限り，宣言または損害賠償の対象となりうると譲歩する姿勢を見せたが，契約の明示条項によって，週平均 88 時間の勤務を要求することが認められているので，この部分について，請求は成立しないと主張した[5)-6].

問題の条項は，数値的表現なので，解釈のルールで法技術的に処理するには無理がある．従って，このケースは，法の問題としてのアプローチにならざるを得ない．この意味で主な争点は，次の通りであった；
① 雇用者は，法的に，医師に，週（平均）88 時間労働を要求できるか？
② 雇用者は，長時間勤務によって，若い医師の健康を害さない黙示の注意義務を負っているか．負っているとすれば，それは契約責任か不法行為責任か？
③ この契約条項は，過失責任 (liability for negligence) を排除しているか？
④ この契約 (4 (b)：週 40 時間プラス週平均 48 時間の就労義務) は，パブリックポリシーまたは不公正契約条項法 (1977) 2 条(1)項違反で無効か？

本件は，最初，補助裁判官によって，被告有利の判決が示されたのである

が，高等法院で，パブリックポリシーまたは不公正契約条項法違反の部分を除き，原告勝訴．その後，原告，被告双方の控訴によって，控訴院に持ち込まれ，上記争点④に関し，原告の請求が退けらたことを除き，事実上，原告勝訴の判決がでている．ただし，控訴院における，各裁判官の判旨は必ずしも同一でなかった．

　スチュアート-スミス裁判官とブラウン-ウィルキンソン副大法官（Stuart-Smith LJ & Browne-Wilkinson V-C）は，多分に，文理的には，週168時間までの長時間勤務を病院が要求できるが，そのような長時間労働ができる者は，まず，いない．従って，契約上，明示で，原告が負っている勤務時間に関する義務と，黙示で，病院側が負っている雇用者としての注意義務との間に抵触関係があり，雇用者としての一般的注意義務を排除する明示条項がない以上，合理的に安全なシステムの黙示が極端な残業の要求を切り下げていると考えている[5)-7]．他方，レガッタ裁判官（Leggatt LJ）は，病院側の注意義務の源泉を，下記の通り，法による黙示（または不法行為）に求めている．病院側は，更に，貴族院に上訴したが却下され，控訴院で確定判決となった．

　控訴院判決要旨（Stuart-Smith LJ）：雇用者の注意義務の発生に関する原告の主張の基礎には，若干の，曖昧さがある．即ち，不法行為か契約への法の黙示かであるが，この区別は，その何れも可能なので，重要ではない[5)-8]．病院側は，契約による原告の残業は，契約上の明示の義務であり，雇用者としての，黙示の注意義務に優先すると主張しているが，これは，ビジネスに実効性を与えるための黙示ではなく，法による黙示なのである．...若し，被用者が，...健康に有害であっても，契約で定められた長時間労働のリスクを引き受け，（雇用者の）過失に対する補償請求を全て放棄したと考えれば，それは，同意あれば被害なし（volenti non fit injuria）の明示に等しい．私には，契約4（b）がこの効果を持つとは，とても，解釈できない[5)-9]．病院側代理人が示唆した答は，住込み研修医が，要求された時間ほどは，体力的に勤務できないと思ったら，彼は，引き受けるべきでないというものである．...しかし，開業を希望

第 2 章　本論：イギリス法の分析　*121*

する医師は，少くとも 1 年以上，住込み研修医として勤めなければならないのであり，NHS (the National Health Service) は，事実上唯一の雇用者である．希望にもえる若いドクターが，雇用者に，健康を害するほど長時間勤務を求められたからといって，自分が選んだ職業をあきらめるだろうか？　…故に，私は，原告の請求趣旨申し立ては，排除されるべきではないと決定するに，何の，困難も感じない．私は，(病院側の) 主訴を棄却する．

　不公正契約条項法 (1977) 2 条の適用を考える時，裁判所は，その実質に関与するのであって，契約条項の形式に関与するのではない[5)-10]．若し，被告が，上訴で提出した内容を継続する権利が認められるのであれば，私の意見に反して契約 4 (b) は，原告による明示のリスク引き受け (同意あれば被告なしの主張) または，被告の注意義務の範囲を限定若しくは制限する働きがあると解釈されることになる．若し，この分析が正しければ，この条項の形式ではなく，実質と効果は，不公正契約条項法 (1977) 2 条の適用の範囲内にあると適宜主張することができる．この理由で，私の判断では，この点の請求趣旨は排除されるべきでない．

　しかし，パブリックポリシーに基づく請求については，不可避的に，NHS の能力または経営若しくは公的財源のような公的議論に適する課題，司法的には，正当化されない弁論または判断を含んでいる．従って，この請求に関する原告の抗弁は認めらない[5)-11]．

　同 (Nicolas Browne-Wilkinson V-C)：私は，Stuart-Smith LJ の結論に賛成するが，もっと，限定的な根拠による．問題は，訴状に記載された事実が証明されたとして，原告が，契約上 4 (b) 条に基づく，週 40 時間プラス週平均 48 時間の義務があるにもかかわらず，法的には，健康被害が予見されるほど，長時間勤務を要求されることはないとすることができるか否かである[5)-12]．以前原告は，週 72 時間以上の勤務は要求されない宣言を請求した．そのような宣言が仮に実行されれば，4 (b) 条に基づく明示の契約義務，週平均 88 時間と完全に抵触する[5)-13]．私の判断では，Tai Hing ケース (〔1986〕AC 80) で採用されたアプローチは，当事者間に，契約関係がある場合，彼等の権利義務は，完全

に契約条項に従って分析されなければならず，不法行為と契約義務の混合物としてではないのである（注．この判旨は，契約違反と不法行為責任の併存債務を明白に否定しているが，その後，貴族院は，この立場を変更している（参照．第2章第2節3.3）：不法行為責任との関係）．従って，契約上，一般条項（例えば，被用者の健康を害さない合理的注意義務）とは別に，正確で詳細な条項（例えば，契約には，明示で参照された明白な健康リスクを含んでいるにもかかわらず，特定のタスクのために働く義務）が存在すれば，被用者の健康に関する雇用者の注意義務の範囲は，そのような明示条項が存在しない時より狭くなるだろう．...契約の明示条項と黙示条項は，抵触関係になく，共に存在しうるものでなければならないのである[5)-14]．...若し，この契約が，真の解釈に基づいて，週平均48時間の残業義務を，絶体的に，課すものなのであれば，私の判断では，それは，雇用者が48時間の残業を求めることが被用者の健康に対する黙示の注意義務違反に当るという被用者の主張を妨げる．しかし，これは，この例に該当するものではない[5)-15]．

故に，私の判断では，本契約4（b）にかかわらず，病院当局は，法的には，原告の健康被害が合理的に予測されるほど残業を求めることはできない[5)-16]．

同（Leggatt LJ　反対意見）：私の判断では，法の問題として，明示条項への依拠に対し，何らかの，黙示条項違反を含めることはできない．被告は，原告が，契約した時間より少ない勤務時間を求めたという単なる事実に基づいて，自分が負っている，何らかの，契約違反に問われることにはならない；また，それぞれの義務の範囲は契約により定められていたので，原告は，自分の請求を不法行為で表現することによって，より良い立場に立つことはできない，または被告代理人が述べたように'不法行為は，契約を凌駕することができない'．結論的に，若し，原告が雇用された契約の履行中に，彼にとってはつらい仕事で病気になったからといっても，被告側の何らかの関連義務違反で，そうなったということにはならない．従って，私は，（病院側の）主張を認める[5)-17]．...ただし，不公正契約条項法に基づく，原告の主張は可能であり維持

されるべきである．従って，私は，この範囲で，原告の控訴を認める[5)-18].

[参照注]

5) − 1：Les Affréteurs Réunis Société Anonyme v Walford 〔1919〕AC HL (E) 801, 802, 803.
5) − 2：Johnstone v Bloomsbuey Health Authority〔1991〕All ER 293, 296 CD.
5) − 3：前出．〔1991〕All ER 293, 296 FG.
5) − 4：前出．〔1991〕All ER 293, 296 I, 297 A.
5) − 5：前出．〔1991〕All ER 293, 297 BCD.
5) − 6：前出．〔1991〕All ER 293, 297 I, 298 A.
5) − 7：前出．〔1991〕All ER 293, 303 EF, 304 EF.
5) − 8：前出．〔1991〕All ER 293, 296 E.
5) − 9：前出．〔1991〕All ER 293, 296 HI.
5) −10：前出．〔1991〕All ER 293, 301 A.
5) −11：前出．〔1991〕All ER 293, 301 G, 302 A.
5) −12：前出．〔1991〕All ER 293, 303 J. 304 A.
5) −13：前出．〔1991〕All ER 293, 304 AB.
5) −14：前出．〔1991〕All ER 293, 304 EFG.
5) −15：前出．〔1991〕All ER 293, 304 HJ.
5) −16：前出．〔1991〕All ER 293, 305 J, 306 A.
5) −17：前出．〔1991〕All ER 293, 303 EFG.
5) −18：前出．〔1991〕All ER 293, 303 H.

6) 本節のまとめ

上記の先例から明らかなように，黙示条項による不公正契約の規制は，契約法の範疇の問題であり，消費者保護などの特定の政策目的に縛られることなく，企業間のビジネス契約を含め，広く様々な契約類型，契約関係にその効果をもたらす．ただし，これには，契約関係の理論（privity theory）が働くので，黙示の保証の効果は，直接の契約関係がある当事者間に限られざるを得ない．従って，動産売買に関する契約上の黙示の保証は，他のユーザーには及ばない（注．後に述べるように，黙示の保証の保護範囲を予見可能性がある使用者に拡大する解釈がありうるが，この場合，何れにしても，その範囲を限定しなければならない．また，アメリカでは，制定法による黙示は，不法行為法の厳格責任と同じく扱わなければ

ならないとする州がある)．この弱点は，多くの場合，製造物責任 (product liability：不法行為責任) が補完することになるだろう．既に指摘したように，黙示条項が不公正契約を予防する機能は，実体法の問題としては，特に，制定法が存在するところでは極めて明白なのであるが，境界域の問題は，慣行の黙示に加えて，トリーテルが'事実上の黙示'または'法的義務としての黙示'と呼んだところ，また，ファームストンが'裁判所による黙示'として扱ったところにある．これらの領域で，法による黙示の保証が，殆ど，制定法に移行したという前提に立てば，契約の解釈による黙示は，当事者の意思の補充という建前に立たざるを得ない．

彼等は，慎重に，'解釈 (construction) による黙示'という表現をさけたように思われる．貴族院のピアソン卿によれば，'明示条項が完全に明確で，曖昧なところがなければ，それと異なる意味を選択できる可能性はない'のであり，'仮に，裁判所がもっと適切な条項を考えたとしても，明白な条項は，そのまま適用されなければならない'のである[6)-1]．この意見は，控訴院の，デニング，フィルモア裁判官の意見；公正で合理的な当事者が考えたら規定したであろう条項を，裁判所が黙示する (前出.[4)-2]) を，明らかに，否定する．

貴族院は，'明文の記述がある時，黙示のものは一切排除される (expressum facit cessare tacitum)'という原則に忠実であるように思われる．

しかし，この原則にも，1970年代頃から，ゆらぎが認められる．特定のタイプの契約ごとに，自ずから内在する義務は，'その種の契約の，法的付随物 (Mears v. Safecar Securities Ltd〔1983〕QB 54, 78)'として認識される．勿論，この種の，法的義務の黙示は，当該契約に実効性を与えるものであるので，ビジネスの実効性テストの対象である．法的義務であっても任意性のものは，契約で排除できる訳だから，当事者の債権債務関係を修正することはできない．

この不自由は，Johnstone ケース (1991：長時間労働と健康被害) に良く現れている．各裁判官の意見は，全て，原告に有利であるが，判決理由は，それぞれ，異なる．スチュアート-スミス裁判官は，エクイテイに依拠して，不当威圧 (undue influence) を強く示唆する判旨を採用し，ブラウン-ウィルキンソン

副大法官は，コモンローの枠内で，目的論的解釈，即ち，注意義務を排除する明示の条項がない以上，黙示の義務違反は免がれないという論理構成を採用した．

これと関連して，学説的には，トリーテルは，法による黙示と事実による黙示を峻別することを主張している[6)-2]．その文脈では，事実による黙示のケースでは，先に述べた，二つのテストは，累積的に適用されなければならず（判例上；Liverpool C. C. v. Irwin〔1977〕AC H. L.（E）239, 258 E；per Lord Cross of Chelsea の意見に一致する），おせっかいな第三者テストが，先に，適用され，これが証拠上否定された場合，ビジネスの実効性テストは，出番がなくなることを意味する．一方，ファームストンは，これらを，累積的に扱うことが，イギリス法になっているか否か分からない[6)-3]（判例上；Mosvolds Rederi A/S v. Food Corpn of India〔1986〕2 LLR 68 の Steyn 裁判官の意見に一致）としている．

しかし，アテイヤは，明らかに，択一的に，何れかのテストを満足することで充分だと考えており，かつ，ビジネスの実効性テストに軸足を置いている．そして，（これらのケースでは，裁判所は，先例または制定法に依拠することはできないのだから）裁判所に，寛大な解釈のプロセスに依って，契約の文理的な意味を修正する権能がないと考えるのは，非現実的であると述べている．また，裁判所は，自分達の権能が現実よりもっと厳しく制限されており，仮に，正義や（時には）常識をも犠牲にしても，自分達の義務は文理解釈の範囲内と考えているように見えると批判しているのである[6)-4]．

問題は，コモンロー上の義務（不法行為責任）との抵触関係である．ここでは，この問題も扱われているが，意見は，裁判官によって分かれ，判然としない．少数意見であるが，レガッタ裁判官は，この段階（1991 年）に至っても，'不法行為は，契約を凌駕することができない（前出[5)-17]）'と述べている．しかし，スチュアート-スミス裁判官が，長時間労働の約定が'同意あれば被害なし'を意味するのであれば，それは，不公正契約条項法（1977, 後述．第 2 章 4, 3）；免責条項の規制）に抵触すると述べている．ただし，これも，制定法上の明文の規定がない場合，コモンロー上の義務は，必ずしも，契約に黙示される

ものではないことを意味するようにも読めるのである．

　結局，契約違反と不法行為との併存債務の問題は，貴族院が，1994年（後述．第2章第2節3.3)-17)）に結論を出すまで待たなければならなかった．ただし，この競合問題は，複雑なので，ここでは，その詳細に立ち入るのは避け，次の，「違反の深刻さに対応する規制」の後段で，別に，述べることとする．

　このような背景から，契約明示条項の文理解釈を修正する意味での，合理性や公正性の適否は，制定法の基準は別として，特別の法理（例えば，不当威圧，経済的強迫）または起草者に不利に（contra proferentem）という，特別な解釈のルールに進まざるを得なかったことが理解できる．契約の主目的が失なわれた場合に，特に，一方当事者の意思または行為で，それが失なわれた場合に，如何なる救済に如何にアプローチすべきかは，契約法の果たすべき基本的課題といえる．そこで，次節では，違反の深刻さと，これに対応する規制の視点から問題にアプローチする．この中で，イギリス法上，特に，興味を引くのは基本的違反の法理の消長である．

　　［参照注］
　　6)-1：前出．〔1973〕WLR 601, 609 BC.
　　6)-2：主要参考文献　Treitel(1)　pp. 190～194.
　　6)-3：主要参考文献　Furmston(2)　p. 150.
　　6)-4：主要参考文献　Atiyah(2)　pp. 226, 227.

3. 違反の深刻さに対応する規制

　客観的に判断するか，主観的に判断するかは別にして，元々，契約は，両当事者の意思の合致によって成立しているのであるから，一方当事者が，その義務を全く履行しない（履行拒絶）のであれば，何等かの方法で，善意の当事者に契約関係からの離脱を認め，更には，損害賠償請求権を認めるべきは当然といえる．問題は，契約違反の深刻さとの関連で，どのような手順で，どのような救済を，善意の当事者に与えるべきかという基準である．

契約解除権を善意の当事者に与える基準として，元々，イギリス契約法は，契約条項を condition と warranty に区分し，condition に対する違反には，契約解除権を与え，warranty 違反には，損害賠償請求権のみを与えることによって，違反の重大性または深刻性と救済との間の均衡を図ろうとしていた．勿論，ここでいう condition とは，何らかの外部条件または前提条件が実現したら，履行義務が生ずるという意味ではなく，契約上の義務の引き受け（undertaking）を意味するもので，判例上は，'契約の根幹に直接かかわる義務，または別の言葉では，その契約に固有の特性にとって必須のもので，当該不履行が，公正に考えて，相手側当事者からみれば，契約を全く履行しないのと同じであると認められる義務（Wallis v. Pratt〔1910〕2 KB 1003, 1012, per Moulton LJ；貴族院同意〔1911〕AC 394）'とされている．そこで，ここでは，用語上の混乱を避けるために，この文脈での condition と warranty をカタカナ表記で'コンディション'，'ワランティー'とすることとする．

かなり外形的アプローチといえる，この方法自体は，1893年の動産売買法が採用した方法（前出：第2章第1節 2.1）(3)）なので，決して古典的という程のものではない．ただし，それから100年程の歴史を見ると，必ずしも満足できる成果は残さなかった．その理由は，このアプローチでの違反の認定と，結果としての被害の深刻さが必ずしも相関しないことにある．例えば，或る契約類型で，先例上，コンディションと認められている条項で違反が認定されれば，それが'些細な違反'で'軽微な損失'しか発生していなくても，裁判所としては，他の同旨のケースへの影響を考慮して，契約解除権を認めざるを得ない．その逆に，先例上，ワランティーに区分されている条項違反に対しては，その結果が如何に深刻であろうとも損害賠償請求権しか認められないことになる．また，当事者が，特定の条項を'必須条項（essential clause）'として明示したら，裁判所は，それをコンディションとすることに，何のためらいもない筈であるが，現実には，そうも行かない．例えば，Schuler A. G. v Wickman（〔1974〕AC 235）では，或る商品デイストリビューター契約が，毎週6回の顧客訪問を必須としたのであるが，これは，法的には，厳格な意味でコンディ

ションにならないと判決された．若し，コンディションと認めれば，1回のオミットでも契約の終結を招くからである．しかし，販売権 (distributorship) をライセンスした供給業者にしてみれば，営業活動に不熱心なデイストリビューターを抱えておくことは，自社の営業成績に関わる重大事であり，中途解約権を留保しておくことは，営業政策上必須要件といえる．ここに，オミットの頻度如何を判決理由に持ち込めば，この条項は，コンディションにもワランティーにも該当することになる．

更に，履行期限の約定についても同様のことが指摘できる．多くの契約には，'履行期は契約の必須条件 (time is of the essence of the contract)' という例文が多用されるのであるが，これも，この文脈でのコンディションに当るのかどうか分からない．なぜなら，多くの契約書の中には，例文のコピーでしかないものがあることは否定のしようがない事実だからである．しかし，商取引では，些細か重大かは，専ら，被害の結果予測から判断されるのであって，善意の当事者が，直ちにヘッジ取引に入れるように，解除権を留保しておくことは，極めて重要なのである．このような当事者の自治権とこの理論の持つ特性との調整は，当時の司法が抱えていた問題点の一つであった．

1960年代になると，裁判所は，中間的な条項 (intermediate stipulation) という概念を持ち出して，この伝統的な方法から離れ始めた．そこには，'司法的解釈' によって，契約条項の帰趨を決定するという裁判所の意思が垣間見える．

初期の判例としては，Hong Kong Fir Shipping Co Ltd v. Kawasaki Kisen Kaisha ([1962] 2 QB 26, ; per Diplock LJ) がある．このケースでは，老朽船（船齢25年）の定期用船契約で，堪航性 (seaworthiness) の有無が取り消し事由に当るか否か争われた．この船の堪航性は，第1回契約航海の時には，極めて不充分で大幅な遅れが発生したのだが，最初の寄港地（大阪）で修理等の結果堪航性を回復したとして，契約解除は認められなかった．用船契約にとって，本船の堪航性が必須条件であることは，いうまでもない．しかし，このケースでは，この種の違反に対して，善意の当事者の反対履行及び債務が免除されうるか，それ

とも損害賠償請求権しか与えられないのかを決定する前に，裁判所は，違反の程度と結果がどれほど深刻か，その事実を調べたといえる．

また，アップジョン裁判官（Upjohn LJ）によれば，契約当事者には，特定の条項をコンディションと規定する自由が認められるが，それは，契約の適切な解釈（interpretation）に基づいて決定されなければならないのである．…反対に，当事者がそうしていなかったとしても，必然的に，損害賠償が充分な救済であると断定するのは，契約の真の解釈（construction）に基づけば，不合理またはミスリーディングなのである．彼の判断によれば，厳格な意味では，所謂コンディションに該当しない規定の違反に対する，善意当事者の救済は，未定なのであって，完全に違反の性質と予見されうる結果に依るのである[1]．

これとは別に，1950年代には，特定の契約条項との関連性に余り縛られることなく適用される，同旨の法理が控訴院で開発された．それが，基本的違反の法理（doctrine of fundamental breach）である．アメリカ法でいえば，完全な違反の法理（doctrine of total breach）に相当する，または，違反者の意図を問題にする点で，不誠実違反の法理（doctrine of bad faith breach）にも関連すると思われる，この法理の消長は，現代イギリス法の傾向を象徴する出来事といって支差ないだろう．

この法理は，Hire Purchase Act（1964；現行法 Consumer Credit Act, 1974）が成立するまで，この新しい契約方法が突き付けた難題を解決するのに大いに役立った．しかし，その効用は，それに止まらなかったのである．即ち，この法理が適用されたリーディングケースといわれるKarsalesケース（〔1956〕1 WLR 936）における，デニング裁判官の意見（下記）からも明らかなように，基本的違反が，契約解除権を正当化する法理であることから；

① 法理として，免責条項を攻撃する武器として使われた，
② 一般的法準則（a general rule）として位置付けがなされた，
の2点が強調されたことである．

もっとも，契約解除権を行使すれば，契約は，免責条項もろとも終結するので，契約関係の継続を前提にすれば，特定の条項だけを攻撃する武器が必要と

される．現在のイギリス法は，交渉力の不均衡に基づく不公正を，専ら，免責条項の乱用の問題として扱う傾向が強いので，後に論述する，不公正契約条項法（1977）の成立と重ね合わせた時，法の発展に，極めて興味深い経過を示しているといえる．

これとは別に，契約の解除権を善意の当事者に与える法理として，不当威圧 (undue influence) または，経済的強迫 (economic duress 及び duress of goods) がある．これらの法理の使い方は，アメリカ法とやや異なるものが認められる（後述：第3章第2節 2：現実的規制とエクイティ）．イギリスでは，これらの法理は，どちらかといえば，交渉力の不均衡に伴う不公正を処理する法理としては，意識されていなかったのであるが，有名な Lloyds v. Bundy（〔1975〕QB 326）以来，大きな展開があった．

元々，不当威圧は，エクイティの法理で，信認関係義務違反などを要件として認められたものであり，経済的強迫は，コモンローの強迫 (duress) から派生して来たものであった．ただし，これら法理には，相手の弱味を利用して，自己利益を実現するところに共通性があり，後に述べる，デニング卿（MR）の意見（Lloyds v Bundy〔1975〕QB 326）の影響もあって，しばしば，同じ意味合いで互換的に使われて来たのである．ただ，最近の判例を見ると，Bundyケースにおけるデニング卿の一般法化は，多分に，エクイティに振れ過ぎていると見做され，修正を余儀なくされていると認められる．

そこで，ここでは，基本的違反と不当威圧または経済的強迫に焦点を当てて，リーディングケースと，最近の判例の傾向を分析比較してみたい．そして，その次に，契約違反に対する，不法行為責任からのアプローチに進むこととする．

［参照注］

1：Hong Kong Fir Shipping Co Ltd v Kawasaki Kisen Kaisha〔1962〕2 QB 26, 63, 64.

1) 基本的違反の法理の消長

(1) Karsales (Harrow) Ltd v. Wallis ([1956] 1 WLR 936)

事実関係：被告（ガレージオーナー）は，中古ではあるが，素晴らしい状態のビュイックを見せられ購入を希望した．売手を介して，彼は金融会社に申請して，金融会社が，一旦，これを買い取り，被告との間で，ハイヤーパーチェース契約を結ぶ取り決めがなされた．なお，金融会社は，現物を見ても検査もしていない．契約書は，金融会社側が用意していた印刷の標準書式で，そこには'車輌の走行性能，年式，その他何等かの状態または適合性に関し，所有者が認めた，明示または黙示の条件または保証を含まない'との記載があった．契約締結後，車は，夜間，被告のガレージまで牽引されて来たのであるが，被告が検査してみると，それは酷い状態で，部品は取り外され，エンジンが壊れて，車は，走らなかった．彼は，受取りを拒否，その後の支払も行わなかった．車自体は，売手が持ち帰っている．その後，金融会社は，自社の債権を原告に売却，同社が新債権者として未払いレンタルの支払いを求めて訴を起こした．

このケース争点は，上記，ハイヤーパーチェース契約に書き込まれた，免責条項の有効性の存否であるが，それ以外にも，法技術的に，いくつかの難点をかかえている．即ち，中間にハイヤーパーチェース契約が入ることによって，売手と買手とは，契約関係がなくなり，動産売買法に基づく黙示の保証は使えない．金融会社は，自社の債権を担保するために，所有権を留保しながら，リースに出す方法を採用しているのであって，物件の特定は，直接売手と買手 (lessee) の間で行われている．金融会社は，実質的な経済行為として，ファイナンス以上のことをしている訳ではないのである．しかも，当該債権は第三者（ただし，系列会社）に譲渡されている．

判決要旨：原告は，このハイヤーパーチェース契約の下で，走らないような状態の車を引き渡すことは契約の根幹に関わる条項の違反に当るので，免責条項に依拠することはできない；従って，未払いのレンタルの請求はできない．

デニング裁判官意見：この種のハイヤーパーチェース契約では，....貸し主は，ビジネスの通常の履行方法から，借り手が，自分の検査を信頼して，また車は実質的に同じ状態で引き渡されると理解して，申請することを知らなければならない：引き渡しまでの間，車を寄託（bailment：厳格責任）の目的で良好に保ち，または修理するということは，貸し主の黙示の義務である[1)-1]．...契約と異なるものを引き渡したり，契約の基本条項または基本的な義務に違反した当事者が，免責条項に依拠できないことは，原則であるといわなければならない，しかし，これらは，私が考えるには，'契約の根幹にかかわる違反は全て，その当事者が免責条項に依拠する権利を失う'という一般原則に集約できるのである[1)-2]．

小括：デニング裁判官は，この判決を，二つの法理から導びいている．その一つは，コモンロー上の寄託（bailment：厳格責任）を差し挟むことによって，ハイヤーパーチェース契約に，単なる，ファイナンス以上の意味を持たせたことであり，残りの一つは，そこから，基本的違反の法理へ繋いだことである．

契約の主目的ルールの強烈な援軍になると思われるこの法理について，デニング裁判官は，上記のように，一般法の原則であることを鮮明にしている．基本的違反の法理は，免責条項の文言が，仮に，解釈の問題として契約違反の抗弁に有効だったとしても，深刻な契約違反の場合は，法の問題として，当事者を保護しないものと理解されたのである．しかし，この考え方は，スイスアトランティック（Suisse Atlantique case〔1967〕AC 361）で，貴族院に拒否されるに至った．

(2) Suisse Atlantique Société d'Armement Maritime S. A. v. N. V. Rotterdamsche Kolen Centrale （〔1967〕AC 361）

事実関係：本件は，石炭運搬船の2年間連続航海用船契約（アメリカ東海岸／ヨーロッパ）で，滞船料条項（demurrage clause）に基づいて算定された金額を上回る損害賠償請求が可能か争われたものである．折からの海運市況の変動を

利用して，用船者は，レートの高い本船の航海数を意図的に減少させ，レートの低いスポットマーケットで不足船腹量を充足し，運賃コストの低減を図ろうとしたと思われる．そのために，契約上の荷役許容時間（allowed lay time）を超えて，滞船料覚悟で，本船の荷役を引き延したのである．契約上の用船期間中に，本船は，8航海の就航をしたのであるが，原告の主張によれば，若し，積揚が，契約上の許容荷役時間内に行われていたのであれば，少くとも，更に，6航海，用船者が，合理的な荷役に努めれば，9航海の就航が可能だったのである．本件事実によれば，滞船料の合計額は約15万ドルだったのに対し，船主側の主張に見合う追加運賃合計は，約40万ドル（追加6航海）乃至77万ドル（追加9航海）であった（注．用船契約実務では，一般に，滞船料は，運賃テーブルに乗ずる用船レートに即して決められるので，滞船料を支払えば，本船の不稼動損失は補填されると考えられる．しかし，本件，判例報告からは，用船レートと滞船料とのバランス関係は，読み取れないので，純粋に，法律判断の側面から，以下の判例分析を進める）．

本件は，契約に従い仲裁に付されたのであるが，法律判断を仰ぐため，仲裁人から高等法院（Mocatta J）に諮問され，更に，控訴院と貴族院に上訴された．
仲裁人が高等法院に求めた法律判断は，次の通りである；
① 原告は（受領済の滞船料を控除することを条件として），被告が契約上の荷役許容時間内に積揚を実行せず，その結果（若し立証されれば）航海数または航海時間が減少し，用船契約上，原告が不利益を被ったことを理由として，損害賠償の請求ができるか？
② そのような利益の減少は，被告が意図的に（即ち，契約上の航海数を制限する悪意をもって），（a）状況が許す通常の出港または，（b）荷役許容時間内の積揚作業を行わなかった結果である場合，原告は，用船契約上，原告が被った上記不利益に対し，受領済の滞船料を控除すること及び用船者が得られたかも知れない早出し料を条件として，損害賠

償請求権を認めることができるか？

(注．要すれば，被告人の荷役遅滞に関する悪意の有無と航海数減少の法的因果関係及び，通常の荷役時間または許容荷役時間を限度一杯まで使った場合のケーススタディーである)．

モカッタ裁判官は，上記の何れも否認．控訴院もこの判決を維持．

貴族院への上訴に当って，原告の行った上訴理由は次の通り；
① 原告は，両当事者がそれぞれの義務を遵守すれば履行できたであろう航海数に関し，用船契約上の権利を持つ．
② 履行されるべきであった航海数に見合う運賃収入減に関する原告の損害賠償請求権は，滞船料の支払に限定されるべきでない．
③ 滞船を生じた契約違反は，基本的違反または契約の根幹に至る違反であり，従って，被告が自分の責任制限のために滞船料条項に頼ることができない．

貴族院判決要旨：控訴棄却．
① (連続航海用船契約においては) 一定数を下まわらない航海数が履行されなければならないとの契約上の権利は，契約解釈でも法の作用としても黙示されない[1)-3]．
② 滞船の原因が本船の留置にあり，滞船料条項が適用された場合，損害賠償請求可能額は，滞船料支払額に制限される[1)-4]．
③ 契約の基本的違反が，免責条項に適用できるか否かの問題は，契約の真の解釈の一つである[1)-5] (注．Karsales ケースのデニング，パーカー両裁判官の意見を否定)．
④ 被告が契約履行を拒絶していない状況では；何れにしろ，滞船料条項が損害賠償額の合意条項であり，免責条項ではない場合は；用船契約の正しい解釈に従い，原告には自由に損害賠償の請求をする権利はない[1)-6]．

アップジョン裁判官によれば；

　'基本的違反' と '基本条項の違反' は，用法的に同義に用いられるケースもあったが；本当は，全く異なるのである．'基本的違反' という言葉には，何んのマジックもないのである；これは，一方当事者の契約違反が契約の根幹に至るような場合，相手側当事者に，そのような違反を，契約全体の履行拒絶として扱わせることに繋げる，便利で簡明な表現に過ぎない．そのような違反が，確かに，基本的違反を構成するか否かは，契約の解釈と当該ケースの全ての事実と状況に依るのである．善意の当事者は，そのような違反を契約全体が終了する履行拒絶として扱い，一般的には，損害賠償請求の訴を起こすことができるが，自分のオプションで，契約の続行を追認し，特定の条項違反で損害賠償だけを請求することもできる．

　しかし，'基本条項の違反' は，別の意味を持つ．契約の基本条項とは，明示または必然的黙示で合意した規定または一般法がコンディションと見做している規定で，契約の根幹にかかわるものであり，従って，そのような条項の違反は，如何なるものであっても，事実または状況に関する更なる参照を要することなく，善意の当事者が，直ちに基本的違反と見做すことができ，彼のオプションで，上記の処理の何れかが選択できるものである[1)~7)]．

小括：仲裁人が高等法院に求めた，上記，法律判断に明らかなように，スイスアトランティックには，大まかにいって，三つ位の焦点がある．即ち；

① 滞船料条項は，損害賠償額の予定 (liquidated damages) か，免責 (exemption) 条項か？
② 原告の請求事由を認めるとして，一方当事者の意図的な侵害行為は，基本的違反を構成するか？
③ 仮に，基本的違反に該当すれば，滞船料条項にこだわらず，損害賠償の請求ができるか？

勿論，ここでの議論の焦点は，上記のうち，下の二つである．そして，貴族院の判断は，基本的違反の法理という表現は，契約全体の履行拒絶，即ち，相手方に，契約解除権と損害賠償請求権が生ずる，コンディション違反と同旨の，簡便な表現に過ぎない．これに，該当するか否かは，契約の真の解釈と事実との照合によって決まるというものであった．また，この判決理由の中では，滞船料条項が，損害賠償額の予定（liquidated damages）と判断されたことが大きい（注．その後，イギリス法は，損害賠償額の予定も免責条項の範疇に入るとの認識を示すに至るが，この段階では，明確でなかった）．

この判旨は，貴族院が，基本的違反の法理を否定したものと解されているが，下級審に，この法理の適用禁止を申し付ける強い言葉を含んでいる訳ではない．

結果として，控訴院は，その後も，基本的違反の法理を適用したのである．そのケースを一つ以下に参照しておこう．

(3) Harbutt's Plasticine Ltd v. Wayne Tank & Pump Co（〔1970〕1 All ER 225）

事実関係：これは，熔融ステアリン（注．プラスチック粘土，商品名 Plasticine の原料で，ワックス系の油脂）を扱うパイプ材料の選定ミスから，流出したステアリンが発火し，工場が全焼したケースである．被告は，原告工場に，熔融ステアリン用パイプラインの設計施工を依頼され，パイプ材として，デュラパイプ（プラスチックパイプの一種）を選定し，熔融温度維持のため電熱テープを巻き付けた．デュラパイプは，この目的には全く不適切なものであった．ステアリンを液状に保つには，120~162°Fを維持する必要があるが，デュラパイプは，伝熱性が低く耐熱性も低かった（187°F以下）．工事自体は，1963年2月5日に終了，両当事者は，翌日のテストを予定した．この日は，大変寒く，ステアリンは凝固していた．これを液状に戻すため，被告従業員の1人が，電熱テープのスイッチを入れ，一晩，監視員なしに放置した．翌早朝工場は焼失．契約第15条には，施設引渡し前の事故または損害に対する被告の債務は，契

約金額（£2300）を限度とするとの規定があった．

　第1審裁判官は，加熱によるデュラパイプの変形がステアリンの流出と出火を招いたと認定．被告は，契約の目的に全く不適切な設計施工により，基本的違反の責めを負わなければならないと判決．金利を含め17万ポンド強の損害賠償を命じた[1)-8]．なおこのケースは，事故後，工場所有者（原告）に保険金を支払った保険会社が，火災原因調査後，原告の名前を使って起こしたものである[1)-9]．

　被告は，免責条項の有効性を争って上訴したが，控訴院（Denning MR, Widgery, Cross LJ）は，金利の算定方法を除き，全員一致で，'基本的違反'を認め，被告は，免責条項に依拠できないと判示した．

控訴院判決理由要旨（Denning MR）：第1審裁判官は，全てのトラブルを防ぐ単純な方法は，パイプをステンレスで造ることだったと述べている．...彼は，この結論を要約して；

　　'この契約で，被告は，システムの設計，調達，組立てを，完全に目的に不適合な，大幅に変更しなければ，目的を達成できない，そして，それ自体の損壊だけでなく，相当な追加被害も確実な違反を行った．...意味がないサーモスタットの取付と共に，役に立たないそして危険なデュラパイプの使用は，完全に契約の根幹に至る，基本的目的違反と述べることができるものである'，

と述べている．これは，被告が基本的違反の責めを負わなければならない，明白な認定である[1)-10]．

　...契約第15条が，被告の責任制限を意図したものだとして，次の問題は，被告が免責条項に依拠することができない基本的違反の責めを負わなければならないか否かである．...基本的違反の結果を考えるに当って，契約を継続して更に履行を可能にできる基本的違反（第1グループ）と，直ちに契約を終結する基本的違反（第2グループ）に分ける必要がある．第2のケースでは，契

約目的は，既に明らかに，達成不能である．...この契約は，工場が焼失した時点で終結した．つまり，何れの当事者も選択の余地のない履行不能事象によって終結したのである[1)-11]．

契約が，基本的違反で終結させられた時，責任を負うべき当事者は，責任を免れる若しくは制限するために，免責条項に依拠できるのだろうか？ ...第1のグループでは，善意の当事者が契約終結を選択した場合，彼は，契約違反を訴えることができ，有責の当事者は，免責条項に依存できないことになっている．これは，スイスアトランティックケースにおける，貴族院の，リード卿のスピーチにも明らかに現れている．

リード卿いわく；
　'仮に，基本的違反が成立したら，次の問題は，若しあるとすれば，契約の他の条項に如何なる適用可能性があるかである．この問題は，しばしば，全面的にせよ部分的にせよ，違反の当事者の免責に関連して発生した．私は，善意の当事者が，違反を，履行拒絶として扱う選択権を行使し，契約を終結させ，損害賠償を請求する場合，一般的に，多くの困難性があるとは思わない．従って，免責条項を含めて，契約の全てが存在しなくなったのであり，また私は，契約が存在しなくなった後で，仮に，契約の全ての条項が継続していたら得られたであろう期待利益のような善意の当事者が被った損失に対する訴訟を，この条項が如何に排除するのか考えることもない[1)-12)']．

また，アップジョン卿いわく；
　'一方当事者が，自分だけの防御のために挿入した，免責条項または責任制限条項に依拠することができない原則は，...仮に善意の当事者が基本的違反を選択すれば，契約は，終結することである；有責の当事者は契約の特別な条項に依拠することはできない[1)-13)']．

これらの裁判官が，契約は，'終結した'という時，彼等は，勿論，それからのことを意味しているのである．このような終結は，当該違反に関し，有責の当事者が，免責条項に依存する権利を排除する[1)-14]．

　従って，これらは，善意の当事者が選択した基本的違反が存在した時，即ち，善意の当事者が，契約は，終結したと扱う選択権を持ち，現に行使した時，法として確立する．私は，善意の当事者が選択権を持つことなく，契約が，自動的に終結する場合でも，ポジションは，同じでなければならない思う．...最近の事例は，Garnham, Harris & Elton v. Alfred W Ellis (Transport) ([1967] 2 All ER 940) である[1)-15]．

　従って，このケースの唯一の問題は：被告が，契約を終結させる基本的違反で有責か否かである，若しそうなら，彼は，責任制限条項に依拠することはできない．契約違反が基本的か否か決定するに当って，結果ではなく，その特質に注目しなければならないという示唆がある．しかし，私は，この示唆には，同調しない．多くの配慮をするのは，違反そのものではなく，そこから生じた出来事なのである．重大な違反が，軽微な結果をもたらすことがある．些細な違反が，重大なこともある．このケースでは，デュラパイプの規格は，疑いもなく，重大な違反である；しかし，若し，それが適時に判明し，ステンレスパイプに交換されていれば，余り大きな不利益はもたらさなかったかも知れない．その場合，原告は，契約を履行拒絶と扱うことはできないし，また終結させることもできない．しかし，この因果関係からは，現に，重大な結果が生じている．この結果は，契約を終結させる程深刻であった．従って，違反だけでなく結果にも注目しなければならないのである[1)-16]．

　従って，私はここで，この違反とその結果は，契約を終結させるほど基本的なものであった時に，被告は，免責条項に依拠できないのか？を検討する．経験のある裁判官は，できないと考えている．私は，このケースは，'欠陥の集積'の代わりに'失敗の集積'であることを除いて，Pollock & Co v. Macrae ([1922] SC HL 192)[1)-17]と大変似ていると思う．ここには，デューンディン (Dunedin) 卿の言葉が適用できる．'機械の実動能力を否定するほどの欠陥の集積

が存在する時には，それは，完全な違反（total breach）に等しいと思う，それは，供給業者が，契約条件に依拠することを妨げるものである[1)-18]．

判決理由のこの部分を終わるに当って，私は，スイスアトランティックケースの結果について触れたいと思う．この判決は，控訴院の長い判決の歴史，即ち，一方当事者が基本的違反，即ち，契約の根幹に至る違反を犯したのであれば，そして，相手方が契約の終了を選択したのであれば —— または，何れにしろ，その違反で契約が終結したのであれば —— 有責の当事者は，自分の責任から逃れるために，免責または責任制限条項に依存することはできないことを確認したものである[1)-19]．

若し，善意の当事者が，当該違反を認識した時に，終了を選択せず，(Charterhouse Credit v. Tolly〔1963〕2 All ER 432のように）継続を選択したのであれば，それは，常に，有責の当事者の錯誤または不注意をカバーする毛布を提供すること，または彼の義務を無視できることを意味してはならないことを念頭に置いて，免責または責任制限条項に依存できるか否かは，解釈（construction）の問題になる．この裁判所は，最も広い免責条項であっても，解釈の問題として，その効果を拒否できる．

リード卿いわく；

　それ（免責条項）は，契約の主目的を挫折させるまたはその他の理由で不条理を招く．そして，この条項に何らかの限界を読み込まなければならない場合は，基本的違反のところで線を引くのが，一般的には合理的である[1)-20]．

　従って，目的論的解釈を使って，若し会社が，全ての違反から責任を免がれることを意図して，免責条項を印刷した書式に挿入したのであっても，それは，直ちには，基本的違反に対する責任を免れさせるべく解釈されることにはならないのである；それは，契約が，実質的には履行された時のことを意図したのであり；その契約に固有の根幹に至る違反を意図し

たのではない時に，有効に依拠できるだけなのである[1]-21.

小括：このケースの出火原因は，エンジニアリング会社の明らかな(重)過失と認定されている．ただし，工場所有者は，火災保険を掛けていたし，現に，保険事故として保険金が支払われている．そして，この訴え自体は，保険会社の代位請求権の行使として起こされたものであることに注目する必要がある．保険の付保は，'当事者のリスクヘッジ手段'の一つと見做されており，契約違反の帰責事由との関係は言及されていない．ところが，次のケースは，出火原因に，(理由は明らかでないが)当事者の認識があったことが認定されていたにもかかわらず，保険の付保が，契約上の'リスク配分の徴憑'として使えるという判旨であり，しかも，支配的要件として評価されたことに注目する必要がある．貴族院は，次のケースで，基本的違反の法理を，明確に，否定したのであった．それは，後に述べる，不公正契約条項法（Unfair Contract Terms Act, 1977）の成立と，深く，関連していた．

問題の焦点は，帰責事由における，違反者の故意または過失の別，保険の付保と契約によるリスク配分の関係及び使用者責任の厳格性の有無である．

(4) Photo Production v. Securicor（〔1980〕1 LLR 545）

事実関係：本件は，いわゆる警備保障契約に基づいて派遣された，ガードマンの認識がある加害行為に対する損害賠償請求に関し，被告の抗弁として，免責条項が使えるか否か争われたものである．1968年2月，ケント州に工場を所有していた原告は，毎日夜間4回，毎土曜日午後2回，毎日曜日昼間4回の，巡回方式による警備保障契約を被告と結んだ．

この契約には，次の条項があった；

① 何れの状況においても，当社（警備保障会社）は，当社従業員の如何なる加害行為に対しても，その行為に，予見可能性があり，また雇用者としての会社側が，相応の注意力を払えば，避けられた性質のものでなければ，責任を負うことはない，また何れの場合にしろ，当社

は，下記事項について，責任を負うことはない：
(a) 専ら当社従業員の業務中の過失に起因すると見做される場合を除き，…火災，…により，顧客が被った損失…
② 前記の規定にかかわらず，…顧客が被った種類の，何等かの傷害または損失若しくは損害に関し，何等かの責任が当社側に生ぜざるを得ない場合には，当該責任が当社に生じたと思われる不履行の発生から1ヶ月以内に，書面による通知が当社役員に届けられた請求に限られるものとする；…また，火災または爆発を含み，一事故当り，最大2万5千ポンドを上限とするものとする．

被告セキュリカーは，工場に，警備員（パトロール）1名を派遣し，確かに，契約を履行したが，1970年10月の或る夜，セキュリカーが派遣した警備員が（理由は明らかでないが）工場に火を放ち，その殆どを焼失した．原告は，61万5千ポンドの損害賠償を請求．本件第1審（MacKenna J）は，上記免責条項を有効と判断した．しかし；

控訴院（Denning MR, Shaw and Waller LJ）は；
① 契約の目的は，原告施設の火災からの安全保障なので，この施設に火を付けたということは，警備員が防止するために雇われた目的そのものを犯したことであり，契約の基本的違反に当る；従って，セキュリカーは，免責条項に頼ることはできない．
② 本契約の免責条項は，目的物の意図的な破壊をカバーするに適合するものではない；条項①は，責任を免除する範囲として考慮した内容を，従業員が，契約または契約に付随して，履行上または履行の趣旨で行った，何等かの行為と表示しているが，警備員の犯罪行為から生じた状況は，カバーしていない．
③ 条項②に払われた同様な考慮は，公正または合理的に考えて，当事者が契約に入った時に予期できたことと，何か，全く範囲外の，または

全く目的外になるような行為をカバーすることは出来ないということである．
④ 従って，セキュリカーは，条項①，条項②の何れに依っても，責任を免がれることはできない；原告には，請求額を回収する権利がある．

これに対し，セキュリカーが貴族院に上訴．彼は；標準契約書の条件は，現に発生した事態に適用可能か，また適用可能なら，免責条項または責任制限条項は，事実に照して，適用可能か否かを争った．

貴族院判決要旨：
① 条項①，即ち，免責条項が存在しない場合，契約上，法の黙示により，セキュリカーが負担する一義的義務は，工場の安全管理に，合理的な注意と能力を有する者が夜間パトロールを行う絶対的な義務である[1)-22]；この義務は，免責条項によって，セキュリカーが業務の履行に関し，パトロールを行う人が工場の安全管理に合理的な注意と能力を払うべきことに，その雇用者としての能力の範囲内で，相応の注意を払う義務に緩和されている[1)-23]．
② セキュリカーは，サービス提供を引き受けたが，何らかの専門知識の提供を約したものではなく，また原告工場に関する知識を持っていた訳でもない．交渉力が均衡していた当事者として，彼等の間で，セキュリカーが引き受けたリスクは，控え目なもので，原告が，損害または損壊の，基本的リスクを負担したとしても不合理ではない[1)-24]．

ウィルバーフォース裁判官意見要旨：
① 控訴院においてデニング卿は，最初にこの違反が基本的か否か考えた．若し，そうなら，裁判所は，免責条項または責任制限条項の利益を当事者から奪うのである．他の裁判官も，基本的には，彼の主張に同調した．

デニング卿は，この点で，それまでの控訴院の判決及び，特に，Harbutt's Plasticine（〔1970〕1 LLR 15）ケースでの，彼自身の判決に追随した．このケースで，デニング卿は；

（a） 契約違反の結果，善意の当事者が，契約を終結させる権利を得て，これを行使するケースと，

（b） 善意の当事者が契約を終結させるか継続するか選択するのではなく，契約違反が，自動的に，契約を終結させるケースの二つに区別した．

最初のケースで，デニング卿は，スイスアトランティックの貴族院判決を適用したと述べているが，実際には，貴族院の裁判官のスピーチからの二つの引証で，契約の終結（termination）が，免責条項を含めて契約を終わりにする'法準則（a rule of law）'であることを抽出したのである[1)-25]．...免責条項の文言の如何を問わず，免責条項が消滅またはその効果を失うことによって生ずる，何らかの法準則の存在は，明らかにディルホーン子爵，ハドソン卿及び私自身の見解と異る[1)-26]．

基本的違反の法理は，その不完全性または成生の疑問にもかかわらず，役立って来た．そこには，免責条項の作用を不満足な形で放置するよりは良かったにしても，多くの問題点，多くの不正義があった．リード卿が，スイスアトランティックで同じことを指摘し，基本的違反の法理は，疑わしいと述べている．...しかし，議会は，既に，対策を採ったのである：不公正契約条項法が1977年に成立した．...この法律以降，ビジネス案件では一般に，当事者間に交渉力の不均衡が存在せず，またリスクが，通常，保険でカバーされている時は，司法的な介入が行われないだけではなく，それこそが述べるべきことの全てなのである，また当事者が，適切と考える方法でリスクの分担を行い，また彼等の決定を尊重するために，当事者の自由に任せることが，議会の意思であったと思われる[1)-27]．

もはや，基本的違反の法理が適用された，または論議された無数のケースを

第2章　本論：イギリス法の分析　145

参照する必要性はない．これらの殆どは，不公正契約条項法（1977）に引き継がれたのである．それ以外の判決は，契約の解釈に基づいて，正当化できるのである[1]-[28]．

このような状況では，彼等が対等の当事者間の問題として，セキュリカーが控え目なリスクを引き受け，原告が，損害または損壊に対する基本的なリスクを引き受けたとしても，誰も不合理だとは考えない．セキュリカーの義務は，既に述べられた通り，サービスの提供である．そこには，警備員の採用に相応の注意を払う，（工場の）鍵の取扱に注意を払う，また，私が考えるには，工場施設の保安に，相応のまたは適切な注意を払う義務が黙示されなければならない．セキュリカーが約束した義務違反は，この後の方の義務の履行の失敗にあった．また，これは，（施設に放火した）警備員本人の故意または過失に対する代位責任でもある．セキュリカーは，Morris v C. W. Martin & Sons Ltd〔[1965]〕2 LLR 63；[1966] 1 QB 716, 717, 739）に述べられた原則に基づき，有責かも知れない．これは，条項①が適用される違反なのだろうか？条項①は，'何れの場合にしろ，…従業員の何らかの傷害行為または債務不履行'という強い言葉で起草されている．これらの言葉には，基本的な解釈のルールの助けを借りて，アプローチしなければならない，即ち，起草者に不利に読まなければならず，何者かの若しくはその従業員の，故意または過失の結果から逃れるためには，明白な言葉が必要である．私は，これらの言葉は明白であると思う．被告は，事実，抗弁でこれに依拠している，なぜなら，彼等は，故意の結果から免責されるのではなく，過失からの免責を求めたのである．しかし，これは，若し，条項が過失以外の何かをカバーできるのであれば，それは，過失には適用できないというルールの曲解である．過失以外，例えば，故意にも適用できるか否かは，勿論，明白な言葉を要する解釈の問題を残している．私の意見は，この条項には，解釈の余地があり，また適用可能である．私は，責任は，排除されると判決する[1]-[29]．

小括：以上を小括すれば，控訴院は，法準則として，免責条項のコントロー

ルに，基本的違反の法理を適用したのに対し，貴族院は，契約によるリスク配分は，当事者自治の範囲内の問題であり，免責条項の規制は，解釈のルールの範囲内で行うべきとの立場を鮮明にしたのである．別の表現をすれば，控訴院判決には，カーセールス（1956）の段階から，受約者の契約目的が達成されたか否か，違反と結果の重大性に目を向けているのであるが，貴族院は，手続的な公正が守られている限り，過失責任を含め，リスク配分は，当事者の合意に委ねられるという立場を貫いている訳である．ただ，貴族院も，当事者間の合意の任意性の判断には慎重で，被害者の損害が保険でカバーされる場合は，それが受約者の任意性の徴憑になるという，現実的な配慮もしている．

ただし，上記ウイルバーフォース裁判官の判旨から見ると，あたかも，保険の付保が当事者間のリスク配分の徴憑として支配的要件になると思われるのだが，必ずしも，それだけとはいい切れない．前出の Harbutt's Plasticine（〔1970〕1 All ER 225）では，エンジニアリング会社の専門知識不足（過失責任）があるのに対し，フォトプロダクションでは，何等かの専門職能に基づく契約ではないことが認定されている．その理由をアテイヤは，貴族院がこの契約の約因が極めて小さかったことに配慮したからではないかと推定している[1]-30．従って，契約履行者に求められる注意義務レベル，特に，duty of skill の違いが支配的要件とも読めるのである．そのように解しないと，基本的違反の法理の否定は，保険会社の代位請求権にも影響しかねない法律判断の変更になりかねない．

1950年代に，控訴院が，基本的違反の法理を開発した結果，イギリス法には，一方当事者が，契約の基本的な目的（または義務）を履行しない場合，原告には，少なくとも，二つの選択可能性が生じた．即ち，コンディション違反での契約解除を請求するか，基本的違反で契約解除を請求するかである．スイスアトランティックの，アップジョン裁判官の指摘（前出[1]-7）の通り，この二つは，用法的に，同義に用いられることがあった．しかし，フォトプロダクションの判決理由を読むと，この二つを峻別して，基本的違反の法理を，貴族院が否定したのには，これが，契約条項の一つ（即ち，免責条項）を攻撃する道具だったことに関連する示唆を強く受ける．つまり，契約条項の一つの効果を否

定することが必要だとしても，契約全体を取り消してしまう法理の是非である．従って，この疑問は，契約違反と救済のルールの中で，コンディション違反とワランテイ違反の扱いと関係して来る．問題は，違反の当事者の意図的な履行拒絶を善意の当事者の契約終結権に結びつけるか否かであった．

これに対する分析は，後に，(第2章第2節4.3)(2)：免責条項の機能と規制方法）述べることにして，ここでは，既に述べたように，交渉力の不均衡に基づく不公正契約を規制する境界域の法理，不当威圧及び経済的強迫に進みたい．

1960年代に入って，これらの法理は，基本的違反の法理と同じく，控訴院で，例外的に，交渉力の格差に由来する，不公正を規制する踏み込んだ判決に使われるようになった．その最初のケースは D&C Builders Ltd v. Rees（〔1966〕2 QB 617 ; Lord Denning）と考えられるのだが，ここでは，最も有名なリーディングケース Lloyds v. Bundy（〔1975〕QB 326）から分析を始めることとする．

[参照注]

1)－1：Karsales（Harrow）Ltd v Wallis〔1956〕1 WLR 936, 940.
1)－2：前出．〔1956〕1 WLR 936, 941.
1)－3：Suisse Atlantique Société d'Armement Maritime S. A. v N.V. Rotterdamsche Kolen Cetrale〔1967〕AC 361, 389 E, 396 B, 407 F, 417 A～G, 429 E.
1)－4：前出．〔1967〕AC 361, 389 G, 396 B, 407 F, 417 G～418 A, 429 E.
1)－5：前出．〔1967〕AC 361, 392 E, 399 C～D, 405 F～G, 410 A～F, 425 E～426 B, 431 G～432E.
1)－6：前出．〔1967〕AC 361, 394 G～396 A, 406 G～407 D, 411 D, 413 B～C, 414 A～D, 419 C～D, 421 B～D, 435 F～436 E, 437 D～438 A.
1)－7：前出．〔1967〕AC 361, 421 FG, 422 A～D.
1)－8：Harbutt's Plasticine Ltd v Wayne Tank & Pump Co Ltd〔1970〕1 All ER 225, 225 A～J.
1)－9：前出．〔1970〕1 All ER 225, 230 AB.
1)－10：前出．〔1970〕1 All ER 225, 231 H～232 A.
1)－11：前出．〔1970〕1 All ER 225, 233 EF.
1)－12：前出．〔1967〕AC 361, 398.

1) -13： 前出. 〔1967〕AC 361, 425.
1) -14： 前出. 〔1970〕1 All ER 225, 234 G.
1) -15： 前出. 〔1970〕1 All ER 225, 234 HJ.
1) -16： 前出. 〔1970〕1 All ER 225, 235 A～C.
1) -17： Pollock & Co v Macrae〔1922〕SC HL 192.
1) -18： 前出. 〔1922〕SC HL 192, 200.
1) -19： 前出. 〔1970〕1 All ER 225, 235 E.
1) -20： 前出. 〔1967〕AC 361, 398.
1) -21： 前出. 〔1970〕1 All ER 225, 235 HJ～236 A.
1) -22： Photo Production v Securicor〔1980〕1 LLR 545, 555 左.
1) -23： 前出. 〔1980〕1 LLR 545, 554 左右, 555 右.
1) -24： 前出. 〔1980〕1 LLR 545, 551 左, 554 右, 555 左.
1) -25： 前出. 〔1980〕1 LLR 545, 547 右.
1) -26： 前出. 〔1980〕1 LLR 545, 548 左.
1) -27： 前出. 〔1980〕1 LLR 545, 549 左.
1) -28： 前出. 〔1980〕1 LLR 545, 550 右, 551 左.
1) -29： 前出. 〔1980〕1 LLR 545, 551 左.
1) -30： 主要参考文献. Atiyah[2] pp. 312, 313.

2) 不当威圧または経済的強迫と交渉力の不均衡

　当事者間の交渉力の不均衡を利用した不公正の規制の観点では，1970年代に，不当威圧（undue influence）と経済的強迫（economic duress）または財物を押えての強迫（duress of goods）の分野でも，法の大きな前進があった．それは，既に述べたように，デニング裁判官を中心とする控訴院での，これらの法理の一般法化である．しかし，この前進も，多分に，エクイテイに振れ過ぎであるとして，今日，見直しの過程にあるように思われる．そこで，この推論を検証するため，ここでは，これらの法理を一般法化した，ロイド対ブンデイでのデニング裁判官の意見を参照した上で，その適用限界を感じさせる，その後の，二つのケースを参照しておこう．

(1) Lloyds Bank Ltd v. Bundy（〔1975〕QB 326）

　事実関係：年老いた農夫である被告と彼の一人息子は，原告銀行の永年の顧

客であった．この息子は，会社を設立し，父と同じ同銀行支店に口座を開設した．1966年に，被告は，同社への当座貸越しに，極度額千5百ポンドの保証を付け，農場に，抵当権を設定することを承諾した．同社への当座貸越し残高は増加し，同行マネジャー代理(B)は，担保の積み増しを要求し，検討のため必要書類を被告に預けた．被告は，それを自分の弁護士に見せたところ，弁護士は，概ね，'貴方は，息子の事業に5千ポンドを投資できるが，それは，貴方が住んでいる自分の財産のほぼ半分に当る'と助言した．この助言に従い，被告は，追加保証及び担保提供に応じた．

息子の事業は，更に悪化し，小切手が未払で戻って来た．息子は，Bの後任者であるHに，若し，必要なら，父が追加担保を提供すると伝えた．1969年12月17日，息子とHは，被告を訪ねた．その際Hは，追加保証1万1千ポンドと追加担保3千5百ポンドの書類を直ぐにサインできるようにして持参した．彼は，会社の現況は大変難しいと思うが，若し，被告が，当座貸越を減少させるため，会社収入の10%を別口座に入金すること，1万1千ポンドまで保証すること，更に，その金額まで，抵当権を設定することを了承すれば，銀行は，1万ポンドまで，当座貸越を認める用意があると伝えた．被告は，100%一人息子を支持していると述べ，Hが用意した書類にサインした．

1970年末，破産管財命令により，会社は，業務を終了，銀行は，被告家屋を9千5百ポンドで売却しようとした．

銀行の占有請求に関する証人調べで，Hは，1969年12月17日の面談の時；被告が，銀行のマネージャーとしての自分に，暗黙に，この取引について助言を期待していると思ったと述べた．また，彼は，被告が，'この住宅以外の財産を持っていない'ことを知っていたと述べた．一方，被告は，自分は，'常にHを信頼していた'また'ただ，彼のいう通りにしただけである'と述べた．

県裁判所（county court）の裁判官は，銀行に占有命令を与え，被告の債務保証及び抵当権を排除する反訴を棄却した．

しかし，控訴院は，被告の控訴を認め，下記の通り判決した；

　銀行と被告との間には，当事者間の関係の乱用を防止するために，裁判所が介入できるような，信任関係 (a relationship of confidentiality) があった；債務保証及び抵当権設定に関する被告のサインは，彼の唯一の残余財産を銀行のために失い，老後を無一文で過ごす結果になるかも知れない利害の抵触を含んでおり，また，彼は，自分が何をしているのかについて別途の助言を得ていないので，銀行には，信認関係に基づく注意義務 (fiduciary duty of care) 違反がある．被告の債務保証及び抵当権は，不当威圧により，取り消されなければならない[2)-1]．

デニング裁判官は，判決に先立ち，これに類似するいくつかの法理；財物を押えての強迫（duress of goods），非良心的取引（unconscionable transaction），不当威圧（undue influence），不当圧力（undue pressure），救難合意（salvage agreements）が適用された先例を引証し，次の一般原則に帰納した．

　これらを一つにして，私はこれらの法理には，一本の筋道が通っていると思う．これらは，'交渉力の不均衡' に基づいている．その結果，イギリス法は，別途の助言を受けず，大変不公平な条件で契約を結んだ者または，全く不相当な約因で財産を引き渡した者を，彼の交渉力が，本人の切迫した必要性，希望または知識不足若しくは意思薄弱のために，これ等と重複して，相手方による若しくは相手方の利益のための不当威圧または圧力で深く傷ついていた時，救済を与える．私が，'不当（undue）' という言葉を使った時，私は，何等かの権利侵害行為（wrongdoing）の証明に基づいて，この（救済）原則が発動されることを意味するのではない．不当な優位性を契約に規定する者は，自分の利益のみによって動かされているのであって，他人にもたらされる苦痛を意に介さない．私は，また，相手に支配された若しくは征服された者の意思を，何んらかの，参考にすることを避けた．強い必要性を感じている者は，単に彼自身が感じている苦況

から逃れるために，最も無分別な取引に合意するのである．なお，これは，全ての（無分別な取引が）別途の助言を得ることで有効となることを意味しない．しかし，それが無ければ，（契約の無効は）決定的である[2)-2]．

小括：既に述べたように，この一般原則が，そのままイギリス法となったとは，必ずしも，いえないのであるが（後述：参照注[2)-28(1), (2)]），デニングは，これによって，信任関係義務違反を要件とするエクイテイの法理を，更に抽象化し，コモンローを含め，一般法化しようと試みたのだろう．即ち，信任関係は，より広い概念である交渉力の不均衡（inequality of bargainingstrength）に置き換えられ，不当威圧には，強迫（duress）の拡張概念に当る，経済的強迫（economic duress）が含まれている．更に，救済されるべき利益に，約因の不相当が含まれることも注目に値する．これは，コモンローの法理には含まれないものであった．

この延長線上で，枢密院（Privy Council）のスカーマン（Scarman）卿は；契約を取り消し可能にする要件としての'経済的強迫（economic duress）'を認定するに当り，当該認定の基礎に，同意を無効にする意思の強制が認められる限り，認定に反する原則は，存在しない（Pao On v. Lau Yiu Long〔1979〕All ER 65, 79）と述べている．ここには，意思理論からのアプローチが見られる．また，後に述べるように，イギリス法の不当威圧の使い方には，アメリカ法の非良心性の法理（後述：第3章第2節2.2)）と同旨のものが感じられる．

しかし，交渉力の不均衡を利用した，相手側の意思の強制に関する限り，コモンローの範囲でのイギリス法には，この法理の制限的な運用を感じさせる判例が存在する．以下に，その2例を参照しておこう．

(2) North Ocean Shipping v. Hyundai（〔1978〕3 All ER 1170）

事実関係：本件は，タンカーの新造契約で，支払指定通貨の下落のため，造船所側が契約金額の上積みを要求したケースである．その際，造船所側は，値増しに応じなければ，本船を引き渡さないと強迫した（これは，財物を押さえて

の強迫（duress of goods）または経済的強迫（economic duress）に当る）．

　1972年4月，被告，現代造船（Hyundai：韓国大手重工メーカー）は，原告船主とタンカーの新造契約を結んだ．契約代金は，3千95万USドル，5回分割払の定額請負契約であった．船主は，第1回の分割払を契約通り行ったが，造船所側は，1973年2月，自国通貨に対し米ドルが10％切下げられたのを機に，損益の悪化を避けるため，残り4回分に対し10％の値増しを要求した．船主は，（専門家から）この要求には，何の法的な根拠もないと助言を得たので，これを拒否した．その同じ時期（1973年5月）に，船主は，重要な顧客から有利な条件で，同船の3ヶ年の用船契約を得ていた．この用船契約の不履行を恐れた船主は，（本船の引渡しと離れて）紛争を仲裁で処理することを提案した．しかし，造船所側は，これを拒否，同年6月30日までに，値増し要求に対する最終回答を求め，要求に応じない場合は，契約を解除すると脅したのである．6月28日，船主側は，造船所との友好を維持するため，ただし，'船主の権利を侵害することなく' 増加金額の支払に応じるとテレックスで回答した．また併せて，造船所側が，履行保証のために差し入れている，ボンド（L/G）を増額するよう要求した．同29日，造船所側は，これにより紛争が解決されたこと，ボンド（L/G）は，要請通り積み増しすることを回答した．その後船主は，何等の異議を付すことなく，値増し分と共に残り4回の支払を履行した．そして，1974年11月27日，何等の異議を付すことなく，引き渡し書にサインして，本船の引き渡しを受けた．ただし，船主側が，28/29日付で行った追加支払の合意を，現実に，追認しようとしたこと，または追加支払に関する自分の権利を放棄しようとしたことは一度もなかった．

　1975年7月30日に，船主側は，追加支払分10％の返還を請求，仲裁人を指名した．彼等の主張によれば，追加の支払は '約因の欠缺' により無効であり，不当利得金返還訴権（money had and received）により回復可能または6月28/29日の合意は，経済的強迫の下で非任意的に結ばれたものなので取り消し可能なのである．

判決要旨：
　①　既存の契約義務を完全に履行するという約束は，有効な約因とならないというルールは，依然として，有効な法である．造船所が，この船を造るという，契約上の，元々の義務は，6月28/29日の合意の有効な約因とはならない，(しかし)履行保証のL/Gを積み増した行為は，新たな義務の引き受け，または不利益な義務の負担の増加に当り，既存の義務の充足には当らないので，充分な約因に当る[2)-3]．
　②　心身に対する強迫以外の強迫に基づいて支払った，金員の回復は，財物を押えての強迫（duress of goods）に限らない：強迫は，経済的強迫（economic duress）の形もとれるのであって，それは契約を破るという脅しの形でも成立する．従って，契約を破るという脅しが，追加契約に結びついたのであれば，その契約は，仮に，有効な約因があっても，経済的強迫を受けた人によって取消可能である．事実，船主は，元の契約を破棄するという造船所の経済的強迫に基づいて，…契約改訂に応じたことが認められるので，この合意は取消可能である[2)-4]．
　③　しかし，合意日と，1975年7月の仲裁開始までの間に，何等の抗議も行わなかったことより，船主は，この合意を追認したのであり，また，追認する意図はなかったという事実は，それが造船所側へ示されていない以上，彼等に，契約の取消権を与えることには繋がらない．従って，船主には，10%分の返還請求権を与えることはできない[2)-5]．

小括：以上の通り，船主の承諾は，経済的強迫の下で，非任意的に得られたものであるから，この判決は，その後の船主の任意の追認の有無が，支配的な判決理由になる．この事実認定は，かなりきわどいものだったといわざるを得ない．また，造船所との交渉に当った船主側代理人の対応の巧拙も若干感じられる．そこで，このケースの事実認定が行われた，特別事件（special case）の

記録から，当時，この船主が置かれた苦況を理解した上で，モカッタ裁判官の判決理由に進むことにしよう．

造船所から船主代理人弁護士に宛られた強烈な文言のテレックスは，彼等を，極めて難しい立場に追い込んだ．そして，彼等は，この紛争に重大な意味を持つ下記のテレックスを6月28日に返信した；

　　1973年6月26日付貴テレックス受信いたしました．われわれは，貴方ご要請の追加支払に応ずべき義務が当方にはないことを確信いたしておりますが，友好的関係を維持するめにまたわれわれの権利をそこなうことなく，1973年2月12日以降の支払について10%の増額を行い，6月26日付貴テレックスの要求に応ずる用意があります．貴方は，当然，第XI(2)(iii)に規定されたL/Gの増額措置を採られるものと確信します[2)-6]．

6月28日付船主のテレックスを受信し，造船所側は，29日に，謝意と共に，造船所の立場に関する船主の寛大な理解のお陰で，両者間の若干の意見の相違は，解消したこと，ならびに，L/Gの増額を行うことを返信した．...
　そして，本船は，1974年11月27日，船主に引き渡された．船主の，強迫または錯誤により支払われたことを理由とする3百万ドルの返還請求は，1975年7月30日テレックスで行われた．また，彼等は，仲裁人を指名した[2)-7]．

一方，船主は，1973年2月からシェルと用船交渉を進め，...最終的に，1973年5月22日，ワールドスケール（WS）80で，3ヶ年の定期用船契約に合意していた．これは，大変有利なレートで，特別事件（special case）の認定では，船主が，10%を，当初金額に追加して払ったとしても，実質的な利益を得られるものであった[2)-8]．
　経済的強迫に基づく，特別事件（special case）の13節に重要な事実認定がある．船主が仲裁を申請する時まで，彼等は，用船契約の何らかの不履行は，同

社（Livanos）のような船主の重要な顧客である，用船者（Shell）との関係に，明らかに有害であるばかりでなく，仮に，(Livanosは，疑わしいと思っていたのだが）シェルに，代船受け入れの用意があったとしても，シェルに，払ってもらえる用船料を超えて，8百万ドル以上の，債務負担の危険性が残ると信じていたことである[2)-9]．

特別事件におけるこれらの経過から，2人の仲裁人自身は，6月28日付の船主のテレックスは，'われわれの権利をそこなうことなく'という文言を用いたことによって，明らかに彼等の権利を留保したものと認められるもののように見えると考えた[2)-10]．

更に，特別事件は，…個々の分割払をする時に抗議が行われなかっただけでなく，最終支払を行う時も，所謂，'本船価格状況（ships price status）'に合意する時も，引き渡し及び受領書にサインした時にも，抗議が行われなかったことを認めた．'完全かつ最終的な決済'と表示された最終分割部分の支払も，また，抗議なく行われた．

また，特別事件は，1974年11月の本船の引き渡しの期日には，市況が変化していたことを認定した．タンカーの用船と売買市況は急落しており，船主が抗議したとしても，造船所が引き渡しを拒否できるような状況にはなかった；その一方で，追加の10%が留保されたとしても，造船所に，本船を引き渡す用意があったとする認定も存在しなかった．また，両者間には，姉妹船の契約があり，…仲裁廷で，船主は宣誓の上，彼等がもっと早く，(即ち）姉妹船の引き渡し通知（tender of delivery）前に，仲裁を始めていたら，…造船所は，姉妹船の引き渡しも拒否することができたと述べた．しかし，特別事件としては，そのような推定を認定する根拠はないと判断した．

しかし最終的に，特別事件としては，船主は追加支払の合意を追認しようとしたことも，彼等の権利を放棄しようとしたことも決してないと判断した[2)-11]．

モカッタ（Mocatta）裁判官判決理由：1973年6月28/29日の合意は，…原

契約を破棄するとの脅しの下で決定されたので，この追加金額は，不当利得金の返還請求訴訟で回復できるか否か考えなければならない．...最も良く知られたイギリスのケースは，多分，Maskell v. Horner（〔1915〕3 KB 106）である，...そこで，裁判官は，明示の抗議が，任意の支払を否認する有力な証拠にはなるかも知れないが，常に，必要だとはいっていない；全体としての状況が非任意的支払を示さなければならないのである[2)-12]．

　私は，このケースで認められた事実は，確かに，経済的強迫に該当すると認める．船主は，造船所に有利な裁定がされたとしても，それに従うとの大変合理的な仲裁の提案をしたが，それは拒否された．それから，彼等は，この契約を締結した，私は，本当に，これは強制の下で結ばれたといわなければならないものと思う[2)-13]．

　既に述べたことだが，船主は，1973年6月28日のテレックス以降，姉妹船の引き渡し問題があった．彼等は，姉妹船の引き渡しを受けた直後に行った仲裁申請（1975年7月30日）まで，何の抗議も行わなかった．従って，船主には，本船の引き渡しを受けた1974年11月27日から，この請求を出した1975年7月30日までの遅滞（delay）がある[2)-14]．誰も，この遅滞を重要でないと見逃すことはできないが，私は，それ自体が決定的だとは思わない．...しかしながら，本船が，1974年11月に引き渡されるまでに，市況は急激に変化しており，特別事件としての審理で認められたように，船主は，これを認識すべきであった[2)-15]．...しかしながら，慎重に考えて，私は，ここでの重要なポイントは，次の通りであるとの結論に達した；

　① この時点（1974年11月27日）では，抗議を記録しても，危険はなかったので，

　② 最終支払は，何の修正もなしに行われたので，また，

　③ 船主には，請求を提出する1975年7月30日までの遅滞があったので，認定事実の，客観的判断から導びかれる，正しい推論は，船主の作為または不作為は，原契約の条件を1973年6月に修正した合意の追認であるとのみ見做すことができるということである．

この結論に達するに当って，私は，勿論，特別事件で，'船主が追加支払の合意を追認しようとしたことは決してなかった'と認定されたことを見逃した訳ではない．しかし，私は，追加支払の合意を追認しなかったという船主側の意図は，その明白な行為から，主張立証に成功したとは思わない[2)-16].

　小括：以上の通り，このケースは，造船所に対する原告側代理人の対応に，やや，手抜かり（即ち，L/Gの積み増しを要求して契約変更に約因を与えた．最終の分割払をする時も，所謂，本船価格状況（ships price status）に合意する時も，何等の留保も付けなかった）と思われるところが散見されるのであるが，追認のルールが原告の不作為に不利に適用されたものである．勿論，強迫状態が継続している状況では，形式的に，追認と見做しうる行為があったとしても，それが，追認に当ることは決してない．従って，強迫状態が解消した後で，如何に，速やかに，反対の意思を明らかにするかが支配的である．

　為替差損という，後発的な，偶発損失を，相手の苦況または交渉力の格差を利用して転嫁する行為は，経済的強迫または不当威圧そのものである．現に，モカッタ裁判官も，これを，認定している（前出．[2)-13]）．特別事件としての審理では，深刻な損害をもたらす危険性に直面した原告に，有利な事実が認定されていたのであるが，控訴院は，そこから，エクイテイの判断に進むことなく，コモンローの枠内で判旨を組み立てている．後に述べるように（第3章第2節 2.1）：強迫と不当威圧），アメリカ法でも，約因を伴わない，任意の契約変更を有効とするために，ビジネス契約では，追認のルールを厳しく適用する傾向がある．実務者として注意を要するところであろう．

　更に，通常は，交渉力が均衡しているビジネス契約の分野で，経済的強迫の法理の限界または，司法の消極的な姿勢を示すものとして，興味深い判例がもう一つある．次は，それを見ておこう．

(3)　**CTN Cash and Carry Ltd v. Gallaher Ltd**（〔1994〕4 All ER 714）
　事実関係：このケースの原告は，イングランド北部の6つの町の倉庫で，現

金払持ち帰り方式（cash and carry）のビジネスを営なんでいた．原告は，通常，イギリスの代表的銘柄（例えば，Silk Cut, Benson & Hedges）といわれる商品の独占販売権を持っていた被告から，タバコを購入していた．取引は，長期契約ではなく，スポット売買の繰り返しであった．また，契約は，被告の標準契約に基づくもので，かつ被告は，常に，延払いを認めていたが，それは，自分の自由裁量で取り止められる性格のものであった．

1986年の11月に，原告倉庫（Preston）のマネジャーの1人が，1万7千ポンド相当の，タバコの買注文を出したのであるが，被告側運転手は，誤まって，このタバコを別の倉庫（Burnley）に配達した．その後，両者は，被告側が，本来の倉庫に転送する合意をしたが，不幸にして，それが実行される前に，タバコは全部，原告倉庫から盗まれてしまった．被告は，タバコが盗まれた時，危険負担は移転済であったと考え，インボイスを送った．原告は，最初，このインボイスの受領を断ったのであるが，後に，被告がこの分を支払わなければ，延払いを止める方針を明らかにしたので，止むなく支払に応じた．原告は，強迫に基づく支払を根拠に，この金員の返還を求め，1989年9月に訴状を提出した．強迫とは，今迄認めて来た延払いを，今後は，認めないという被告の脅しである[2)-17]．

盗難によって生じた損失を，誰が負担すべきかが問題となった本件は，高等法院で審理されたのであるが，代理裁判官（deputy judge）は，物品の所有権は移転していなかったが，被告は，物品の危険負担は，原告に移転していたと善意で考えていたことに過失はないと認定した．彼は，このケースには，訴訟原因がなく，また経済的強迫のケースと認めることもできないとして棄却．原告が控訴した[2)-18]．

控訴院判決要旨（Steyn LJ）：控訴審で，原告は，若し強迫の立証が成立しなければ，返還請求は成立しないことに同意した．それは，私には，原告が，問題の金額を支払う合意があるのか否か，またはこれが，単なる，原告の一方的な行為なのか否かという事実の正しい分析には，重要でないことのように思わ

れる．その何れに該当するにしても，強迫の事実がはっきりすれば，請求は，成立するし；強迫の事実がはっきりしなければ，請求は，成立しない[2)-19]．

　原告側代理人は，この法理の発展に関する数々の先例を引証した．...私は，ホウムズの有名な格言；一般命題は，具体的事件を解決しないを思い出していた．即ち，このケースに固有の特長に集中することが，まず，必要なのであり，それから，それが強迫に当るか否か問うのである[2)-20]．

　このケースは，保護を要する関係ではなく，消費者契約にも該当しない．この紛争は，対等な会社間の商取引に関するものである．確かに，被告は，有名ブランドの独占販売業者であった．或る意味で，被告は，独占的地位にあった．しかし，独占の規制は，議会の問題である．更に，コモンローは，商取引における，交渉力の不均衡の法理を認めていない（参照, National Westminster Bank plc v. Morgan〔1985〕1 All ER 821, AC 686）．従って，被告が，独占的地位にあったという事実は，それ自体，他では強迫に当らないものを強迫に転換するものではない[2)-21]．

　このケースの第2の特長は，被告が，理由の如何または有無に関係なく，契約をするかしないかの完全な裁量権を，法的に，有していたことである．原告と取引しないという決定は，原告を，経済的に苦しめるが合法的である．...被告の'与信を止める'との脅しと共に行われたインボイスの請求は，契約違反にも不法行為にも当らない[2)-22]．

　第3の，そして決定的に重要な，このケースの特長は，被告が，物品の危険負担は，原告に移っており，原告に，問題の金額の支払義務があると善意で考えていたことである．延べ払いの供与を撤回すると脅した被告の動機は，（正式事実審理で明らかにされたところによれば，所有権は移転していなかったのであるが）彼等が，自分の債権だと考えていた金額の回収を実現する中での，取引上の私的利益であった．

　これら，三つの特長の組み合わせを前提として，私は，このケースを補強するために引証できたケースは，一つもないと思う[2)-23]．

　私は，被告が合法的な手段を用いたとしても，それ自体は，このケースを経

160

済的強迫の範囲外とするものではないという事実（参照, Birsk : An Introduction to the Law of Restitution, 1989. p. 177）を受け入れる用意があるが, ... 一方, ゴフとジョーンズ（Goff and Jones. Law of Restitution, 1986. p. 240）は, イギリスの裁判所は, 特定の場合を除き, 契約をしないという脅しは, 賢明にも, 一般原則としては, 受け入れなかったと述べているのである[2)-24].

第1審で, 本当は, 被告の債権ではないことが明らかになった金額の保有を認められたのは残念な結果ではあるが, 私の見解では, 法は, この結果を肯定する[2)-25].

小括：以上の分折から指摘できることは, これらの法の領域で, 交渉力の不均衡に由来する不公正を規正するアプローチには, 二つあることである. その一つは, Bundyケースで, デニング裁判官が依拠した, 信任(認)関係の破壊であり, もう一つは, Hyundaiケース及びCTN Cash and Carryで問題となった, 意思の強制に基づく契約である. その何れも, 契約の取り消しを正当化する. ただし, 前者のケースで, 不当威圧の推定は, '何等かの権利侵害行為（wrongdoing）の証明, または相手に支配された若しくは征服された意思を参照することなく成立する'[2)-26] のであり, 仮に, 契約有効を主張するのであれば, 立証責任は, その当事者に課せられる. 一方, コモンローの概念の発展型としての'意思の強制'のケースでは, 強制の事実の主張立証を要すると共に, 意思能力のある当事者は, 意思を強制された状況が解消次第, 速やかに, 承諾を撤回する意思表示が必要である. これは, 明示の表示である必要はないが, 強制できる状況が解消した後の反対履行は, 追認と見做される可能性が高い. それは, 契約成立の一般則の範囲内の問題である.

以上, 信任(認)関係の擬制に始まり, 当事者関の交渉力の格差に着目した法理のスコープを見て来たのであるが, これで；

　　　デニング裁判官の, '交渉力の不均衡'に基づく不当性の一般法化[2)-27]
　　と,
　　　スカーマン卿（貴族院）の, '更に, 契約法の領域でも, 交渉力の不均衡

に対する救済原則を，一般則として現代法に持ち込む必要があるか否か疑問である'[2)-28(1)]），及び，

　ステイン裁判官の'コモンローは，商取引における交渉力の不均衡の法理を認めていない'[2)-28(2)]）または，

　ゴフとジョーンズの'イギリスの裁判所は，特定の場合を除き，契約しないという脅しは，賢明にも，一般原則としては，受け入れなかった'[2)-29]，

という意見の相違をはっきりさせることができた．即ち，当事者間の関係に着目して，エクイテイに淵源を持つ法とコモンローに淵源を持つ法の使い分けが行われているのである．

　次は，同じ視点（即ち，当事者間の関係）に着目するのではあるが，不法行為からのアプローチを見ておこう．元々，イギリス法は，単一の義務が，契約と不法行為という，二つの債権債務関係を生ずるものではないという理論に基づいて，契約違反ではあっても，不法行為の責任は生じないと判決する傾向があった[2)-30]．Johonstoneケース（〔1991〕AllER293；前出：第2章第2節2.5）．注[5)-2]）を思い出してもらいたい．健康被害が危惧される長時間労働のケースでも，契約に明示の義務の引き受けがある場合，裁判所は，コモンロー上の過失責任（duty of care）と抵触すると判決するに慎重であった．今日，この理論は批判され[2)-31]修正を余儀なくされている．即ち，最近では，当事者間の，何等かの，特別な関係に依拠して，契約上の義務違反と共に，不法行為法上の義務違反が，債権債務関係の基礎となりうると考えられているのである．これを検証するのが，次の作業である．

　［参照注］

2)－1：Lloyds Bank v Bundy〔1975〕QB 326（339 G～H, 340 B～D, 344 G～H, 345 G～H）．

2)－2：前出．〔1975〕QB 327, 339 C～E.

2) - 3 : North Ocean Shipping v Hyundai〔1978〕3 All ER 1170, 1176 J〜P, 1177 B, E, P, 1178 C〜D.
2) - 4 : 前出.〔1978〕3 All ER 1170, 1182 E〜G, 1183 A〜C.
2) - 5 : 前出.〔1978〕3 All ER 1170, 1183 E〜1184 D.
2) - 6 : 前出.〔1978〕3 All ER 1170, 1174 G, H.
2) - 7 : 前出.〔1978〕3 All ER 1170, 1174 J〜1175 A, B.
2) - 8 : 前出.〔1978〕3 All ER 1170, 1175 C, D.
2) - 9 : 前出.〔1978〕3 All ER 1170, 1175 E〜G.
2) -10 : 前出.〔1978〕3 All ER 1170, 1175 G, H.
2) -11 : 前出.〔1978〕3 All ER 1170, 1176 C〜F.
2) -12 : 前出.〔1978〕3 All ER 1170, 1178 G〜1179 A.
2) -13 : 前出.〔1978〕3 All ER 1170, 1182 G〜1183 A.
2) -14 : 前出.〔1978〕3 All ER 1170, 1183 E, F.
2) -15 : 前出.〔1978〕3 All ER 1170, 1183 G, H.
2) -16 : 前出.〔1978〕3 All ER 1170, 1184 A, B.
2) -17 : CTN Cash and Carry〔1994〕4 All ER 714, 714 J〜715 C.
2) -18 : 前出.〔1994〕4 All ER 714, 714 J〜715 C, 716 J.
2) -19 : 前出.〔1994〕4 All ER 714, 717 F.
2) -20 : 前出.〔1994〕4 All ER 714, 717 G.
2) -21 : 前出.〔1994〕4 All ER 714, 717 J.
2) -22 : 前出.〔1994〕4 All ER 714, 718 A, B.
2) -23 : 前出.〔1994〕4 All ER 714, 718 A〜D.
2) -24 : 前出.〔1994〕4 All ER 714, 718 J.
2) -25 : 前出.〔1994〕4 All ER 714, 719 E.
2) -26 : 前出[2)-2]:〔1975〕QB 327, 339 C〜E.
2) -27 : 前出[2)-2]:〔1975〕QB 327, 339 C〜E
2) -28 :(1)　National Westminster Bank Plc v Morgan〔1985〕1 AC 686, 708 A, B, C, 710 A〜C；この意見により，デニング裁判官の一般法化（〔1975〕QB 326, 339 CA）を否認.
(2)　前出[2)-21]:〔1994〕4 All ER 714, 717 J.
2) -29 : 参照：Goff and Jones., Law of Restitution, 1986 p. 240；前出.〔1994〕4 All ER 714, 718 J.
2) -30 : 専門家責任（建築士）：Bagot v Stevens Scanlan & Co〔1966〕1 QB 197,〔1964〕3 All ER 577；同（ソリシター）：Clark v Kirby-Smith〔1964〕Ch 506,〔1964〕2 All ER 835.
2) -31 : 参照：Poulton 82 LQR 346；Symmons 21 McGill LJ 79.

3) 不法行為責任との関係

　イギリス法が，訴訟方式の技術論に拘っていた時代には，契約違反と不法行為責任の併存債務は，論理的には考えられなかった．契約と不法行為は，相互排他的なもので；当事者間に特別な合意がある場合，制定法またはコモンロー上の在職者（incumbent）が定めた義務が存在しない限り，不法行為を犯すということはありえない[3)-1]，または，一つが不法行為に依拠しており，もう一つが約束違反だけに依拠している，二つの訴訟原因を併合することは誤り[3)-2]と考えられていたのである．不法行為責任の追求のためには，独立した，不法行為としての，過失責任（negligence）の概念が必要であった．しかし，'権利は訴権に従う'[3)-3]という古典的，形式主義的契約理論全盛の中で，このような法定責任を契約下に持ち込むことは，考えられなかったのである．同時に，履行上の不注意は，中世以来，薬屋（apothecary：英国では治療も行った），外科医（surgeon），正式の代理人（attorney）のような専門職と認識されている人々に関して，不法（wrongful）と認識されていた．これらは，'一般的公共性のある職業（common callings）' に付随する義務と見做されていたのである[3)-4]．

　上記の文脈を理解するために，ここで，現代法上の注意義務の標準（duty of care and skill）の淵源について，少しく，考察しておく必要がある．この注意義務の概念は，二つの義務レベルの合成語であり，職能上の義務（duty of skill）の方が，歴史的には古く，契約的性格の強いものであった．エリザベス一世時代（1558～1603）の，或る裁判官が次の様に述べている；

　　ここには，過失以外の何物も事実として主張されていない．しかし，私は，誰かが誰かのために，何かを行うために雇われ，そして，不注意に，それを行ったという場合を除いて，過失が訴権として成立する訴えを知らない；また，そのケースで訴権が認められたのは，彼が，それを行うことを引き受けたからである[3)-5]．

この時代には，訴訟方式上，不法行為から契約への移行という現象が指摘されており[3]-[6]，過失責任は，明示的にせよ黙示的にせよ，個別的に，当事者間で設定され，引き受けられた義務レベルの懈怠であり，類型的には，一般的公共性のある職業に付随する注意義務違反に限定されていたので，当然，素人とは異なるレベルが求められたのである．他方，一般的な不法行為としての，ネグリジェンスの法理が要求する注意レベルは，1750年代に，バサスト卿（Lord Bathurst）が起稿したと伝えられている論文の中の，隣人原則（neighbor principle）で定式化された；

　人は全て，隣人に被害（injury）を与えぬよう，合理的な注意（reasonable care）を払わなければならない．それ故に，法は，他人の懈怠（default）により被害（hurt）を受けた者には何時でも，例え，それが故意によらないものであっても，過失（negligence）または愚行（folly）により生じたものであるのなら，彼に，損害賠償を請求する訴権を認める．しかしながら，かかるケースは，当該被害が当該行為から生ずる蓋然性を示すものに限ることが適切と思われる[3]-[7]．

バサスト卿の定式化は，影響力のあるものではあったが，或る論文の中で行われたに過ぎなかったので，そのまま，判決理由に採用されることはなかった．その後も，ネグリジェンスで訴えが認められるケースは，基本的には；道路または水路での不注意による衝突，馬の暴走または火器取扱中の事故のような危険行為，公道上またはそこに隣接した場所にある蓋のない穴のような受動的公共的危険性の放置，外科医その他公共的職業（common callings）に付随する義務違反などに限られていた．

その理由として，ベイカーは，不法行為責任が行き過ぎないように，少くとも二つのカウンターバランスが（社会力学的に）働いていたと分析している[3]-[8]．その一つは，'同意あれば被害なし（volenti non fit injuria）'の原則に依拠したもので，黙示の合意から結論を導びくものである．例えば，共同雇用の準

則（common employment rule）に代表されるように，個々人は，在りのままの社会を受け入れているものと推定され，仮に，労働者が同僚の過失によって負傷させられたとしても，そして，それが，第三者に対しては，雇主が責任を負わなければならない様な種類のものであったとしても，雇主を訴えることは出来ないと判示されて来た[3)-9]．労働者は，黙示的に，日常的な危険性を知って雇用関係に入ったことにより，リスクの引き受けに同意したと見做された．同様に，日本法では，土地の工作物等の占有者責任（民717条）と同旨の，施設の占有者責任（occupier's liability）についても，訪問者の属性に応じて，義務レベルの設定が可能と考えられていたのである[3)-10]．もう一つのカウンターバランスは，直接の契約関係（privity of contract）の理論から導びかれたもので，長い間，引受訴訟（assumpsit）における過失責任の範囲を制限してきた；誰かが，契約的に注意義務を負った場合，その注意義務違反の責任は，第三者にまで及ぶものではないという考え方である．これは，明らかに，契約責任と不法行為責任を峻別したいという願望に根差していた．これらのカウンターバランスの作用は，19世紀後半または20世紀前半までには，雇用者責任法（employers' liability act）の成立[3)-11]または製造物責任を認めた貴族院判決[3)-12]などによって，概ね，取り除かれたといっても支差ないであろう．

ただし，契約違反と同時に不法行為責任も生ずるケースがあり得るという併存債務の考え方が定着するには，更に，いくつかの法的環境の熟成が必要であった．それは，19世紀後半からと，20世紀中葉からの不法行為責任の拡大の波と同調していると認められるので，ここで，その要点を個条書にしておこう．

最初に必要なことは，契約責任と不法行為責任の間の垣根が低くなることであった．この背景には，明らかに，鉄道の事故責任（人身傷害），雇用者責任または製造物責任などに代表されるような，厳格責任法の前進がある．これは，明らかに，人身傷害のケースの増加と連動した法の発展で，機械文明がもたらす，日常的な，リスクの増大及びビジネス上の責任と私人間の責任を区別して考える対応によって促進された．1880年頃には；通常，個人間のケースで

は，誰も，過失とは，夢にも扱わないであろう事例でも，ビジネスのケースでは，過失として扱われたのであり，また，そこで，陪審が証拠に反する評決をしたとしても，裁判所は，陪審を再編 (new trial) する以上のことはできなかった[3)-13]．これらの危険を創設したものは，特に，ビジネスとして創設したものは，損害を償う責任があるとの社会的理解が，新しい責任を正当化した．これにより，契約責任と不法行為責任の間の垣根が低くなったことは，多言を要しない．確かに，コモンローは，契約による過失責任の排除を認めているが，例外も普遍化したのである．

第2は，不法行為責任に基づく，経済的損失の回復可能性増大である．契約が履行された時と同じ地位に当事者を置くことを目的とする契約違反での救済は，当然，経済的損失の回復が含まれるが，不法行為法の原状回復は，必らずしも，そうではなかった．一般的に述べれば，比較的最近まで，不法行為により生じた経済的損失の回復は，人身傷害に伴う治療費のような，物理的損失に付随する費用に限られていたのである．しかし，この制限は，1963年の貴族院判決（後述：Hedley Byrne 原則）によって取り払われた．これにより，特別な職能（skill）に信頼を寄せた者（person in contemplation）は，直接の契約関係がなくても，経済的損失の回復が請求できるようになったのである．

第3は，損害賠償責任保険の発達である．責任の厳格化は，当事者の填補賠償能力の裏付けを伴わなければ意味がない．事業者は，偶発損失に備える資金を顧客から分散徴収して積立てる（即ち，自家保険）べく期待されていたが，19世紀末頃から，損害賠償責任保険制度が発達するに伴い，この期待は，益々，正当化され，過失責任を強化するに充分な影響を与えることができた．当事者がリスクヘッジ手段を得たことにより，ビジネスまたは日常生活の中で，潜在的危険を創設した者は，充分な保険を掛けて損害賠償の責に備えるべきだという考えが当然視されたのである．

この過失責任の強化の流れは，明らかに，隣人原則が求める注意義務の標準：合理的な注意（reasonable care）とは異なるもので，その延長で結論を求めるとすれば，社会は，何らかの制限条件を付さねばならないにしても，過失責

任より厳格責任の方が好ましいと考えていることを意味している．この条件は，一般的には，侵害された権利の種類に着目するもの（例：人身傷害），違犯者の意図に着目したもの（例：詐欺的不実表示），引き受けた義務の種類（例：公共的職能に付随する義務）に着目したものなどがあるが，今迄のところ，その範囲を特定した先例は，見当らない．確かに，貴族院の裁判官は，1970～80年代に，'隣人原則'は，それを採用しがたい政策上の理由がある場合を除いて，全てのケースで，注意義務を課す標準に採用されるべきことを主張した[3)-14]．しかし，これらの意見は，過失責任のベースを単一の標準に集約することには繋がらなかった．状況は，むしろ，伝統的な標準より，更に，複雑多岐のアプローチに広がりつつあるのである．特に，以下に分析する併存債務の問題では，公共的職能に付随する義務が，当事者が自称している職能に相応する注意義務に拡大され一般化されている．つまり，引き受け（undertaking）を伴う過失と一般の過失では，注意義務の標準が異なり，前者では，それが多様化しているのである．

また，この問題が，司法的解決を要するようになったのは，明らかに，原告達が，契約と不法行為の両方で請求を出す可能性を追求して来たからに他ならない．そして，イギリス現代法の立場は，今日では，比較的明解で，引き受けを伴う不法行為の裁判では，何らかの障害を避けるために，契約で請求する可能性が許されているし[3)-15]，その逆も可能である[3)-16]．貴族院がこの立場を明らかにしたのは，1994年の判決[3)-17]であるが，これに繋がる，一連の判決の初期のものとして，特別な関係の下では，不注意な助言に，不法行為責任が発生すると判示した1963年の貴族院判決（下記）がある．次は，この判例分析から始めることとしよう．

［参照注］

3)-1：Matthews v Hopping（1665）1 Keb. 870；主要参考文献　Baker(1)　pp. 401, 402.

3)-2：Golding v Goteer（1665）1 Keb. 847；主要参考文献　Baker(1)　401.

3) - 3：参照：主要参考文献　Caenegem（日本語版）pp. 103, 104.
3) - 4：Winfield, Select Legal Essays（1952）
　　　；主要参考文献　Atiyah(1)　pp. 501～505, ネグリジェンスの出現
　　　；主要参考文献　Baker(1)　pp. 401～421, 23. ネグリジェンス
3) - 5：Bradshaw v Nicholson（1601）Inner Temple Ms. Barrington 6, fo. 127v　, per Walmsley J.
3) - 6：契約上のワランテイの概念の発達によって生じた流れで，'誤った情報提供を理由とする詐欺的特殊主張訴訟（action on the case for fraud）は，全て，引受訴訟に変りうる（per Grose J.）'と判示された．Pasley v Freeman（1789）3TermRep.51；対比，詐欺的不実表示：Derry v Peek（1889）14App. Cas. 337
　　　；主要参考文献　Baker(1)　pp. 355～356. Contractual Terms
3) - 7：An Institute of the Law relative to Trials at Nisi Prius（1786）pp. 35, 36；B& M 578・579；主要参考文献　Baker(1)　414.
3) - 8：主要参考文献　Baker(1)　pp. 415～421.
3) - 9：Priestley v Fowler（1837）3 M&W 1.
3) -10：Southcote v Stanley（1856）1 H&N 247；ホテルは，宿泊客（paying guest）は別にして，訪問者には責任を負わない．
3) -11：参照：Workmen's Compensation Act, 1897; Law Reform（Personal Injuries）Act, 1948, 11&12 Geo.Ⅵ, c. 41.
3) -12：Donoghue v Stevenson（1932）AC 562；不透明なジンジャービール瓶への異物（かたつむり）混入．
3) -13：参照：24 Solicitors Jo. 305；証拠に反する評決に対する救済は新しい陪審（new trial）の編成であるが，'陪審が同じ方法で評決することが明らかな場合は，新しい陪審の遍成を命じても何んの役にも立たなかった'．これにより，何が過失を構成するかという標準には，全体として，歪みが生じた．
3) -14：参照：Home Office v Dorset Yacht Co（1970）AC 1004, 1026, per L. Reid；Anns v Merton LBC（1978）AC 728, pp. 751, 752, per L. Wilberforce；McLoughlin v O' Brian（1983）1 AC 410, pp. 430, 431, per L. Scarman.
3) -15：Matthews v Kuwait Bechtel Corporation（1959）QB 57
3) -16：Midland Bank Trust Co Ltd v Hett, Stubbs & Kemp（1979）Ch 384
3) -17：Henderson v Merrett Syndicates Ltd（1995）AC HL（E），145；（1994）3 All ER 506

（1）　Hedley Byrne & Co Ltd v Heller & Partners Ltd（［1964］AC HL（E）465）

このケースの原告は，広告代理店で，顧客（訴外人：Easipower）に債務不履

行があった時には，責任を負うとの条件付で，テレビ及び新聞にスペースを確保し，広告の，企画，製作，出稿を請け負っていた．原告は，本件広告業務を引き受けるに当り，自社の取引銀行を介して，間接的に，顧客の取引銀行（被告：Heller & Partners）に，顧客の信用状態を照会した．その返事は，'きちんと設立された会社で'，'その事業分野は急速に拡大しており'，われわれは，'同社の債務状況は全く良好と考えている' というものであった．これを信用した原告は，広告の代理発注を続け，結果として，同社が清算手続に入った時に，相当の損失を被った．そこで，原告は，与信情報を提供した銀行の誤りにより経済的損失を被ったとして，同行の過失責任に基づく，損害賠償の請求を行った．つまり，これは非契約的環境での訴えである．

このケースは，貴族院が，善意不実表示を認めた最初のケースとして，既に，参照（前出：不実表示）したが，もう一つの注目点は，当事者間の特別な関係を，契約または信認関係に限らず，裁判所がケース毎に発見することができる，その他の関係に，一般化したことである．

このケースで，モリス卿（L Morris of Bonth-y-Gest）は，1916年の貴族院判決[3]-18 を受けて，次のように述べた；

> 裁判官諸侯，私は，これに続き，また今日では，若し，特別な職能（skill）を持つ者が，それに依存する相手を補佐するために，その職能の利用を'全く契約と関わりなく'引き受けた時に，注意義務（duty of care）が発生する見解が定着したと見做さなければならないと思う．言葉で若しくは文書の何れでサービスが提供されたかという事実は，何の違いも生じない．更に，相手側から見て，合理的に，その判断，注意深く調査する職能若しくは能力に依存することができると思われる立場にある者が，それと知りつつまたは知っているべきであった状況下で，そこに依存する者に，情報の提供または助言をなし，または，情報の伝達を許し，そして，現に，そこに信頼が寄せられた時には，注意義務が生ずるのである[3]-19．

小括：結局，この意見は，'ヘドレイバイアン（Hedley Byrne）原則'と呼ばれて，後続の裁判で引証されるところとなった．それが，次の高等法院判決（Ch Div）である．この裁判を担当した，オリバー（Oliver）裁判官の判決理由は，先例拘束の原則を充分に踏まえた上で書かれたものであり，'ヘドレイバイアン原則'が，全く一般的なもので，非契約環境，契約環境に別なく適用できることを納得させるものであった[3]-[20]．この裁判自体は，1審判決であるが，後に，下記裁判で，貴族院が高く評価するものとなったので，次は，この判例分析に移ることにしよう．

(2) Midland Bank Trust Co Ltd v Hett, Stubbs & Kemp（1979）Ch 384

このケースは，不動産取引事務の依頼を受けた，ソリシターの責任が追求されたものである．このケースの事実関係は，相当入り組んでいるので，まず，その全体像を明らかにする作業から始めることとしよう．

本件は，親子間の不動産取引で，或る父親が，息子に年間300ポンドで賃貸していた農場に，（1961年3月）新たに，買取請求権（£75/a）を追加することに同意したところから始まる．買取請求権の存続期間は，10年であった．この親子は，同じソリシターに文書化を依頼，両者は，これにサインし，息子は，1ポンドを支払い有効な約因とした．しかし，不幸にして，このソリシターは，買取請求権の不動産登録を忘れてしまった．

1967年8月，父親は，これを否認する目的で，別のソリシターに相談．買取請求権が登録されていないことを発見したので，農場を500ポンドで妻に売却してしまった．この売却の後，最初のソリシター事務所の担当者は，自分達の失敗を治癒する目的で，息子に協力し，息子は，1967年10月，買取請求権を行使する正式通知を出した．しかし，両親とも，この通知には対応せず，母親は，1968年3月死亡してしまった．そこで，息子は，父親及び母親の遺言執行人を相手に，買取請求権の確認宣言と特定履行を求めて訴えを起こした．しかし，1972年2月，父親も死亡，更に，1973年5月には，息子も死亡してしまった．息子の遺言執行人は，この裁判を継続したが，父親の財産に対する

損害の認定を除いては，何も得られなかった．

そこで，息子の遺言執行人は，最初のソリシター事務所に対して，専門家責任違反（不動産権登録上の失敗）及びその必要性を権利者に助言しなかった誤ち（注意義務違反）で訴えを起こした．この裁判の主な争点は；① 不動産権 (land charge) 登録上のソリシターの過失は，不法行為責任に当るか？ ② この失敗は，不法行為と契約違反両方の責任を生ずるか？ ③ 原告の請求権は，既に，出訴期限を超えているのではないか？ の3点であるが，出訴期限の問題は，ここでの論点と関係がない．そこで，最初の2点に絞って以下の論述を進める．

オリバー裁判官判決の要点は，次の通りである．

彼は，まず，ヘドレイバイアン原則を次のように評価した；
　この原則は，モーリス卿によって，完全に一般的なものとして述べられた，また，勿論，法が黙示した一般的義務を排除または制限する契約条項がないという条件を置けば，任意でというより，契約で引き受けた依存と被依存の関係が，ここに含まれてはならないと見ることは難しい．論理的に考えて，そうなり得るのは，全ての契約に，契約の履行に合理的な注意を払う黙示条項だけでなく，更に，免責条項がない時には，その契約に，一般法が課す追加的義務を排除して，一方当事者が相手側に対して負う全ての義務の源泉の確定的かつ排他的効果を持つ条項が含まれると解釈できた時だけだと思われる．．．

　モーリス卿のヘドレイバイアンケースのスピーチにある，'全く契約とかかわりなく（前出．同判例　p. 502）' という言葉は，合理的には '契約がない場合に限り' とは読めないと思う．私には，これは，正しいとは認められない全くの虚飾を判決に入れたもので，その後，この原則を解釈し，または或る程度拡大した先例と一致しないと思われる．この問題は，私の判決の中で，私が，ヘドレイバイアンのデブリン卿 (L. Develin) のスピー

チに注目した時に，更に，明らかになる．彼は，そこで議論していた一般的不法行為責任が存在する大変有効な証拠として，契約関係を扱っているのである[3)-21]．

デブリン卿いわく；

　それ故に，私は，今日では，証書（deed）と同じく言葉（word）でも注意義務を生ずる特別な関係には，契約関係または信認関係（fiduciary duty）に限られることなく，Nocton v Lord Ashburton（1914., AC, 932, 972）でショー卿（Lord Shaw）が述べた'契約同様（equivalent to contract）'の状況，即ち，裁判官諸侯が，責任受諾の推定がある状況ではあるが，約因がないために，契約に準ずる状況も含まれると述べることを正当化する，多くの，先例が存在すると思う．単なる表示と異なる，明示の引き受け，明示の保証が存在する場合，殆ど困難性はない．困難性は，引き受けが黙示されているべきと識別する時に生ずる．この関係では，約因の不在は，無関係ではない．情報または助言への支払は，そこに信頼が寄せられていたこと及び情報提供者または助言者がそれを知っていたことの，極めて，有効な証拠である．約因がない場合，社会的関係と専門的関係を区別すること，またそれらの間に，契約的性格があるか否かを充分注意して区別することが必要となる[3)-22]．

これらの分析を経た上で，彼は，次のように判示した；

① 被告には不法行為上の責任があるか？

　私には，素人がソリシターに助言を求めたケースは，ヘドレイバイアンで述べられた，注意義務の存在を見いだしうる関係の典型的なものと思われる；また，私が，このケースで自由に判断することができるのなら，それ故に，私は，ソリシターと顧客の関係から，彼等が，信頼を寄せられていることに充分留意した上で，職能上の注意義務（duty of care and skill）を

払わなければならない一般法上の義務が，本件被告にも生ずると判断する．別の方法で述べれば，彼等の，コモンロー上の義務は，彼等が引き受けたことを履行せず，彼等が，要請を受けた時に寄せられた，履行に関する信頼を裏切ることによって，顧客を傷つけないことなのである．この義務は，破られても，不法行為上の訴訟原因は，損害が生ずるまで生じない．…私は，彼等の義務が，自身の選択によって，顧客に請求書を送る権利を彼等に与えた，事務弁護士委任契約を引き受けたことによって生じたことに，全く，重要性を感じない．また，自分が，自由に，このように判断できるとすれば，私の判断は，既に，連合王国の一部（Scotland：Robertson v Bannigan）[3)-23]で，この法が適用されたところと同一線上にあることに勇気付けられる[3)-24]．…以上を要約すれば：私の判断では，ヘドレイバイアンケースは，そこに述べられた，当事者間の関係からその関係は創造されるものであるが，法によって，一般的義務が生ずることを確立したのである[3)-25]．

② 被告に契約上の責任はあるのか？

　私は，本件は，誤ったまたは不注意な助言を与えたことに対してではなく，（契約上は）単純な懈怠のケースであることに留意することが重要だと思う．若し，或る人が，文書化を求めたのであれば，その時，被告事務所が買取請求権の提供に関して引き受けた義務は，①　当事者を結び付ける，適切かつ合法的なオプション契約を起草し完成すること；②　誰のものであれ，第三者がコモンロー上の不動産権を取得する前に，これを保全する，必要かつ現実的な手段をとること；③　自分の業務を，通常，信頼される実務者が兼ね備えている，注意力と職能に基づいて実行することである．

　顧客の側からすれば，上記②項に基づく義務をソリシターが，いつ履行するかは，それが有効かつ完全に履行される限り，全く，重要でない．通常，信頼される実務者は，合理的に履行可能な限り，この義務を出来るだ

け早く履行する．...被告は，疑いもなく，第三者が権利を得るかも知れない期間を不注意に経過させたことにより，...顧客業務に関する通常の能力及び注意力を払わなかった過誤を犯した．しかし，このような過誤は，それが履行されるまで，または履行不能になるまで，または顧客が不履行の継続を契約の履行拒絶と受けとるまで，登録を適宜履行する当初の義務に影響するものではなく，まして免除するものでもない[3)-26]．

被告は，買取請求権について，自分達の業務が終了したと扱ったことは一度もない．彼等は，原告のために，書類を保管庫に収納していた．...彼等は，6年半の間，時々，本件で相談を受けていた．私の判断では，彼等が引き受けた登録義務は，最初に相談を受けた時から，有効に継続していた．この義務は，登録によって，この権利を第三者から守ることであった．そして，顧客が知ることなく，この義務は，1967年8月17日，有効な登録が不可能になるまで，履行されることがなかった．従って，この契約は，この時，最終的に破られたものと思う[3)-27]．...

この状況になって，この（契約違反の）請求は可能となった．また，私は，損害賠償の調査（inquiry：高等法院が事実確認のために行う調査）に決定を下さなければならない．また，私は，この命令方式（form of order）について訴訟代理人と議論しなければならない[3)-28]．

小括：このケースで，オリバー裁判官は，不法行為責任については，特別な関係に基づく注意義務違反（breach of duty of care and skill）から；契約違反に対しては，契約目的（または条項）の単なる未実現（fault：懈怠）から，何れも有責と判示した．勿論，原告は，二重に救済される訳ではないが，彼の判決には，それらの何れかを選択すべしとする意見はどこにもない．それは，この債務が，併存債務または交差債務（concurrent or alternative liability）であることを示している．次は，この判決を高く評価した貴族院判決である．このケースも当事者関係が入り組んでいるので，事実関係の分析から始めることにしよう．

(3) Henderson v Merrett Syndicates Ltd., (1995) AC HL (E), 145 ; (1994) 3 All ER 506

　このケースは，保険引受人（Names or Members）と業務執行代理人（Managing Agent）または副代理人（Sub-agent）との間の契約で，保険引受人が起こしたものである．ロイズの保険引受人は，無限責任を負うことで有名であった．彼等は，主に，1980～90年代のアメリカ市場における破滅的な出来事によって，前例のない規模の保険金の支払を求められた．これは，わが国の新聞でも再々報道されたところである．彼等は，損失の一部だけでも取り戻すために，この時期，多数の裁判を起こした．

　ロイズの保険引受人は，代理人（agent）を介して，保険を引き受けていたのであるが，これらの代理業務の執行に過失がある，または，これら代理人には，コモンロー上の義務違反があるとして訴えを起こしたのである．

　われわれは，ロイズの引き受けシステムを知悉している訳ではないので，ここで，各当事者の立場を明らかにしておこう；即ち，ここで述べる，'ネーム（Name）'とは保険引受人一般を指し，'メンバー（Member）'とは，その中から，特定の保険引き受けシンジケートに参加して，メンバーになったものをいう．また，'業務執行代理人（Managing Agent）'とは，彼等のために，特定のシンジケートの監理に当る代理人である．そして，'兼務代理人（Combined Agent）'とは，ネームまたはメンバーの代理人と業務執行代理人を兼ねる代理人である．

　ロイズの下で，保険引受人（ネーム）になろうとする者で，自分自身が，引き受け代理人（Underwriting Agent）でない者は，引き受け代理人契約（underwriting agency agreement）に基づき，代理人を指名する必要があった．引き受け代理人の代理権の範囲または資格（capacity）は，大きく分ければ，次の三つになる；

　　① メンバーの代理人（Members' Agent）；彼等は，何れのシンジケートに参加するか自分の選択をネームに助言する，当該シンジケートにネームを登録する，またメンバーに一般的助言をする．

② 業務執行代理人（Managing Agent）；彼等は，自分が監理しているシンジケートのメンバーであるネームのために，ロイズの保険契約を引き受け，再保険契約を締結し，保険金を支払う．

③ 兼務代理人（Combined Agent）；彼等は，メンバーの代理人と自分が監理しているシンジケートの業務執行代理人の両方の役割を果たす．

上記で，箇条書きしたように，個々の引き受け代理契約は，ネームとメンバーの代理人の間を支配する，または，メンバーの代理人として働く限り，ネームと兼務代理人の間を支配する．若し，或るネームが，兼務代理人の監理するシンジケートのメンバーになれば，その契約は，同時に，ネームと，業務執行代理人の資格で働く，兼務代理人との間を支配するものとなる．この場合ネームは，直接ネーム（direct Name）と呼ばれる．若し，ネームが別の業務執行代理人の監理するシンジケートのメンバーになれば，ネームの引き受け代理人は（兼務または非兼務代理人の如何にかかわらず），業務執行代理人を，ネームの副代理人に指名する副代理契約に入ったものとなる．この場合，ネームは，間接ネーム（indirect Name）と呼ばれる．つまり，これらのケースは，契約の鎖が長く伸びていると同時に，代理権の内容も入り組んでいるものであった．

既に述べたように，この時期，ロイズの保険代理に対する，同旨の訴訟が数多く起こされていた．このケースも，それぞれ，複数の請求が合併された3グループ（the Merret, the Feltrim and the Gooda Walker）の再合併審理案件である．それぞれのグループの請求原因，争点には，若干の相異があるが，これを箇条書き的に整理すれば，概ね，次の通りとなる[3)-29]．

メレットグループ：単年度決算上の，または終了する再保険によって生じた複数年にまたがる，決算上の誤り．特定の保険契約の締結に関する訴え，及び出訴期限に関する争い．

フェルトリムグループ：ロンドン市場に於いて，損失超過ビジネス（累積引き受け残高に対し再保険の額が過少な状態：excess of loss business）を行ったこと．業務執行代理人の債務不履行

に対して，メンバーの代理人が契約上の責任を負うこと．

ゴーダウォーカーグループ：業務執行代理人の債務不履行に対して，メンバーの代理人が契約上の責任を負うこと．

これを更に抽象化すれば，ここでの争点は；① 代理人は，不法行為法上，注意義務を負うか？ ② 保険引受人 (Names) に対する過失責任は，不法行為，契約の併存責任 (concurrent liability) か？ ということに絞られる．貴族院判決は，全面的に，代理人側の控訴を退けるものであった．ゴフ卿 (Lord Goff of Chieveley) の判決要旨は，次の通りである．

① 代理人は，不法行為法上，注意義務を負うか？
　業務執行代理人は，ネームが，自分が監理しているシンジケートのメンバーになることを承諾した．彼等は，明らかに，彼等自身を，個々の引き受け業務の危険性について，適宜，ネームに助言することができる特別な専門知識を有するものとして；また，付保すべき再保険及び解決すべき請求の状況及び程度を，適宜，ネームに助言することができる，特別な専門知識を有するものとして提供した．ネームは，業務執行代理人が良く理解していたように，この専門知識に絶対的な信頼を寄せ，その上で，彼等に，保険契約，再保険契約の締結及び請求の処理の業務執行代理権を与えていた．この状況では，私は，一義的には，業務執行代理人がネームに対して，不法行為法上の注意義務を負うこと以外の結論は考えられない．私にとって，既に，ヘドレイバイアン (1964, 前出) 原則で確認された関係と類似の関係で裁判を進めるのか，それとも，この原則の直接適用で進めるのかは重要でない．...更に，ヘドレイバイアン原則で確認された義務が，純粋な経済的損失を被ったネームに及ぶのに，何んの障害もない[3)-30]．

② 保険引受人に対する過失責任は，不法行為と契約違反の併存責任か？

このケースの状況では，私は，ここで最も重要性を持つ先例に注目することの他に，判例法の更なる詳細な分析が必要になるとは思わない．私は，この問題の議論の中で，判決を支配する（最も重要な）唯一の先例と共に，不必要に長々しい意見に煩わされることを最も心配している；また，ソリシターと顧客の文脈の中で，先例調査の課題には，既に，オリバー，…裁判官が，素晴らしい結果を出している．しかし，現在の目的で，もっと重要なことは，本件の責任は，ヘドレイバイアンが確立した原則自体に，がっちりと乗ることができる，また私の意見では，乗るべきであるということなのである．この原則から，依存を伴う責任の引き受けは，当事者間の契約の有無と関係なく，不法行為法上の注意義務を生ずるものとなる．その結果，契約に除外規定がない限り，原告には，契約と不法行為法上の救済の併存が許されることになり，何れか有利と思われる救済を選ぶことができるのである[3)-31]．

ここに規定された代理人契約の真の解釈によれば，メンバーの代理人は，ネームに代わって，ロイズで保険の引き受けに当ることに同意したのである．メンバーの代理人のタスクが，業務執行代理人に委ねられたという事実は，メンバーの代理人が，合理的な注意と職能に基づいて，この契約を履行する黙示の約束を変更するものではない；契約上ではないが，業務執行代理人が同様の義務をネームに対して負っていた状況は，メンバーの代理人が自身のバーゲンで引き受けた義務を変更するものでもない[3)-32]．

小括：ここで重要なことは，イギリス判例法が，特別な関係の下にある当事者間のケースでは；貴族院が，同一の支配原則（governing principle），即ち，ヘドレイバイアン原則が適用されることを明らかにしたことである[3)-33]；また，この特別な関係は，裁判所がケース毎に認定することができる，オープンなものになったことが示されている[3)-34]．従って，裁判所は，信認(任)関係の存否

に制約されることはなく，コモンロー上の義務違反（breach of duty to care and skill：不法行為）に，直接，責任の基礎を求めることができる；更に，不法行為責任は，契約の存否と関係がなく，また，契約環境にあっては，契約違反と不法行為の併存債務（concurrent liability）が認められるものとなった．

もっとも，契約で，不法行為責任を排除することは，リスク配分の合意として，可能である．この場合，原告が，不法行為責任を追及することを意図しても，その目的が，不法行為となりうる被告の不作為（omission）に対して，彼が，契約で認められた免責または責任制限の効果を回避または否定する手段であることは認められない．ただし，ここには，不実表示法（The Misrepresentation Act, 1967）または，不公正契約条項法（Unfair Contract Terms Act, 1977）で，合理性のテスト（reasonableness test）が働らく．これら，制定法による，免責条項の規制については後に述べることとして，ここでは，契約環境にある原告に，代替的不法行為請求（alternative tort action）の可能性が，広く，認められたことを指摘するに止めておこう．

裁判所が認定する不法行為責任の基礎が，当事者間の特別な関係から生じた，コモンロー上の義務違反であることは，既に，述べた．従って，この特別な関係を拡大した場合，全ての契約で，不法行為責任が併存することを妨げない推定を導びく可能性があるといえなくもないだろう．これを，示唆するケースが，Junior Books v Veitchi Co Ltd (1983)[3)-35]である．このケースで，倉庫の建設を発注した原告は，元請人を飛び越えて，基準以下の床材で施工した下請人から，不法行為で，損害を回復するのに成功した．この事実関係でも，貴族院は，人身傷害または物理的損害の危険がなくても，被告に，不法行為の請求ができると判示した．このような事実関係に基づいて，代替的不法行為請求（alternative tort action）の可能性があることは，実務上極めて有効なツールで，このアプローチが一般的に認められるのであれば，プリビテイ（privity）の壁を飛び越えて，直接，真の違反者（wrongdoer）に，損害賠償の請求が可能となる．ただし，裁判所は，今迄のところ，この示唆を認める判断を，余り，明らかにはしていない[3)-36]．むしろ，Junior Books と類似のケース[3)-37]で，下請人

が発注者の指名下請人（注．高度な，または特殊な技術を要する工事にあっては，元請人に対し，発注者が，当該技術を有する業者を下請人として使用するよう指定することが良くある）であったことを理由に，発注者と下請人との間に，契約関係を推定できるので，更に広い，不法行為上の注意義務が発生する余地はないと判示している．むしろ，最近では，不法行為の過失が，契約法の適切な地位を奪いかねない，無慈悲な拡大を許すべきでないとする，貴族院の意見3)-38 の方に注目すべきなのかも知れない．ただし，特別の関係の限界がどこにあるのかは，依然として，オープンである．

［参照注］

3) -18：Robinson v National Bank of Scotland Ltd (1916) SC (HL) 154
3) -19：Hedley Byrne & Co Ltd v Heller & Partners Ltd (1964) AC HL(E) 465, 502, 503
3) -20：Midland Bank Trust Co Ltd v Hett, Stubbs & Kemp (1979) Ch 384, 403〜433
3) -21：前出．(1979) Ch 384, 411
3) -22：前出．(1979) Ch 384, 411, 412
3) -23：Scotland：Robertson v Bannigan, SLT 318
3) -24：前出．(1979) Ch 384, 417 A〜E
3) -25：前出．(1979) Ch 384, 432 D
3) -26：前出．(1979) Ch 384, 435 A〜E
3) -27：前出．(1979) Ch 384, 438
3) -28：前出．(1979) Ch 384, 439
3) -29：Henderson v Merrett Syndicates Ltd. (1995) AC HL(E), 145, 171, 172；(1994) 3 All ER 506
3) -30：前出．(1995) AC HL(E), 145, 182 E〜G
3) -31：前出．(1995) AC HL(E), 145, 194 C〜F
3) -32：前出．(1995) AC HL(E), 145, 197 B〜C, 203 C〜H
3) -33：前出．(1995) AC HL(E), 145, 178〜181
3) -34：前出．(1963) AC HL(E) 465, 502, 503
3) -35：Junior Books v Veitchi Co Ltd., [1983] 1 AC 520；[1982] 3 All ER 201
3) -36：Leigh and Sillivan Ltd v Aliakmon Shipping Co., [1985] QB 350；[1985] 2 All ER 44；Reynolds 11 NZULR 215
3) -37：Greater Nottingham Co-operation Society Ltd v Cementation Piling and Foundation Ltd., [1989] QB 71；[1988] 2 All ER 971；[1988] 17 Con LR 43

3) -38：D&F Estates v Church Com'ners for England., [1989] AC 177, [1988] 2 All ER 922 ; Murphy v Brentwood Council., [1991] 1 AC 398, [1990] 2 All ER 908

4） 本節のまとめ

　契約違反の深刻性と救済の程度に関しては，そもそも，様々なアプローチが可能である．違反者の意思，例えば，故意または過失の別，悪意または非良心性の有無などを問題とすることもできるし，侵害された権利の性質，例えば，人身損害，物理的または経済的損害の別を問題とすることもできる．

　しかし，違反の深刻さに対応する規制の見出しの下で論述した本節では，契約違反の結果が，契約の取り消し権に結び付くような深刻なものであることを，一つの，指標として，イギリス法の発展の経緯を眺めてきた．そこでは，契約違反を，コンディション違反とワランティー違反に分け，その何れに該当するかによって，救済の帰趨を決める，極めて，外形的，客観的手法が，必ずしも，満足な結果を得られなかった後で，多分に，この欠陥を埋めるに有効だった，基本的違反の法理が，貴族院で否定されるまでの経過を見て来た．それは，ハイヤーパーチェース契約など，新しい，契約形式がもたらした，不公正を解決するのに，極めて，有効な法の発展であったと同時に，論理的には，契約類型には縛られない，極めて，一般法的なアプローチであった．

　これとは別の，アプローチとして，筆者が着目したのは，信認関係義務違反など，当事者間の特別な関係（special relationship）を破壊する行為が，やはり，契約無効または契約取り消し権に結び付く法の発展である．このアプローチでは，相手の弱味を利用した非任意的な契約の強制（不当威圧，経済的強迫）の側面から，イギリス現代法の特長を，判例を介して，分析したのである．そして，最後に，当事者間の特別な関係または引き受け（undertakings）を伴う関係に求められる，契約履行上の注意義務違反が，契約環境下にあっても，不法行為法責任を生ずる法の発展を見て来たのである．

ここで，少しく，基本的違反の法理の展開を振り返ってみよう．この法理は，元々，契約条項をコンディションとワランティーに分けるという，イギリス法の外形的アプローチの不充分性を補強する「法理」として成立したもののように思われたのだが，貴族院は，解釈のルールとしてならばともかく，法の問題としては，存在を認めなかった．

'解釈のルールとして'という意味ならば，曖昧性がない明白で強い文言(clear and strong words) を用いれば，意思の合致があった，客観証拠になり得る．

一方，基本的違反の法理の存在を否定した，スイスアトランティックとフォトプロダクションの原告側請求では，何れのケースでも，違反者の意識的な侵害行為 (willful breach) が，基本的な契約関係の破壊に当るとの認定を求めていたのであるが，これらの請求は，何れも却下された．つまり，契約違反では，契約条項の未実現が問題なのであって，違反者の意図は，関係ないのである．その意味で，コンディションとワランティーの別は，依然として，有効な法である．そして，契約解除権を正当化するには，当該違反が，形式的な条項分類に依拠するのではなく，真の解釈に基づく，基本条項または基本目的の不履行または履行拒絶，即ち，契約の根幹に至る違反に当ることを求めている．

しかし，同時に，少くとも，スイスアトランティックでは；
① 滞船料条項が損害賠償額の予定に当ると判断されること，
② 本船が6回の契約航海をこなしていること，
③ 被告側が滞船料の支払には応じていること，
などから，被告側に完全な履行拒絶がなかった，つまり，事実認定の上で，被告側の違反が契約の根幹に至るものではなかったことが指摘されており，この判決が，基本的違反の法理を完全に否定したものか否か議論の余地を残してしまった．

一方，フォトプロダクションの判旨は，明解である．ウィルバーフォースその他，貴族院裁判官の判決理由は，基本的違反の法理の存在を否定した上で，契約の解釈に依拠していたのである．貴族院は，被告，警備保障会社が派遣し

た警備員が，悪意（malice）の存否は不明にしても，意図的（willful）に火を付けた事実は，認定した．その上で，警備保障会社の責任を制限する条項は，明白かつ曖昧性がないので，有効と認めたのである．

ウィルバーフォース裁判官は，次のように述べている；基本的違反の法理は，その不完全性または成生の疑問にもかかわらず役立って来た．そこには，免責条項の作用を不満足な形で放置するよりは良かったにしても，多くの問題点，多くの不正義があった．...しかし，議会は既に，対策を採ったのである．不公正契約条項法が1977年に成立したのである．...この法律以降，ビジネス案件では，一般に，当事者間に交渉力の不均衡が存在せず，また，通常，リスクが保険でカバーされている時には，司法的な介入が行われないだけでなく，それこそが（裁判所が）述べるべきことの全てなのである．また当事者が適切と考える方法でリスクの分担を行い，また彼等の決定を尊重するために，当事者の自由に任せることが議会の意思であると思う[4)-1]．

つまり，当事者間に交渉力の不均衡が存在しない場合，免責条項の司法的取り扱いは，リスク負担の合意に従えば良いのであり，その客観的な指標が保険付保の有無なのである．彼は，この延長線上で，使用者責任についても制限説の立場に立っている．即ち，警備員の採用に相当の注意を払うべきは，被告の，責任範囲であるとしても，警備員自身の故意または過失に対する責任は，代位責任であり，それは，契約で制限できるとしたのである[4)-2]．

貴族院は，その後 George Mitchell v Finney Lock Seeds Ltd (1983) で，'裁判所は，免責条項の解釈に基本的違反の法理を二度と使うべきでない'[4)-3] と述べて，更に強硬に，この法理の適用を禁止している．この文脈だけからすれば，免責条項以外の基本的違反に対しては，まだ，この法理の可能性が残されているようだが，元々，この法理のリーディングケース（即ち, Karsales〔1956〕1 WLR 936）以来，専ら，（黙示の品質保証を排除する）免責条項を攻撃する武器として活用されて来た経緯から，ほぼこの時期に，この法理は，死んだと見做して良いだろう．

ただ，フォトプロダクション判決がイギリス司法に残したものは，この法理

の使用禁止だけではなかったように思われる．勿論，一つの重要判決だけで法の流れが逆流してしまうことは考えられないのだが，少くとも，1980年頃までに，イギリス司法には，次のような理解が定着したという示唆を受ける．即ち；

① 法政策の発動は，議会の立法権能に依存すべきことであって，司法権能の範囲内にはない．
② 制定法が施行された分野では，契約の解釈は，文理解釈に限定されるべきであって，文理解釈の結果の最終的な帰趨は制定法の標準に基づいて決定される．
③ 契約違反に関する当事者の意思（故意または悪意）と善意の当事者に与えられる救済の内容には直接の関連性がない．

しかし，1980年代以降の判例分析を継続して行くと，このような理解は，必ずしも，イギリス現代法の特質を，正しく理解したことに繋がらないのである．その論拠は，次節以降の判例分析（第2章 5.不公正契約条項法（1977）以降の動向 1)～3)）の中で詳しく述べる．

基本的違反に加えて，ここで取り上げたケースの類型は，不当威圧または経済的強迫の法理に該当するものであった．既に述べたように，不当威圧と経済的強迫は，元々，別々の法理に属していたものだが，少くとも，信任関係の'擬制'に依拠した不当威圧のケースは，そのまま経済的強迫のケースと読み替えても支障がないほど酷似している．そこでデニング裁判官は，交渉力の不均衡を共通要素として捉え，相手側の弱味を利用した利益収奪があったと推定される場合には，不当性の有無の立証責任を強者に転換することによって，弱者に救済（契約取り消し権）を与えようとしたのである．しかし，境界域の問題は，正に，経済的強迫のところで起こる．信任(認)義務違反が明らかに問えるケースは別にして，元来，当事者は，自己利益実現のために，交渉力の不均衡を利用しているのであり，それ自体合法性を阻却するものではない．しかも，

ビジネス取引では，需給バランスによって，これが常に変動する．

このような，外部条件の変動を法的な不当性の有無にどう反映させるべきか扱ったのが前述のノースオーシャンシッピングケースである．このケースで裁判官は；

① 不当な圧力（本船の留置）を使って，契約の変更を迫った行為は，経済的強迫に当ることを認定した上で，

② 弱者側は，交渉力の均衡が回復次第，すみやかに，抗議（protest）を行わなければ，契約取り消し権及び不当利得金返還請求権を失うとしたのである．

もっとも，現に，経済的強迫状態が継続している状況下では，明示の抗議などは期待し得べきもないことは，モカッタ裁判官も認めているのだが，交渉力の均衡が回復した後の反対履行の継続が追認と見做された．ビジネス契約に対しては，立証責任の転換を求めず，限定的に適用する意向を示唆した判例といえるだろう．また，既に述べたように，この判旨はコモンローの枠組だけで述べられており，エクイテイのアプローチは行われていない．それは，デニング裁判官がロイズvブンデイ（前出.〔1975〕QB 326）で見せた一般法化とは異なるものである．なお，デニング裁判官の，この一般法化は，後の貴族院判決（前出．Nat'l Westminster Bank Plc.〔1985〕1 AC HL（E）686）で否定されている．これは，古典法への回帰現象の一つと見るべきであろうか？

ビジネス契約に対する適用限界を示唆した，もう一つの判例がCTN Cash and Carryである．

この判決では，独占的地位にある供給業者の延べ払いを停止するとの脅しが，独占的地位の乱用には当らないと考えられている．また，現物の引渡しとリスク移転の時期または所有権の移転は，必ずしも，同時である必要はないと考えられている．現実に，別々の時であることが多い．この取引は，客先の倉庫持ち届けになっているので，輸送中のリスクは，売手の負担となる．その場

合，誤まった倉庫への配達では，輸送契約のルールからすれば，契約不履行が成立するところだが，現実には，誤まった倉庫であっても，原告の倉庫に搬入されているので，その間の管理責任は，買手にあると見做されたのだろう．仮に，所有権の移転がなくても，寄託等の概念手段を挟むことによって，危険負担は移転できるのである．

このケースの支配的要素は，両者間の契約がスポット契約の繰り返しであり，契約は，被告側の標準条件に依拠していたとはいえ，随時，自身の裁量で変更可能だったことである．

そこで，ステイン裁判官は，対等な当事者間の商取引にあっては；

① 被告が独占的地位にあったということ自体が，他で強迫に当らない行為を強迫に転換する訳ではない，

② 新規取引に延べ払いを認めないという脅しは，原告を経済的に苦しめるが，違法ではない，

③ この支払を強要した時点で，被告は，自分の請求は正当なものだと，善意で考えていた（注．物品の危険負担が原告に移転していると考えていた）のであり，違法性の認識がない，

など，三つの理由を述べて経済的強迫の成立を否定している．

ただ，これが，スポット契約の繰り返しではなく，長期契約（注．必要量供給契約など）の一部だったら，独占的卸売業者と大規模小売商（注．cash and carryとは，現金払持ち帰りの大量販売方式，彼等は，大量仕入を武器として，業者間では強い交渉力を発揮する）でなく，小規模小売店との取引だったら，異なった結果も考えさせられるところである．

上記ウイルバーフォースの判旨から帰納したように，慣習法の国といわれるイギリスにあっても，司法と立法の権能の分担は強く意識されるようになった．このため，不公正契約を規制するために，制定法の果たすべき役割はどんどん大きくなって行った．むしろ，イギリスでは，立法と司法の機能分担の中で，20世紀の現代経済社会が直面した法律問題の解決が図られて来たといっても過言ではないだろう．

このような制定法の発展には；
 ① 事業法として成立したもの
  The Road Traffic Act, 1960（s. 151）
  The Transport Act, 1962（s. 47(4)）
  The Carriages of Goods by Sea Act, 1971
 ② 特定のクラス（例．消費者）の保護を目的したもの
  Fair Trading Act, 1973（partⅡ）
  Hire-Purchase Act, 1965（現行法：Consumer Credit Act, 1974）
 ③ 専門家責任に関するもの
  The Solicitors Act, 1974（s. 60(5)）
 ④ 契約法の特則に関するもの
  Misrepresentation Act, 1967（s. 3）
など色々ある．そこには，契約自由を保証しながら，不公正契約を規制するために，何種類かの法技術が採用されているのだが，解釈のルールだけでは解決できない不公正な契約慣行を'法の問題として'政策的に解決するために，議会の権能に頼らざるを得なかったと評しても，あながち，間違いということにはならないだろう．

　その中で，基本的違反の法理の存否が問われた，明示の契約条項の効果と主目的ルールとの抵触関係は，契約類型を超えたイギリス法の課題であった．端的にいえば，イギリス法は，控訴院と貴族院の対立の中で，ひどく不自由な状況の中で，長らく，この問題を扱っていたのである．この問題に，一応の結着を付けたのも，制定法（Unfair Contract Terms Act., 1977）の成立であった．次は，同法の成立前後の状況から，同法施行後の状況を，やや詳しく，見ておこう．これにより，契約による過失責任の排除または制限は，法による規制を，厳しく，受けることになった．

［参照注］
 4）－1：前出．〔1980〕1 LLR 545, 549.

4) - 2：前出．〔1980〕1 LLR 545, 551.
4) - 3：George Mitchell v. Finney Lock Seeds Ltd（1983），The Times, July 1 1983

4. 1970年代までの状況

1) 判例法の規制：解釈のルールか法のルールか？

　既に，ここまでの判例研究で明らかなように，免責条項は，未履行契約の危険配分機能を担保する一方で，これが乱用された場合，善意の当事者の期待を裏切り，契約の目的を根底から崩しかねない契約技術になる側面を併せ持つことが理解された．イギリスの法律家は，その不公正を充分認識しており，彼等の認識は，2回（1969, 1975）にわたる，法律委員会報告に，詳しく，述べられている[1]-[1]．しかし，イギリス法が，この課題に，一応の，結着をつけるのには，1977年の不公正契約条項法（Unfair Contract Terms Act）の成立を待たなければならなかった．

　その規制方法には，基本的には，契約の解釈で対応する方法と実体法の問題として処理するの二つがあったのだが，何れにしろ，公正と不公正または合法と違法の線引を如何なる評価基準（test）で行うかという難題が待ち受けていた．

　つまり，契約の目的論的解釈に強く依存する方法は，様々なアプローチが試されたものの，少くとも理念としての契約自由を犯す危険があること，当事者が合意した危険配分を裁判所が変更する可能性に繋がること，また，更には，文理的には，明白で強い言葉を使うことによって，反駁を許すものとなることから，必ずしも，満足な解決には結びつかなかった．

　即ち，特定の契約類型を扱う制定法の規制は別にして，1970年代までのところ，イギリス判例法のポジションは，過失責任（合理的な注意を払い合理的な能力を行使する，履行上の注意義務：duty of reasonable care and skill）の排除または制限を求める自由に対し，コモンロー上の制約はないというものであった．ま

た，これは，不法行為責任を契約で排除できるという結論にも繋がった．

　しかし，これは，裁判所が何もしなかったことを意味している訳ではない．少くとも，人身傷害のケースでは，1880年代から，一連の鉄道事故のケースで，ネグリジェンスの責任が認められた[1)-2]．今日の理解からすれば，これは，契約環境における不法行為責任の認定と評すべきところだが，アテイヤは，当時の，ネグリジェンス法は，未発達なものであり，むしろ，帰責事由を同意，利得及び信頼に求めた，契約的責任の派生形態だったとみている[1)-3]．更に，裁判所は，不公正な不意打ちを防止するために，契約成立のルールの操作または黙示条項の挿入などの法技術を使って，免責条項の存在にもかかわらず，善意の当事者が，相手方の過失に起因する損害の回復を可能にする，ルールの開発に努めて来たのである．

　一方，議会が免責条項の規制を採り上げたのは，比較的古く，1830年の，輸送業法（Carriers Act）または，1854年の，鉄道及び運河輸送業法（Railway and Canal Traffic Act）が最初の制定法といわれている[1)-4]．しかし，この段階では，コモンローが寄託（bailment）に課した厳格責任の緩和が主題だったのだが，その後，免責条項が求める範囲拡大に伴い，議会が，免責条項の禁止を含む，様々な規制法を成立させたことも，既に，述べた通りである．

　そこで，ここでは，対象を更に絞って，不公正契約条項法（1977）の成立までの状況を振り返って見よう．

　イギリス法律委員会の，免責条項の規制に関する第2次報告によれば，長い先例の積み重ねの中で，裁判所が開発した解釈のルールは，'曖昧（ambiguity）'と'起草者に不利に（contra proferentem）'であった[1)-5]．即ち，契約による過失責任の排除は，免責条項が'明白で曖昧でない場合'だけ可能とされて来た．従って，免責条項が文理的な厳格解釈で；

　① 過失責任と共に何等かの別の責任を排除する，
　② 単に，何等かの別の責任だけを排除する，
　③ 単に，一方当事者の法的責任の限度額を規定する，

と読める場合には，契約解釈の一般ルール'起草者に不利に'に従って，文理

的な意味を離れて，'曖昧'と見做され，'過失責任'の排除は，認められないものとなる．しかし，この'曖昧'の解釈には，二つの司法的意見の相違が見みらる．

　第1の'曖昧'の定式化が極めて困難なことであり，第2に，解釈のルールと法準則の境界も判然としないことである．即ち；

　第1に'曖昧'の定式化について，一般的には，過失責任だけでなく何等かの別の責任を生ずる恐れのある行為の場合；先例上[1]-[6]，その行為に責任がある人の債務を排除する条項に，一般的な用語を含んでいる場合は，過失責任を排除することができないのは，上に述べた原則の通りだが；別のケースでは[1]-[7]，一般的な用語を含んでいる免責条項の場合でも，仮に，損害を発生させる何等かの行為が過失責任だけを生じ得るもので，併せて，別の何等かの責任を生じ得るものでないならば，必ず，過失責任は排除するものとして働らかなければならないとしているのである．そして，これらの意見は，何れも，当事者の意向を確認する解釈のルールでなく，あたかも法準則のようであるとして批判されている[1]-[8]．

　しかしながら，デニング裁判官は，同じケース（〔1973〕QB 400）で裁判官が，解釈を口実にして，免責条項の文言の通常の意味から離れることを容認する中で，（当事者を自分自身の過失から救済する）この条項には非合理性があり，または特定のケースの状況に照して非合理に適用されることがあるところに，司法判断の正当性が見出されるとしているのである[1]-[9]．

　彼は，第2の，解釈のルールと法準則の境界も判然としないとの批判に対しても容赦のない反論を浴びせている；

　　この解釈のプロセスが更に続行することができない時が来た時，条項の字句がそれを許すほど明瞭な時，彼等は，その非合理な条項が，仮に，非良心的になるまで非合理的であっても，または非良心的になるほど非合理に適用されても，当事者を許すのだろうか？　若しこの段階に到ったら，私は，何年も前にいったごとく：'コモンローには，契約の自由を許す一

方，それが乱用されないか見守る自警団がある'というだろう[1]-10.

このようなイギリス法の状況に関し，法律委員会第2次報告は，次の様に総括している；

　これらの先例に述べられた，免責条項の，法的効果に限定した考察に基づいて，われわれは，少くとも，イギリス法は，極めて不充分なものだと考えざるを得ない．第1に，そこにはHarbuttケース（前出．〔1970〕1 QB 447）の判決をスイスアトランティックで述べられた意見と整合させることができるのか否か，またはどうすれば整合させられるのかという，貴族院だけが片づけることのできる大きな不確実性が存在する．第2に法がHarbuttケースで述べられた様に，免責条項の運命を，基本的違反の後で被害者が追認するか否かという偶然の状況に委ねるのであれば；仮に追認されれば，裁判所は，当事者の意思に有効性を与えることになるし，追認されなければ，当該条項は，当事者の意思と関係なく有効性を失うことになる．最後に，多分これが第2の批判に対する別の見方になるのだが，或る出来事をカバーするために自由に交渉され商業的にも合理的な契約条項が，現にその出来事が発生した時にその有効性を奪われざるを得ないことは，まことに奇妙で，われわれには受け入れがたいことに思われる[1]-11.

［参照注］

1) －1：第1次報告：Exemption Clauses in Contract (1969), Law Com. No. 24, Scot Law Com. No. 12.
　　　　第2次報告：Exemption Clauses 2nd Report (1975), Law Com. No. 69, Scot Law Com. No. 39.
1) －2：主要参考文献．Atiyah (1) pp. 501～505
1) －3：主要参考文献．Atiyah (1) pp. 501～505
1) －4：前出．Law Com. No. 69, itm. 38；主要参考文献．Atiyah (1) pp. 544～561 参照：前述，第2章1節 2.1) (1)：標準契約書の出現と普及．
1) －5：前出．Law Com. No. 69, itm. 38. Rules of construction
1) －6：Canada Steamship Lines Ltd v The King〔1952〕AC 192, 208

1) - 7：Alderslade v. Hendon Laundry Ltd〔1945〕KB 189, 192
1) - 8：Gillespie Bros. & Co Ltd v. Roy Bowles Transport Ltd〔1973〕QB 400, 414 per Denning MR ; Hollier v. Rambler Motors （AMC）Ltd〔1972〕2 QB 71, 80 per Salmon LJ
1) - 9：Gillespie Bros. & Co Ltd v Roy Bowles Transport Ltd〔1973〕QB 400, 415.
1) -10：Gillespie Bros. & Co Ltd v Roy Bowles Transport Ltd〔1973〕QB 400, 415, 416.
1) -11：前出．Law Com. No. 69, itm. 43. A rule of Law or A rule of construction, itm. 44. Need for stricter control

2) 制定法の規制：黙示の保証及び人身傷害

一方，制定法によるアプローチも，決して，完全なものではなかった．これには，いくつかの淵源がある．

(1) 動産取引（Sale of Goods Act, 1983）における黙示の品質保証

これは，動産売買法（1893）で導入された，法による黙示条項（s. 12～15；コンディションとワランティーの両方を含む）を排除する契約慣行を規制するために行われたものである．この種の免責に対する大系的なアプローチとしては，1969年の免責条項の規制に関する法律委員会第1次報告（前出．1)-1）がある．

この報告は；

① 法による黙示条項，即ち，動産売買契約における権原(title)の保証，表示または見本との一致義務，品質と目的適合性の義務に関する同法改正案，

② これらの条項の効果を排除または制限する契約条項の規制，

をカバーしていた．

この報告は，動産供給（黙示条項）法（Supply of Goods〈Implied Terms〉Act, 1973）に結実したのだが，この法律には，動産売買及びハイヤーパーチェス分野における，上記事項の重要な変更を含んでいた．そして，この流れは；動産売買法改正（1979, 1994），動産供給及び役務提供法（Supply of Goods and Services Act, 1982）などに繋がって行ったのである．

（2） 死亡または人身傷害に対する免責の禁止

これには，前出の特別法（Carriers Act, 1830）を起源とするものと，雇用者責任（employers' liability）に関するものがある．

1970年代までの段階では；

① 輸送者の責任に関しては；道路輸送法（the Road Traffic Act, 1960, s. 151：公共交通機関；1972, s. 148(3)：自動車ユーザー一般），輸送法（the Transport Act, 1962, s. 43(7)：鉄道旅客輸送），航空輸送法（the Carriage by Air Act, 1961, 付則 1,23(1)条：1955年ハーグ議定書による修正責任制限条約の排除），ホーバークラフト法（the Hovercraft Act, 1968 ; the Hovercraft〈Civil Liability〉Order, 1971, S. I. 1971, No. 720, 3条）などが整備されていった．また，

② 雇用者責任については；法改革（人身傷害）法（Law Reform〈Personal Injuries〉Act, 1948, s. 1(3)）及び雇用者責任（強制保険）法（Employers' Liability〈Compulsory Insurance〉Act, 1969）で被用者の保護が図られている．

これらの法整備は，特定の場合，つまり，交渉力で相対的に弱い立場にある当事者が，相手側の注意または能力に高い信頼を置かざるを得ない場合，人身傷害に伴う責任を契約は排除できないことを明確にしている．同時に，これらの立法は，依然として，一定の契約類型または特定の政策目的に従って，別々に考えるという範囲に止まっていたのであり，また，完全禁止（complete ban）という形式もとっていない．例えば，法改革（人身傷害）法上では，雇用者は，被用者本人の過失に起因する傷害の責任を依然として排除できるし（注．ただし，雇用者責任〈強制保険〉法は業務上の人身傷害を全てカバーする），鉄道輸送業者は，無料パスで乗車した旅客に対する責任を排除できる．また，そもそも，法が定めた輸送機関以外の旅客輸送（例えば，自動車以外の車輌による陸上輸送，湖水または内陸の水路での輸送）などには，契約による免責の余地が残されていた．

特筆すべきは，海上の商船輸送には，船主責任条約（The International Convention relating to the Limitation of the Liability of the Owners of Seagoing Ships., 1957) に基づく，責任制限が認められていることである．これは，船長または乗組員の過失責任に対する，船主または用船者の代位責任を制限する働きを持っている．

(3) 免責条項の規制：不公正契約条項法の成立へ

法律委員会第1次報告（前出[1]-1）が，動産取引における黙示の品質保証をカバーしていたのに対し，契約法'全般'の問題として，免責条項の規制が論議されたのは，免責条項の規制に関する法律委員会第2次報告（前出[1]-1）であった．この種の調査報告の慣例に従い，彼等は，各界から意見を求めた．その結果は；

> 過失責任を免除する契約条項（またはその通知）は，多くのケースで深刻な社会悪であることに何の疑問も残らず，また彼等の見解では，この条項を扱う裁判所の権限は，現状では適切からほど遠く，何等かの，より厳しい形式のコントロールが必要なケースには，対応できないと思わる[2]-1，

ということであった．

このような状況を改善するために，彼等は，免責条項の規制に，三つの方法を想定して対策を検討した[2]-2．即ち；
① 消費者向役務提供契約に限って完全禁止のような対策をとる（注．動産供給は対策済），
② 選択的に，特定の産業または特定分野の活動に対して，制定法または委任による制限的取引慣行裁判所（Restrictive Practices Court）または類似の審判所若しくは特別機関のコントロールを行う（注．選択的コントロール），
③ 全ての契約に適用可能な一般的コントロールスキームを併用する，

そして，彼等が到着した暫定的な結論は；
- ④ コントロールを消費者取引に限定するのは，現実的でも実用的でもない，
- ⑤ 制限的取引慣行裁判所若しくは類似の審判所によるコントロールは，不充分と思われる；特定課題を特別法で扱うのは利点もあった，しかし，これを唯一の方法とすることでは，充分な解決は得られない，
- ⑥ '境界を超えた' 一般的コントロールスキームがなければならない，また若干の特定のケースを除き，このコントロールは，消費者契約またはビジネス契約の別なく裁判所が適用する合理性のテスト（reasonableness test）の形をとらなければならない[2)-3]，

ということであった．

この暫定的な結論は，基本的違反の有無が特定の契約類型に集中することなく，様々な類型で争われた経緯に照らし合わせれば理解し易いといえるだろう．

この報告には，二つの重要な問題提起がある．

第1の問題は，故意または過失によって惹起された損害の種類（例えば，人身被害と財産的損害の別）と免責条項の有効性との間に違いをつけるべきか否かである．イギリス損害賠償法には，損害の種類を人身，物損，経済的損失に分けて，補償義務を論ずる傾向が強いのだが，既に述べたように，少くとも雇用契約及び輸送契約の分野では，人的被害は免責禁止または厳格責任の対象とすることが定着していた．その理由は，一般的には，交渉力の不均衡または別途の選択の余地がないことなどから，当事者間の自由かつ任意な合意とは認められないことに求められていたのだが，この委員会では，'文明社会は，財産より人身により大きな価値を置くべきである[2)-4]' という '価値観' に依拠するに至った．

第2の問題は，免責と責任制限（補償額の上限設定）を別扱いにするか否かで

ある．元々，イギリス判例法は，免責条項の有効性は厳しく解釈するものの，責任制限条項の解釈には，やや甘い傾向があった．それは，'この種の契約解釈における，基本的な考慮として，契約の一方の当事者が，相手方に固有の過失の因果関係から，帰責事由を作った本人を，（気前よく）放免することは，基本的にはあり得ない[2)-5]'とする，裁判官の心証が反映しているものと思われる．

この法律委員会のメンバーは，如何にもイギリス人らしく，この問題に，リスクヘッジの手段としての，保険コストとの比較からアプローチしている．自動車保険の無事故割引からも明らかなように；

① 一般的には，契約の履行を支配している当事者にリスクを負担させた方が，リスクヘッジのコストは安くなる様に思われる．ところが；
② 現実のビジネスでは，必要な補償の限度額を顧客は知っているが業者側は知り得ないケースが相当数発生する．例えば，一般貨物輸送，商品倉庫，ランドリーサービス，フィルム現像などである．これらのケースで業者側が，個別事故毎に変動する補償の最高額を保険でカバーしようとすれば，一般的には過剰保険になり，限度額を知悉する顧客側が手配する保険より，割高になってしまう可能性が高い[2)-6]．

つまり，事業者に損害賠償責任保険への加入を強制すれば，返って，受約者の利益にならないことも予想されるのである．しかし，問題の本質は，免責条項には，何等かの規制をして，責任制限条項には，何の規制もしなければ，不当に低い限度額の設定で，規制を回避することが可能になることにある．結局，彼等の得た結論は，免責と責任制限の別なく，合理性のテスト（reasonableness test）の対象とすべき，ということであった[2)-7]．

不公正契約条項法（Unfair Contract Terms Act, 1977）は，このような背景から成立したものだが，同法の成立には，イスラエルの'標準契約書法（1964）'を始めとする国際的な流れも影響していたと思われる[2)-8]．現に，この法律は，標準契約書規制法，消費者契約規制法としての，強い性格を持っている

(後述．3)，(1)〜(4))．この法律は，政府の支持を得た，議員立法の形で議会に提出され，名称は，'The Avoidance of Liability (England and Wales) Bill' であった．

この法律の成立は，イギリスの法律家に少なからざる衝撃を与えたようである．それは，一つには，同法が免責条項の規制しか扱っていないにもかゝわらず，結局，不公正契約条項法という名称を与えられたことが影響した思われるが，本質的には，イギリス法の伝統，即ち，判例法システム (case law system) を破って，免責条項を規制する一般法 (a general law) として成立したことであろう．これに関し，ロバート ロウ (Robert Lowe) は，'イギリス判例法は，流れ去り始めた' と評している[2)-9]．同時に，彼等は立法の技術的失敗，つまり，条文構成の複雑すぎることに失望を隠しきれず，アテイヤも '最も難解な立法例' と評しているほどである[2)-10]．

［参照注］
2) − 1：Law Com. Rep. 69, 1975., itm. 44.
2) − 2：Law Com. Rep. 69, 1975., itm. 45.
2) − 3：Law Com. Rep. 69, 1975., itm. 45.
2) − 4：Law Com. Rep. 69, 1975., itm. 72.
2) − 5：Gillespie Bros. & Co Ltd v. Roy Bowles Transport Ltd 〔1973〕QB 400 419
2) − 6：Law Com. Rep. 69, 1975., itm. 56.
2) − 7：Law Com. Rep. 69, 1975., itm. 68.
2) − 8：Law Com. Rep. 69, 1975., itm. 155.
2) − 9：主要参考文献　R. Lowe p. 434.
2) −10：主要参考文献　Atiyah (2)　p. 323.

3) 不公正契約条項法 (The Unfair Contract Terms Act, 1977)

(1) 法律の概要

この法律の条文構成は，ともかく複雑である．そして，この複雑な条文解釈が混乱するのを避けるため，殆ど逐条的に解釈指針 (statutory guide) を付ける

ことで，何とか法規範としての客観性を保っている．それは，契約自由に直結する境界域の問題を法技術的に解釈しようとする苦しみを表しているように見える．ただし，この法律の最大の目的は，コモンロー上の，注意義務（duty of care and skill）を契約で排除する当事者間のリスク配分の合意に規制が及ぶ一般原則があることを明確にしたことであろう．

この法律による規制の骨格は，大略，二つである，即ち；
 ① 人的損害に対する免責または責任制限条項の禁止，
 ② それ以外の免責または責任制限条項に対する合理性テストの適用，
である．従って，人的損害に対しては，明らかに，実定法上単一の基準が設定されたといえるが，それ以外の損害（物的損害，経済的損失）には，単一の基準が設定されたとはいえない．合理性の存否は，取引内容によって，千差万別になることが予想され，それは，結局，制定法に基づく裁判官の裁量に委ねられた．

ここでは，まず，この法律の基本的な内容を明らかにしておきたい．

基本的な内容：
目　　　的	前文：契約違反，過失，その他の義務違反について，民事責任を契約により逃れることに対する追加的規制．
適用の範囲	s, 1(3)：この法律の適用はビジネス上の責任（liability）に限る（ただし，s, 4 (6) を除く）．
	s, 14：ビジネスには，職業的専門家（profession）及び政府部局，地方公共機関の活動を含む．
定　　　義	s, 1(1)：この法律では，過失を，明示または黙示の契約義務違反及び慣習法上の duty of care and skill に対する何らかの違反とする．
実体的基準	s, 2(1)：人の死傷に起因する債務を，契約または告知により，排除または制限することはできない．
手続的基準	s, 2(2)：その他の損失または損害の場合（注．経済的損失及

び物理的損害がこれに当る）は，免責条項が合理性の基準（後述）を満足する場合のみ排除または制限することができる（ただし，契約類型毎に下記の上乗せ基準に従う）．

上乗せ基準　　s, 3(1)：消費者契約及びビジネス契約でも相手方所定の標準契約書に基づく場合は，契約の全ての条項が合理性の基準を満足しない限り，

　　　　　　　s, 3(2)(a)：自分自身の契約違反について，責任の免除または制限を要求することはできない．

　　s, 3(2)(b)(i)：相手方が期待していたのと基本的に異なる方法で契約を履行するまたは，

　　　　　　　　(ii)：契約の全部または一部の不履行を要求する権利は，認められない．

　　　　　　　s, 4(1)：この法律上，消費者として扱われる者は，契約条項が合理性の基準を満足しない限り，免責担保（indemnity）によって，相手の債務を肩代りすることはない．

追認の効果　　s, 9(2)：契約違反の場合，契約の続行を追認（affirm）していたとしても，それ自体は合理性のテストを阻却しない（これは，コモンローの追認の理論における追認の範囲を限定する）．

立証責任　　s, 11(5)：合理性のテストを行う場合，当該条項が合理的であるとの立証責任は，責任制限を求める当事者が負担する（これも，コモンローにおける立証責任の転換を明確にする）．

拘束的条件　　s, 13　：責任の認定，追及，求償（権），立証方法及び手続などに複雑な条件をつけることを禁止している（これらは免責条項の効果を不当に強め，損害賠償等を妨げる機能があるので，免責条項類似規定と見做される）．

副次的契約　　s, 10　：この法律による規制を副次的契約（collateral contract) により回避することを禁止している.

　上記9項目が, この法律の骨格を表している部分と思われる. これらの中で, 完全に実体的な基準は, s, 2(1)だけだろう. 人身傷害については, 責任制限を認めないという思想は, 多分, イギリス人の (主観的) 価値判断に基づくもので, 契約法が立脚する, 経済的合理性の埒外にあるものと思われる. 既に述べたように, これは, 旅客輸送及び雇用法の分野で認められてきた法規範で, 法技術的には, 多分に, 任意の意思の合致があったとは認められないとの理由付がなされて来たのである. また, 遅くとも, 1970年代までには, 主要先進国で, このような共通の価値観に基づく規制に至ったと思われる.

　極めて興味深い法技術の使い分けが, 人身損害以外の損失または損害で, 「手続的基準」, 「上乗せ基準」と見出しを付けたところに見られる. それは'合理性'の及ぶ範囲の違いである. つまり「上乗せ基準」が適用される契約類型, 即ち,

　　① 消費者契約 (注. 標準契約書とは限らない) または,
　　② 相手方の標準契約書 (ビジネス契約を含む)

を利用した場合には, 全ての契約条項は, 合理性のテストの対象とされるのである. これは, コモンローのコンディション (または主目的ルール: main purpose rule) 及びワランティーの概念の補強になるだろう. ロウはこれを'合理性の精密検査 (scrutiny of the reasonableness)[3]-1' と呼ぶのだが, 結局, 裁判官が, 目的論的解釈を行う時の裁量権に, 法律的根拠を与えると共に, 裁量の幅に, 制限を加えたものと考えることができる. そして, 消費者契約または標準契約書を用いたビジネス契約以外の契約 (注. 対等の当事者間のビジネス契約を含む) でも, 免責条項の合理性の存否が問われることが明らかにされたのである (s, 2(2)).

(2) 免責条項の機能と規制方法

　ここで, 合理性の基準 (s, 2(2)) に, 「手続的基準」のキャプションを付けた

理由を説明しておかなければならない.

　通説では，免責条項の機能は；損害賠償請求に対する防壁を提供するだけで，それ自体は約束者が引き受けた義務に影響しないのである[3)-2]. このアプローチで免責条項のケースを扱う場合，裁判所の機能は，免責条項を離れて契約内容を調査し，何が約束者の明示的または黙示的義務であるかを確定し，次に，免責条項が，義務違反の抗弁として有効か否か決定することになる. 約束者が引き受けた，契約上の義務 (substantive duty) は，受約者が履行請求できる，または履行されなかった場合，損害賠償請求ができる，対人的実体的権利 (substantive right) を与えるが；免責条項は，この実体的権利の強制的実施権 (enforcement) を制限する意味で，手続的 (procedural) なのである.

　このアプローチは，主目的ルール (main purpose rule) や矛盾の法理 (doctrine of repugnancy) とも良く整合する. また，基本的違反の法理の開発にも決定的な影響を与えたと思われる.

　ところが，クート (Brian Coote)[3)-3] は，免責条項には，もっと実体的な機能が存在すると主張する[3)-4]. 彼のアプローチでは，免責条項が，契約による一義的な実体的権利義務を修正または排除する場合は，免責条項も実体的なのであり，仮にその効果が手続的権利だけに及ぶ (注. 出訴時効の短縮など) のであれば，手続的なのである. 彼の考察では，当事者は，契約上有効な権利義務を創設できると同時に，これらの権利義務を，常に，また如何なる状況下でも，強制不能 (unenforceable) にすることもできるのである. それには，履行請求または損害賠償請求権を伴わない約定が含まれる. 例えば (現代法では doctrine of repugnancy が働くケースと思われるのだが)，不争条項 (not to sue) が無制限または無条件であれば，それは，実体的権利放棄 (substantive release：Ford v. Beech 〔1848〕11 QB 852) と解されるのである[3)-5].

　彼の考察では，免責条項は，'Type A' と 'Type B' に区分される[3)-6]；
　　Type A：免責条項の効果が，特定の一義的な権利の発生があれば生ずるもの. 従って，物品の売手が，品質に関する言葉を使用した場合，品質

に関するコンディション，ワランティーまたは引き受け（undertakings）の排除は，それらの言葉が，契約上有効な限度を定めるに役立つと同時に，売手が，品質不良に対する補償を求められることはない規定となる（この例示は，動産売買法で既に規制されている問題だが，明示または黙示的に，買手が修理して使うことを前提とした中古品の現物売買なら合法と思われる）．

　Type B：何等かの，一義的権利の発生を阻害することなく，一義的または二義的権利を修正する免責条項．例示的には，請求が起こせる期間を制限するもの，または補償される金額を制限するものである．これとは反対に，買手が物品の受領を拒否する権利を奪う条項は，Type Aに属すると思われる．

このように，実体的な効果を持つ免責条項の存在を認めるクート説に立てば，立法で，手続的なルールまたは解釈のルールを定めただけでは，免責条項のコントロールに不充分なケースも考えざるを得ない．結局，この法律は，クート説を排除し，免責条項は，手続的な'防御の機能しかもたない'との前提を採用したものと思われる[3)-7]．

(3)　標準契約書（the other's written standard terms of business）の規制

ここで指摘しておかなければならない，もう一つの問題は，標準契約書を規制する法理とこの法律の関係である．

標準契約書で契約を結ぶことは，長年慣れ親しんだ慣行で，1883年頃までに'大変多くの契約が，現在の社会現象として，一方当事者が相手方に共通書式の契約フォームを送り，提示された条件で契約を結ぶといえるようになった[3)-8]'のである．法律委員会の第2次報告[3)-9]の表現に基づけば，標準契約書は，概して，二つのタイプに区分される．

一つは，業界団体，各種の協会が，特定の商取引または専門的サービスに使用するために起草したもので，一応，全員の受け入れ可能な標準条件を文書化する意図で作成されている．

もう一つは，大量販売市場（mass market）で，個別の交渉なしに結ぶ契約を意図して，一方当事者によって，一方当事者のために作成されているものである．

　ただし，この表現はやや説明不足なのであって，業界団体または各種の協会が，特定の商取引または専門的サービスに使用するために起草されたものであっても，当該団体の構成員間で使用される場合と，構成員以外との取引に使用される場合では，契約条項の解釈に差異を要する可能性が特記されていないことである．業者間取引であれば，彼等のリスク予知能力，リスクヘッジ能力は，均衡している可能性があり，また何よりも，ビジネスの継続の中で，取引規範による強制力が働くことが期待できる．しかし，構成員以外との単発的契約に使われたとなれば，事情が異なる．

　また，消費者契約または大量販売市場での契約を意図したものでないものであっても，業界団体の法的資源を活用して，事業者のリスクを排除するために，または事業者間のサービス競争を避けるために作成されるものが大部分である．例えば，民間の建築工事請け負い契約を考えて見れば明らかなように，仮に，発注者（owner）側が，大手不動産会社など，素人ではないケースでも，不利益条項が見逃される可能性が大きい．これらの契約では，瑕疵担保項目または保証期間の縮減などが共通化され，業者間競争が阻害されるだけでなく，契約相手方に，不当な不利益を及ぼすことがあるのである（仮に，全業者が同一契約書式を用いれば，価格を除いて，契約条件面での競争は，なくなってしまう）．これらは，当然，同法の規制対象に入ると思われる．

　ただし，同法は，標準契約書のみを規制する特別法との構成をとっておらず，イギリス法上，標準契約書の定義が確立している訳でもない．従って，標準契約書の範囲は，裁判官の裁量に委ねられることとなる[3)-10)]．

(4) 合理性の基準（Reasonableness Test）

　そもそも合理的（reasonable）とは，イギリス契約法上如何なる概念をいうのだろうか？　同法11条(1)～(5)（explanatory provision）と，付則2 (a)～(e) (guidelines for application) は，合理性の解釈ルールを定めているが，合理性 (reasonableness) 自体の概念を説明しているものではない．それはともかく，関係条文の理解を得ることから始めることとする．

解釈基準　　s, 11(4)：契約または通知により，当事者が金額上の責任制限を求め，それに対し，本法または他法のもとで合理性の有無を判断する場合には，

(a)：発生した損害を弁済するに適する財源を期待しうる状況があったかどうか，

(b)：保険により債務を弁済できる可能性からどれだけ遠いかを考慮しなければならない．

上乗せ基準　　s, 11(2)：商品販売，hirepurchase (s, 6.(3)) その他の商品流通 (s, 7.(3〜4)) で，相手方が消費者以外の場合（注．Sale of Goods Act 1893, Supply of Goods Act 1973 が効かないコモンロー領域の契約）は，責任制限は許されるが，次の事項を重視して合理性の要求を満足する必要がある．

付則2(a)：顧客の要求が他の手段で充足されたか否かを考慮に入れて，交渉力の差を判断する．

(b)：顧客が免責条項に合意する誘因があったか，または，類似条項を含まない他の契約を結ぶ機会があったか．

(c)：顧客が免責条項の存在を知っていたか，または知っているべきと合理的に主張できるか．

(d)：或る条件が満足されないことを理由に，責任制限する場合は，その条件が現実的なものか否か．

(e)：顧客の特別注文によるものか否か．

不当免責担保　s, 4　：消費者契約にあっては，原則として，消費者に

免責担保（indemnity）を求めることはできない．

時制条件　　s, 11 (1)：合理性の有無は，両者が契約締結時に承知または合理的にみて，承知しているべきであった，または両者が考慮していた状況に照して，公平かつ合理的でなければならない．

　以上が，この法律の本文，説明条項（explanatory provisions），付属書（schedule）及び注記（notes）に分散して記載された合理性のテストの内容である．既に述べたように，この法律には合理性の実体を示す条項は殆どない．強いてあげれば，s, 11 が最も実体基準に近いと思われるが，それでも合理性の有無は裁判官の判断に委ねられる．つまり，これらは，合理性のテストの適用に関する法定の適用指針（statutory guideline）なのである．同時に，これらの条文は，大変広範囲に免責条項または免責類似条項を規制するもので，判例が積み重ねた経験に即した現実主義的な手段なのである．

　そこで，合理性の概念自体を若干の先例に基づいて検索してみると，それは，古くから，正義（justice），公正（fair），誠実（good faith）などと同義語で，実体的正義（substantive justice）に極めて近い概念で用いられていたように見える．

　例えば，1851 年の Booth v. Clive case[3)-11] では；若し，そこに，誠実（good faith）とは異なる合理的な意味があるなのなら，それは，恣意的（caprice）とは異なる理由付けでなければならないとしている．また，1945 年の In re A SOLICITOR[3)-12] では；コモンローにおいて合理性という言葉は，当事者が知りうるまたは知りうべき状況において，合理的に行動することを要求される自明の理であるとなっている．

　筆者の理解では，やや，空虚な言葉の綾とも思われる，このような裁判官の意見は，次の理解を導く．即ち，過去 100 年間，延々と積み重ねられてきた判例法による法理の展開は，このような自明の理を如何に客観的な基準に置きか

えるかという作業であった．更に言い換えれば，免責条項に介入する判例法の技術には推定（presumption）がしばしば使われている．それは，合理人を化体する裁判官の推定として，一応の客観性を持たせてはいるが，現実には，判決理由の積み重ねが客観的な基準として認識可能となるのである．このように考えてくると，この法律に基づく合理性の判断には，コモンローまたは判例法の基準が援用されることになるのだが，同時に，ひどく不自由な条件下におかれていた裁判官，特に，先例拘束の下にある裁判官に，制定法による裁量を許すことになったことに最大の意味がある．

この法律の構成が複雑化した原因は，標準契約書を起草する専門家が，契約責任の他に法定責任の発達の歴史を良く理解しており，法定責任を排除しようとするより，どちらかといえば，低くまたは狭く管理する契約技術を追求したことと無関係ではなかった．

そこで興味を惹かれるのが，不公正契約条項法施行以降の，イギリス司法の動向である．その後，イギリス司法は，この法律の中心概念である'合理性の基準'を，どのように適用したのだろうか？　既に述べたように，合理性の基準は複数標準（二重または三重標準）になっていて，特に，消費者契約または標準契約に適用されるものにあっては，消費者保護政策など戦後政策への議会の支持（statutory endorsement）があるのである．これについては，関係論文も多い．

そこで，以下の判例研究では焦点を絞って，ビジネス契約における合理性の標準だけを扱うことにする．

［参照注］

3) － 1：主要参考文献　R. Lowe p. 439.
3) － 2：Istros v Dahlstroem〔1931〕1 KB 247, 252, 253 ; Karsales v Wallis〔1956〕1 WLR 936, 940.
3) － 3：Brian Coote LL. M（NZ），Ph. D.（Cantab）．
3) － 4：主要参考文献　B. Coote pp. 1〜17.
3) － 5：主要参考文献　B. Coote p. 4.

3) - 6：主要参考文献　B. Coote pp. 9〜11.
3) - 7：Palmer/Yates（1981）CLJ 40, pp. 108〜111；Adams/Brownsword（1988）LQR 94, 95.
3) - 8：Watkins v. Rymill〔1883〕10 QB 178, 188. per Stephen LJ.
3) - 9：Law Com.No. 69, itm. 152
3) -10：Law Comm.Rep. 69, itm. 157.
3) -11：Booth v Clive case〔1851〕ER vol.　ⅩⅩⅩⅠⅠⅠ　CB 327, 330 ; if reasonably meant any thing else than in good faith, it meant, according to his reason, as contradistinguished from caprice.
3) -12：In re a Solicitor〔1945〕1 KB CA 368, 371 ; The word reasonable has in law the prima facie meaning of reasonable in regard to those existing circumstances of which the actor, called on to act reasonably, knows or ought to know.

5. 不公正契約条項法（1977）以降の動向

1) 介入的／非介入的アプローチ？

この法律施行以降のイギリス司法（貴族院）には，二つの流れがあると考えられている[1]-1；

第1は，フォトプロダクションケースのウィルバーフォース裁判官の非介入的アプローチである．

第2は，ジョージミッチェルケース[1]-2のブリッジ裁判官の介入的アプローチである．

ブリッジ裁判官の介入的アプローチを勇気付ける根拠としては，不公正契約条項法自体が，免責条項の実体的効果を認めるクート説に殆ど興味を示していないこと，最高法院規則（Order 58, Rule 5, R. S. C.）が；この法律の合理性の基準は決定（decision）と見做すべきであって，単なる裁量の行使とは見做すべきでないと述べていることなどがある．

フォトプロダクションについては，既に述べたので，ここでは，ジョージミッチェルの分析から始めることとする．

(1) George Mitchell (Chesterhall) v. Finney Lock Seeds (〔1983〕2 AC 803)

事実関係：このケースは，農家と種苗会社との間で交わされた，特別銘柄種 (Finney's Late Dutch Special cabbage seed) の取引契約に関するものである．原告農家は，同社と長年の取引関係があり，売買には，関連条件が付いていることを知っていた．1973年，原告は，301ポンドのタネを口頭で発注，被告は，注文品を'74年2月，請求書と共に出荷した．

請求書の裏面には，下記の条件が記載されていた[1)-3]；

① 売却または売却予定のタネが，契約の明示条項に一致しない場合，または純粋種としては不良品であることが判明した場合，被告売却主の責任は，種の交換または代金の返済を限度とすること，
② 供給されたタネの使用により発生した損失または損害に対する完全な免責は，種の交換または代金の返済は別として，
③ 制定法上若しくはその他の，明示または黙示の，何等かのコンディションまたはワランティーを免除するものであり，また，
④ 供給されたタネの代金が規定の責任限度額である．

被告への供給業者（姉妹会社）及び従業員の誤ちにより，出荷されたタネは，最新のキャベツのタネではなく，商品性のないものであった．この種は，60エーカー以上の畑に作付けされ育成されたが，換金作物としては無意味で，畑にすき込まざるを得なかった．タネの代金は2百ポンド，原告の損害は，6万ポンド以上である[1)-4]．

損害賠償請求に対し，被告は，契約条項に基づいた抗弁をしたが，パーカー (Parker) 裁判官は，注文の品物と全く異なるものが出荷された場合でも，当事者が，契約条項の有効性を意図していたと示唆すれば，契約自体をナンセンスにすると述べ，被告に，原告請求通りの損害賠償プラス金利の支払を命じた[1)-5]．

被告の上訴に対し，控訴院判決は；

① （多数意見により）責任制限条項は，この契約には適用されない，
② 何れにしろ，動産売買法 (1979) s. 55(4) 付則 1，パラグラフ 11 により，これらの条件は強制できない[1]-6，

と判示し，控訴棄却とした．被告は，更に貴族院に上訴．

貴族院判決要旨：

① 契約条項の，真の解釈 (construction) に基づき，被告の責任を，代金の返還または種の交換に限るとの条件及び，この条件の範囲を，被告の過失なしに生じた契約違反だけに限定することはできない[1]-7．
② しかし，種苗取引においては，この条件に依存することは公正または合理的でないとの明らかな認識があること，また被告には，余り種苗の値段を上げることなく種の間違いなどにより予定の収穫が得られないこと (crop failure) に対する保険手当が可能なことを含め，全ての状況において，この条件に依拠することは，動産売買法 (1979) s. 55(4) 付則 1，パラグラフ 11 に照して，公正または合理的とはいえない，従って，この条件は強制不能である[1]-8．控訴院判決維持．

この貴族院判決では，不公正契約条項法に基づく裁判権の問題を明らかに提起している．ブリッジ裁判官は，動産売買法 (1973) の関連条項を継承した不公正契約条項法 (1977) は，より過激で射程距離の長い規定であること[1]-9，この契約は，消費者契約には当らないという認識を示した上で[1]-10 次のように述べている；

> これは，何が '公正で合理的' かという裁判所の判断に基づいて，裁判所に契約条項を排除する権限を認めた新しい制定法の規定を，貴族院が考えなければならなくなった最初の機会だと思われる．…しかし，不公正契約条項法 (1977) が求める，'合理性の要件' に基づくいくつかの条文は，第 11 条の規定の中で，何が '公正で合理的' であるか参照すること

によって特定され，...更なる柔軟性を裁判所に与えたように思われる．従って，何が'公正で合理的'かという原判決に，これらの条文の適用の中で，控訴審が，如何にアプローチすべきか考えることも必要であろう．そのような判決を裁量権の行使だと述べることは，正確でないのかも知れない．しかし，何等かの条文を引証しての判決には，裁量権の行使を伴うことが普通のことになるだろう，即ち，裁判所が，1979年法の修正55条(5)の様々な事項を参考にするか，または1977年法11条に直接注目して，全ての理由を採り上げ，それらを比較衡量して，最終的に何れのサイドに落ち着くか決定しなければならないのである．一つの見方が明らかに誤りであり，他が明らかに正しいとはいい兼ねる状況で，その答がどうあらねばならないか，裁判官の意見には合法的な違いの余地が残るだろう．私の見解では，そのような判決の見直しを，控訴審が求められた場合，上級審は，原判決が誤った原則に従っていた，または単純明白な誤りでなければ，それを最大限に尊重しなければならないということである[1)-11]．

お互の交渉力について，...証拠は，同様の責任制限条項が，種苗業者と農家との間の契約に広く採用されており，長年の慣行になっていたことを示している．お互いの代表組織が責任制限条件を交渉したことはなく，また全国農民組合が抗議したこともなかった．これらの要素は，別々に考えれば，曖昧だったといえる．決定的な要素は，控訴人が要求した4人の証人，2人の独立種苗業者，控訴人会社の会長，姉妹会社の役員の証言にある．彼等は，農家の請求が'真正'で'正当'だと判断した場合，種苗代金を超える請求には，常に，交渉で解決して来たといったのである．この証言は，種苗業者一般が，そして控訴人は特に，責任制限条件が公正または合理的でないかも知れないと認識していたことを示している[1)-12]．

これ以外にも，若し必要なら，被控訴人の利益になる要素が衡量できる．冬キャベツではなく秋キャベツの種を供給したのは，控訴人の姉妹会社の過失であった．また，第1審裁判官が認定したように，種苗業者は，...種の間違いによる収穫不良に対し保険がかけられたのであ

る[1)-13]. ...

　若し私が原判決を書いたのだったら，迷うことなく，控訴人が責任制限条項に依存することは，公正または合理的でないと判断する．

小括：フォトプロダクションとジョージミッチェルを比較した場合；

　事実関係では，何れも相手方の標準約款に基づくビジネス契約であり，小さな約因が大きな損害を発生させている．ただし，結果的には故意に近い認識があった前者で免責が認められ，過失であった後者で免責が認められていない．何れのケースでも，貴族院は，公正性または合理性の有無を判断する要素として，同じような項目を取り上げている．既ち，契約条件の知不知，合意，契約金額と責任限度額の比例割合，故意または過失，保険の有無などである．

　禁反言については議論の余地がある．ブリッジ裁判官は，種苗業者が，他所では同種の紛争を交渉で解決していた事実を，彼等が'不公正'を認識していた決定的な要素としているのだが（同判例．817），これは，アダムス及びブラウンスウォード（Adams and Brownsword）[1)-14] によれば，必ずしも説得力がある理由とは思えないのである．彼等の指摘では，これは，'全ての状況に照す'場合には判断材料に入るにしても，'契約成立の時に予見されていた状況に照す'場合には，厳密な意味では，判断材料に入らない違反後の行動（post-breach conduct）なのである．また，何れのケースでも，違反者の故意または過失は，決定的要素と見做されていない．従って，禁反言を除けば，唯一の違いは，保険の有無だけである．両判決の違いを論理的に説明するのは，かなり，難しい．

　仮に；

① 保険の要素に着目すれば，前者では，顧客（Photo Production）の工場財団の総合損失保障保険でカバーするのが合理的と判断され，後者では，種苗業者に損害賠償責任保険（business liability insurance）を付けるチャンスがあったと判断された．ただし，裁判官は，この要素を支配的と述べている訳ではない（上記）．

② 準拠法の違いに着目することもできる．両ケースは，何れも不公正契約条項法施行以前の事件であるが，前者がコモンローの法理（基本的違反の法理）を否定するために，その後の制定法の基準を援用したのに対し，後者では経過的な立法措置であった，動産売買法（1979）修正55条(4)が効いている．

二つの制定法の違いは，合理性の有無を判断するのに'契約成立の時に予見されていた状況に照らす'か'全ての状況に照らす'かの違いである．

③ 別の可能性は，むしろ，基本的なアプローチの違いである．フォトプロダクションには，制定法が成立した分野では，ビジネス契約の解釈は，文理解釈に止めるべきで，契約の帰趨は，当該制定法に委ねれば良いという前提が働いており，ジョージミッチェルでは，これと正反対の前提が働らいているとまではいえないまでも，少なくとも，格別の前提なしに（制定法の指針に基づき）裁判官の裁量を尊重する姿勢が採られている．ブリッジ裁判官の意見[1]-[15]が，この違いを強く示唆していると思うのは，筆者だけだろうか？　また，正式事実審理を担当した下級審の法律判断への非介入も明らかである．それは，新しい判例法の成立を意図したものなのだろうか？

そこで，更に，ジョージミッチェル以降の判例動向に注目する必要が生ずる．ここで，注目したのは；

① Stag Line Ltd v Tyne Shiprepair Group Ltd（the Zinnia；〔1984〕2 LLR 211）
② Ree-Hough Ltd v Redland Reinforced Plastics Ltd（〔1985〕2 Con LR 109）
③ Phillips Products v T. Hyland & Hampstead Plant Hire（〔1987〕2 All ER 620）
④ Smith v Eric S. Bush（and Harris and Another v Council）（[1990] AC HL 831）

などである．これら4ケースの共通点は，何れもビジネス契約で，免責条項の

効力が否定されていることである．そして，上記4ケースのうち中の2ケースは，ジョージミッチェルを支配的先例として，また最後のケースは，フィリップスプロダクツを引証（後述）しているのである．

[参照注]
1) - 1 : 参考：Adams/Brownsword : The Unfair Contract Terms Act : A Decade of Discretion. LQR（Jan. 1988）pp. 94～119.
1) - 2 : George Michell（Chesterhall）Ltd v Finny Lock Seeds〔1983〕2 AC 803.
1) - 3 : 前出.〔1983〕2 AC 803, 803 FG. H, 804 A.
1) - 4 : 前出.〔1983〕2 AC 803, 803 H, 804 A.
1) - 5 : 前出.〔1983〕2 AC 803, 804 BC.
1) - 6 : 制定法上，この規定は不公正契約条項法に引き継がれている．従って，この規定が適用される契約は1973年5月18日（動産供給〈黙示〉条項法施行日）から1978年2月1日（不公正契約条項法施行日）間に結ばれた契約に限定されている（偶々この契約は，この期間に入っていた．参照：〔1983〕2 AC 803, 804 D～G）.
1) - 7 : 前出.〔1983〕2 AC 803, 810 F～H, 813 H～814 A, C, D, 817 F.
1) - 8 : 前出.〔1983〕2 AC 803, 810 F～H, 817 B～F.
1) - 9 : 前出.〔1983〕2 AC 803, 814 F.
1) -10 : 前出.〔1983〕2 AC 803, 815 D.
1) -11 : 前出.〔1983〕2 AC 803, 815 F～816 B.
1) -12 : 前出.〔1983〕2 AC 803, 817 A～D.
1) -13 : 前出.〔1983〕2 AC 803, 817 D, E.
1) -14 : Adams / Brownsword : The Unfair Contract Terms Act ; LQR〔1988〕100.
1) -15 : 前出.〔1983〕2 AC 803, 815, 816.

2) ジョージミッチェル以降の注目判例

(1) STAG LINE LTD. v. TYNE SHIPREPAIR GROUP LTD and others (〔1984〕2 LLR 211)

事実関係：この事件は，MV "ZINNIA"（1968年建造：27,000 DWT，ばら積船）が，1980年に，被告ドックで行った定期検査／修繕工事の保証責任（出渠後3ヶ月）を争ったものである．被告側には，原告（船主）指定の補修材（極めて重

要な部品）以外を使用した，明らかな，契約違反があったが，これが，保証期限の僅か3日前，エリー湖航行中におきた機関室火災と直接の因果関係が認められなかったため，原告側は，名目勝訴となったに過ぎなかった（訴状によれば，船主は約28万ドルの損害を受けた）．なお，この判例分析で留意すべきは，事実の因果関係ではなく，免責条項に対する法律判断の内容である．

判決要旨[2)-1]：
① 船舶修理業者は，専門技能及び注意義務を負うが，被告は，その義務に違反した．被告の行為は，検査協会の未承認の材料を使い，協会のルールを破ったことになる．被告は，船主指定以外の材料を使ったにもかかわらず，その事実を船主に通知しなかった．
② ただし，異なった材料が事故を起こしたという証拠はない．エンジン冷却用海水ストレーナーの目詰りが過熱の原因だった可能性の方が大きい．
③ 本件全体及び不公正契約条項法（付則2）記載の要件を考えて，経済的損失の免責要求自体は，不公正または非合理的となるものではない；（ただし）仮に，8条(4)項が被告指定のドックに船を戻さなければ何んの補償も得られないと規定しているのであれば，この条項は，不公正または非合理的と見做されるであろう．

ストウトン（Staughton）裁判官は，この法律の基準を適用するに当って，両者の交渉力は殆どの条項で均衡していたこと[2)-2]．被告の標準契約条件は，交渉力の強い顧客にも，保証期間の延長を除いて，緩和されていなかったことを確認している[2)-3]．そして，契約書の免責条項のうち，故障の際，船主が本船を被告指定のドックに戻さない場合は，何らの補償も得られないという条件は，適当な代替条件，例えば，被告ドックで修理したのと同程度の負担に応ずるという規定がない以上，偶然性に支配される（capricious）と判示している．

合理性がないという理由に 'capricious' を使ったのは，仮に，被告指定

ドックから遠いところで故障が起きると，本船の回航費用の方が補償工事費を容易に上まわってしまうので，リスク分担に一貫性がないという意味を持つ．また，この条件は，不当な請求権の拘束に当るとしたのである[2)-4]．

(2) Ree-Hough Ltd v. Redland Reinforced Plastics Ltd（〔1985〕2 Con LR 109）

事実関係：本件の原告は，パイプライン敷設工事会社で，被告は，パイプジャッキング工法（油圧等でパイプを土中に押し込む工法）用パイプのメーカーであった．原告は，テームス水利公社（The Thames Water Authority）から受注した，パイプ押し込み工事のために，被告から，パイプを購入したが，その多くは，圧力に耐えられず破損してしまった．原告は，同工法用パイプの殆どを被告から購入していた彼等の重要な顧客の一人であった．この契約は，製品の欠陥に対する免責条項を含む，被告の，標準契約に基づいていた．

判決要旨：契約違反に基づく損害賠償請求に対し，第1審裁判官（Official Referee：John Newey QC）は，この契約の免責条項が，不公正契約条項法の合理性の基準を満足しているか否か検討するために，ジョージミッチェルを支配的先例（ruling authority）として採用した．

彼は，被告の免責条項に有利な事項をいくつか検討している[2)-5]；
① 両者の交渉力は，ほぼ均衡していた；被告の方が大きな会社であったが，裁判官は，原告も'自分自身の面倒はみれる会社'であると述べた．
② コンクリートパイプ製造業者は，通常標準契約書を使用していたが，原告を含む，パイプ-ジャッキング工業会は，現行の標準条件に異議を唱えていなかった．リー ヒュー自身もレッドランドに対し変更を求めていなかった．
③ リー ヒュー自身レッドランドと標準条件で契約していることを認識していた．

④　契約の文言は明瞭であった；

要すれば，知不知と合意の要件は，免責条項に有利に衡量された．

　このような要素にもかかわらず，ニューウェイ裁判官は，免責条項に不利な要素も評価している[2)-6]；

①　パイプに欠陥が生じた時，レッドランドは，契約条件に固執するよりも，リー ヒューとの紛争を示談で解決する傾向があった．

②　このケースでリー ヒューは，契約時，格別に免責条項に言及した事実はない．

③　リー ヒューは，相当のパイプ代金を支払っている．

④　レッドランドは，この種工事用に，特別に設計されたパイプを上手く利用することで利益を得ていた．

⑤　修理または交換に限定した救済は，パイプラインが完成する前に，資材の欠陥のために，工事自体を放棄せざるを得なかったケースでは不適切である．

⑥　当該条項は，パイプ-ジャッキング工業会とコンクリートパイプ工業会またはその他の団体との間で協議されたことはなかった．

⑦　レッドランドには，製造物責任保険を付ける可能性があった（現に，1968年に，問題の約款に移行するまで，被告は，製造物責任保険を付けていた）．

　以上を総合して，ニューウェイ裁判官は，次の通り判決している[2)-7]；

　　明らかに，或る配慮は，他の配慮よりも重要性がある．例えば；リー ヒューが，自分自身の面倒を見る能力を欠いていなかった事実は，多分最大限，免責条項を支持するに有利である；また，それまでレッドランドは，リー ヒューとの取引で免責条項を使用しようとしなかった事実は，不利に働く．

　私は，自分の最善を尽くして，被告レッドランドは，標準条件が合理的であ

ることの証明に失敗したとの結論に達した；私は，様々な要素の判断のバランスは，正に，当該条項が合理性に反していることを強く示していると思う．

要すれば，ニューウェイ裁判官の判決理由は，免責条項に有利な要素と不利な要素を，総合的に比較衡量して，最終的に，不利に決したというものである．これについては，本節のまとめの中で，再度，考察することとして，次のケースに移る．

(3) Phillips Products v T. Hyland & Hampstead Plant Hire（〔1987〕2 All ER 620）

事実関係：このケースは，原告（鋼材問屋）工場の，拡張工事現場で使用する堀削機（JCB excavator）を，オペレーター込みで借用したところ，オペレーター（Mr. T. Hyland）の過失で，堀削機が建物に衝突したものである．事故は，原告に相当額の損害を与えた．このような賃貸は，それまでも何回か行われていた．契約は，建設プラント賃貸業協会（the Contractors' Plant Association : CPA）の標準契約に基づいており，その第8条は次の通り規定していた；

> オペレーターがプラントと共に貸し出された場合，'プラント運転中の彼等は，全ての雇用目的において，賃借人の使用人（servant）または代理人（agent）と見做され，...賃借人だけが，プラントの運転に起因する全ての請求に対し責任を負うものとする' [2)-8].

判決要旨：原告の損害賠償請求に対し，第2被告（Hamstead）は，責任を否定，第8条が完全な防御を提供すると主張した．これに対し，原告（Phillips）は，第8条は過失のケースをカバーしていない；そして，第2には，不公正契約条項法に基づき，被告は，この条項に依拠できないと主張した．第1審裁判官ジョーンズ（Kenneth Jones J）は，この第2の反論を認め，両被告に対し，敗訴を宣告した．

この判決に対し，第2被告（Hamstead）だけが上訴．第8条は，免責または責任制限を想定したものではなく，どちらかといえば，賃借人に責任を'移転(transfer)' したものであり，1977年法 s.2(2) は，適用されないとの控訴理由を述べた[2)-9]．

控訴院判決要旨：或る人が，契約条件に依って，免責または責任制限を得られるか否か裁判所が決めなければならない時には，その条項の形式ではなく実質または効果に注目しなければならない．このケースの状況では，第8条の効果は，第2被告に課せられたであろう，コモンロー上の不法行為責任を否定したことにある．従って，当該条項は，免責条項の効果を有し，1977年法 s.2(2)に該当する．第1審裁判官の判断は，単純明白な誤りまたは誤った原則に基づいているとはいえない．控訴棄却[2)-10]．

この判決には，上級審は，原判決が，誤った原則に従っていた，または単純明白な誤りでなければ，それを最大限に尊重しなければならないという，ジョージミッチェルでのブリッジ裁判官の意見が適用されている[2)-11]．

判決理由要旨（Slade LJ）：この控訴審の焦点は，不公正契約条項法が，契約第8条に基づく被告の抗弁を排除するか否かだけである，そこには，三つの課題がある；

① 被告の主張は，若しこの請求が契約に基づくものであれば，不公正契約法上の過失（s.1(1)(a)）は，契約上，合理的な能力に基づき合理的な注意を払う義務を負っており，この義務に違反した時しか起こり得ないというものである．…（しかし）この請求は，s.1(1)(b)：コモンロー上の，合理的な注意を払う，義務違反に当るものと思われる．ここでも，同様の主張がある；過失責任の排除を目的とする条件を含む契約なら，コモンロー上の合理的な注意を払う義務（s.1(1)(b)）違反も起こり得ない[2)-12]．

このような主張は，魅力的だが，われわれの判断では，誤った推論である．若しこれが正しければ，1977年法は，ナンセンスになってしまう（注．クート説の完全否定）．これでは，この法律で合理性のテストをすべき特定の条項を，予め，（同法の）範囲外に持ち出すことを意味する．この法律は，ナンセンスなものではなく，その目的は，s.1の言葉使いによって挫折することはない．われわれの判断では，s.1(1)(a)または(b)若しくは(c)の，義務違反があったか否かを考える段階では，裁判所は，原告の請求に対し，抗弁に使う契約条項を考慮の外に置くべきなのである，そして，s.1の適用を解釈すべきである[2)-13]．

従って，第8条の有効性を考える必要性が，なお，残っていたとしても，被告側の過失は，この法律のs.1(1)(b)の範囲内にある．契約第8条の目的では，ハムステッド（第2被告）の使用人に当るハイランド氏が，使用人としての義務を履行中に，過失でフィリップスに損害を与えたものであるから，これは，ハムステッドのコモンロー上の義務違反に当る[2)-14]．

② 次に，s.2（過失責任）の検討を要する．幸い本件は，人身傷害を起こしていないので，sub-(1)の適用はない．s.2(2)は，その他の損失または損害のケースに，契約条項が合理性の要件を満足しない限り，過失責任の免除または制限は，認められないとしている．しかしながら，（被告の主張によれば）第8条は，何れかの当事者の責任の排除または制限を意図するものではないのである：それは，オペレーターの行為から生じる責任を，プラント所有者から賃借人に移転することによって，単に，契約に基づき，当事者間で発生する義務または責任を分割または分配しただけなのである[2)-15]．

これを補強するめに，被告弁護人は，Arthur White (Contractors) v. Tarmac Civil Engineering〔1967〕[2)-16]を参照した．このケースでは，

クレーン掘削機がオペレーター付で貸し出され，彼の過失で，現場にいた原告技術者の一人が重傷を負った．このケースで，ピアース (Pearce) 卿とアップジョン (Upjohn) 卿は，第 8 条は，免責条項でも免責担保条項でもないとの見解を示し，どちらかといえば，'オペレーターの行為に対する，代位責任を何れの当事者が負うか，契約で，定めたものである' と述べた[2)-17]．

しかしながら，この裁判での問題は，不公正契約条項法 s. 2(2) の意味で，第 8 条の規定が，被告の過失責任を '排除または制限するか' なのである．これに関連する事項は，Arthur White 判決または弁論のどこにも見当たらない．... われわれは，s. 2 の文脈の通常の意味または 1977 年法全体からして，第 8 条が，s. 2(2) の範囲外という主張を受け入れることはできない．A から B への責任の移転は，A に関する限り，必然的，不可避的に免責問題を含むことになる．...
免責または責任制限条項には，秘技はないのである．契約条項によって免責が受けられるか否か決定するためには，その条項の効果に注目しなければならない．その実質に注目しなければならない．この効果には，疑いがない．被告が，第 8 条によって過失免責を意図したことは，全く確かである．更に，第 8 条が，この法律の，s. 13(1) に定める関連義務（注. 不当な拘束条件）の排除にも該当する[2)-18]．

③ 最後の課題は，第 8 条自体の解釈を離れて，裁判官の判断が問われる問題と思われる．この条件は，証拠及び契約の文脈全体からして，1977 年法 s. 11(1)，その他，この法律に規定された，'合理性の要件' を満足しているのだろうか？　第 1 審裁判官の認識は次の通りであった；

　ⅰ）　第 2 被告は，オペレーター込でプラントを貸し出す事業者であったのに対し，原告は，自分の工場で工事がある時に，臨時に，賃借するだけの鋼材業者であった[2)-19]．

ii) 賃借は，短期間のもので，直近の依頼で手配されており，原告が賃借契約の詳細に注意する機会もなかったし，現に注意することもなかった[2)-20].

iii) 第1被告の過失に対し，原告が，保険を手配する可能性は，殆どなかった．第1被告が，原告の使用人と見做されなければならないのであれば，その限りで，原告の保険を拡張して，必要であれば，第1被告人の行為に起因する，第三者損害をカバーすることは容易である．...（しかし），通常，事業者は，自分の使用人の過失による，自社施設の損害をカバーする保険は付けない．従って，第1被告人をカバーする保険を手配するには，原告の保険会社と，時間をかけた特別の交渉をする必要があるだろう[2)-21]（この保険のポジションに関する理解には，控訴院の裁判官から，疑念が呈されている：参照．後述．[2)-24]）．

iv) 原告は，第1被告を掘削機のオペレーターとして採用するのに何んの関与もしていない．... 加えて，彼は，第1被告に，何をすべきか指示する立場にはあったが，過去の経験から，その実行方法をコントロールすることはできないことを知っていた．... 私は，掘削機の運転方法のコントロールを原告に委ねたものとして，第8条が解釈できるとは思わない．原告の建築担当者も機械操作には介入していなかった[2)-22].

v) これらの状況下で，賃貸借契約に，第三者のではなく，原告自身の財産に損害があっても，第2被告が全て免責される条項が含まれなければならないとするのは，公正または合理的だろうか？ 私（第1審裁判官）は，第2被告は，第8条が公正または合理的であるとの立証に失敗したものと考える[2)-23].

上記の判決理由に対し，スレード裁判官（控訴院）は，若干の疑念を呈している；全当事者の保険のポジションは，第1審の証言で，或る程度，明らかに

なったものであるが，そのような証拠は，われわれには，妙に不正確で決定的なものとは思われない[2)-24].

しかし，合理性の有無にアプローチする方法として，ブリッジ卿がジョージミッチェルで述べ，その他の裁判官も同意した，明白で厳しい，命令には，留意し遵守するように努めなければならない[2)-25]．また，被告弁護人は，第1審判決理由の一部を批判している．確かに，(採用された)証拠の一部は混乱しており理解しがたい．…それは多分，原告が，契約条件，特に，第8条を理解する機会を欠いていたことに，第1審裁判官が，われわれが考えるより，重きを置いていたということだろう．しかし，これは，ブリッジ卿が，'司法的な意見には合法的な相違の余地がある'と述べた類いのものなのである[2)-26]．

これらの事実及び現存する証拠に基づき，われわれは，被告が，第8条の合理性を立証できなかったとした，第1審裁判官の結論が，何等かの誤った原則に基づいていた，または単純明白な誤りであったと納得することはできない．ただし，このケースの特殊事情に基づくわれわれの結論が，証拠や状況が異なるにもかかわらず同様の条項を判断すべきケースで，有効な先例として扱われないことが重要である[2)-27]．控訴棄却．

なお，この裁判で控訴院は，不公正契約条項法施行後，この協会(the Contractors' Plant Association)の標準契約書は，第8条を含め様々な修正がされているので，現在のポジションは異なっていることに言及している[2)-28]．

[参照注]

2)-1：Stag Line Ltd v Tyne Shiprepair Group Ltd and others〔1984〕2 LLR 211, 211 右～212 左．
2)-2：前出．〔1984〕2 LLR 211, 222 右．
2)-3：前出．〔1984〕2 LLR 211, 223 左．
2)-4：前出．〔1984〕2 LLR 211, 223 右．
2)-5：Ree-Hough Ltd v Redland Reinforced Plastics Ltd〔1985〕2 Con. LR 109, 110 ; LQR Jan. 1988 94, 105：The Unfair Contract Terms Act：A Decade of Discretion (Adams/Brownsword)．
2)-6：前出．〔1985〕2 Con. LR 109, 110 ; LQR Jan. 1988 94, 106, 107．

2) - 7：前出．〔1985〕2 Con. LR 109,110；LQR Jan. 1988 94, 107.
2) - 8：Phillips Product v T. Hyland & Hampstead Plant Hire〔1987〕2 All ER 620, 620 CD.
2) - 9：前出．〔1987〕2 All ER 620, 620 F.
2) -10：前出．〔1987〕2 All ER 620, 620 G, 626 D〜H, 630 C, D.
2) -11：前出．〔1983〕2 AC 803, 815 F〜816 B.
2) -12：前出．〔1987〕2 All ER 620, 625 A.
2) -13：前出．〔1987〕2 All ER 620, 625 B, C.
2) -14：前出．〔1987〕2 All ER 620, 625 E.
2) -15：前出．〔1987〕2 All ER 620, 625 G, H.
2) -16：〔1967〕3 All ER 586；〔1967〕1 WLR 1508.
2) -17：前出．〔1967〕1 WLR 1508,1520, per Pearce LJ.
2) -18：前出．〔1987〕2 All ER 620, 626 D〜H.
2) -19：前出．〔1987〕2 All ER 620, 627 C.
2) -20：前出．〔1987〕2 All ER 620, 627 C, D.
2) -21：前出．〔1987〕2 All ER 620, 627 D, E.
2) -22：前出．〔1987〕2 All ER 620, 627 E〜G.
2) -23：前出．〔1987〕2 All ER 620, 627 H〜J.
2) -24：前出．〔1987〕2 All ER 620, 628 J.
2) -25：前出．〔1987〕2 All ER 620, 629 A.
2) -26：前出．〔1987〕2 All ER 620, 629 F.
2) -27：前出．〔1987〕2 All ER 620, 630 C.
2) -28：前出．〔1987〕2 All ER 620, 629 H.

　最後に，極めて現実的な理由に基づいて，介入的な判決が得られた，最近のケースを，もう一つ参照しておこう。そこでは，モーゲージのために建物検査を担当した専門家の過失責任が免責（disclaimer）の対象になり得るかが問われている。このケースの特長は，不法行為責任が契約で排除できるか否か，または，先に述べた，契約責任と不法行為責任の併存債務の問題を扱っていることにある。先に述べた通り，貴族院が併存債務の問題に明確な判断を示したのは，1994 年（前出：［1995］AC HL（E），145；［1994］3 All ER 506）であったが，このケース（1990 年）の判決理由のとり方も，特別な関係及びコモンロー上の義務（duty of skill）違反を問題にした，後の，貴族院判決と同旨である。

(4)　Smith v Bush（and Harris & Another v Council）（〔1990〕AC HL 831）

事実関係：このケースは，一般的な，制度融資，即ち，住宅の購入予定者が，予定の住宅を担保（mortgage）にして購入資金を調達するシステムの中で，評価を担当した，不動産鑑定士／価格査定官（Surveyor／Valuer）の，専門家責任（不法行為）が問われたものである．第1ケースと第2ケースの当事者は，それぞれ，別人であるが，対象物件が同一なので，貴族院で，合併審理になった．

第1ケース：原告は，購入物件を担保にして，資金を調達するために，モーゲージを住宅協会（Abbey National）に申請，住宅協会は，被告（不動産鑑定士／価格査定会社）に，当該住宅の目視検査を行い，評価額及び評価に影響する事項を報告するように求めた．依頼に基づき被告は，検査を行い，煙突の横骨2本が撤去されていることに気が付いたが，そこより上の，煙突自体が構造的に支持されているか否かはチェックしなかった．彼等は，当該住宅の価値を1万6千5百ポンドと評価し，評価の上で配慮した未修理の個所のリストは添付したが，モーゲージのための，基本的な修理は不要と報告した．

モーゲージの申請書には，この報告の正確性の保証を排除する条項（disclaimer of liability）があり，住宅協会と不動産価格査定士の両方の責任をカバーしていた．また，原告は，この検査は，構造検査ではないことの説明を受け，別途に，独立した専門家の報告を得るように助言されていた．住宅協会は，規定に基づき，検査料を支払った原告に，報告書の写を交付した．原告は，これを信頼して，この住宅を1万8千ポンドで購入した．18ヶ月後，煙突1本のレンガが崩落，屋根を突き抜け，1階の床まで達した．崩落の原因は，煙突の横骨2本が撤去され，煙突本体が構造的に支持されていなかったことにあった．原告は，不動産鑑定／価格査定会社に対して，損害賠償を請求，モーゲージの申請書に記載された免責条項（disclaimer）は，不公正契約条項法（s.2, s.11(3)）の合理性の基準を満足していないので，被告の責任を排除しないと主張した．第1審，控訴審共，原告勝訴．被告が更に上訴．

第1審裁判官が認めた損害賠償金額は，4千ポンド強である[2)-29]．

第2ケース：原告は，第1ケースの，地方参事会 (Wyre Forest District Council) に，購入予定住宅のモーゲージを申請．申込用紙に必要事項を記入し検査費用を支払った．この書式には，評価は開示されず，専ら参事会の利用に供するもので，参事会は，検査報告に基づく住宅の状態または価値には，責任を負わないと記載され，更に，申請人には，別途の検査を助言していた．参事会は，本件第2被告である団体が雇用している価格査定士に検査を依頼した．彼は，若干の修理を条件にモーゲージを認めるよう勧告した．価格査定士の報告書自体は，原告（申請人）には開示されなかったが，その後，彼は，それに基づいて申請を受理する旨の申し出を参事会から受けた．

　3年後，原告が住宅の売却を希望した時，次の購入予定者がモーゲージの申請を行ったので，価格査定士が再度検査を行った．彼は，構造検査を行い，所要の修理を行うまで，モーゲージを保留することを勧告した．構造検査では，数千ポンドを要する修理の必要性が指摘され，この住宅は，'居住不適格'，'売買不適格' にランクされた．原告は，参事会本人と代理人の関係にある価格査定士の過失に対し，損害賠償を請求．第1審は，原告の請求を認め，控訴院は，被告の主張を容認した．原告が更に上訴[2)-30]．

　貴族院判決[2)-31]：第1ケース，控訴棄却．第2ケース，原告の主張容認．

　貴族院判決理由 (Templeman 卿)：これらのケースには，三つの争点がある．第1の争点は，価格査定士が，…住宅の評価をする時，その評価に，購入予定者であり譲渡抵当債務者 (mortgagor) が信頼を寄せるであろうことを知っており，その責任を契約で排除していなければ，不法行為法上，購入予定者に対し，専門職能に基づく注意義務（過失責任）を負っているか否かである．若し，責任を負っているなら，第2の争点は，譲渡抵当権者が，自身のために行った，または価格査定士に代わって行った，責任排除 (disclaimer) の通知は，合理性の基準に合格しない限り無効となる，不公正契約条項法の適用対

象なのか否かである．若しそうなら，第3の争点は，特別な事情がない限り，価格査定士にとって，責任排除条項に依存することが，公正かつ合理的であるか否かである[2)-32]．

　これら二つの請求は，契約類似の状況における過失に基づいている．何れのケースでも，価格査定士は，評価が満足できるものだったら，依頼者が家を買う契約をするであろうこと，従って，価格査定士が合理的な能力と注意を払わなかったら，購入者が，人身被害または経済的損失若しくはその両方を被るであろうことを知っていた．このような状況では，コモンローは，価格査定士に，評価を行うに当り，合理的な能力と注意を払う義務を課しているものと思う[2)-33]．

　アシュワース（Ashworth）氏は，地方参事会のために，或る先例（Northern Ireland in Curran v Northern Ireland Co-Ownership Housing Association, 〔1986〕8 NIJB 1）の控訴院判決を引証した．予備的争点で，裁判所は，譲渡抵当権者は，住宅の評価に関し，購入者に何の注意義務も負っていないと判決した．価格査定士に対するこの購入者の訴えは，別途，判決されなければならなかった．…私は，評価をなし開示することによって，譲渡抵当権者が，購入者に，評価の責任を引き受けたことにはならないことに同意する．

　しかし，私は，評価費用が，購入者によって支払われ，住宅の購入をするかしないかの決定が評価次第になることを知りつつ，モーゲージ目的のために，評価を引き受けた価格査定士には，譲渡抵当権者及び購入者の双方に対して責任があるものと思う．価格査定士は，明示の免責条項で，合理的な能力と注意を払う責任を免れることができるが，不公正契約条項法の合理性の基準は，満足する必要がある[2)-34]．

　この控訴審で，住宅の評価をしなければならない，地方参事会の制定法上の義務は，私の意見では，評価を依頼し，それを信頼したハリス夫妻に対する，契約上または不法行為上の義務の下に，参事会が置かれることを妨げるものではない．一般的には，価格査定士は，…合理的な能力と注意を払う義務を負い，その義務は，モーゲージの両当事者に対して負うものである．このような

第2章 本論：イギリス法の分析　227

状況では，この控訴審で生じた第2の争点，即ち，責任排除（disclaimer）の通知が，不公正契約条項法に該当するか否かの検討をせざるを得ない[2)-35]．

私の意見では，これらの規定（1977年法., s. 13(1)(3)）は，何れも，コモンロー上の過失責任を争う裁判で，防御を提供する全ての免責通知に，1977年法が合理性の要件を満足すべきことを求めているとの見解を補強しているのである[2)-36]．

第2の問題への答は，地方参事会が自分のために，また住宅協会（Abbey National）が控訴人のために行ったデイスクレーマーは，1977年法の対象であり，合理性の基準を満足しなければならないということである[2)-37]．

第3の問題は，それぞれのデイスクレーマーが，1977年法 s. 11(3)の，合理性の基準を満足するか否かである．

リー氏（価格査定士）の注意義務違反の責任は，評価額（£8,505）を信頼して，ハリス夫妻が住宅を購入（£9,000）した時に発生した．第1ケースの控訴人（価格査定士）の責任は，評価額（£16,500）を信頼して，スミス夫人が住宅を購入（£18,000）した時に発生した．損害賠償額は，購入時の市場価格及び評価額を信頼して実際に購入した金額によって異なる[2)-38]．

毎年百万軒位の住宅が売買される．例外的なものは別にして，手続は，ほぼ同じである．当事者は，売買価格について合意するが，購入者は，譲渡抵当権者，代表的には住宅協会が，代金の一部または全部を貸し出すまで契約できない．売買価格の80％またはそれ以上のモーゲージが設定されることも稀ではない．．．．購入者は，評価費用を住宅協会に払い，住宅協会が価格査定士に支払を行い評価を依頼する[2)-39]．．．．価格査定士は，仲間の専門家には余り厳しいとは認められない仕事の性格と目的を頭に入れて，同じ状況では，他の有資格の平均的な価格査定士なら犯さないような誤ちを犯したと考えられ，その結果，譲渡抵当権者と購入者が信頼を寄せた評価額より，住宅の価値が著しく低くなった場合にのみ責任を負うのである．（このケースで）価格査定士は，（立場上）価格査定士が責任を負うよう主張できる住宅協会に対しては，責任を認めているにもかかわらず，何も主張できない．購入者に対しては，住宅協会が，

価格査定士に代わって，免責を求め，責任を排除している．... なぜなら，購入者の方が弱いからである．仮に，評価が役に立たなくても，住宅協会は，なお購入者に，ローンの償還を請求できる．従って，現実的には，価格査定士が住宅協会に支払を要する損害賠償は，通常，住宅購入者に対する金額より小さくなる筈である．これは，個々の消費者に対してサービスを提供する，供給業者に有利に働く標準契約書の免責の例と較べても，価格査定士が，免責条項に依存することを合理的とするものではない[2)-40]．

　この分野で偉大な経験を持つヘイグ（Hague）氏は，被告側証人として出廷し，価格査定士が免責条項に依存するのを合理的とする，次の証言を行った；
　① この免責条項は，明確で理解可能な文言であり，また，操り返し，購入者の注意を引くように書かれている．
　② 購入者の弁護士（solicitor）は，充分な注意を払い，購入者自身は，モーゲージ用の評価に依存できないこと，また別途，自分用の，検査の必要性があることを理解させなければならない．
　③ 若し，価格査定士が責任を排除しなければ，彼等は，社会的には評価に値しない，しかし，対抗するのは困難で費用のかかる，購入者からの請求により多く遭遇する．
　④ 価格査定士は，更に用心深くなり，時間をかけて，より悲観的な報告を行うようになり，住宅取引自体を困難にする．
　⑤ 若し，注意義務が排除（disclaim）できなければ，価格査定士の過失責任保険のコストが上昇し，社会的コスト負担も上昇する．
　また彼は，価格査定士と購入者の間には，契約関係がなく，購入者に関する限り，評価内容に，とやかくいわれる根拠があるものでないと証言した．...

　私の考えでは，これらの証言は，全て，1977年法の目的と範囲に一致しないものである．価格査定士は，対価を得てサービスを提供する職業的専門家であり，当該サービスの支払を受けている．価格査定士は，購入者の90％が，

現実には，モーゲージの評価に依存しており，自身のための（別途の）評価は，依頼しないことを知っている．…更に，購入者は，住宅協会や地方参事会のような，譲渡抵当権者は信頼に値するもので，彼等は，注意深く，信頼できる価格査定士を指名し，また彼等を，職業的専門家として信頼していることを知っている．最後に，価格査定士は，自分が職業的専門能力に基づく合理的な注意を怠れば，購入者にとって致命的なことを充分承知している[2)-41]．

　ヘイグ氏は，Yianni ケース（〔1982〕QB 438）の結果に対応した，住宅協会（Abbey National）の新提案に言及した．購入者は，価格査定士の行う免責付の，'評価' か，専門職能に基づく注意義務を伴う，'報告' の，何れかを選ぶのである．ヘイグ氏も同意したように，価格査定士の手間は，変わらない．この '報告' の場合，請求される料金は，2万ポンドの家で100ポンド，10万ポンドの家で150ポンド，20万ポンドの家で200ポンドである．百万軒の売買で，これは，保険会社，住宅協会，価格査定士で分配する増加収入が150万ポンドに達することを意味する．'評価' の代りに '報告' を選ぶ購入者が，殆ど，いなかったことは驚くに当らない．

　この控訴審の，貴族院判決で，正当化されるべきと主張された何等かの追加料金制度は，然るべき先例に疑いもなく認められている．全ての専門職能団体のメンバーまたは，何等かの専門職能が対価を得て提供する通常の専門的サービスに，免責または責任制限条項を付ける権利を認める余地は，議会に残されている．（しかし）私の意見では，そのような法律の規定がない以上，価格査定士は，モーゲージ目的で購入者に負っているコモンロー上の注意義務を免責する，一般条項に依存する権利はないのである[2)-42]．

　政府緑書 '公認職業専門家による財産移転業務（Conveyancing by Authorized Practitioners；Cm. 572）' は，政府は，住宅協会，銀行その他の公認財産移転業者が，専門の法律家を雇って，財産移転業務を行うことを認めている．この緑書には，以下の関連記載がある：
　　3. 10：財産移転業務の規定から不可避的に生ずる経済的損失の請求が

ありうる．悪い誤ちは，購入者が支払った金額より相当低い価値の財産取得につながる ── なぜなら，例えば，財産移転業者が使用上の制限または新しい自動車道の計画を見逃したなどがあるからである．彼等は，そのような請求に対応するため適切な専門家責任免責補償保険（professional indemnity insurance）または，その他の適切な手当をする必要がある．

付則 12 節：公認財産移転業者は，自身の過失により顧客に生じた損失の賠償責任を，契約で制限してはならない．

このように，政府は，法律の専門家が，所要の能力に基づき合理的な注意を払うべき義務を維持する必要性を認識しており，これによって，住宅の購入者は，権原（title）または抵当権などによる，致命的な欠陥の影響を受けることが少ないのである．私は，同じく，住宅の購入者が'構造欠陥'で致命的な影響を受けないように，職業的価格査定士が，所要の能力に基づき，合理的な注意を払うべき義務を維持する必要性があると思う[2)-43]．

社会的には，持ち家が推奨されており，...ロンドンの典型的な郊外住宅は，...今では，15 万ポンド以上である，購入は，高利で 25 年以上の長期償還の，外部資金に大幅に依存している．このような状況では，住宅協会と価格査定士が，能力不足で不注意な価格査定士の査定結果から生じるリスクを，一緒になって，購入者の側に押し付けるのは，公正で合理的とはいえない．私は，グリフィス（Griffith）卿の判決意見に賛成であり，住宅以外のケースでは，別の配慮も必要であるとの留意事項にも賛成である．

本件では，第 2 ケース（Harris v. Wyre Forest District Council）について，ハリス夫妻の控訴を認め，...第 1 審裁判官の判決への復帰を命ずる．第 1 ケース（Smith v Eric S. Bush）については，...控訴棄却とする[2)-44]．

［参照注］
2) -29：Smith v Bush (and Harris & Another v Council)〔1990〕AC HL 831, 831 E〜832 A, 842 E〜G.

2) -30：前出．〔1990〕AC HL 831, 832 A～D.
2) -31：前出．〔1990〕AC HL 831, 832 D.
2) -32：前出．〔1990〕AC HL 831, 840 F～H.
2) -33：前出．〔1990〕AC HL 831, 843 H～844 A.
2) -34：前出．〔1990〕AC HL 831, 847 A～D.
2) -35：前出．〔1990〕AC HL 831, 847 H～848 C.
2) -36：前出．〔1990〕AC HL 831, 848 H～849 A.
2) -37：前出．〔1990〕AC HL 831, 849 C.
2) -38：前出．〔1990〕AC HL 831, 849 E.
2) -39：前出．〔1990〕AC HL 831, 849 F, G.
2) -40：前出．〔1990〕AC HL 831, 851 C～F.
2) -41：前出．〔1990〕AC HL 831, 851 H～852 D.
2) -42：前出．〔1990〕AC HL 831, F～H.
2) -43：前出．〔1990〕AC HL 831, 854 B～E.
2) -44：前出．〔1990〕AC HL 831, 854 F, G.

3) 本節のまとめ

　ここに参照した判例には，不公正契約条項法の下で，如何なるルールが働いているのだろうか？

　その一つは，禁反言の要素である．合理性の存否は，契約締結時で判断しなければならない不公正契約条項法の下では，禁反言の要素は，採用し難い時があることは既に述べた（前出1)-14)．例えば，違反者が契約条項を楯に損害賠償義務を争うことなく示談で解決することは，違反後の行為（post-breach conduct）なので，厳密な意味では，判断材料に入らないのである．しかし，自分に非がある以上，得意先からのクレームを徒に争うことなく，話し合いで解決することは，どこにでもある営業上の配慮で，そのことが自分が起草した契約条件の否定に繋がるとは，誰も，余り考えていない．当事者の意識としては，むしろ自分の権利行使を，任意で，差し控えているだけなのかも知れない．

　一方，標準契約書を規制する法理の中では，起草者が不合理性を認識しているにもかかわらず，契約条件を変更しようとせず，うるさい顧客は，特別扱いして，裏口からお引き取り願うような，クレーム処理の実態が不公正なのであ

る．これもまた，実社会では否定のしようがない事実で，この意味では，（問題の契約が締結されるまでに）当事者が契約条項に固執することなく，示談に応じて来た事実は，不公正性を認識していた証拠になるだろう．果たして，この違いをルールに反映する客観基準は，作れるのだろうか？

この視点で，これらの判例を分析して行くと；
① ジョージミッチェル（〔1983〕2 AC 803）では，農家の請求が'真正で正当'だと判断した場合，種苗代金を超える請求でも，常に，交渉で解決して来たという，被告人会社会長，姉妹会社役員など4人の証言は決定的である[3)-1]．
② スタッグライン（the Zinnia〔1984〕2 LLR 211）では；故障の際，被告指定ドックに本船を戻さない場合，何の保障も得られないという条件は，'他の多くの，優良な，類似の契約で認められるような'適当な代替条件，例えば，被告ドックで修理したのと同程度の負担に応ずるという規定がない以上，合理性がないとされている[3)-2]．
ここでは，同業他社の標準が合理性の基準として採用されうる．
③ リー ヒュー（〔1985〕2 Con LR 109）では，過去のケースで，被告が契約条件に固執するよりも，原告と，示談で解決する傾向があったことを，被告に不利に，評価している[3)-3]．これも，被告が，契約条件の不公正性を認識していた状況証拠の一つとされる．
④ フィリップスプロダクツ（〔1987〕2 All ER 620）は，やや複雑である．このケースは，被告の使用人（リース建機のオペレーター）を，契約の履行上は，原告の使用人と見做すことによって，使用者としての代位責任（vicarious liability）を全面的に，建機の賃借人に移転させようとしたものである．従って，被告側弁護人の主張のように，この条項の本旨は，リスク配分に狙いがあったことは明らかである．

問題のCPA約款は，業界内部の統一約款として定めたもののようである．通常の建機のリースは，工事を請負ったゼネコン等に対して

行われるものであり，その範疇で考えれば，建機のオペレーターは，元請の管理下に入り，元請の組立保険が，下請も含めて，全ての危険 (all risks) をカバーするので，格別不公正とは思われない．ただ，このケースのように，鋼材問屋が自社工事のために調達したものとなると事情が違う．オペレーター（専門技能職）を，建機の賃借人の被使用人とすることには無理がある．同時に，フォトプロダクションからも明らかなように，施設所有者の工場財団の総合保険でカバーすることも可能性があった訳で，保険のポジションについてはスレード卿も疑念を呈している．疑問の余地が指摘された，第1審裁判官の，保険のポジションに関する理解にもかかわらず，控訴審で，原判決が覆らなかった経過から判断すると，保険のポジションは，支配的要素とはなっていない．

　もう一つの要素は，契約の本旨とは異なる履行の扱いである．貴族院が基本的違反の法理を否定した後で，不公正契約条項法が充分その機能を代替しているか否かである．この意味で，ジョージミッチェルケースは，約定のタネ（冬キャベツ）の代わりに，全く別のタネ（秋キャベツ）を供給したものであり，契約の本旨とは，全く異なる履行である．また，リー ヒューは，特殊工事向に供給された，耐圧コンクリートパイプの殆ど全てが，耐圧性能不足であった．これも契約の本旨と異なる履行であろう．何れも，以前の法理に照せば，基本的違反に該当するものであろう．その結果，前者では，商業的には，無意味な収穫しか得られなかったのであり；後者では，工事会社は，工事を放棄せざるを得なかった．

　このような履行は，1977年法の；s. 3(2)(b)(i)：相手方の期待していた所とは，基本的に，異なる方法で契約を履行する，または，(ii)：契約の全部または一部の不履行を要求する権利は認められないに該当し，免責条項の効果は，期待し難い．

　勿論，反駁の機会は保証（s. 11：立証責任の転換）されているが，任意の合理

的なリスク配分の結果だとする以外，反駁に成功するチャンスはない．そして，リスク配分の合理性を証明する客観基準の一つが保険の存否ということになる．

ただし，このようなビジネス保険は，引受会社にとってリスク算定がなかなか難しく，必ずしもポピュラーな保険とはいい兼ねるところに，現実的な難しさがある（筆者注．アメリカ，イギリスでは，包括的ビジネス責任保険：Comprehensive General Liability Insurance が比較的発達しているが，わが国には，余り，知られていない）．また，保険による，リスクヘッジの可能性は両者にある場合も多く，保険の要素だけを決定的とすることは難しい．現に，フォトプロダクションにおける，ウィバーフォースの判旨（前出．本節 3.[1]-[28]）からは，交渉力の均衡した，当事者間のビジネス契約では，保険の付保が，リスク配分の客観証拠として，支配的要素になり，裁判所が，当事者間の合意に介入しない基礎を提供すると思われるのだが，上記の通り，ジョージミッチェル，フィリップスプロダクツでは，保険は，支配的要素にはなっていない．

⑤ 最後のケース（〔1990〕AC HL 831）の，貴族院判決では，この契約が，消費者契約であるとの表現も，不公正契約条項法 s.12（Dealing as consumer）の参照もない．従って，各裁判官は，これをビジネス契約の範疇で扱っているものと考えられる．また前述のフォトプロダクション（〔1980〕1 LLR 545）の引証はなく，グリフィス裁判官が，過失責任を排除する契約条項の解釈に関する被告側の主張を拒否した先例としてフィリップス　プロダクツ（〔1987〕2 All ER 620）を引証[3]-[4]している．

ただし，契約類型として，フォトプロダクションとこのケースは，警備保障と住宅の検査という違いがあるにしても，何れも，サービス契約の範疇にあり，コモンロー上の 'duty of care and skill' 違反が争点であり，使用者責任（代位責任）を含むことも同じである．フォトプロダクションのウィルバーフォース判決と，このケースにおける

テンプルマン判決の違いを，如何に理解すべきであろうか？

まずいえることはウィルバーフォース判決は，法技術的なアプローチが目立つのに比べて，テンプルマン判決は，住宅取引の実態に触れた現実的アプローチが目立つことである．

ウィルバーフォースの判決理由では；セキュリカー（Securicor：被告警備保障会社）は'大変低料金'で定期巡回警備サービスを引き受けたのであり，一定の'技能（equipment）'に基づくサービス提供に合意した訳ではなかった．彼等は，工場の価値について何の知識もなかった：また，防火上の要点／勘所は，原告側だけが理解していた可能性が高いのである．この契約には，警備員の採用に充分注意を払う，鍵の取扱に注意を払う，そして，引き受けたサービスを本施設の安全と保安のために確実かつ適切に行うことが黙示されていたのであるが，セキュリカーが犯した違反は，この後半の違反である．これは，モスグローブ（Musgrove：警備員）の犯した誤ちに対する代位責任である．

これらの認定に基づいて，ウィルバーフォースは，免責条項の有効性を考えたのである．彼の結論は，当該の条項は，原則通り，即ち'起草者に不利に'解釈しても，セキュリカー自身または，従業員の故意または過失を免責するに充分明白な言葉が使われていたであった．この結論の前提には，工場の火災保険がリスクカバーを提供していること，及び被告の提供したサービスに，所要の専門知識を必要とする，黙示の合意がないとの認定が極めて重視されている．つまり，被告は，コモンロー上の注意義務（duty of care）は負っていたにしても，専門職能（duty of skill）を保証していた訳ではなかったのである．従って，この裁判では，争われていない警備員本人の不法行為責任は残るにしても，セキュリカーの注意義務は，警備員の採用に関するものに限定され，使用者としての代位責任は，契約で免除されているとされた[3)-5]．

これに対し，テンプルマン判決（〔1990〕AC HL 831）では；

免責条項の明白性は，殆ど，考慮されていない．知不知の問題とはしていないのである．現に，テンプルマンは，ヘイグ氏（被告側証人）の証言；この免

責条項は，明確で，理解可能な文言であり，また操り返し購入者の注意をひくように書かれているを，他の免責事由と共に，1977年法の目的と範囲に整合しないとして，一括して，退けている．特に目立つのは，住宅購入者（譲渡担保提供者）と価格査定士の間には，直接の契約関係がないにもかかわらず，契約関係を擬制した上で，専門家専任（duty to care and skill）は，契約では，排除できないとしていることである[3)-6]．それは，先に述べた，契約責任と不法行為責任の併存債務に関する，貴族院判決[3)-7]と同旨のものである．保険の要素も重要である．価格査定士には，専門家責任保険を手配できる環境があるが，住宅購入予定者には，そのような自前のチャンスはない．唯一の可能性は，ヘイグ氏が住宅協会の新しい提案として説明した，責任保険なしの評価と保険付の報告の選択であるが，これは，この裁判での争点とはされなかった．むしろ，彼は，一般的に専門家責任は，契約では，排除できないことを強く示唆しているのである[3)-8]．

1977年法は，免責条項の合理性を判断するのに，いくつもの基準を示しており，裁判所は，それらを，当該ケースの状況，特に，当事者間の関係に照らして，当事者間の利害を比較衡量し，'最終的には，何れのサイドに落ち着くか，決定しなければならない（前出．〔1983〕2 AC 803, 815 F～816 B.[1)-11])' のである．しかし，その中で，何か一つの基準に着目するとすれば，イギリス現代法では，コモンロー上の注意義務（duty of care and skill）は厳格化されており，'合理性の証明がない限り，排除できない' という原則が強調されているということである．それは，単に，1977年法の条文を参照しただけでなく，ジョージミッチェル以降の判例動向の分析，及び，契約環境における不法行為責任からのアプローチ（前述：第2章第2節 3.3）：不法行為責任との関係）でも説明できた．

ただ，このように見て来ると，ウィルバーフォース判決とテンプルマン判決の違いは，法技術的には，契約で引き受けた履行能力義務（duty of skill）レベルの違いで説明できるのだが，テンプルマン判決の随所に見られる，取引の実

体と社会的影響に言及した意見は，ウィルバーフォースとは異なる，現実主義的介入を意味していると考えるのは筆者だけだろうか？　また，制定法による裏付があるとはいえ，何れにしろ，裁判官の裁量によって，広範な判断基準の中から，何れのサイドに落ち着くか決定するという方法論に客観性があるか否かは，多くの法律家が抱く疑念だろう．それは，後に，アメリカの批判的法学研究（CLS）で厳しい指摘を受けたところだが，これについては，後に述べる．

［参照注］

3）-1：前出．〔1983〕2 AC 803, 817 A～D.
3）-2：前出．〔1984〕2 LLR 211, 223 右．
3）-3：前出．〔1985〕2 Con LR 109, 110.
3）-4：前出．〔1990〕AC HL 831, 857 G.
3）-5：前出．〔1980〕1 LLR 545, 551 左．
3）-6：前出．〔1990〕AC HL 831, 852 C, D.
3）-7：前出．Henderson v Merrett Syndicates Ltd., (1995) AC HL(E) 145；(1994) 3 All ER 506.
3）-8：前出．〔1990〕AC HL 831, 852 C, D.

第3章　本論：アメリカ法の分析

第1節　社会の変化と法の変化

1. 歴史分析：規制（policing）法理の消長

　イギリスからの独立戦争（1775〜83）を経て成立した，この国の歴史は，1776年に始まる．ギルモアに依れば，この国で法曹教育が始まったのは，18世紀末頃であったが，この頃，アメリカで入手可能な文献は，'Coke upon Littleton' か 'Blackston' またはイギリスの判例集であった[1]．もっとも，イギリス法が，すんなりアメリカ法になった訳でもない．独立戦争のトラウマは，英国嫌い（Anglophobia）として長く残った[2]．

　ところが，銃と正義による判決を除いて，1780年代のアメリカで，何らかの契約紛争に専門的な知見に基づく解決を求めるとすれば，それは，多分，イギリス法まるごとの借用だったのである．同時に，独立国としての社会制度の中で，イギリス法のアメリカナイズまたはアメリカ法の形成が比較的速やかに進んだことも容易に想像できる．1820年頃までに，アメリカ法は，その骨格に関する材料の蓄積が進み，ローカルの注釈を付けたイギリスの専門書の再発行，アメリカの専門書及び州並びに連邦裁判所の判例集が発行され始めた．1837年には，ストウリ裁判官（Joseph Story：1779〜1845）が'慣習法法典化報告書'をマサチューセッツ州知事に提出している．つまり，この頃には，特定の分野で，アメリカ版の法律（code）が編纂できると考えられていたのであり，彼が，'商事契約（commercial contracts）' と呼んだ分野の法は，この範疇に入ることが明らかなのである[3]．

司法の現場でも，マーシャル (John Marshall)[4]，ストウリ (Joseph Story)[5]，ケント (James Kent)[6]などアメリカの裁判官が，充分な地位と権威を確立していった．従って，1820年代のアメリカは，最早，イギリス法との一体制を維持する必要はなかったものの，無尽蔵のイギリス判例法から，有益な借用ができる立場にあったといって支差ないだろう．

一方，この時代のイギリスは，既に，封建法から近代法への移行の末期に当り，コモンローの法律家には，経済的自由主義 (economic liberalism)；即ち，財産保有の自由，取引及び職業選択の自由，金利及び貸金の自由，独占または結合からの自由，個人の意思決定の自由及び行政または司法介入からの自由を受容する慣行があったと認識されていた[7]．つまり，アメリカが継承したイギリス契約法は，既に産業革命の影響を受け，理論と現実の矛盾が内在化していた頃ではあったが，古典派経済学または自由主義経済学全盛期の形式主義的契約法だったのである．また，コモンローとエクイテイの関連では，ほぼコモンローの優位が確立し，エクテイイが衰退の過程に入り始めた時期にあたる．ただし，最初の高等法院法 (Judicature Act) が成立したのが1873年であるから，エクイテイの法理が否定されていた訳でもなかった．

ともかく，この章の目的は，イギリス法が如何にアメリカに伝わったかではなく，アメリカ契約法が，如何に変遷したかの背景を探ることにあるので，ここでは，更に時代を下って，南北戦争 (1861～65) 以前の約百年を省略し，時代区分を1870年から始めることとする．

［参照注］

1： 主要参考文献．Gilmore(2)．pp. 19, 20.
2： The Attraction of Civil Law in Post Revolutionary America, Va. L. Rev. 403, 1966.
3： 主要参考文献．Gilmore(1)．Ch. I.
4： Jhon Marshall：合衆国最高裁判所首席裁判官．在席 1801～1835.
5： Joseph Story：合衆国最高裁判所首席裁判官．在席 1811～1845.
6： James Kent：NY州高位裁判所大法官．在席 1814～1823.
7： 主要参考文献．Atiyah(1)．pp. 112, 113.

1) 第一の時代：形式主義的法思想の継承（1870〜1905）

　この時代は，契約自由が最も尊重され，エクイテイ的正義が敗北した時代であった[1)-1]．それは，17世紀イギリスの憲法思想の中で生れた '形式主義的法思想'，即ち，

　① 法は，中立的であるべき，また確実性，論理的厳密性が重要であり，
　② 法は，事案の実体にふれることなく，紛争解決に利用可能であるべき，

とする信念を継承した時代である．

　南北戦争後の，移民の増大と産業化，都市化によって強まった社会的摩擦を解決するために，彼等は，秩序を必要としていた．その必要性の中で，理論的に精緻で疑問の余地の少ない，'形式主義的法思想' に依拠することは，彼等にとって，魅力的であったに違いない．ただ，このような信念が受容された背景には，もっと実態的なニーズも指摘されている．即ち，アメリカ型民主主義が常に追い求めて来た，'法と政治を分離させたい' という願望である．

　ホーウィッツ（Morton J. Horwitz）は，この願望を次のように分析している；

　　　法と政治の論争自体が，多数決の専制に対する恐れの表現の一つであり，アメリカの法思想，政治思想の一貫したテーマであった．独立戦争期とその後しばらくの間は，多数派の専制は，文化的，政治的，経済的支配と同等の強さで，宗教的支配の恐れとして語られていた．だが最大の恐れの対象は，'富の再配分と平準化' だった．... アメリカ政治思想の最大の難問は，政治的に世界中で最も民主化の進んだこの国において，いかにすれば，経済的平等の強制を免れることができるかであった[1)-2]．

　つまり，王権からの独立という意味で涵養されて来た，'法中心主義' は，独立後のアメリカで，'多数派の専制または経済的平等の強制を妨げる手段' として受容されていった側面を無視することはできない．

　いずれにしろ，19世紀のアメリカでは，自由企業システムの土台として，

契約法が重視されるに従い，約因の交換理論及び客観理論[1-3]を介して，形式主義的法思想は，ますます，実体的，支配的になって行った．それは，後にリアリスト（後述．本節 1.2）：革新主義的法思想の勃興）による痛烈な批判の対象となったのだが，真に，この時代のアメリカの支配体制が採用した信念であったのである．例えば，ニューヨーク州弁護士会会長カーター（J. C. Carter）は，1890年法曹協会スピーチで[1-4]；

① 裁判官は，法を作らずということは，最初から受け入れられている．
② コモンローの裁判は，客観的，非政治的，科学的という前提に立つ，と述べて，強く裁判官の裁量を否定している．

また，1870年，ハーバードロースクール最初のディーンになった，ラングデル（C. C. Langdell）は，'法は科学である'との強い信念[1-5]と共に，多くの法曹を世に送り出したのである．彼は，そう信じていた．彼は，ケースメソッドの発案者として有名であるが，そのケースブック[1-6]の序文に次のように書いている；

　　科学として考える法は，一定の原則，原理からなる，...基本的な法理の数は，一般的に考えられているより少い；同じ原理が，常に，異なった外見で現れる，また多くの論文がその繰り返しであるために，多くの誤解を惹き起こす．...それ故に，それらを契約の支流としてとらえ，また比較的無理がない限度を超えることなく，基本的な原理の重要な進歩，発展，確立に貢献した全てのケースを選択，分類，組み合せることができると，私には，考えられる．

つまり彼は，契約を抽象概念として捉えたのであった．このような体制の中で，1905年連邦最高裁は，契約自由の原則を憲法上の権利と位置づける，極めて保守的な判決を下している．この事件（Lochner v. New York；US 1905）[1-7]は，パン工場での労働時間を週60時間に制限する州法を違憲としたものである．

ニューヨーク州には，1897年制定の労働法があり，同法110条は；

いずれの労働者も，ビスケット，パンまたはケーキ類の製パン所または製菓工場において，週60時間以上または1日10時間以上の労働を要求されまたは許容されてはならないと規定していた．

この事件では，長時間労働は，パン職人の健康に影響を及ぼすとの証拠が提出されたにもかかわらず，連邦最高裁（Peckham 裁判官）は；

> 労働時間の制限は，労働者自身とその家族の生計を支える能力を著しく損うかも知れない．労働者の健康に言及するだけで，雇用において労働時間を制限する法律は，全て，有効になってしまう．…この論法が正しいなら，合衆国憲法の保障する，人身の自由または契約の自由は幻想となり，規制権能を口実に，契約の自由だけでなく，人の行動そのものが立法府の支配を受けることとなる，

と述べて，この州法は，保健立法の公正な意味を逸脱しており，労働者と使用者が，最善と考え合意した条件で，契約を結ぶ権利への違法な介入である，と判決している（第14修正：due process 違反）．ただし，健康被害が重大かつ明白であれば有効との判断も併記されている（この傍論部分が，ブランダイスの社会学的アプローチに繋がる；参照：Muller v Oregon 後述[2)-5]）．この判決自体は，5対4の多数決判決であった．

この判決自体の問題点は，法律的には，第14修正の自由（liberty）に契約の自由が含まれると認定したこと，社会的には，既に，工業化・都市化が相当進んだ状況下にあって，資本家と労働者の力関係，大企業の出現と独占の弊害などを無視し，'契約の聖域'を認めたところにあるということができるだろう．ただ，このような信念は，そう長くは続かなかった．

［参照注］

1) -1：1848年，NY州 Field Code 採択によるコモンローとエクイテイの融合が象徴的．なお，イギリスはこれより遅く，Supreme Court of Judicature Act,

1873, 1875 による.
1) – 2：主要参考文献．Horwitz：第1章　p. 7.
1) – 3：主要参考文献．Farnsworth, 1st ed., vol. 1. p. 25.
1) – 4：主要参考文献．Horwitz：第4章　p. 148.
1) – 5：主要参考文献．Gilmore(2)　p. 42.
1) – 6：C C Langdel：A Selection of Cases on the Law of Contracts（1871），Boston, Little, Brown & Co.
1) – 7：Lochner v New York, 198 US 45（1905）.

2) 第二の時代：革新的法思想（progressivism/radicalism）の勃興（1905〜1918）

　この時代は，20世紀初頭から第一次大戦（1914〜1918）までで，革新的司法判断が大きく前進した時代であった．それは，司法判断と社会的実態との関わりを重視する時代の幕開けであった．同時に，概念法学または形式主義に対する学問的批判が始まった時代であった．ホーウィッツは，法と社会実態が乖離したという実感が，古典法思想の知的前提に対し，推敲された一貫性のある批判に繋がり，アメリカ法制史に優れた業績を残したのだと評価している[2)-1]．

　例えば，1909年の論文で，パウンド（Roscoe Pound）は，'なぜ裁判所は，誤まった推論に固執するのか？　なぜ，多くの裁判官が，現実の不平等を無視して学者的平等論を立法に強いるのか？'[2)-2]と激しくロックナー判決（前出）を批判している．また，ここでは，ホウムズ（Oliver Wendell Holmes）の先見性についても触れなければならない．彼は，既に19世紀末から；

① 法の生命は論理ではない．それは経験であった[2)-3]，

② 一般的命題は具体的事件を解決しない[2)-4]，

③ 未来の法学者は統計学の専門家や経済学をマスターした者である[2)-5]，

などの至言を述べ，社会学的法学（sociological jurisprudence）または現実主義的法思想（legal realism）の源流を形成したと見られている．1909年，35歳で母校，イエールロースクールの教授に就任したコービン（Arthur Linton Corbin）

も；

①　損害賠償の義務は，法によって生まれたもので契約によるものではない[2)-6],

②　当事者の意思とは別に，法自体が契約の拘束力に条件をつける[2)-7],

と主張している．正に，ハーバード・ラングデル学派に対抗する見解であり，契約自由の原則を制限する主張だった．

そして，1908年に，連邦最高裁は，女性の労働許容時間を1日10時間までに規制する州法を合憲とする判決を下した（Muller v. Oregon）[2)-8]．この判決は，州側代理人（Louis D. Brandeis；後に，連邦最高裁陪席裁判官：1916〜1939）が，女性労働者の生活に関する社会学的調査を広範に引用，合憲判決を得たと説明されている．ブランダイスが，何故，このような戦略をとったかといえば，それは，ロックナー判決の枠組みの中で勝訴を狙ったからであろう．同時に，彼の戦略は，法を社会的背景の中で考察することを重視した，社会学的法学の実践であったことに歴史的な意義が認められるのである．

そして，結局，ロックナー判決のアプローチは，West Coast Hotel v Parrish（1937）[2)-9]で完全に否定された．それは，アメリカが第一次大戦後の大不況を克服するために，極めて，中央集権的な体制に基づく国の再生を進めていた時代のことであった．

小括：ここで，現実主義法学（legal realism）について若干言及しておく必要がある．この法思想は，古典法の基本的諸前提に対し極めて批判的であり否定的である．この法思想は，一般には，第一次世界大戦後の1920年代から1930年代という時代背景の中で，'ルエリン（Karl Llewellyn）に代表されるコロンビア及びエール大の有力な法学教授達によって生み出された法思想'[2)-10]だと受け止められている．更に，'その後，誰一人として疑うものがない現実主義の導師となったルエリン自身が思っていた以上に，彼等が，限定的，体系的かつドグマ的かつ過激（radical）な印象を，この法律学的主張に与えた'と受け止められたのである[2)-11].

この印象は，多分に，ルエリンが1930年に発表した'現実的な法律学（A Realistic Jurisprudence—The Next Step）'という小論と，翌年，これを批判したパウンドの小論'現実主義者の法律学への呼びかけ（The Call for a Realist Jurisprudence）'に始まる一連の論争[2)-12]の経緯に依るものと思われる．しかし，ミンダ（Gary Minda）は，現実主義法学を，概念法学に対する批判として始まったものだが，後に，経験的に証明された客観性に基づく新しい社会科学的概念形式に道を開いた[2)-13]と理解した上で，彼は，現実主義という言葉をもっと大きな，即ち，20世紀初頭から今日に繋がる革新的法思想全体の文脈中で捉えているのである[2)-14]．それは，多元化する社会動態の中で捉えられるべきもので，その中で，彼は，革新的法学または現実主義法学に，過激（radical）なものから漸進的（progressive）なものまで，様々な主張があったと述べているのである[2)-15]．もっとも，後に述べる，法と経済学（Law and Economics）または批判的法学研究（CLS：Critical Legal Studies）を，彼が，現実主義の冠の下で論述している訳ではない．要は，ホウムズの革新思想から，法以外の社会科学の知見を法に応用しようとする，後の学際的な法学研究までの間に，相当程度の思想的継続性があり，どちらかと言えば，シカゴ学派の法と経済学は，漸進的性格を継承し，CLSは急進的性格を継承したと理解しているのである[2)-16]．また，日本語としての現実主義が持つ意味合いも考慮しなければならない．ホウムズ以降のアメリカ法は，正に，実用主義（pragmatism）を目指したものだが，わが国の一般的な辞書には，プラグマティズムとリアリズムの両方に，現実主義の訳語が当てられており，現実に即した思考様式として，特に厳密な概念区分を伴うことのない慣用語として定着しているのである．

　そこで，この論文では，現実主義という言葉を，必ずしも，第一次大戦後のルエリンやフランク（Jerome Frank）に限定的に結び付けることなく使用することとし，必要な場合，pragmatism, realism, progressivism, radicalismというような補足を付して行くものとする．ただし，何れにしろ，第二次大戦後のアメリカ法思想は，極めて，多元化しているので，上記の過激（radical）または漸進的（progressive）という意味合い及び現実主義がアメリカ法に及ぼし

た影響については後に再度述べる．

[参照注]

2) - 1： 主要参考文献．Horwitz:p. 188. 同．p. 320 n. 144〜146.
2) - 2： Pound：Liberty of Contract, 18 Yale LJ （1909）454
　　　　；主要参考文献．Horwitz p. 34.
2) - 3： Holmes：The Common Law（1881）M. Howe ed.（1963）p. 5.
　　　　；主要参考文献　木下毅(1)　p. 80.
2) - 4： Lochner v New York, 198 US 45, 76（1905）：Holmes J　意見
　　　　；主要参考文献．Horwitz p. 129. n. 153.
2) - 5： Holmes：The Path of the Law（in Collected Legal Papers 167. Harcount, Brace & Howe 1920）187；主要参考文献．Horwitz p. 127. n. 135.
2) - 6： Corbin：Quasi-Contractual Obligations, 21, Yale LJ 533, 543（1912）
　　　　；主要参考文献．Horwitz p. 49. n. 82.
2) - 7： Corbin：Discharge of Contracts, 22 Yale LJ 513, 515（1913）
　　　　；主要参考文献．Horwitz p. 50. n. 84.
2) - 8： Muller v Oregon, 208 US 412（1908）.
2) - 9： West Coast Hotel Co v Parrish, 300 US 379；57 S. Ct. 578；81 L. Ed. 703.（1937）.
2) -10： 主要参考文献．Horwitz p. 169；Defining Legal Realism；
　　　　参照：主要参考文献 Minda pp. 25〜33. the American Legal Realist Movement
2) -11： 主要参考文献．Horwitz p. 171.
2) -12： 参照：主要参考文献．Horwitz pp. 170~180；the Emergence of Realism, the Controversy Llewellyn：A Realistic Jurisprudence-the Next Step, 30 Colum L Rev 431（1930）Pound：The Call for a Realist Jurisprudence, 44 Harv L Rev 697（1931）
2) -13： 主要参考文献　Minda：pp. 268, 269, n. 4. for 'American Legal Realist Movement' at p. 25.
2) -14： 主要参考文献　Minda：p. 31；two analytic strand of legal realist thought
2) -15： 主要参考文献　Minda：p. 28 et seq. radical legal realism , p. 29. et seq. progressive legal realism.
2) -16： 主要参考文献　Minda：p. 32.

3) 第三の時代：官僚制の成熟と現実主義の継続（1918〜1945）

第一次大戦後から第二次大戦終結までと区切ることができるこの時代は，ルーズベルト大統領（Franklin D. Roosevelt, 民主党：1933〜1945）による，ニュー

ディールの時代であり，後半は，大戦の時代であった．それは，連邦の権限が大幅に強化され，官僚制国家が成熟した時代であった．また，司法的には，現実的 (progressive) 法思想が継続した時代だったということができる．現実主義は，当初は，経験主義 (empiricism) に裏付された主張として受容されたのであるが，次第に，社会学的 (sociological) または社会工学 (social engineering) 的視点が重視されるようになり，近代官僚制国家または近代福祉国家の制度論 (instrumentalism) と結びついて大きく前進したのである．従って，この時代は，制度論の中で，法の中立性，公平性，客観性は維持されたものの，古典法の基本命題の一つである，法の自律性 (autonomy of Law) は，大きく後退した時代といえるだろう．

そこには，三つの時代的特長が読み取れる．即ち；(1) 現実主義的 (progressive) 司法判断の前進であり，(2) 政府の福祉政策に基づく介入立法の増加であり，(3) 政府の決定に対する司法の自己抑制な態度である．以下，その論拠を，ごく簡単に説明しておこう．

カードゥゾウ (Benjamin Nathan Cardozo, 1870〜1938) 裁判官は，1921年イエール大学の講演で，現実主義的法思想 (progressive jurisprudence) の司法的実用化を四つの方法で説明している．即ち[3)-1]；

① 哲学または論理と類推
② 歴史または進化
③ 伝統または慣習
④ 社会学

である．カードゥゾウは，また次のようにも述べている[3)-2]；

① コモンローの法哲学は，プラグマティズムであり，その真理は，相対的である．
② 裁判官は，法と道徳との関連性を維持し，法律学の教えと理性や良心の教えとの関連性を維持する義務を負う．

ここには，プラグマティズムと真理の相対性に基づき，裁判官の裁量を認める点で，従来の概念法学との間に画された一線が認められるが，同時に，規範

性の源泉として伝統的価値観（正義・道徳）への執着も認められるのである．

　ニューディールは，個人または社会の様々なグループが，彼等なりの選択を行い自由意思を行使する時に，政府が積極的な支援を行う意味で，契約法にとっても重要である．契約自由またはレッセフェールは，福祉立法（welfare legislation）の新体制に置き換えられた．なぜなら，個人の選択の自由は，当事者が法的または経済的資源に恵まれなかった場合，意味がないと認識され，政府の介入は，市民に選択の自由を与えるために必要と考えられたからである[3)-3]．

　この時代の官僚機構と裁判所の機能分担に関する司法の見解は，1938年，United States v. Carolene Products Co.（US 1938）[3)-4]における，ストウン（Harlan Fiske Stone：1872〜1946）裁判官の脚注にみられる．それは，概ね，経済規制の分野における司法の自己抑制であり，市民的自由の分野における司法積極主義といえる．それは，経済法分野での，（行政）官僚への準立法・司法権能の委任とも同調している．しかし，一見効率的と思われるこの体制も，第二次大戦終結と共に批判にさらされることとなった．

　［参照注］
　3)−1：Cardozo：The Nature of the Judicial Process：主要参考文献．Horwitz p. 246.
　3)−2：Cardozo：The Nature of the Judicial Process：主要参考文献．Horwitz p. 246.
　3)−3：主要参考文献　Minda：p. 76.
　3)−4：United States v Carolene Products Co., 304 US 144（1938）．

4) 第四の時代：東西冷戦と現実主義（1945〜1975）

　この時代は，第二次大戦終結から1975年頃までと考えられる．ここには，二つの，異なった時代の要請が読みとれる．その一つは，第二次大戦終結から，ほどなく始まった東西対立である．(旧)ソビエット連邦を中核とした，強力な東側陣営の進出に対抗するために，アメリカは，西側陣営の雄として，強大国であり続ける必要があった．それには，中央集権的な官僚国家体制の維持

が必要であった．別の一つは，戦時体制への反省と反発を共有した，市民（個人）の権利意識の高まりに基づく，法中心的アプローチの復活である．それは，当初，全体主義（共産主義）への恐怖と結びつき，1950年代にマッカーシズム（McCarthyisn）[4)-1]として政治的猛威を奮い，後に，リベラルな政治思想，市民の権利意識の向上と共に，約束者の責任が厳しく追及された時代に移って行った．これは，司法的には，契約違反のケースで不法行為責任の追及という形に表れている．ギルモアは，1970年代に，契約責任の問題は，不法行為責任に嚥下される形で結着するだろうと推測（speculation）[4)-2]していた．彼は，カリフォルニア州の判例[4)-3]を例証としていた訳だが，確かに，医療過誤，製造物責任など厳格責任の前進は著しい．これらが，契約責任全般に及ぶ可能性が指摘されたのである．また，概ね，1970年代までに成立した消費者保護法[4)-4]などにも顕著に現れているところである．

　ところで，もともと，各国からの移民により構成されるアメリカ社会は，多様な価値観（正義・道徳）が存在するといわれる．それでも，戦勝体験を共有した1950年代のアメリカ人は，概して，寛容であり楽観的で，同じ価値観を共有していた．ミンダは，当時人気のテレビコメディーになぞらえて，面白い説明をしている[4)-5]．

　1950年代の人気テレビコメディーといえば，オージーとハリエットの冒険（The Adventures of Ozzie and Harriet：ネルソン家の人々）であり，ビーバーにまかせろ（Leave it to Beaver：クリーバー家の人々）であった．これらの番組に共通している舞台設定は，経済的危機や階級差別の認識が無く，社会に対する憤りや倫理的緊張感もない，そしてマイノリティーや外国系アメリカ人がいない郊外住宅に住む，幸せな家族である[4)-6]．ミンダに依れば，1950年代の法律家は，このような均質的楽観的社会環境の中で，法と社会の関わりを考えていたのであった．しかし，1979年の深夜番組サタデーナイトライブで，オージーとハリエットは，一転して，パロディーの対象でしかなくなった．16歳の少年リッキーネルソンは，1950年代という未知の世界に，自分探しの旅に出るが，自分自身のアィデンティティを見つけだすことなく放浪を重ねるのであっ

た[4)-7].

　ミンダがここで述べようとしたことは，1950〜60年代以降，アメリカ社会が激変したことであり，一体感が失われたことである．また，多様な価値観が併存する中で，法と社会の関わりを模索する現実主義的法思想も多様化または分裂せざるを得なかったことである．現に，20世紀のアメリカ法制史には，実に，多様な言葉が登場する．いわく；

　革新主義 (progressivism/radicalism)，経験主義 (empiricism)，実質(体)論 (substantialism)，実証論 (positivism)，現実主義 (realism)，実用主義 (pragmatism)，社会学／社会工学 (sociology/social engineering)，懐疑論 (skepticism)，制度論／道具論 (instrumentalism)，過程論 (proceduralism)，折衷論 (electicism)，多元論 (pluralism)，批判論 (criticism)，虚無主義 (nihilism)，...

　これらは，全て，古典法と形式主義 (formalism) の存立基盤である概念主義 (conceptualism)，原理主義 (fundamentalism) と対立するか，少くとも，これらの基盤を侵食するものだった．様々な価値観が併存する社会の中で，社会と法の関わりを模索する現代法学は，必然的に，理論的一貫性と客観性の維持を困難にする時代に入った．この時代の中心的課題は，権利の均衡 (interest balancing) であった．

　最初の答は，1950年代に，リーガル・プロセス学派からもたらされた．彼等の提示した答は；
　① 相互依存的社会，文化的多元主義を是認すると同時に，
　② 形式的な法理によって，法における，裁量を排除することはできないとする，現実主義的理解を是認しつつ，これを制度的統制の下に置くことを考え，
　③ 法形成過程 (duly established procedure) を経て正当に到着した結論は，社会全体に対し拘束力を持つ，
であった[4)-8].
　この時代の法律家は，法解釈及び権利分析上の諸問題に注目することによっ

て，'権利に関する法律学（jurisprudence of interests）'を開発すべく努力していた[4)-9]．時代の要請は，利益（公共の利益；public interest，個人の利益；individual interest，社会の利益；social interest）の均衡だったのである[4)-10]．彼等の，法学研究の主目的は，現実主義的法学の懐疑論の過激な側面を飼い馴らすことにあり，彼等は，経験的というより，どちらかといえば，法と司法判断の過程を，より慎重に理解することによって，過激な批判に答えられると考えたのである[4)-11]．彼等は，裁判官も政策判断を行うという，現実主義者の主張を認めることに吝かではなかったが，同時に，公法領域では，議会の立法権を尊重する姿勢を採ることによって，また，私法（財産，不法行為，契約，商事法）の領域では，コモンローの原則及び政策の'論理的推敲（reasoned elaboration）'によって，過程と実質（process-substance）の垣根は，制度的諸原則（または解釈指針）で和解させられると考えたのである．彼等は，政治的には多元的共存（pluralism）を受容する立場を採り，選挙で民主的に選ばれた議員立法の正当性を疑うことはなかった[4)-12]．

これは，社会的合意形成のプロセスに，多くの政治的圧力団体，またはロビー活動を是認する弊害ももたらしたが，一応，官僚の独裁を否認し民主的プロセスを順守するという外見を整えるには，充分な法思想であった．彼等は，様々なグループの利己的な主張の競合関係が，結果的には，共通善に到達することを期待したが，現実には，利益対立を和解させることはできなかった．そして，ベトナム戦争（1965〜1975）の敗北と共に近代官僚国家の制度論または公共選択論（theory of public choice）への信認は，大きく後退したのである．後年（1982），ゴードン（Robert W Gordon）は，'社会的に深いコンセンサスを得るためのアピールは，黒人と白人，鷹派と鳩派，男性と女性，ヒッピーと優秀学生，両親と子供の間で，日々，明らかに分裂する社会にあって，共感を得る可能性がなかった'[4)-13] と評している．

次に，アメリカ法は，法律学以外の学問の知見を法律学に応用する，いわゆる学際的な研究活動に軸足を移していった．例えば，法と経済学（Law and Economics），批判的法学研究（critical legal studies），フェミニスト法律論（feminist legal theory），法と文学論（law and literature）及び人種差批判論（critical race theory）などである[4)-14]．これらは，概ね，1980年代の終わりまでに成熟した法思想であったが，同時に，在来の法律学との間で，大きな摩擦を生ずるものだった[4)-15]．法は，既に，自己完結的自律型システムとして，考察すべきものではなくなって来たのである．CLSに参加した者など，一部の法律家の主張は，再び，過激な様相を呈し始めた．ミンダは，これを，現代論（modernism）から脱現代論（postmodernism）へという時代変化，同じ価値観の共有から多元的価値観の共存という文脈の中で捉えているのである[4)-16]．以上の背景から，次節では，この論文のテーマと関連が深い，法と経済学と批判的法学研究に言及して行かねばならない．

［参照注］

4)-1：McCarthyism：共和党マッカーシー上院議員（1908～1957）を中心にした極端な反共思想．マッカーシー旋風として恐れられた；主要参考文献：Horwitz pp. 241, 247, 249.
4)-2：主要参考文献．Gilmore(1) pp. 95, 103.
4)-3：主要参考文献．Gilmore(1) pp. 99～101.
4)-4：例：Fair Packaging and Labeling Act (1966), Truth in Lending Act (1968), Consumer Product Safety Act (1972), Magnuson-Moss Warranty Act (1975)の他，UCCに多くの条項（§§2.201, 2.401：ファイナンスチャージの制限，§3.308：バルーンペイメントの禁止．§§3.307, 3.404：約束手形の使用禁止．waiver-of-defense 条項禁止など）がある．
4)-5：主要参考文献．Minda pp. 226～229：the Postmodern Condition
4)-6：主要参考文献．Minda p. 226. nos. 14～16 at 333.
4)-7：主要参考文献．Minda pp. 226～228. nos. 17～25 at 333.
4)-8：Hart & Sacks：The Legal Process (tent-ed 1958, Eskriage W & Frickey P ed. 1994)；Minda pp. 34～36, n. 55 at 273；Horwitz pp. 254, 255.
4)-9：主要参考文献．Minda p. 33；権利に関する法律学は，現代法の諸課題に，解釈問題及び権利分析から答えようとした．
4)-10：主要参考文献．Minda p. 34.
4)-11：主要参考文献．Minda pp. 33, 34.
4)-12：主要参考文献．Minda p. 34, 35. pp. 35, 36.
4)-13：Robert W Gordon (Prof. Stanford Univ.)：New Developments in Legal Theory, in the Politics of Law：A Progressive Critique 414, 15 (1982)

；主要参考文献．Minda p. 63, nos. 1, 7 at 283.
4) -14：主要参考文献．Minda pp. 77, 78. pp. 78, 79.
4) -15：主要参考文献．Minda p. 208 et seq., Reaction of Modern Legal Scholars
4) -16：主要参考文献．Minda pp. 232, 234, Postmodern Jurisprudence

5) 　第五の時代：冷戦終結と経済至上主義（1975 年以降）

　懐疑論に対する二番目の答は，シカゴ大学の経済学者からもたらされた法と経済学の主張である[5)-1]．彼等の初期の業績は，'新しい基礎理論' として，概念的に，法の経済分析（効率性分析：wealth maximization）に応用されたのである．彼等は，行為（経済行為，不法行為，犯罪行為）の当事者としての個人を，いわゆる '合理人モデル' に置いている[5)-2]．このうち，経済行為について述べれば，彼等は，法の経済分析に，三つの基本概念からアプローチしたのである．即ち；
　① 　需要の法則　；価格と需要の逆相関[5)-3]，
　② 　コストの定義；機会原価[5)-4]，
　③ 　効率性の証明；任意の交換による限界効率（均衡）の達成[5)-5]，
である．
　これらのうち，経済分析に最も重要な判断基準は，効率性の証明である．彼等は；
　① 　個々の利益を最大化（maximization）しようとする行動が，
　② 　完全競争の環境下では，数学的な均衡（equilibrium）に繋がり，
　③ 　それが，（資源）配分において効率的なことを証明し，それが，
　④ 　政策立法のルールよりも，コモンローのルールと整合する，
ことを証明しようとしたのである．
　ここから，取引障壁の少ない自由市場の整備が必要という政策目標が導びかれる．これは，皮肉なことに，コモンローの諸原則に対し科学的裏付を与え，'経済学的形式主義（economic formalism）'[5)-6] と揶揄される状況を創出した．彼等の結論は，'規制なき法制度（the legal regime of nonregulation）'[5)-7] の実現であ

る．

　法と経済学の主張は，レーガン政権 (Ronald Reagan　共和党：1981〜1989) の政策に最も影響力を発揮した法思想であり，今日も継続している．アテイヤは，この時代の傾向として古典的理論への回帰を懸念している．確かにこの傾向は，競争法の分野で，大幅な規制基準の緩和と先例の放棄[5)-8]という形で現れてきている．また，契約法の分野でも，80年代になって，判例に現れ始めた効率的違反 (efficient breach)[5)-9] の法理は，古い功利論者の主張と整合する契約自由の原則（即ち，本来的に約束者の責任制限を可能とする法理）の復活を想起させるに充分である．法と経済学のパイオニアの一人であるポズナーによれば，法と経済学者の主張の骨子は，'富の最大化 (wealth maximization)' である．しかも，それは，コモンローの環境おける合意原則からの支持に由来するものであり，今日でも，政治的経済的に広い支持を得ているのである[5)-10]．確かに，約因の法理（特に，peppercorn theory）が示唆するように，コモンローの裁判官は，富の再配分 (redistribution) への配慮は，重要でないという方法で問題を扱ってきた．そして，当事者自治の原則を重視してきた．それは，当事者間のバーゲンには介入せず，彼等の自治を尊重することが効率を促進し，富を最大化させると考えたからである．

　これを政策綱領の基本に据えれば，影響力のあるグループであっても，効率的な政策を支持する以外に，何か良いことができる可能性はないことを意味する．ポズナーによれば，コモンローの法理の文脈では，合意の基礎は，富の最大化が最も説得力を持つのである．財産権の取得及び移転，契約の締結及び履行，事故に対する責任，またはコモンローが犯罪とする侵害を支配しているルールは，広範な合意で支持されており，その利益を広範に及ぼしてきたのである．例えば，低所得者向の賃貸住宅の家賃に介入しないことでも，低所得者自身のためにもなるのである．若し介入すれば，そのような市場への投資は，必然的に減少し，低所得者向の住宅そのものが減少するか，メンテナンスが行われずに，スラム化するのである．若し，コモンローのルールからの選択は，通常，組織的な再配分機能を持たないことを一般化できれば，そこには，これ

らのコモンローのルールが，富を最大化させるとの共通の合意がある，または（仮に低所得者層がこれらの事柄を理解すれば），合意の可能性があるとの推定が成り立つ．この推定の合理性が認められれば，富の最大化の判断基準に導びかれて来た，コモンローの裁判官は，同時に，共通善（the common good）を促進していることになる．

このように，法と経済学者の主張は，形式主義的契約法の支柱であった，古典派の経済学または功利論と良く整合する．ただし，古典派の経済学者が，'見えざる手に導びかれて'富の最大化を実現すると哲学的に観念したのに対し，法と経済学者はミクロ経済学の手法（関数分析）を応用して，それを定量的（または数学的）に証明できると考えたのである．

アメリカ法律学会からの三番目の答は，在来的な現代法と法と経済学の両方を批判する形でもたらされた．それが，批判的法学研究（CLS）である．フィンケルマン（Hall Wiecek Finkelman）[5)-11]によれば，CLSは，法律的決定が下される時に使われる，抽象的概念に対する批判的能度及び（現実には）法律家または裁判官は，彼等自身の個性の発動者であって，法律と呼ばれる姿の見えない概念の発動者ではないという信念において現実主義を継承しているのであるが，同時に，現実主義がもたらした複雑で予測がつきにくい法制を批判する意味で，遥かに，現実主義を超えてしまったのである．

タシュネット（Mark Tushnet）[5)-12]によれば，彼等は，ニューディールも民主党も'法の民主化'を充分行ってこなかったと主張する．タシュネットによれば，CLSに参加した者の中心的な政治思想は，分権思想であり，極度に中央集権化された，資本主義に反対する立場にあるのである．彼は，また，CLSを一つの'運動組織（a movement）'または'学派（school）'と認めることには無理があると語っている[5)-13]．彼は，CLSの活動の中に，色々な主張グループ；

 ① 一定のフェミニスト（fem–crits），
 ② 法の支配の役割に関心を寄せている理論家（critical race theorists），

③　最近の文章理論の発展に影響を受けたグループ（postmodernists），
　④　文化的過激派（multiculturalists），及び，
　⑤　法的決定の条件に経済構造の役割を強調するグループ（political economists）

などが含まれ，その主力を占めていると観察しているのである[5)-14]．

　一方，ハーバードのミノウ（Martha Minow）は，CLSの共通項として，次の特質を抽出した[5)-15]．即ち，CLSに参加した者は；

　①　法原理の不確定性（indeterminacy）を追求し例示しようとした，また，
　②　歴史的または社会経済的分析を介して，上に述べた法原理の不確定性にもかかわらず，如何に，特定の利益集団，社会階級，または既存の経済制度が，そこ（法的決定）から利益を得ているか証明しようとした，
　③　既存の法分析または法文化が部外者をごまかし，その結果の合法性を，如何に，分りにくくしたか暴こうとした，
　④　新しい，または以前は好まれなかった社会観（social visions）でも明白に説明することができ，それらを，法的専門分野に取り込むことによって，或る程度，それらを，法的または政治的慣行の中で実現できると主張した．

　小括：ここで，先に保留しておいた，革新思想の二つの側面，過激的（radical）と漸進的（progressive）の意味合に戻らなければならない．ホウムズ以降の法革新は，過激であれ漸進的であれ，何れにしろ，形式を離れ実質に注目するようになった．ホウムズが'法の生命は，論理ではなく経験であった'と喝破したように，アメリカ法律学は，'条理の完成（perfection of reason）'や'普遍的真理（universal truth）'の探求という伝統的思考から離れ，法の基礎は，社会的または経済的文脈から切り離すことはできないという現実的理解に向かうことになった．ただし，漸進的と評価された，リーガルプロセス学派や法と経

済学派は，出来るだけコモンローの大系を温存しつつ，法の権威，法の規範性の源泉を，制度論の中で法形成過程または経済学の知見に求めたのである．これは，抽象概念としての法に対して，立法過程または経済学の優位性を認めることに繋がり，自己完結的かつ自律的存在としての法の支配を後退させる根本的変化であった．

ところが，CLSに参加した研究者から見れば，このような改革は，所詮従来の理論の焼き直しに過ぎなかったのである．ダンカンケネデイは，法原理が，実在する社会慣行を合法化するために，如何に働いたかを検証しようとた[5)-16]．歴史分析に特化した者は，アメリカ法制史を，長期的政治動向（liberalism）がその他の動向（civic republicanism）を押し退けた勝者の歴史として理解することができ，更に，アメリカ企業社会または工業化のニーズに役立つように，如何に，開発されたか説明しようとした[5)-17]．これが，ニューディール以降（レーガン政権まで）のアメリカ法のイデオロギー的特質を物語っているのである．彼等は，まず，法原理の不確定性（indeterminacy）を徹底的に追求した．その目的は，法原則の中味を取り出し，内なる矛盾を明らかにし，法原則に組込まれた世界観のパラドックスを暴くことにあった．1980年代初頭のCLSの典型的主張は，'所与の法原理は，絶望的に，個人対社会，主観対客観，公益対私益というような基本的に対立する価値観（fundamental contradiction）に捉らわれている'[5)-18]ことにあった．フラッグ（Gerald F Frug）やペラー（Gary Peller）によれば，このような対立概念を識別できる客観指標などは，どこにもないのである[5)-19]．この意味で，彼等の主張は，'ケンカ腰（trashing）'[5)-20]である．また，法という抽象理論の構築より，日常的法的体験に接続した思索を重視したCLSは，当初から政治的に行動的で，'現実主義的法学の政治批判を，新しい，知的政策レベルに引き上げることを狙っていた'[5)-21]．人種差別，性差または男女差別のような社会的に不公正な実態と法的判断の結果に直接アプローチした彼等は，次第に，上記のような，テーマ別グループ別の活動に特化して行った[5)-22]．その意味で彼等の活動は'分裂的'である．

結論的に述べれば，ホウムズ以来の実用主義法学（pragmatism／progressivism）

は，法は，ルールのみによって支配されるとする形式主義の主張を排し，ケースの実態に触れつつ，法の中立性，公平性，客観性を維持するために，人間社会の経験に付随する実用的，制度的アプローチを好んだのである．これは，後に，規範的法思想（normative legalthought）[5)-23]と呼ばれる，現代法のスタイルを創った．法は，結果重視型（conclusion-oriented）の制度分析，政策分析と一緒に考えられるようになった．しかし，これが本当に，法の中立性，公平性，客観性を維持したか否かについては論が分かれる．法批判論者に言わせれば，それは，実証的な現代法（positivistic law）の論理を，歴史，経済，政策または，ホウムズが経験（experience）と呼んだものに従属させる目的達成手段の有理化（meansend rationality）'[5)-24]または'修辞学的テコ入れ（rhetorical levers）'[5)-25]に過ぎなかったのである．

その後，法と経済学は，ポストシカゴ学派と呼ばれる第二世代に入り，効率性基準の原理主義的な主張を弱め，効率性は有力な分析手法の一つとの立場を示唆している[5)-26]．また，CLSも第2世代に入り，1980年代末までに，法原理の不確定性に対する批判を弱め，人種，性差のような，個人のアイデンティティーの課題に焦点を絞り，その法的価値を向上する方向に路線を修正した[5)-27]．そして，在来的な概念法学は，実用主義を目指したにもかかわらず，益々，複雑になり，専門家でなければ手に負えないゲームの世界に入りながら，何故か，強力なのである．

ハーバードの学長で，前の法学部長だった，ボック（Derek C. Bok）は，1983年，同大学監理官向けの年次報告に，次の一文を寄せている[5)-28]；

> アメリカの法律学校は，多くの過ちを犯しているのだろうか？
> 　大勢の顧客または大きな組織を支配している法は，無数にあり複雑で，高度に教育を受けた実務者が担当している．社会のこのセクターでは，ルールが増加し，法律紛争も増加し，法律サービスのコストは，生計費の上昇を超えて増大している．...原則として，裁判所への入口は開かれている．しかし現実には，まごつかせるようなルール若しくは手続の複雑

性，若しくは長く障害の多い遅延が裁判の終結まで待ち受けている．従って，法システムは，概ね，不衡正で非効率だと，遠くから見られている．提出できる法の数は余りにも多く，できない法の数は余りにも少い．…

　これらの指摘は，あら捜しまたは憶測だと見ることもできる．しかし，実体的な影響なしとしないのである．われわれの半分の規模の日本では，全アメリカより30％も多い技術者を毎年卒業させている．しかし，弁護士の数は全部で15000人であり，アメリカは，毎年35000人の法律家を卒業させているのである．これが，何等現実的な違いをもたらさないと説明することは難しい．日本人がいうように'技術者は，パイを大きくするが，法律家は，切り分けるだけ'なのである．…

　われわれの法の綿密さ及び手続の複雑性は，法曹のエネルギーを吸収し，サービスコストを上昇させ，それ以外にも，法システムに大きな問題 ── 下層または中層階級へのアクセスの欠如 ── が発生するのを助長した．そのままにしておくのは恥ずかしい状況である．…自分自身で，効率と正義を誇りとしているこの国が，多くの市民の権利を守れないにもかかわらず，世界中で最もお金のかかる法システムを造り上げたのである．

　このようなアメリカ法の変化は，どのような要因からもたらされたものであろうか？　それを分析するのが次のテーマであるが，これまでの分析でも，或る程度，時代背景の変化の中に要因分析を含めて論述を進めて来た．一言でいえば，イギリスよりはるかにダイナミックな社会動態を背景とする法思想の変化がアメリカにあったということができるのである．勿論，それは，アメリカ社会の経済社会状態の変遷だけでなく，国際的地位の大きさとも関連しているように思われる．そこで，次節では，やや，視点を変えて，法思想の変化に結び付けた要因分析を試みたい．

[参照注]

5）− 1： 主要参考文献．Mind p. 88 n. 26 at 284
5）− 2： 主要参考文献．Cooter/Ulen pp. 1, 15, 226：合理的とは，順序付けされた当事者の選好，選択の自由，当事者利益の最大化をいう．但し，選好は，専ら，当事者の主観的判断に従う；同．Minda p. 88.
5）− 3： 主要参考文献．Cooter/Ulen p. 39；Minda p. 89 n. 30 at 289
5）− 4： 主要参考文献．Cooter/Ulen pp. 49, 50；Minda p. 89 n. 32 at 289
5）− 5： 主要参考文献．Cooter/Ulen pp. 50〜52；Minda pp. 89, 90 nos., 34 at 289
5）− 6： 主要参考文献．Minda pp. 85, 93：別に，New Langdelles, New Conceptionalists もある．
5）− 7： 主要参考文献．Minda p. 93.
5）− 8： 主要参考文献．村上政博(2) pp. 212〜219；1975年司法省が表明した9項目の当然違法の法理が1980年代に放棄された．
5）− 9： per Poser J., Patton v Mid-Continent Systems, Inc., 841 F 2d. 742, 7th Cir. 1988. per Veasey CJ., DuPont v Pressman, 679 A 2d 436., Del. Supr., 1996.
別途：本論文　第3章第2節　3.5)：契約違反への揺り戻し．
5）−10： R A Posner：The Ethical and Political Basis of the Efficiency Norm in Common Law Adjudication, 8 Hofstra L. Rev. pp. 487〜507, 1980.
5）−11： 主要参考文献．Finkelman p. 552.
5）−12： Mark Tushnet：CLS An Introduction to Its Origins and Underpinnings, 36 Journal of Legal Education pp. 505〜517., 1986.
5）−13： Mark Tushnet, Critical Legal Studies：A Political History, 100 Yale LJ 1516 (1991)；Minda p. 107 n. 10 at 294.
5）−14： Tushnet 前出．pp. 1517, 1518；Minda pp. 107, 108 n. 13 at 294.
5）−15： Martha Minow, Law Turning Outward, 73 Telos 79, 83（1986）；Minda p. 105, nos. 14〜18 at 294, 295.
5）−16： Duncan Kennedy, The Structure of Blackston's Commentaries, 28 Buff L Rev 209（1978）；Minda p. 115, n. 43 at 296
5）−17： Minda pp. 108, 109, nos. 22, 23 at 295.
5）−18： Minda p. 115.
5）−19： Gerald F Frug, The Ideology of Bureaucracy in American Law, 97, Harv L Rev., 1277, 1287（1984）.
Gary Peller, The Metaphysics of American Law, 73 Cal L Rev. 1151, 1194〜98（1985）；Minda p. 119 nos. 65〜70 at 297, p. 121 nos. 77〜80 at 298.
5）−20： Minda p. 111 n. 24 at 295.
5）−21： J Boyle, Introduction, in Critical Legal Studies Selected Readings xliv（1992）；Minda p. 107. n. 5 at 294.
5）−22： 主要参考文献．Minda p. 106. n. 2 at p. 294.

5) −23：Pierre Schlag, Normativity and the Politics of Form, 139 U Pa L Rev 801, 803；Minda p. 18. n. 44 at 266., pp. 44〜47；Modern Normative Jurisprudence
5) −24：主要参考文献．Minda p. 18, n. 48 at 266
5) −25：P. Schlag, Normativity and the Politics of Form, 139 U Pa L Rev 801, 804（1991）；Minda p. 18, n. 44 at 266.
5) −26：T Ulen, Law and Economics：Settled Issues and Open Questions, in Law and Economics 210, N. Mercuro ed.（1989）；Minda p. 95, n. 52 at 290.
5) −27：主要参考文献．Minda p. 125；参照　Minda p. 95 et seq., Second-Generation Law and Economics.
5) −28：Dereck C. Bok：What Are American Law School Doing Wrong？A Lot, 12 Student Lawyer pp. 46〜51. Sept. 6. 1983.

2．要因分析：法思想の変化

　ギルモア，ホーウィッツ，ミンダなどの優れた業績に触れると，アメリカ現代法には，あたかも2人の偉大な始祖が存在するように思える．それが，ラングデルとホウムズである．勿論，時間的には，ラングデルの形式主義が先行し，ホウムズの実用主義は，これを追ったのであるが，その代表作（ラングデル：Selection of Cases on the Law Contracts, 1871., ホウムズ：the Common Law., 1881）の発表を見れば，たかだか10年の時差しかないのである．なぜ，このような書き出しを，この節の頭に持って来たかといえば，アメリカ現代法の変遷には，この偉大な始祖の影響が，長く強く残ったと認められるからである．

　疑いもなく，ラングデルは，形式主義，概念主義の先導者である．彼は，古典法の伝統理論を‘科学’として近代化した．アメリカ現代法研究は，ラングデルから始まった[1]のである．

　ラングデルの思想を端的に表現すれば，法は，完全な（complete），形式的（formal）かつ概念的秩序（conceptually ordered）のあるシステムでなければならず，それは，客観性及び一貫性がある法規範でなければならないということである．

　ここでいう；

　① 完全とは，司法判断を求められた全てのケースに，唯一の正確かつ正

しい答をもたらすことのできることを意味し[2],
② 形式とは，先例から導びかれた抽象的原則の適用により，論理的に正しい答をもたらすことのできることを意味し[3]，更に，
③ このシステムは，本質的な基本ルールに至るまで，専ら，少数の比較的抽象的な原則または全体システムを構築する概念に由来し，概念的に秩序付けられたものを意味する[4].

なぜ，ラングデル法学が，強く支持されたのか，それは，既に述べた通り[5];
① 南北戦争後のアメリカは，秩序を必要としていたこと．
② その中で，理論的に精緻で疑問の余地の少い'形式主義'に依拠することは，彼等にとって魅力的であったに違いないこと．更に，
③ 法と政治を分離させたい．多数派の専制を排除したい．経済的平等の強制を排除したいという願望が重なったこと，そして，
④ ラングデル法学が'科学'としての外套を纏って現れたこと，

である．この時代のアメリカは，未だ，社会的メカニズムとしての個人主義[6]が受容されていたのであった．

ラングデル法学の神髄は，法は，分析対象に影響されることのない，普遍的特質を有する超越した (transcendental) 客体 (object) または主体 (subject) であり，また法は，それ自体，厳然たる宣言を行う権能を有する，超越した主体 (subject) であることにあった[7]．これを，更に，敷衍すれば，法は；
① 社会的または経済的文脈には影響されない超越した主体または客体であり[8],
② 外部的な道徳または倫理的懸念とは無縁の議論の余地のないルールまたは自明の原理原則によって正当化されなければならず[9],
③ 当事者は，人格性を消去された抽象概念，無名の客体 (unnamed individual) として扱われるのである[10].

つまり，法は，価値観とは無縁の科学 (value-free science) として，期待されていたのであった．

一方，ホウムズは，有名なコモンローの書き出しに，同時代の法思想家が探

り当てたものを，アメリカ法の'中心的，実用的教義'として発表した[11]．ホウムズにとって；

① 法は，直感 (intuition)，思い込み (prejudice)，伝統 (tradition)，または社会的文脈で認識された'必要性 (felt necessities)'の世界にあるものであり[12]，
② 法とは，文脈的に，位置付け的に，また発生的にも慣習と期待感の共有から構成された人類の習し (human practices)[13] なのである．同時に，
③ 彼は，法は，科学 (science) でなければならないと考えた．即ち，
④ 経験 (experience)，事実 (facts) 及び，そこから帰納的に導びかれる一般則 (induction) である[14]．

つまり，ラングデルと同じく，ホウムズは，司法判断を，類型化 (categorization) と演繹的に導びかれる結論 (deduction) の科学と考えたが，ラングデルと異なり，それは，論理的思考であると同時に現実的思考という，反形式論的な類型化と演繹だったのである．ホウムズは，ラングデルと方法論を共有したが，結論は共有しなかった．ホウムズにとって，原理主義的な概念論が，法的理由付を公式化または科学的にできるとは信じられなかった[15]．ホウムズにとって，法システム上の概念的秩序は，法を理解する実用的手段に過ぎなかったと見られている[16]．

ホウムズは，法は，ルールのみによって支配されるという考えに組みしなかった．彼は，実用的 (pragmatic)，制度的 (instrumental) アプローチを好み，そこに，経験に付随する論理 (logic) を組み込んだのである．これが，後に，法と倫理または道徳との関連性の維持を求める，規範法学 (normative legal thought) という，アメリカ法思想のスタイルを創った[17]．

ここで指摘したいことは，同じハーバードに学び，著名な法律家となった，ほぼ，同時代の２人が，同じ，コモンローの研究から対立する別々の結論を導びいたことである．導びかれた結論の差異は，何れも，科学としての外套を

纏っているにしても，それは，材料の違いではなく，思想の違いからもたらされたものということができるのだろう．また，現に，形式主義的概念法学が，西欧の啓蒙思想（the Enlightenment）に依拠しており，ホウムズは，その当時のアメリカ実用主義哲学（American pragmatist philosophy）に共感していたことが指摘されているのである[18]．

　勿論，本節で指摘すべきことは，ラングデルとホウムズの違いではない．要は，ホウムズが，法と社会の相互作用に注目した結果，司法的にも立法的にも，様々なアプローチが可能になったことである．イギリス法のところで指摘したように，確かに，コモンロー裁判所は，様々な方法で契約に介入して来た．ただし，それは，隠れた方法（covert tools，後述：第3章第2節　アメリカ現代法の焦点：如何に現実に迫るのか　n.1）ともいうべきもので，多分に，文言の文理的な意味を離れた解釈論に依存したのであるが，それを超えたところでは立法に依存せざるを得ないこともしばしばであった．ところが，アメリカでは，ホウムズが，法の生命は経験であったと喝破したのである．彼は，明らかに，法と社会の相互作用に注目していた．これにより，アメリカ法は，必ずしも，隠れた方法に拘る必要がなくなった．法的判断が社会経済に及ぼす影響に，もっと，オープンにアプローチすることが許されたのである．それが，イギリスより，はるかにダイナミックな法の変化と多様性を生んだということができるだろう．

　次章に移る前に，その要点を下記に記しておこう．

　第1に指摘すべきことは，当事者の主体性の扱いである．もともと，法（ルール）が全てを支配すると理解した形式主義的概念法学では，当事者の主体性を扱う必要がなかった．当事者は，無名の客体（unnamed individual）として扱われたのである．しかし，これでは，隠れた方法も操作できない．そこで，裁判所は，合理人という概念手段を持ち込み，意思理論と客観理論をまたぐような契約成立または解釈のルールの操作を行ったのである．これとは，別の扱いは，保護を要するクラスという切口である．既に，述べた（参照：第2章第1

節 2.1)（3）：保護の必要性の増加）ように，コモンローは，一部の契約類型の当事者を，古くから別扱いにしていたのであるが，20世紀に至って，これは，更なる広がりを見せ，'取引プロセスを介してでは，自分達を守ることができない人々（同[1)-19]）' という形に一般化されるに至った．アメリカでも，ニューディールの下で '個人の選択の自由は，当事者が法的または経済的資源に恵まれなかった場合，意味がないと認識され（前出[3)-3]）' 政府の介入立法を正当化したのである．これを，更に，個々の当事者に着目するところまで論を進めれば，個々人の価値観（またはアイデンティティー）の保護にまで踏み込んだ展開が可能になる．これは，70年代に盛り上がった基本権論の中で，基本権は実定法を凌駕するという主張を正当化することに繋がる．

次に指摘すべきことは，パブリックポリシーの多様化である．コモンロー上のパブリックポリシー違反として，裁判所が考慮するのは；何れかの当事者による，好ましからざる慣行を抑制するための禁止措置として，または道徳的に好ましからざる合意を有効とするために，司法手続が不適切に使われることを嫌うからである．フアーンスワースによれば，アメリカ法に持続しているポリシーは，犯罪を防止すること，または不法行為若しくはそれと同様の過ちを防止することにある[19]．しかし，パブリックポリシーの概念自体は，抽象的で，このポリシーに何が含まれるかは，必ずしも，明瞭ではなかった．

例えば；

① 家族関係を害するまたはギャンブルに反対するような道徳律に関するもの，
② 制限的取引慣行または財産の譲渡制限ような経済に関するもの，
③ 土地または施設の利用目的の調整のような地域環境の維持に関するもの，
④ 信認関係義務違反または不法行為を含む約束，
⑤ 訴訟の乱発防止に関するもの，（Plumlee v Paddock, 832 ; Tx. App. 1992)[20]，
⑥ 立法者または政府職員への不適切な圧力の防止（Ewing v. National Air-

port Corp.; 4th Cir. 1940)[21] に関するもの,などである.

　これは,一般論としては,約束者より受約者の利益を保護することが多い.ただし,裁判所は,当事者が任意に取り決めたリスク配分には,介入できないので,非良心的にならざる限り,不法行為の損害賠償責任を免除する契約を合法とせざるを得なかった(ただ,ここには,当事者の意思が関係する,即ち,故意 (intentionally) または未必の故意 (recklessly) により惹起された時には,その限りとしないのである.ただし,アメリカ法における意思の扱いは複雑なので,後に,詳述する).更に,不法行為責任を契約では排除することはできないとするには,公共的職業に付随する義務として,厳格責任の範囲を拡大するしかなかった.勿論,そこには,免責条項の壁を乗り超えるに足る,正当化が必要だった.しかし,ホウムズ,ブランダイス,カードウゾウなどが,司法の現場から社会学的法学への道を開いたので,裁判官にも政策判断をする道が開かれたのである.

　ところが,面白いことに,アメリカ司法は,この段階から直線的に,行動主義または積極主義 (legal activism) に進んだ訳ではなかった.むしろ,第一次大戦後の不況,第二次大戦と戦時経済,そして,大戦後の東西対立を乗り切るために,中央集権的官僚制国家の行政機構との権能分担の中で,少くとも社会・経済政策に関連するケースでは,自己抑制的な態度を余儀なくされる方向に向かった.つまり,コモンロー上の在来的な意味でのパブリックポリシーは,中央集権的官僚制国家の社会経済政策または福祉政策の中で,時代の要求に対応した政策目的の共有に転換したのである.かつては,過激な現実主義の導師であったルエリンは,後に,UCC の主任起草者となった訳だが,その頃の彼の基本姿勢は;

① 法を,社会科学の利用で実用に耐えるものにすることであり[22],
② 公共の利益を前進させることによって,法を,過去から解放することであり[23],
③ 取引を商人間と非商人間に区分することによって,商事法を再編すること[24],

にあったと分析されている．かくて，現実主義 (progressive legal realism) は，公法及び私法が社会の利益の増進に貢献できるように再編成されることを促進したと見られているのである[25]．

この傾向は，別の視点からも説明可能である．現実主義的法学は，ミステリーであるとミンダが評したように，アメリカ現代法は，結果重視型の政策判断に直進した訳でもなかった．実は，ニューディール以降のアメリカには，二つの相反する理念が交錯していたのである．それは；
　① 西側世界の盟主であることを義務付けられた国家体制を維持しうる法システムであること，即ち，制度論との協調．
　② 世界で最も進んだ民主主義を実現したと自尊している国家として，市民的自由を保証しうる法システムであること，即ち，基本権の保護，
の2点である．後者の理念には，常に，法と政治を分離させたいという願望が結び付いていた．この理念からすれば，司法には；
　① 裁判官の主観的判断を避けるための中立性，公平性，客観性と，
　② 民主的プロセスを経た多数派の政治介入を避けるための自律性，
を維持する責務が課されていた．現代概念法学 (modern conceptual jurisprudence)[26] または規範法学 (normative jurisprudence)[27] と呼ばれるものが追求していたものは，これらの目的であったように見える．彼らは，プロセス論または解釈論に軸足を置き，'論理的判決 (reasoned elaboration)[28]' または '中立性原則 (neutral principles)[29]' が，裁判官の主観的偏向を抑制すると考えた[30]．彼らは，裁判所が '剥き出しの権力機関[31]' になることを恐れた．彼等の目指したものは，裁判官に，対立する権利紛争に適用すべき法の客観的な解釈指針を提供することだった．彼らは，基本的には；
　① 重要な価値判断を伴う政策課題は，立法または行政権能に期待し，
　② 司法判断の領域では，解釈プロセスのルール化で，
客観性を維持することができると考えた．
　しかし，現実には，司法積極主義なしに，憲法上の基本権対立のような深刻

なケースの解決はあり得なかった．ウォーレンコートのブラウン判決（1954）[32]は，次世代の学者に，司法積極主義の利害得失を議論する機会を与えたが，結局，憲法裁判に於ける中立性原則は，しばしば，機能しないと認められた[33]．ミンダによれば，現代概念法学は，'1970年代までに精彩を失い[34]'，また規範法学は，'それが明らかに追い求めた，世俗的効果または帰結にもかかわらず，表面上，実務目的とは関係が薄く，多分，学会内及び若干の学生の興味を呼んだに過ぎなかった[35]'のである．ただし，私法分野での漸進的現実主義は，経済的リスク配分及びロスの最小化を目指す準科学的分析手法の尊重という形で形式化され，概念主義の影響は，長く残ったと認められている[36]．

1950年代からのプロセス論（legal process）への傾斜，60年代から70年代にかけての基本権論（fundamental rights movement）の盛り上がり，70年代から80年代にかけての法と経済学（law and economics）の影響力，そして70年代末から80年代にかけての批判的法学研究（critical legal studies）の破壊力などは，以上の文脈で眺めた時に，一応の納得が得られるように思われる．それでは，この理解を前提にして，次の判例分析に進み，より具体的に，不公正契約を規制するアメリカ法の発展を見て行くことにしよう．

［参照注］
1：主要参考文献　G Minda p. 13.
2：T C Grey, Langdell's orthodoxy, 45 Univ Pitt L Rev 1（1983）pp. 7, 8.
　；主要参考文献　G Minda p. 13.
3：前出．T C Grey p. 8；主要参考文献　G Minda p. 13.
4：前出．T C Grey p. 8；主要参考文献　G Minda pp. 13, 14.
5：前述．　第3章第1節　1）：形式主義的法思想の継承．
6：前述．　第2章第1節　1.2)（3）：個人主義と契約自由．
7：主要参考文献　G Minda p. 15, n. 16 at p. 263：'超越的（transcendental）'とは，経験を当然のことにすることを意味する．超越した客体は，法（客体）の法的範疇または定義の秩序に拠るものであり，超越した主体は，経験則を当然のことにする観察者，ラングデル派の法科学者の熟視に拠るものである．かくて，ラングデル式の'法'は，超越した客体と超越した主体の経験の両方であると理解される．ラングデル式の'法'は，時には客体であり時には主体となる．

参照：Pierre Schlag. The Problem of the Subject. 69 Tex L Rev. 1627, 1645, n. 66 (1991).
8 ：前出. Pierre Schlag. The Problem of the Subject, 1632～62（1991）；主要参考文献　G Minda p. 14.
9 ：主要参考文献　G Minda p. 14, n. 15 at 263.
10：主要参考文献　G Minda p. 14, ns. 14, 15 at 262, 263.
11：主要参考文献　G Minda p. 17.
12：主要参考文献　Holmes p. 1：時代の必要性（felt necessities of time）とは，'公言されていようがいまいが，または裁判官が同僚と共有する偏見であろうが，人が支配されなければならないルールを決める三段論法よりも良い結果をもたらした，一般的な倫理または政策理論，パブリックポリシー上の制度である；G Minda p. 17.
13：参照．T C Grey, Holmes and Legal Pragmatism, 41 Stan L Rev 787, 805（1989）；主要参考文献　G Minda p. 17. n. 33 at 265.
14：主要参考文献　G Minda p. 17. n. 39 at 265.
15：主要参考文献　G Minda pp. 17, 18. ns. 40～43 at pp. 265, 266；特に，n. 40 at 265；ホウムズのラングデル形式主義批判は，ブラックストン及び令状システムに基ずく，コモンローの古い原理的分類の再概念化理念に向けられた．ホウムズのコモンロー概念化原理は，'合理人' という外部標準に基づいていた．...しかし，ホウムズの概念的アプローチは，裁判官の 'パブリックポリシー観' または '社会利益に対する配慮' に従属していた．参照．T C Grey. Holmes and Legal Pragmatism, 816.
16：T C Grey　前出　p. 816. 主要参考文献：G Minda p. 18. n. 42 at p. 266.
17：主要参考文献　G Minda pp. 44～61；概念法学と規範法学の違いを一言で説明すれば，概念法学が法の自律性に執着して，外部要素，社会，経済，倫理，道徳との関連性を断絶しているのに対し，規範法学は，倫理，道徳との関連性に注目しているといえる．規範法学に傾注した者（例えば，John Rawls, Ronald Dworkin, Owen Fiss）は，自立した個々人が合意するであろう，社会規範，価値観の共有，権利及び公正な司法プロセスを推敲して，新しい解釈論を構築しようとした．
18：主要参考文献　G Minda, the Enlightment；pp. 5, 6, 13；Pragmatist philosophy；p. 17, ns 30&36 at 264, 265. 19：主要参考文献．Farnsworth；§5. 2 Policy Against Wrong.
20：Plumlee v. Paddock, 832 SW 2d 757；Tx. App. 1992.
21：Ewing v. National Airport, 115 F 2d 859, 4th Cir. 1940.
22：主要参考文献　G Minda p. 30. n. 40 at 323.
23：主要参考文献　G Minda p. 30. n. 42 at 324.
24：主要参考文献　Gilmore (2)　p. 85, G Minda pp. 30, 31 n. 43 at 43.
25：主要参考文献　G Minda p. 31.
26：主要参考文献　G Minda pp. 24～43.

27：主要参考文献　G Minda pp. 44〜61；参照．上記　n. 17.
28：主要参考文献　G Minda pp. 37〜43.
29：主要参考文献　G Minda pp. 37〜43．特に，n. 64 at 274：中立性原則学派は，1960年代に一般的であったリーガルプロセスの慣行の中で中心動向であった．中立性原則学派は，ハート＆ザックスのリーガルプロセス論が見のがした司法理論を開発しようとした．その過程で，中立性原則学派は，1960年代の法律学を形成した．リチャードポズナーが述べたところでは，1960年代は，アメリカの法律専門家の連帯が最高潮に達し，それ故に，法律学は，法律専門家のギルドまたはカルテルに属するイデオロギーだと認識されたのである．
参照：Posner The Material Basis of Jurisprudence, 69 Ind L J I , 23（1993）.
30：主要参考文献　G Minda p. 37.
31：主要参考文献　G Minda p. 38 n. 72 at 274.
32：Brown v Board of Education, 347 US 537（1954）
33：参照：Alexdnder M Bickel. The Supreme Court and the Idea of Progress, NY Harper & Row（1970）；G Minda p. 44.
34：主要参考文献　G Minda pp. 41〜43.
35：主要参考文献　G Minda p. 44.
36：主要参考文献　G Minda p. 43.

第2節　アメリカ現代法の焦点：
如何に実質（substance）に迫るか？

　イギリスと同じく，アメリカでも，契約への介入は，まず司法の場で行われた．それは，今日では，伝統的な方法（または，隠された道具：covert tools）[1] と呼ばれる，契約成立または解釈のルールの操作である．このテクニックは，大まかに三つに分けることができる；

① 提示を受けた当事者から見て，書面自体がオファーだと認識できる条件が合理的に満足されていないという理由で，提示をした者の抗弁を却下する方法（所謂チケットケース．参照：Healy v N. Y. Central & Hudson River R. R., NY 1912)[2]．

② 仮に，受け渡しされた書面がオファーに該当するにしても，提示を受けた当事者から見て，問題の条項がオファーの一部であると認識できる条件が満足されていないとして，提示をした者の抗弁を却下する方法．この方法は，必然的に，顕著性（conspicuousness）の要件に繋がる．

　ペンシルバニア最高裁の判例に次の判旨がある；

　悪名高きローマの暴君カリグラの最も憎むべき行為の一つは，非常に高い柱の上に法律を刻み人々が読めないようにしたことである．弁護士会の契約書式の数多くの頁数の後ろにある認諾委任状（warrant of attorney）も，被告の視野にはあるが，その趣旨に，彼女が注意するところとは完全に異なるところに置かれている（参照：Cutler Corp. v. Latshaw., Pa. 1953)[3]．

③ 第3の方法は，解釈によるものである．その代表的なケースに，ペンシルバニア最高裁によるものがある．

　このケースでは，芝生の傾斜で怪我をしたアパートメントの住人が，所有者の管理に瑕疵があったとして訴えた．所有者は，リース契約の

免責条項を援用したが，この条項は，格別，芝生にまでは言及していなかった．裁判所は，この条項を所有者に不利に解釈して，所有者の責任を認めた（参照：Galligan v Arovitch., Pa. 1966)[4].

契約条項の解釈は，原則的には，'起草者に不利に（contra proferentem）'である．このような解釈原則は，更に，制定法が補強している．統一商事法典は，用語または条項は，はっきり認識できるものでなければならず，'通知を受けた当事者が，合理人であれば，それに気が付くように書かれていなければならない（UCC §1-201[10]：conspicuous)'と要求する．また，矛盾のルール（repugnancy rule）も成文化（UCC §2—316[1]）されている．

既に，'伝統的な'といって支差ないと思われる，これらの方法には，欠点も認められる．不幸にして，相手側が，当該書面を契約書として提示していることを認識していた者，相手が，契約に挿入しようとしていることを認識してオファーを読んだ者，または相手の解釈を理解していたが，他の選択肢がないなどの理由で，当該契約にサインしてしまった時に，これを救う理由は，（そこからは）出て来ないのである．また，解釈のルールを厳しくしたとしても，有能な起草者が何度も挑戦することによって回避されてしまう可能性が生ずる．そして，結果として，ビジネスマンを含む一般社会人には全く迷惑な，分厚い複雑な，契約の起草に繋がっているのである．

この弱点は，1958年，イリノイ州最高裁が下した判決（O'Callaghan v. Waller & Beckwith Realty Co., Ill. 1958)[5]に現れている．彼女は，自分のアパートの中庭でころんだ時に負傷した．そして持主を訴えた．持主は，リース契約の免責条項に基づく抗弁を主張，裁判所もこれを認めた．彼女は，'住宅不足のため貸主と入居者との間には交渉力の不均衡が生じ，入居者に対し，非良心的な優位性を貸主に与えている'と主張したが，裁判所の認める所とはならなかった．

同裁判所は，確かに住宅不足の状況は認めている．彼等の見解によれば，この問題は，司法より立法措置の方に馴染む問題なのである（注．2人の裁判官が反対意見）．

これと対象的なケースが，1960年の Henningsen v. Bloomfield Mortors（NJ 1960)[6]である．ヘニングセン氏は，新車を或るディーラーから購入した．10日後に納車された車を妻のヘレンが運転中，彼女は，ステアリングの故障により負傷，ヘニングセン夫妻がディーラー，メーカーの両方を，黙示保証違反で訴えた．被告側は，ヘニングセンの請求権は，購入申し込み書の裏面にある規定により放棄されていると主張した．その条項は，8"1/2の細字印刷の中にあり，保証違反の損害賠償責任を否認（disclaim）する代わりに，欠陥部品の交換を一定期間保証していた．裁判所の判断は，'ヘニングセンは，ディスクレーマーに拘束されない'である．この判断は，伝統的な技術[7]を無視したものではないが，主な判決理由は，別のところにあった．

　裁判所は，この書式は，自動車製造業者協会が，マス・マーケットで使用するために，作成した標準契約で，全米で売られている自動車の殆ど全てがこの協会の会員の販売によることから，自動車の購入者に，'takes it or leaves it'の選択を強要するとの認識を示した上で；

　　　自動車産業の地位は独特である．製造業者の数は，少なく，交渉力は，強い．...　これは，買手の立場から，交渉できる余地がある問題ではない．なぜなら，買手の交渉力は，完全に不均衡で，それに続く冷酷な結論は，交渉は，全く許されていないということである．彼は，メーカーが決めた保証条項に基づいて，車を買うか買わないか決めざるを得ない[8].

ファーンスワースは，交渉力の不均衡に起因する不公正を扱う原理を探す上で，この判決をランドマークと評している[9].

　既に，イギリス法のところで指摘したように，コモンローの公正の維持は，多分に，手続的公正の維持であって，貧しく，教育を受けていない農民と大銀行の取引であっても，農民が，銀行とは利害関係のない弁護士等に相談してい

れば，不当威圧は，成立しない可能性があった．アメリカの場合，この欠点は，相当認識されているようである．例えば，契約法リステイトメント第2編は，標準契約書については，包括合意として扱うのが合理的である限り，個別条件の知不知にかかわらず同様に取り扱わなければならないとして，この不均衡を緩和するよう試みている（§211(2), (3)）．ただし，この伝統的なテクニックを超える不公正については，法の問題として扱うことにならざるを得ない．そこに介入するのは，パブリックポリシーまたは非良心性の法理（unconscionability）である．

以上の文脈では，イギリス現代法とアメリカ現代法の違いは，判然としない．また，不実表示（misreprisentation）の概念構成の別（詐欺，過失，善意）も基本的にはイギリス法と同じである．

そこで，次の，'アメリカ現代法の焦点'に移る訳だが，既に述べたように，アメリカ司法では，形式主義と対比される意味での現実主義の前進が際立っていることに注目しなければならない．そして，興味深いことに，エクイテイの法理が，現実主義の中核に生き残ったのである．ただし，これは，伝統的な正義感や倫理観に基づく，大法官の裁量を意味するものではない．ブランダイスが先導したように，彼等は，社会学的アプローチで，現実の不公正に切り込んだのである．

それでは，基本的違反の法理と同旨の'完全な違反（total breach）の法理'から，次の分析を始めることにしよう．

［参照注］

1：UCC（Master ed. 1968）：§2-302 official comment 1.；主要参考文献．Farnsworth vol. 1. p. 496.
2：Healy v NY Cent. & Hudson River R. R., 138 NYS 287, 290, App. Div., 1912.
3：Cutler Corp. v Latshaw, 97 A 2d 234, 237, Pa. 1953.
4：Galligan v Arovitch, 219 A 2d 463, 464, 465, Pa. 1966.
5：O'Callaghan v Waller & Beckwith Realty Co., 155 NE 2d pp. 545〜547, Ill. 1958.
6：Henningsen v Bloomfield Mortors, 161 A 2d 69, NJ 1960.
7：前出：161 A 2d 69, 99〜101., NJ 1960：裁判所の判断では，夫人は契約当事者で

ないが，医療費（填補賠償）の請求は，ヘニングセン夫妻何れからも可能というものであった．即ち，購入者の家族または許可を得た車の使用者は，当然，保証条項の保護範囲に入る，また生計を一つにしている妻の医療費を夫が支払うのを予測の範囲外とすることは非合理的というものである．
8：前出．161 A 2d 69, 92, 94., NJ 1960
9：主要参考文献．Farnsworth vol. 1. §4. 26 p. 545.

1. 違反の深刻さに対応する規制

1） 完全な違反（total breach）の法理

もともと，アメリカ法はイギリス法と異なり，違反の深刻さに関する対応として，形式ではなく実質に注目している．従って，conditionには，イギリス法でコンディションと表記したような意味はなく，主に；契約当事者の約束または義務が有効に発生する条件と解される[1)-1]．

そこでアメリカ法が採用したテクニックは，違反の形態を，違反の深刻さに応じて，3段階に区分することであった．即ち；

① 部分的違反（partial breach）：被害者には，反対履行の一時留保などの対抗措置は認められず，損害賠償請求権が認められるに過ぎない．
② 重大な違反（material breach）：契約目的に照して重大な侵害ではあるが，なお，違反者に，治癒（cure）の機会を与えるために，被害者側に，催告義務が課される．ただし，被害者側には，反対履行を一時留保する権利が認められる．
③ 完全な違反（total breach）：若し，被害者側が，治癒の見込みを期待することができず，契約の終結を選択すれば，違反は，完全なものとなる．その正当性が認められれば，彼は，残余の，反対履行の義務を免れ，加えて損害賠償請求権を得る．

このプロセスを正当化する段階的分析法は，第2次契約法リステイトメント（§237及びコメント）に注意深く成文化されているが，アメリカ法に特長的なことは，この評価に，当事者の意思を深く介在させたことである．コービンもファーンスワースも，若干の表現の違いこそあれ，契約法の目的を，'当事者の合理的な（または正当な）期待の保護'に置いているので，契約違反と救済の論拠に，当事者の意思が介在するのは，当然の帰結といえよう．彼等は，当事者の正当な期待を合理的に保護することは，社会の利益であると判断する．同時に，余り重大でない違反を口実に，自分の義務を免れるために，保護権の乱用を認めることは，社会の利益にならない[1)-2]と判断する．原則的には，重大な違反であっても'取引の継続（keeping the deal together）'が優先する．従って，治癒は，違反の当事者に与えられた権利であり，催告は，被害者側の義務という構図が浮かび上がる．
　違反が重大であるためには，当該違反が，取引条件の未成立に当る程重大でなければならない[1)-3]．それは，実質的履行の法理（doctrine of substantial performance）と対極の関係にある事実の問題である．

　契約法第2次リステイトメント（§241：不履行の基本的要素）は，次の通り述べている；
　① 適正な補償が得られる可能性を考慮しつつ，被害者に注目して，どの程度合理的に期待された利益が奪われたかを考察する．また，
　② 相手側にも注目して，没収の被害及び治癒の可能性または誠実かつ公正取引義務に照して，違反の動機の程度を考察する．

　つまり主たる要素は，当事者が正当に期待した利益を奪う程度であるが，それは，必ずしも，契約の全部の目的と抵触する必要はない（Gibson v City of Cranston, 1st Cir. 1994）[1)-4]．また，実質的履行は，重大な違反の反対語である（Ujdur v Thompson, Idaho App. 1994）[1)-5]，その使い方は，必ずしも統一されていないにしても，裁判上または学術的には，'実質的を殆んど完全に'の意味で使い，

'重大は，部分的を超える'意味で使う傾向があるとコメントされる[1)-6]．また，重大性を決定する時または実質的侵害をテストする時は，契約締結時ではなく'違反'の時である（参照：UCC §2-608及びコメント2）．

既に述べたように，イギリス法では，不公正契約条項法の成立時，'全ての状況を考慮すべき'とした法律委員会の勧告が，議会の反対で，通らなかったのであるが，その趣旨は，契約締結時の予見可能性に縛られることなく，履行時までに知り得た状況も考慮すべきとすることにあった．表現こそ違え，アメリカ法では，この要件が成文化されている訳である．ただし，損害賠償法上では，依然としてHadley v Baxendale（1854年，イギリス）[1)-7]：通常損害，特別損害の別）のルールが有効であることにも留意しなければならない．

［参照注］
1) - 1 ：主要参考文献．Farnsworth vol. 2. §8. 2.
1) - 2 ：RW Power Partners v Virginia Elec. & Power Co., 899 F Supp. 1490 ED, Va. 1995.
1) - 3 ：Liddle v Petty, 816 P 2d 1066., Mont. 1991.
1) - 4 ：Gibson v City of Cranston, 37 F 2d 731., 1st Cir. 1994.
1) - 5 ：Ujdur v Thompson, 878 P 2d 180., Idaho App. 1994.
1) - 6 ：主要裁判文献．Farnsworth vol. 2. §8. 16. n. 3.
1) - 7 ：Hadley v Baxendale（1854）9 Ex. 341, 156 Eng. Rep. 145, 英米判例百選　3d 224；契約法第2次リステイトメント§351.

2) 催告と治癒

(1) 催告と終結権

違反が充分深刻であり，最早，取引条件の成立が期待し得ないと認められる時は，契約を終結して被害を軽減する，またはヘッジ取引を行う自助権（right to self-help）が被害者に認められる．ただし，契約目的の達成が期待し得なくなったという主観的判断に基づく短絡的な権利行使は，後の裁判で終結権の乱用に当るリスクを犯すことなる．そこで，重要なのが催告と治癒の見込みにな

る．

　被害者は，終結権の行使をいつまでも待つ必要はない．しかし，完全な違反に対する，損害賠償請求権は，契約が取り消された原状回復請求権に立つのではなく，どちらかといえば，提供されなかった履行に対する損害賠償請求権に基づくものであるから，終結権が発生する前に軽率に終結した被害者は，損害賠償請求権を失うと同時に，自分が，完全な違反に対する，抗弁権を失うことにもなりかねないのである．

　勿論，治癒の見込みがないことは，様々な状況証拠から推定できる．しかし，合理的な期限を定めての催告にもかかわらず，治癒が行われなかった事実は，被害者の終結が正当なものであったことを強く示唆する．または，違反者側に，治癒不能の状況または公正取引義務違反があった充分な証拠になる．しかし，判断は，状況によって異なる．例えば，株式の購入者の未払は，それだけで'善意 (innocent)' とは認められないのである[2)-1]．反対に，出版物の発行者が前金の分割払いに遅れた場合，故意でなければ，正当な取り消し事由にはならない[2)-2]．前者では，取引市場の安全または効率を維持する公益が働く．更に，違反が履行拒絶と重複していれば，仮に，違反が部分的なものであっても，それを，完全な違反として取り扱うことができる[2)-3]．部分的な違反であっても，違反者の履行拒絶に起因するようでは，最早，善意の当事者が期待した契約の目的は，達成し得ないとの推定が働く．ここで，実務的に，重要なことは，催告に，部分的な違反または重大な違反状態が完全な違反に進展したことを示す，充分な客観証拠を作る機能があることである．

(2) 履行期の指定 (time is of the essence)

　催告に要する期間を省略して，即時終結権を確保するため，実務者は，しばしば，契約に履行期限または期日を定め，'履行期限は，本契約上の必須条件である (time is of the essence of the contract)' という慣用句を挿入する．勿論，市場には，急激な価格変動のリスクがあるし，季節品の場合には，時季外れに納品されても商売にならない．これ以外にも，納期を定めた商品の調達，期限

を定めた工事の施工など，履行期を指定する必要性は，色々ある．このような場合，供給側に納期の厳守を求め，更に損害賠償額の予定 (liquidated damages) などの方法で，調達側のリスクを契約でカバーする正当性に何の疑問もない．そのような文言が明白である限り，裁判所は，当事者の約定を尊重する．土地の売買契約で，購入者が期日までに残金を支払わない場合は，売却人が契約を終結できるとの規定は，'時間は必須条件' よりも，もっと明確である[2]-[4]．

しかし，この文言は，多くの契約で余りにも慣用的に使われるようになったため，裁判所は，その有効性を認めるに寛容でない．そして，これを規制しているルールは，基本的には，顕著性の要件なのだが，時には，当該契約に必要な条項だったのか否かの実質またはエクイテイ上の配慮を問題にしているように見えることがある．そこで，この理解を検証する判例を以下に列挙する；

① Le Roy Dyal Co v Allen (161 F. 2d 152, 4th Cir. 1947)：ポテトの分割発送が1日2日早かったからといって，裁判所は，厳密な意味で '時間は必須条件' のルールを未履行の売買契約に適用する訳ではない．

② Long Inv. Co. v O'Donnel (88 NW 2d 674, Wis. 1958)：土地の購入者が1953年7月1日までに支払をしなければならないとの規定は，時間を必須条件とするものではない．

③ Kaiman Realty v Carmichael (655 P. 2d 872, Haw. 1982)：時間は必須条件条項は，没収が苛酷かつ不合理の場合，エクイテイ上の救済を排除するものではない．

④ Keller v Hummel (334 NW. 2d 200, ND 1983)：カマボコ型の構造物を売却する契約で，時間は必須条件の意図が文言上明白であっても，それは，依然として事実認定で決すべき問題である．

⑤ Vulcan Trading Corp. v Kokomo Steel & Wire Co (268 F. 913, 7th Cir. 1920)：分割払いの契約で，購入者が8日間支払に遅れたことは，通常，金利で補填されるので，契約の終結を正当化しない；しかし，...商品の出荷遅れは，...購入者が契約した基本的な目的を侵害する．

⑥ Malone v Schaffer（363 SE 2d 523, W. Va. 1987）：不動産売買の当事者は，…常に契約に定められた特定の時に履行しなければならない訳ではない．…実質的な金額の頭金を払った購入者には，特別な許容範囲がこれまでも認められてきた．

⑦ Kakalik v Bernardo（439 A 2d 1016, Conn. 1981）：不動産取引では，支払または譲渡のために設定された特定の日時は，その特定の日時の履行を必須条件とするものではない．

　裁判所が，時間を必須要件とせず，債務者に寛容な態度を示す度合は，契約類型によって異る．例えば，株式の売買契約では，買手の代金支払が極端に不確実な場合，売手の終結権は正当化される[2)-5]が，不動産売買契約では，特に，購入者に寛容な判決が多い（上記，②⑥⑦など）．それは，代替性がない特定物売買の場合，受約者の合理的な期待を裁判所が守らなければならないと考えている証拠といえるだろう．何れにしろ，この慣用句に対するアメリカの裁判所の態度は，わが国の例文解釈を想起させるに充分なものがある．

　［参照注］
　2)－1：Sackett v Spindler, 56 Cal. Rptr. 435, Ct. App. 1967.
　2)－2：Septembertide Publishing v Stein & Day, 884 F. 2d 675, 2d Cir. 1989.
　2)－3：Riess v Murchison, 329 F. 2d 635, 9th Cir. 1964.
　2)－4：Mailloux v Dickey, 523 A. 2d 66, NH 1986.
　2)－5：Sackett v Spindler, 56 Cal. Rptr. 435, Ct. App. 1967.

2. 現実的規制とエクイテイ

1) 強迫（duress）と不当威圧（undue influence）

　アメリカ現代法においても，強迫（duress）と不当威圧（undue influence）の法理が不公正契約を規制していることは，イギリス法と余り変わりがない．即

ち，18世紀前半のイギリスで，'財物を押えての強迫（duress of goods)[1]-[1]' が認められてから，強迫の概念は，身体または財産に対する直接的脅威の側面を離れて，経済的脅威の方向へ拡大して行った．

この文脈から示唆されるように，伝統的な強迫の法理は，犯罪または少なくとも不法行為と同居しており，違法または不法の要件を客観的に標準化するに都合が良かった．例えば，ブラックストンは，脅しによる強迫（duress per minas）を '生命または身体能力もしくは手足を失う恐怖による意思の拘束[1]-[2]' と定義し，そこに，客観要件への執着を求めた．しかし，強迫の概念が経済的利益をも取り込めば，様々な，交換取引の個別的事情を無視することはできなくなる．即ち，強迫された者の個別的，主観的要素が重視されざるを得ない方向に移動する．また，その基準の標準化について，ドーソンは，'この分野の一般化に関する歴史は，単一のフォーミュラに要約された結論を求める者を勇気付けるものではない[1]-[3]' と述べている．このコメントは，この分野では，客観標準の整備が難しく，個別的にエクイテイの判断に頼らざるを得ないことを示している．

また，強迫と不当威圧は，その法源が分かれるといっても，極言すれば，何れも不当な圧力をかけて被害者の合意を得ることは同じである．ただ，そこで使われる手段が '脅し（threat)' であるか，'不当な説得（improper persuasion)' にあるかの違いがあるに過ぎない．

これらの事情から，既にイギリス法で述べたように，経済的強迫と不当威圧は，互換的に使われることもあるのである．ただし，細かく見て行くとアメリカ法では '強迫の法理が Coke の定式[1]-[4]' を遥かに超えて，'経済的強迫（economic duress)' または 'ビジネスの強制（business compulsion)' の見出しと共に適用されていったのに対し，'不当威圧' は，信託または信任関係に代表される，特別な関係に基づく義務違反に適用されるケースが多いように見受けられる．ただし，これは，アメリカ法がエクイテイ的な救済に消極的ということを意味するものでは決してない．むしろ，現実は逆なのである．これについては後に述べることにして，ここでは，ビジネス契約の脅しの不当性に関する分

第3章 本論：アメリカ法の分析　*283*

析から入ることにする．

（1） 脅しの不当性

これの問題の解析には，ビジネスの強制（business compulsion）のケースを利用することができる．以下のケース（Ramp Buildings case ; Wash. 1931）[1]-[5] は，合法的な権利の乱用に関するものである．

事件概要：この事件は，シアトル市内に，2区画の不動産賃借権を得た被告が行った，駐車場ビルの建設に関するものである．同ビルには，車の出入のため5ヶ所のランプウエーの建設が計画されたが，そこには，原告の特許に属する工法（ステッガー床及びランプビル建設工法）が採用されていた．被告は，原告とライセンス契約を結ぶ以前（1926年2月25日）に着工し，原告から，特許権侵害の警告を受けた．その後，被告は，原告とライセンス契約を結んだのであるが，その際，原告は，特許権者として，被告が原告提示の条件でライセンス契約を結ばなければ，モーゲージローンの債務者でもある被告と同時に債権者である金融機関の双方を訴えると脅し，これによって，融資を停止させ，原告に破産の恐怖を味あわせた．

原告の主張によれば，この時点で原告には，既に，数千ドルの支出があり，モーゲージで手当した7万5千ドル以外に資金の目処はなかった．

同年5月12日，被告は，ライセンス契約を結び$3456，またはビルが拡大された時には，それ以上のライセンス料を支払うことに合意した．また，$1732.50を，現に，支払った．この裁判は，被告の未払債務（$4695＋金利．ただし，拡張工事分に見合うライセンス料を含む）の支払を求めて，原告が起こしたものである．

陪審なしで行われた第1審（Superior Court, King County）は，原告有利の判決を下し，ライセンス契約の未払分について，被告不利の判決であった．また，裁判所の事実認定で，ビルは，拡張されておらず，被告は，ライセンス契約に記載された金額以上の債務はないと認定された．この未払債務を認めた判決を

不服として被告が控訴.

　控訴審（Beals　裁判官）：ビジネスの強制という最近の法理は，...'強迫'の法理とは若干異なるのである．われわれの意見では，上訴人の交差訴状（cross-complaint）には，...（先例で主張され）法律上敗訴当然の旨の抗弁（a general demurrer）に対しては有効なものを含んでいる．被上訴人は，正式事実審理（trial）での証拠は，上訴人がリースを譲渡したまたはビルを売却したことを示すために持ち出したものなので，この裁判の目的である被上訴人に対する債務の質疑には使えないと主張する．被上訴人のこの主張は，若し，上訴人がこの資産をそのように処分していれば多分正しい，上訴人は，この裁判で有効な防御をすることができないと主張することが許されるだろう．しかし，上訴人は，訴答された交差訴状に対する防御の主張として，この問題を扱うことが許される，また，適切に構成された正式事実審理で，問題とすることが許される．また同様に，上訴人は，契約上の条件に従った債務残高に対する被上訴人の請求に対して，有効な防御をすることはできるが，契約をした時点で支払った金額については，被上訴人に対する判決に勝訴する権利は認められないだろう．これらのまたはその他の質疑は，再審理（new trial）に提出することができる．

　上訴された判決は，再審理を認めるための第1審裁判所（Superior Court of the County）に対する指示と共に，また上訴人の交差訴状に対する被上訴人の防御を無効とするために，破棄する．

　Millard　裁判官意見：私は，この判決に同意する．防訴抗弁によって，被上訴人は，若し，上訴人が違法な強制に従わなければ，上訴人の合法的なビジネスを防害すると脅したことを認めた．それは強迫に該当する．私は，この行為を'ビジネスの強制'と定義するより'強迫'とすべきものと思う．

　小括：'ビジネスの強制'という用語は，アメリカ法に固有のもので，イギリス法では余り見受けられない独立した概念を示唆する．また，このケース

は，強迫の概念を契約法の領域で使用する基本的な問題点を内包している．即ち，伝統的な意味の強迫で成立したような契約は，自由な意思の合致とはならないので，そもそも契約が成立したとは認められないし，取消可能と判断するに無理はない．しかし，このケースのように，違犯者に合法的な権利（特許権）がある場合も，やはり問題なのである．最近の判例[1]-[6]でも；経済的強迫は，脅しを行う法的権利がある場合でも，不当と思われる状況下で行使されれば，成立し得ると述べている．そこで，合法的な権利行使と不公正な権利行使の境界を識別する技術が必要となる．それが次のテーマである．

(2) 脅しの成立要件

伝統的な強迫の要件に該当する手段を弄さなくても，脅しは，様々な形で可能である．相手方の本人または親族などの弱味を握って，自分のオファーを受けなければ，刑事または民事で告発する若しくはプライバシーを公開するなどは，最早，古典的な脅しであるといっても良いだろう．また，契約内容の修正に応じなければ，契約義務を履行しないという脅しも，市況変動が避けられないビジネスでは，日常的なものである．

第1次契約法リステイトメントの頃の裁判官の立場は，かなりセンシティブな倫理判断に傾いていた．即ち；恐れよって，取り引きの価値を失わせる手段として，脅しを使ったのであれば，倫理的な意味で，その行為は不当である（§492　コメントg）のである．そして，この立場は，当事者間の関係を重視する方向へ振れながら，第2次契約法リステイトメントの時代にも継承されてきた．即ち，不当な脅しとは，次のカテゴリーの何れかに該当するものなのである；

① 裁判所が取り引きの結果の公正性を調べる必要性がないほど，…または，…行為自体に，必然的に，不公正の要素を含むもの（§176），

② 脅しに不当性があり，結果的にも，不公正があるもの（§318コメントa），

前者の脅しは，第1次契約法リステイトメントの立場を継承するものであり，後者の脅しは，更に，被害者の側の立場に配慮して，結果的公正 (fairness) の要件を追加したものといえよう．これに関し，ドースンは，'倫理への傾倒は，要件の重点を，脅しの不当性から取引結果の不公正に移すことで避けられる'と主張した．そして，裁判所は，'交渉力の不均衡から直接トレースできる，超過利益または不当利益に注目すべきである'と強調した[1-7]．約因の法理の下で，超過利益または不当利益がそのまま客観基準になり得るかは別問題として，これは，ほぼ，第2次契約法リステイトメントと同旨の見解に当ると思われる．

　これに関するUCCの立場は，次の通りである；
　　合法的な取引事由のない，'修正 (modification)'の強要は，誠実義務違反であり無効である．…商人間の，または商人に要求する誠実性の基準は，'当該取引分野における合理的な取引基準'の遵守を含み（§2-103），また或る状況では，修正を求める客観的に提示できる理由が必要である．しかし，履行が損失をもたらす市場変動の問題として，§2-615または§2-616の下での履行に対する適格な抗弁を可能とする予見不能という困難性がない場合にも，そのような理由は提示することができる（§2-209 コメント2）．

　ただ，契約内容の修正に応じなければ，契約義務を履行しないという脅しは，相手が適当な代替手段を調達できる時には脅しになり得ない．そこに着目して，代替手段の有無を重視するアプローチも成立した．例えば，ビジネス契約で，脅しが効くためには，被害者の置かれた立場が重要との推定がなり立つ．つまり，財物を押えての脅迫が示唆するように，被害者に属する特定物を留置すれば，彼を，合理的な代替手段なしに，放置できる．それは，契約に基づいて被害者に権利がある財物，役務，土地または金銭についても同じであ

る．裁判所は，この逆に，伝統的には，金銭を支払わないとの脅しには，合理的な代案があると推定して来た[1)-8]．しかし，より新しい判例では，特別な必要性を示すことによって，この推定を退けている[1)-9]．被害者の経済的困難を不当に利用して合意を引き出すのは，経済的強迫そのものなのである．

　ただ，何が合理的な代替手段であり得るかは，被害者の年齢，性別または能力，当事者間の関係または利害関係のない第三者のアドバイスの有無を含め，状況次第である．また，後に述べるように，アメリカ法では，不当威圧に該当すると思われる，当事者間の関係が重視されるケースも強迫に含まれており[1)-10]，これらのケースでは，エクイテイの法理との境界も曖昧であり，何らかの客観基準を求めることは困難のように思われる．

(3) 強迫の効果の継続性

　強迫に対する救済は，不実表示に基づく契約と同じように，被害者に取り消し権を与えることで，追認の可能性を残している．ただし，一般には，この取り消し権は，合理的な期限内に追認を否定しなければ，行使できないことになる[1)-11]．それは，契約義務の相互性原則に対する過剰な侵害を防止するためと説明されている[1)-12]のだが，要は，強制によるものであるにしても，一旦，合意の意思表示をした以上は，権利義務関係が，法的に，修正できる余地を不確定なまま継続させるのは，好ましくないというパブリックポリシーに基づくと理解せざるを得ない．ただし，脅しの有効性が継続しうる状況下では，否認の通知は期待しうべきもないから，この合理的な期限内とは，脅しの有効性が解消した時点から始まると解される[1)-13]．従って，コモンロー上は，出訴期限(limitation of actions)を待つことなく，速やかな明示の否認義務が被害者に課されていることに注意を要する．

　しかし，これも必ずしもそうではないのである．経済的強迫では，'飴と鞭' が使われることが多いので，エストッペルの法理が介入しうる余地がある．次のケースは，これに該当するもので，銀行が，不良債権化した融資を他社に付け替えて，巧妙に回収した構図が浮かび上がる興味ある事例として，下

級審 (N. Y. 連邦地裁) の判決ではあるが参照しておこう．

(4) Kovian v Fulton County National Bank & Trust., 857 F. Supp. 1032, NDNY, 1994

事件概要：本件の被告は，標記銀行及び同行社長プラット (Pratt) 及び 副社長モーゼス (Moyses) の両名．また，原告は，同行の取引先で，ケリー木材社 (Kelly Lumber) を経営していたオーナー経営者，ベーカー (Baker) とチェーニー (Cheney) 及び，申し立てによれば，被告モーゼスの奨めにより，1982年2月，中古ビルの再開発事業のために設立された会社，ヒブジェイ (Hibjay Corp.) である．

被告モーゼスは，ヒブジェイの最初の改修事業である'ハイバー通りビル計画'で改修後のビルの買手を世話すると原告等を勇気づけた（注．筆者補足；この融資スキームは，ビルの所有者は，同行の別の取引先なのであるが，低収益のビルの改修資金を，別途，再開発業者に貸し付けて，改修後のビルを処分することにより，収益を関係者に分配しようとするものである）．

同じ，融資スキームが，ヒブジェイの第2次プロジェクト，モスニック寺院ビル再開発計画（以下寺院計画）で採用された．同寺院ビルは，ケニーキース (Kenneth Keith) という個人の所有で，キースは，同行からビル買収資金の融資を受けており，同行は，モーゲージを付けていた．原告等は，キースが，既に，同行からの借入限度に達していることは知っていたが，原告自身で，同行からの改修資金の借り入れを続け，工事を完成した．それは，彼等が，同ビルの買手を斡旋するという被告等の保証を信頼したからである．改修資金の貸し付けは，手形貸付で，これに，ベーカーとチェーニーの個人保証が付いていた．また，手形は，予め，サイン済の白地で同行に交付され，必要資金を銀行側（モーゼス）が記入したと報告されている，またその際，モーゼスは，キックバックを上乗せしたとも報告されている．

改修後，同ビルは，寺院協会に買収された．その時までに，ヒブジェイは，同ビルに建築工事に関するリーエン (mechanics lien : $615, 703. 45) を付けてい

た．別途，同行がモーゲージを付けていたのは，前述の通りである（注．金額不明なるも，文脈から上記リーエンより少額と思われる）．

原告によれば，このリーエンを同行に譲渡するよう，同行から様々な約束と脅しがあった．彼等は；

① 寺院ビル改修で生じた債権を放棄すると約束した，
② 新プロジェクト（Brower Block Proj.）の中で，（リーエンの回収金の中から同行の）必要金額以上は，ヒブジェイに戻すと約束した（注．この約束が，後に，判決を支配した），
③ ケリー木材が抱えている財政問題に協力すると約束した．そして，
④ 若し，この譲渡を拒めば，今後の融資を保留し，既融資分の返済を要求すると脅した．

その結果，原告等は，リーエンの譲渡に合意したのである．

それから，同行は，自分が付けていたモーゲージを流し，このリーエンに基づく債権回収を裁判所に申し立てた．これにより，同行は，ヒブジェイに貸し込んだ以上の資金を回収したけれども，剰余金の配分は，ヒブジェイには行われなかった（注．筆者補足；この余剰は，多分，キースに対する不良債権処理に回ったと推測される）．更に，同行は，ヒブジェイの新規プロジェクトへの融資約束及びケリー木材の財政支援約束を打ち切り，その後，ケリー木材は，破産申請に至った．

その後，更に，同行は；
　　原告等が，寺院プロジェクトに関して，同行に対する一切の請求権を放棄し，また裁判でも争わないと約束する権利放棄書（release）にサインしなければ，ヒブジェイの債務のキャンセルを実行しないと脅した．
これにより，原告等は，1984年10月2日，同権利放棄書にサインした．

このケースの主な争点は，権利放棄書のサインに関するのもので；

① 強迫の有無,
② 追認の有無,
③ 詐欺の主張立証に関する詳細要件の立証の有無,

の3点である．以下，これらの要素について，マンソン（Munson）上席地方裁判官メモランダム判決及び命令の概要を見ておこう．

① 強迫の有無[1)-14]

先例[1)-15]に照して，連邦コモンローでは，権利放棄の取り消しを可能とする強迫があったとするには，三つの要件が必要である．即ち；

・ 原告が非任意的に被告の条件を受諾した，
・ 被告の条件を受諾する以外の方法がなかった，
・ その状況が，被告の強制的行為の結果である．

このケースでは，原告等が権利放棄の有効性に強迫で対抗しているので，彼等は，強迫を受けた厳密な立証責任を負う（注．経済的強迫と異なり，立証責任の転換はない．対比：後述．不当威圧）．しかし，被告は，3要件の何れも存在しないと主張することで，立証責任を果たそうとしたが，裁判所の認めるところにはならなかった．

第1の要件（非任意的承諾）について，被告は，原告がサインする前に法的助言を受け，また相当な約因（被告の債権放棄 $458,213）を受けたので，任意性には，問題がないと主張した．しかし，裁判所は，証拠を原告に最も有利に検証して，サインの任意性には，事実の問題として，重大な疑問があると認定した．更に，当事者が，リーエンの譲渡の見返りに，銀行がその回収収益をヒブジェイの債務に充当すると約束したか否かの，事実問題を争っているので，それ故に，裁判所が，法の問題として，権利放棄が任意の交換取引であったと判決することはできないと結論した[1)-16]．．．．更に，第2巡回区裁判所から注意されているように，地裁は，サマリージャッジメントを求められた場合，申し立てを行わなかった当事者に対する評決を支持する充分な証拠があるかを決定する責任があり；また，証拠を評価し，提示された事実問題を決定してはなら

ない[1)-17]と述べた.

　第2要件は,追認の有無であるが,それは代替手段の有無でテストされる.被告は,権利放棄にサインする前に,詐欺で,裁判所に救済を求めることができた.即ち,原告等は,コモンロー上の代替手段を持っていたにもかかわらず,...相互権利放棄を選んだので,権利放棄は,支持されるべきと述べた.

　原告等は,1983年7月の銀行の約束が守られないことは,(権利放棄書にサインした)1984年10月2日には,気が付いたことを認めた.しかし,原告等は,約束が結ばれた時から不誠実なものとは知らなかったと述べた.それ故に,詐欺に対する訴訟は,考えなかったと述べた.

　この裁判所は,詐欺であれRICO[1)-18]の下であれ,原告等が,何時,銀行に対する請求に気が付いたか,事実問題として,重大な疑問があると決定する.陪審は,原告に最も有利に証拠を検証して,1984年10月時点では,彼等が,コモンロー上の救済を何等認識していなかった,また,...権利放棄書にサインする以外に方法がなかったと認定することができる.

　第3要件について,被告は,強迫につながる強制または違法行為,法的に許される以上の脅しは,何も行っていない,彼等は,弁護士を代理人として,完全に合法的な選択岐の中で,双互権利放棄を選択したと主張した.

　被告プラットの,この主張も認められない.若し,原告等が断言したように,銀行が,本当に,それ以前に,リーエンの譲渡の見返りに債権放棄すると約束したのであれば,そしてローンの支払を求める(注.手形を取り立てに回す)と脅したのであれば,(その後の)権利放棄は,恐らく詐欺または強迫の結果だと主張できる.

　②　追認の有無[1)-19]

　次に,被告は,仮に,強迫に関して事実上の問題があるとしても,原告等が,その利益を得た,即ち,約手の決済について訴えられることがないので,権利放棄を追認したことになると主張する....また,原告等は,権利放棄の破棄を容易に宣言できたのに,それをしなかったのは追認を意味すると主張した.

仮に，強迫の下で締結された契約であっても，それは，当然無効なのでなく，単に，取り消しができるに過ぎない（契約法第2次リスティトメント§175）. 従って，一旦，脅迫状態が解消したら，強迫を申し立てる当事者は，契約を否認するか，または追認の法理に従い，（不本意ながらでも）同意するか，速やかに決めなければならない．

契約が追認されたとするためには，強迫状態は，解消していなければならず，被害者が追認を意図していなければならない[1)-20]．

このケースでは，原告等が権利放棄にサインした時点（1984年10月2日）で，脅迫状態が解消していたとするに何等疑問はない．しかしながら，当裁判所は，原告等が（黙示的に）権利放棄を追認したとするには，重大な疑問があると判断する．若し，原告等の主張のように，ヒブジェイの債務免除が銀行の以前からの義務（pre-existing duty）だったら，権利放棄に基づく利益をサインからこの提訴まで，2年半も受けていたといわれる筋合はない．なぜなら，原告等は，銀行の以前からの義務を陪審が決める事実認定の問題としているので，裁判を始めるまで如何に長く原告が時間を使おうとも，裁判所は，法の問題として，...追認したとは判決できない（同判例脚注3, 1040：同じロジックはエストッペルを使っても可能）．

これらを総合して，（原告等の主張に沿って考えれば）重要な事実認定の真の課題は，何れにしろ，その後，原告等がその行動で権利放棄を追認したか否かにかかっている．従って，サマリージャッジメントにおける，被告の申し立ては，追認に関し棄却する．

③ 詐欺の詳細要件に関する訴答[1)-21]

最後に，被告は，原告等が，連邦民事訴訟規則（Fed. R. Civ. P. 9 (b)）に定められた，詐欺の詳細要件（particularity）を明らかにしなかったと述べた．KovianⅡで，裁判所は，原告等がヒブジェイスキームに関して，詐欺の詳細を弁論したと判決した．被告の主張は，この判決に当って裁判所は，詳細要件のうちの一つ，即ち，意図しか調べなかったというものである．被告によれば，連邦民事訴訟規則に従い，その他，二つの要件（時，場所，発言者及び詐欺的表

示の内容．郵便または電信が使用されたか否か）が証明されなければならない．

そして，これらの詳細は，原告等の第2次修正訴状には，何れも，含まれていないので，サマリージャッジメントでは，原告等の請求を却下するのが適正と結んでいる．

これに対し原告等は，被告には，サマリージャッジメントで，訴答の充分性を決定した裁判所の判断の再考を求めることはできないと主張した．本裁判所はこれに同意する．…なぜなら，この問題は，KovianⅡで完全かつ公正に決定済だからである（注．以下ケリー木材関係省略）．

判決：これらを総合して，原告，ヒブジェイ，ベーカー及びチェーニーからの請求の却下を求めた，被告，プラットの申し立ては棄却する．…両当事者は，正式事実審理に対する準備を継続するよう指示された．これは，命令である[1)-22]．

小括：要するに，この判決は，主な訴因；強迫，追認，詐欺に関する，銀行側の全面負訴である．同行は，寺院ビルの所有者キースへも貸し付け（金額不明）を行っていた．しかも，この債権は，モーゲージで保全されていたのである．また，原告等に対する債権（$428,213）も，約束手形を抑えていた他，間接的ではあるが，原告が設定したメカニックス・リーエン（$615,703.45）で保全されていた．それもかかわらず，銀行は，自分が設定したモーゲージを流し，原告から譲渡を受けたリーエンに基づく回収を強行している（銀行が回収した余剰収益額の記載はないが，上記，原告等に対する債権総額とメカニックス・リーエンとの差額から推定すると18万ドル位と判断される）．

確かにこの取引の実態は；
① 銀行側の動機の問題として，不良債権化していたキースに対する債権とヒブジェイに対する債権の同時回収が図られたと推定するに充分なものがある．また，

② プロジェクト・スキーム自体がビル所有者の資金を当てにしておらず，銀行の改修業者への融資とビルの売却益の分配に依存しているのであるから，銀行に手を引かれてはひとたまりもない．
③ また，融資が手形貸付なので，仮に取り立てに回されれば，資金余裕のない再開発業者は，倒産の危機に瀕する，

要するに，銀行側の脅しが十二分に効く状況が存在したのである．

ただ，原告側に不利な状況も数多くある；
① そもそも，この契約は，完全なビジネス契約で，原告は，保護を必要とするクラスに属している訳ではない，
② 手形貸付，個人保証も通常の手法で，ビジネスマンなら慣れているものである，
③ 書式は，整っており，原告側のサインもある．何よりも，原告側は，弁護士が代理人に入っている（知不知の問題にはできない），
④ 脅迫が解消したと認定された時から，2年半も提訴しなかった，

等々である．

これらの原告側不利の状況に，裁判所は，次のように対応している；
① 権利放棄の任意性の背景に，概ね，両当事者間の信頼（用）関係（credibility）を認定した[1)-23]．
② 権利放棄の任意性自体を，陪審が決定すべき事実認定の問題として，法の問題とすることを回避した[1)-24]．
③ 裁判所自身，証拠を原告に最も有利に解する[1)-25]と同時に，陪審に対して，証拠を原告に有利に解するよう説示した[1)-26]．これは信頼（用）関係または交渉力の不均衡を前提とした判断になる．
④ 時効の問題に対しては，銀行の債務免除の義務を前もって存在した義務と認定することで，追認の認定と切り離した．また，エストッペルを使っても同様の効果が期待できると述べ[1)-27]，かなり，法技術的な対応をしている．要すれば，合理的な期間内に否認しなければ，追認と見做されるコモンローのルールにも例外があるのである．

⑤ 原告が，弁護士に相談していたこと及び弁護士が代理していたことは，その当時，その弁護士が，被告の，顧問弁護士の一人であったことを原告側が指摘している．これは，双方代理が疑われる微妙な問題だが，裁判所は，立ち入った判断を避け，その事実だけでは，任意性の徴憑にならないと述べているにすぎない[1)-28]．

要するに，この判決は，アメリカ法の'強迫（ビジネスの強制）'が，イギリス法の'経済的強迫'（例，Bundy ケース〔1975〕QB 326）を遥かに超える，射程距離の長い法理として使われていることを示している．それは，当事者間の関係において顕著なのである．Bundy ケースでは，信認関係の擬制が充分可能な状況が存在したのであるが，本件の原告は'年老いた農夫'ではなく，保護を必要とするクラスに属している訳でもない．ただ，両当事者間に信頼関係（credibility）がなければ，このようなプロジェクトスキームは，成立しないと認定しているだけである．しかし，そもそも，信頼関係は，契約締結の一般的基礎である．厳密にいえば，信認（fiduciary）関係，信任（confidential）関係とは異なるものである．従って，信頼関係（credibility）の存否を決定的な要件とするのは無理がある．そこで問題となるのは，通常とは異なる債権回収の方法を選択した違犯者の動機である，または，その動機または意図の現れとしての'脅し'の実態である．しかし，マンソン上席裁判官は，そこには深入りを避け，陪審が事実の問題として，'回収した資金余剰は，原告に還元する約束があったこと'，また，それが権利放棄より'前に存在した義務（pre-existing duty）'であったことを認定すれば，裁判所は，法の問題として，被告の主張を認める可能性がないシナリオを，優雅に，示したものと思われる．もっとも，既存義務のルールを回避する契約技術も知られているのであるが，これについては，後に，別途述べる（参照：第3章第2節2.3)(1)：約因の法理の修正）．

何れにしろ，この判決は，古典法の復活がささやかれる90年代のものであることは注目に値する．次は，不当威圧である．

(5) 不当威圧（undue influence）

エクイティ裁判所が開発した不当威圧の法理は；能力（capacity）不足を保護するための要件または，不実表示若しくは脅迫の要件を充たさない，強制に支配された弱者を守るための概念手段で，強迫と同じく，契約を無効にすることができ，抗弁若しくは原状回復請求の根拠として使用することができるものであった．ここには，共通して二つの要件が必要とされる；第１に，当事者間の特別な関係．第２に，強者による弱者の不当な説得（persuasion）である．逆に，強迫との共通項は，被害者の合意に任意性がないことである．

特別な関係としては，通常，信認（fiduciary）関係または信任（confidential）関係が挙げられる．これらの関係が認められれば，'一方当事者は，相手側が自分の利益とは一致しない方法で行動することはないと推定することが許される（契約法第２次リステイトメント§177）'．この関係の存否は，先例で，概ね，特定されているのであるが，必ずしも確定している訳ではない．例えば，夫と妻または婚約者の間では，認められるケース（婚約した当事者は，双互信頼と信任関係を共有しており，最大級の誠実と，公正無私並びに信義を尽さなければならない）[1)-29, 1)-30]と，認められないケース（婚約した当事者の関係は，婚約した時から，信任または信認関係にあるのだけれども，当事者は，基本的には，独立した合理的な判断ができると推定される）[1)-31]があり興味深い．

先例上，特別な関係が推定されるケースでは，それが存在しない証明責任は，加害者に移転する．また，この関係は，何らかの理由で，相手の意向に影響されうるケースにも拡大される（例．校長及び学校区監理官と教員の関係）[1)-32]．この時には，特別な関係が存在した証明責任は，オーソドックスに，被害者の負担となる．このケース（上記[1)-32]）では，'義務を負担する対象者に対する支配の要件'を訴答が充たしたと，裁判所は，述べている[1)-33]．

一旦，特別な関係が示されれば，合意が不公正な説得（unfair persuasion）でもたらされたことが証明されなければならない．この立証責任は，'推定により強者に移転するまたは信頼関係は不当威圧の推定を生ずる'[1)-34]といわれることも多い．しかし'説得の証明または不当威圧に基づいて問題が進展した証

明は，問題の証書を有効としている者にシフトすることができるといわれているけれども，究極の立証責任は，常に，課題を提訴した者に残る[1)-35'] といわれることもある．

　問題は，何が，不公正な説得に当るかの基準である．それは，当該ケースの状況如何にもよるのであるが，ドースンによれば，その重要な要件は，当該取引が，単に，説得の動機から判断されるだけではなく，その効果の観点からも判断されなければならないのである[1)-36]．つまり，取引の結果の不均衡（imbalance）が重要なのである．この二つの要件は，何れも必要な重複要件なのであって，仮に，信認関係が存在する当事者間であっても，受益者に良かれと思ってした行為の場合は，仮に，その結果が悪くても，不当威圧に問われることはないことを示唆している．

　小括：これらの文脈から容易に推定されるように，アメリカ法の不当威圧は，特別の関係が重視されおり，エクイティの裁判としての色彩を色濃く残している．ファーンスワースによれば，それは，強迫の法理が異常に拡大したので，不当威圧の出番が，或る程度カットされた結果なのである[1)-37]．例えば，アメリカ法では，夫とその弁護士が，情緒不安定な妻と取引した場合；契約の締結は'強迫'によってもたらされたという結論が避けられない[1)-38]と扱われているのである．ただし，不当威圧の適用範囲が（イギリス法より）狭いとする，この理解には，次に採り上げる'非良心性の法理（doctrine of unconscionability）'の存在も関係しているように思われる．つまり，強迫と非良心性の法理に挟まれた，アメリカ法の不当威圧の守備範囲は，比較的，狭くても支障がなかったと考えられる構図である．現代法の構成は，重複するまたは抵触する多数の法理の均衡の中で成立している実態，または，或る程度，歴史の偶然の結果であることを示している証例と思われる．

［参照注］

1)－1：Astley v Reynolds, 93 Eng. Rep. 939, KB 1732：追加金利を支払うまで質草を

留置.

1)-2 : Blackstone : Commentaries on the law of England 131, 1765.
1)-3 : Dawson, Economic Duress, 45 Mich. L. Rev., 253, 289, 1947.
1)-4 : E. Coke : Second Institute 482, 483, 1642.
1)-5 : Ramp Building Corp. v Northwest Bldg. Co., 4 P. 2d 507, Wash. 1931.
1)-6 : Centric Corp. v Morrison-Knudsen Co., 731 P. 2d 411, Okl, 1986.
1)-7 : Dawson : Economic Duress, Mich. L. Rev. 253, 290, 1947.
1)-8 : Hackley v Headley, 8 NW 511, Mich. 1881：脅迫の法理の適用可能性を被害者の'金銭的窮乏'如何に置くのは, 最も危険で最も不平等な法理かも知れない.
1)-9 : Totem Marine Tug & Barge v Alyeska Pipeline Serv. Co., 584 P. 2d 15, Alaska 1978：債務者は承認した債務の支払を, 債権者が破産の危機に瀕しておりており, 清算に不相当な金額を受諾せざるを得ないことを知りつつ留保した.
1)-10 : Humana v Fairchild, 603 SW 2d 918, Ky. App. 1980：息子は, 父親の要請により, 家族の平穏と激しい口論の恐れからモーゲージにサインした；Kaplan v Kaplan, 182 NE 2d 706, Ill. 1962：妻が夫の不倫を公表すると脅したのは脅迫には当らない；Link v Link, 179 SE 2d 697, NC 1971：子供を連れて行くとの夫の脅しは脅迫に該当する.
1)-11 : Abbadessa v Moore Business Forms, 987 F. 2d 18, 1st. Cir. 1993：契約に基づく辞任の利益を受けたことにより, また雇用者に速やかに拒絶の意思を通知しなかったことにより, 被用者の合意は有効として扱われる.
1)-12 : 主要参考文献. Farnsworth vol. 1. p. 491.
1)-13 : Austin Inst. Co. v Loral Corp., 272 NE 2d 533, NY 1971：下請に対する元請の否認の遅れは, 自分を守り切れない出荷停止再発の恐れがあるのであれば許される.
1)-14 : Kovian v Fulton County National Bank & Trust., 857 F. Supp. 1032, 1037〜1039., NDNY, 1994.
1)-15 : Street v J. C. Bradford & Co., 886 F. 2d 1472, 1482 n. 27, 6th Cir. 1989.
1)-16 : 前出. 857 F. Supp. 1032, 1038, NDNY, 1994.
1)-17 : Eye Assocs., P. C. v IncomRx Systems, Ltd., 912 F. 2d 23, 26, 2d Cir. 1990.
1)-18 : RICO : Racketeer Influenced and Corrupt Organization Act of 1970.
1)-19 : 前出. 857 F. Supp. 1032, 1039, 1040., NDNY, 1994.
1)-20 : Gallon v Lloyd Thomas Co., 264 F. 2d 821, 825, 826, 8th Cir. 1959.
1)-21 : 前出. 857 F. Supp. 1032, 1040〜1043., NDNY, 1994.
1)-22 : 前出. 857 F. Supp. 1032, 1043., NDNY, 1994.
1)-23 : 前出. 857 F. Supp. 1032, 1038., NDNY, 1994.
1)-24 : 前出. 857 F. Supp. 1032, 1038., NDNY, 1994.
1)-25 : 前出. 857 F. Supp. 1032, 1038., NDNY, 1994.
1)-26 : 前出. 857 F. Supp. 1032, 1039., NDNY, 1994.

第 3 章　本論：アメリカ法の分析　*299*

1) -27：前出．857 F. Supp. 1032, 1040., NDNY, 1994.
1) -28：前出．857 F. Supp. 1032, 1038., NDNY, 1994.
1) -29：Rosenberg v Lipnick, 389 NE 2d 385, Mass. 1979：婚約した当事者は，双互信頼と信任関係を共有しており，最大級の誠実と，公正無私並びに信義を尽さなければならない．
1) -30：[1)-29] 同旨．ただし，夫と妻：Robert O. v Ecmel A., 460 A. 2d. Del. 1983
1) -31：Newman v Newman, 653 P. 2d 728, Colo. 1982：婚約した当事者の関係は，婚約した時から，信任または信認関係にあるのだけれども，当事者は基本的には独立した合理的な判断ができると推定される．
1) -32：Odorizzi v Bloomfield School Dist., 54 Cal. Rptr. 533, Ct. App. 1966；校長及び学校区監理官と教員の関係．
1) -33：前出．54 Cal. Rptr. 533, 541., Ct. App. 1966.
1) -34：McCollough v Rogers, 431 So 2d 1246, Ala. 1983：信頼関係は不当威圧の推定を生ずる．同旨．Robert O. v Ecmel A., 460 A. 2d. Del. 1983.
1) -35：Goff v Weeks, 517 NW 2d 387, Neb. 1994.
1) -36：前出．Dawson : Economic Duress, 45 Mich. L. Rev. 253, 264, 1947.
1) -37：主要参考文献．Farnsworth vol. 1. §2. 20, 496.
1) -38：Eckstein v Eckstein, 379 A. 2d 757, Md. App. 1978.

2)　非良心性の法理（Doctrine of Unconscionability）

　非良心性の法理に関する，最も興味深い淵源は，自分の期待権（expectancies）を不相当な約因で売却した，推定相続人（expectant heirs）または残余権者（remaindermen）の救済にある．17世紀末頃までに，イギリスのエクイティ裁判所は，これらの権利を売却または賃借権の対象とする契約に合意する代わりに，当座の資金を手にした若い貴族に再交渉を認めるベースとして，この法理を適用し始めた．彼等は，相続財産を先喰いして，放蕩な生活を営んでいたのである．

　もっとも，初期の判例では，大法官達は，エクイティは，'当事者が任意で行った交換取引の排除またはやり直しを求めるために介入するものではない[2)-1]'，または'約因が詐欺を示唆するに充分なほど不相当なので，更に，残余権者の差し迫ったお金の必要性を利用したので[2)-2]'と述べていたのである．しかしながら，前のケースでは，若い貴族が取引の本質を理解していな

かったとの理由付けがなされており[2)-3]，また後のケースでは，被害者自身がドクターズ・コモンズ（Doctors' Commons）[2)-4]の弁護士でもあったことから，この判旨を額面通り受け止めるのは無理がある．むしろ，不動産権保有階級の資産を守る，この時代の要請に共鳴していたものと考える方が自然だろう．裁判所は，次第に，単なる約因の不相当だけでも救済を与えるようになって行った，また時と共に，相続予定者に有利になって行った．

大法官スーロー（Lord Chancellor Thurlow）の判旨は，正に，この時代の要請に素直に共鳴している：

> 或る家族の相続人がその期待権を取引した時は，通常のケースと区別されるべきなのであって，彼と行った交換取引は，特定の出来事の強制なので取り消しできると見るだけでなく，原則として有害（pernicious）なので抑制（repress）されなければならないのである[2)-5]．

アメリカ法でも歴史的標準（契約法第2次リステイトメント§208，コメントb））として数多く引証される，イギリスの先例（Earl of Chesterfield v Janssen）[2)-6]では；

> エクイテイ裁判所は，思慮分別はないが幻覚の下にいたのでもない人が結ぶ合意を一方に置き，他方で，正直または公正でない人が受諾するような交換取引を強制することはないのである．

実は，その後イギリス法は，特定の契約法分野，特に，金銭消費貸借または消費者金融に限定して，非良心性の法理が残ったのであるが，Earl of Chesterfield v Janssenを継承したアメリカ法では，分野に縛られることなく，この法理が発展して行った．そして，UCC（§2-302, 1951）と契約法第2次リステイトメント（§208, 1979/1981）で成文化され，一般法として，完全に定着したのである．

このような背景から，アメリカ現代法における非良心性の法理には，これまでに述べた，不公正契約を規制する法理とは異なる，いくつかの特長がある．即ち；

① 非良心性の有無は，法の問題として，裁判所が決定する（陪審ではない）．これには，知不知または合意の任意性を問うことなく非良心的な結果を救済する機能が含まれる．
② 関連する法理またはルールを補強または修正する機能がある．これには，約因不相当，リスク配分若しくは免責条項または標準契約書を規制する機能が含まれる．
③ （エクイティの法理なので）救済の形式は，非良心的な契約の強制を停止することにある．従って，損害賠償または原状回復請求権とは，直接的には，結びつかない，

等々である．

これら，アメリカ現代法の焦点には，後に戻ることにして，ここでは，UCC 以前のケースから分析を始めることとする．

(1) UCC 以前の判例分析：pre-code cases

a) Woolums v. Horsley, 93 Ky. 582 ; 20 S. W. 781（1892）

事件概要：このケースは，無学な農夫から取得した鉱物採取権の売買価格が非良心的安値であるとして，同契約の履行請求が棄却されたものである．

1887年8月，原告は，被告がケンタッキーに所有する農場200エーカー全ての鉱業権を，¢40／エーカーで，買収する契約を結んだ．契約から2年が過ぎて，このケースが第1審に付された時，この権利は，$15／エーカーと評価された．

被告は，当時60歳，教育を受けておらず病気のため仕事もしていなかった．一方，原告は，ビジネス経験が豊富で，この地方の鉱物価値を知悉していたのみならず，地域開発の情報も得ていた．原告は，代理人を介して，被告と

同農場に分布する全ての石油，ガス，その他の鉱物資源を対象に，通常の鉱物採取権を，寡婦産権の請求（dower claim）その他の負担がない保証証書と共に，原告に引き渡す契約を結んだ．売買代金（約80ドル）は，契約通りには支払われなかった．その理由として，原告は，農場の総面積が不明確なのにもかかわらず，被告が測量を拒否したからと述べている．その夏が過ぎて，原告が保証証書を要求するまで，両者間には，何事も起きなかった．そして，1888年12月，原告は，特定履行を求めて，この裁判を起こした．被告側の主な抗弁は，契約が不当な優位性の下で締結されたので，エクイテイ上，その履行は，命令されてはならないというものである．また，被告は，妻がこの証書に合体するのを拒否したので，寡婦産権を放棄した偶発債務不担保の権利と共に譲渡することはできないと述べたが，夫が妻の拒否を誘導したことが主張され認められた．また，原告が，適当な売買代金の切り下げがあるのであれば，彼女の権利放棄は，求めないとオファーした[2)-7]．

判　　決：原告（被控訴人）は，契約を結んだ時に，この土地の資源価値について何も知らなかったと証言したが，彼が，この地方一般の資源価値及びその後のまたは直近の，開発の完全な知識を持っていたことは明らかである．これらは，全て被告（控訴人）には未知のことであった．彼の土地の価値は，殆ど，鉱物資源によることは明らかである．それは，契約時には示されなかったが，1889年4月には，1エーカー15ドルであることが証明されたのにもかかわらず，…原告は，石油，ガス，その他の鉱物を採取する目的で，1エーカー当り40セントで取得したこの土地の事実上の支配を求めているのである．この契約で，彼が請求している利益は，実質的には，この土地の価値である．エクイテイ裁判所は，このような手荒い交換取引を助けない．彼の代理人は，被告に，この契約によって，煩わされることは一生ないと保障した．彼は，リップバンウィンクルの眠りが，この地方に，それからも続くと信じ込まされ，なだめすかされていたのである．そして，この完全に不相当な買収金額は，被告が，ミスリードされ，完全な誤解に基づいて行動したことに基づいて

のみ説明できるものである．この契約は，衡平または合理的でなく，また充分な約因にも基づいていない，また第三者の権利（interest）も発生していない．従って，エクイテイ裁判所は，この契約の特定履行を拒否しなければならない．しかし，原告は，現実に彼が支払った，金額と金利を回復しなければならない．これが実行された時に，彼の申し立ては棄却されるものとする[2)-8]．

b) Marks v. Gates, 154 F. 481（9th Cir. 1907）

　事件概要：このケースも，約因不相当のケースである．原告（控訴人）は，約因1ドルを支払い，1903年，サンフランシスコにおいて，被告（被控訴人）と；彼が，後に，買収その他何らかの方法でアラスカで取得するかも知れない鉱業権その他全財産の20％の権利を譲り受ける契約をした．

　この契約の特定履行を求めるに当って，原告は，本当の約因は，回収に疑問のある債務1万1千ドルをキャンセルしたこと，更に，現金で千ドルを被告に渡したことにあると説明した．その後，被告は，アラスカに渡り，この裁判が開始された1905年6月20日までに，75万ドルに達する財産を取得した．これには，フェアーバンクス鉱業区での，特定鉱物採掘請求権が含まれる．原告の請求は，この契約の特定履行である．

　これに対し，被告は，原告請求には，充分な訴訟原因がないと抗弁した．この訴答不充分の抗弁は，この契約が，原告に救済（注．特定履行判決）を与えるには，余りにも不当または不衡正であるとして支持された[2)-9]．

　　判　　決（Gilbert　巡回裁判官）：この契約により被告は，彼がアラスカで取得する財産の5分の1を，...その取得方法の如何にかかわらず，その概算価値も分からないにもかかわらず，一生涯，譲渡し続ける義務を負う．これは，闇雲に行った取引である．原告は，千ドルを支払いまた1万1千ドルの債権をキャンセルしたことを理由に，それが有効か回収可能かを別問題として，エクイテイ裁判所に，15万ドル以上の財産譲渡を命じる判決を要請している．...エクイテイ裁判所は，約因不相当のケースであっても，しばしば，特定履行の

判決を与えてきた．また一般的に，単なる約因不相当だけでは，それが契約を非良心的とするほど完全に不相当でなければ，特定履行を保留する基礎にならないといわれている．

しかし，このケースのように，約因が完全に不相当で，対象となる財産の種類または価値に何等の事前の知識もなく契約を結んだ時に，仮に，特定履行が否定されなければ，エクイテイの原則は，何にも犯されないことになる，そして当事者は，何かあれば，コモンロー上の救済に放置されることになる．

Day v Newman（10 Ves. Jr. 300）では，Alvanly 卿が，1万ポンドの価値しかない不動産を2万ポンドで売却した契約の持定履行を拒否した．これらには，現実の詐欺は存在しないのであるが，不相当があまりにも大きいので，裁判所が強制することはない．Earl of Chesterfield ケースで，Hardwicke 卿は，5千ポンドの約因で，若し，祖母より長生きしたら，相続財産から1万ポンドを払うが，仮に，祖母の方が長生きしたら，1ポンドも払わない契約を非良心的と宣言した．...

この告訴に含まれる事実は，契約違反に対する損害賠償額の評価のために，裁判所にケースを維持する権限を与えるものでない．エクイテイ裁判所は，財産の損壊，同じく善意の第三者への譲渡，または売却人の妻の譲渡への参加拒絶のように，事実に干渉するために，原告に履行を認めるものでなければ，特定履行の代わりに懲罰的補償を与えるものではない[2)-10]．

下級審判決を維持する．

c) Campbell Soup Co., v. Wentz, 172 F. 2d 80 （3d Cir. 1948）

事件概要：このケースは，標準契約書に含まれるリスク配分規定が，非良心的であると認められ，履行請求が棄却されたものである．問題の契約には，一方当事者には，不可抗力免責を認め，相手方当事者には，損害賠償額の予定を課していた．

1947 耕作年の収穫を対象に，原告は，被告兄弟の農場 15 エーカーで栽培される，特定品種の人参の生産量一括購入契約（out put contract）を結んだ．この

人参は，一般の市場では，買い付けができないもので，原告の会社が，製品の品質を一定に維持するために指定しているものである．契約価格は，$23／屯から$30／屯，出荷時期に連動する移動式固定価格制で，1948年1月の価格は，$30であった．ところが，天候不良のため，この時期の市場価格は，$90／屯に急騰した．被告兄弟は，契約作付15エーカーで約100屯を収穫したが，原告に，履行拒絶を通知，約62屯を第三者（別の農家）に売却，更に，この第三者は，約58屯を一般市場で売却してしまった．

　この裁判は，被告等の転売を差し止め，特定履行を求めるために，原告が提訴したものである．裁判所は，一般論としては，この契約には，コモンロー上の救済は不適切で，エクイテイ上の救済が適すると述べている[2)-11]．

　判　　決（Goodrich　巡回裁判官）：原告敗訴．われわれが，特定履行に反して確認しなければならない理由は，この契約自体に内在する．われわれは，この契約は，原告が良心の裁判所に救済を求めるには，余りにも苛酷で，一方的な契約だと思う．この契約は，有能な専門家が，原告の利益のために，起草したものであることは明白である．個々の農家は，購入者が用意した書式に，名前，数量及び'価格'を記入するに過ぎない．

　キャンベルは；
　①　1エーカー当り，12屯を超える収穫の受領は拒否すること，
　②　契約農家は，受領を拒否された人参を除き，人参を他に転売できないこと，
　③　他の農家に，契約農地の耕作の委託ができないこと，
を規定している．更に，この契約には違反に関し；
　④　契約農家には，1エーカー当り50ドルの損害賠償額の予定があるのに，
　⑤　キャンベルの違反には，損害賠償額の予定その他の賠償規定がない．

　裁判所が，最も非良心的と見做したのは，パラグラフ9である；

キャンベルは，①　契約農家またはキャンベルのコントロールできない事情により，②　キャンベルの従業員を含む，何等かの労働争議により；キャンデム工場の処理方式に基づく検査，格付け，受領，取り扱い，使用または出荷ができない人参に対する，受領または支払の義務を有しない．キャンベルは，上記の偶発事情による受領遅滞に責任を負うことはない．上記の受領不能の間，契約農家は，キャンベルの書面による同意を得て，人参を他に処分することができる．ただし，契約農家は，キャンベルに，出荷不能の人参を売却等の方法で処分することはできない．

　これは，亡くなったFrancis H. Bohlenが，'冗談もほどほどにしておけ（carrying a good joke too far）'と述べた種類の規定である．

　われわれは，この契約の違法性または契約農家の意図的な違反を許すことを示唆するものでない．しかし，われわれは，このように苛酷な条件をオフアーし，契約を結んだ者は，大法官の前に来るべきではなく，契約の強制を頼むべきでないと思う．エクイテイが非良心的交換取引を強制しないことは，充分な引証を要しないほど確立している[2)-12]．

　小括：これら，アメリカ法の先例として参照されたケースを分析すると，共通の要素として，約因不相当が指摘できる．そして，Wollumsケースでは，信認義務違反または擬制詐欺といわれる要素も混在しているのであるが，Marksケースでは，必ずしも，あくどい手段，やり過ぎ若しくはひっかけ，または不当な優越的地位の行使，重要な事項の不開示などを含んでいるとは思われない．確かに，裁判所は，この契約を'闇雲に行った取引（it was a bargain made in the dark）'と評しているが，少くとも，判例報告を読んだ限りでは，予見可能性は殆どないカケに近い合意ではあるが，自由な意思の合致を否定できる種類のものではない．原告は，1万1千ドルの債権を放棄し，更に，千ドルを現金で渡しているのであるから，リスクビジネスに投資したと解するに何の無理も

ない．裁判所も認めているように，被告には，アラスカに行く義務も，財産家になる義務もなかったのである．しかし，裁判所は，エクイテイ上の救済（特定履行）を与えなかった．それは，約因不相当のみで非良心的とするに充分と考えたからだろう．キャンベルケースの約因不相当は，極めて微妙である．判例を読む限り，この契約を締結した時点で，契約金額の$30が，非良心的な程，市場価格から離れていた証拠はない．むしろ不作に起因した市況の高騰により，契約と市況が乖離したのである．ただ，この契約には，制限的取引慣行の要素が併存している．このケースで，裁判所は，契約農家に対するキャンベルの様々な拘束条件を，製品の品質を一定に保つため必要な条件と認定しているのだが，それでも，裁判所は，様々な契約条件を総合して，非良心的と結論したのである．中でも支配的な要素は，約因不相当と免責条項である．特に，契約農家に対してのみ損害賠償額の予定が約定されていたこと，キャンベルに対してのみ不可抗力免責が認められていたことを，裁判所は，決定的と見たのである．

エクイテイ上の救済は，裁判官の健全な裁量に基づくものであるから[2)-13]，または，大法官は，'良心' に基づいて行動するものであるから，その裁量限界については，批判がある[2)-14]．そこで，次は，アメリカ法が成文化した，非良心性の規定に従って，裁判官の裁量限界を探り，更に，先に述べた，非良心性の法理の機能，適用範囲に進むこととする．

(2)　非良心性の法理の成文化

この法理は，1950年代以降，制定法または契約法リステイトメントによる裏付けを得て，更に，明確な根拠を持つこととなった．即ち，1951年に公布された，統一商事法典（UCC）第2編（売買）による定式化（§2-302）と，1979年に公表され，1981年に刊行された，第2次契約法リステイトメント（§208）による一般法化である．

UCC（§2-302）は，次のように非良心性を規定している；

① 若し，裁判所が，法の問題として，或る契約またはその何れかの条項が，その契約が結ばれた時に，非良心的であったと認めた時は，裁判所は，その契約の強制を拒否することができる，または非良心的条項を除いた契約の残りを強制すること，若しくは非良心的な結果を避けるために非良心的条項の適用を制限して強制することができる．

② 或る契約またはその何れかの条項が非良心的であると申し立てのあった時または裁判所が非良心的であると認めた時，当事者には，裁判所の決定に資するために，その商業的取り決め，目的または効果について，証拠を提出する合理的な機会が与えられなければならない．

この規定は，いくつかの事をわれわれに伝えている；

第1に，非良心性は，売買契約が結ばれた時に存在したことが問題なのであって，その後に発生したものではない．従って，契約が結ばれた時点で，公正または均衡していた契約が，履行時点で利益の不均衡を生じたとしても非良心的とされることはない（ただし，誠実義務；good faith §§ 1-201, 1-203, 2-103 には，拘束される）．

第2に，非良心性は，法の問題として，裁判所が認定すべきものである．誠実義務が，事実の問題として，陪審の決定に委ねられているのと対象的である．従って，リスク配分の合意は，いわば，法と事実認定の，二重の縛りを受けることになる．また，裁判所が非良心性の決定権を握ったことは，この法理がエクイテイに起源を持つことを強調している．

第3に，§2-302(2)は，裁判所が自分の意思で，問題提起することを認めている[2)-15]．これも，エクイテイに起源を持つ裁判所の権能を追認強化する．

第4に，当事者には，合理的な反駁の機会を保証している．市況変動の激しい原材料取引では，フォーミュラプライスが契約されることがある．それは，一定のフォーミュラで自動的に算定される価格決定システムなので，スポット市場の価格と契約価格とは，相当の乖離が生ずる可能性がある．ただし，中長

期的に見れば，価格変動を平準化して平均価格に収斂する傾向があるので，当該フォーミュラが，商業上の慣行として合理的なのであれば，一時的な乖離が非良心的と判断される可能性はない．

　最後に，この規定は，裁判所に様々な救済の選択肢を与える．ただし，この救済オプションには，コモンロー上の救済に当る金銭賠償を含まないと解されている[2)-16]．

　このUCCの規定は，類推適用によって，判例法として次第に一般化されたのであるが，それを成文化したのが，第2次契約法リステイトメント（§208）である；

　　若し，或る契約またはそこに含まれる条項が契約締結時に非良心的であった場合，裁判所は，契約の強制執行を拒否または非良心的条項を除いた契約の残り若しくは非良心的結果を避けるために当該条項の適用を制限して強制することができる．

　リステイトメントでも，この法理の成文化は，UCCと全く同旨である．ただ，何れの成文を見ても，非良心性の法理の定義または構成要件を明確にしたものとはいい難い．同条のコメントによれば，非良心性の法理とは；

　第1に，誠実かつ公正取扱義務（§205）と同じように，広い，様々なタイプの行為（または作為，不作為）に適用される（コメントa）ものであり；

　また，非良心性の存否の決定には，その取り決め，目的及び効果が勘案され，また関連要素には，契約能力，詐欺その他，契約を無効にする原因になるような，契約過程の弱味を含み；また，このポリシーには，特定取引を強制不能にする公益政策が重複するのである（コメントa）．

　第2に，非良心性の規制は，時に，'文理的とは異なる文言解釈，申し込みと承諾のルールの操作または契約条項が公益政策に反するとの決意若しくは契約の主目的違反に基づいて行われた'のであるが，UCC（§2–302）は，特に標準契約書については，解釈によって非良心的結果を避けるというより，むしろ

契約または契約条項の非良心性に直接アプローチすることを認めているのである．リステイトメントの立場も同じである（コメントa）．

　第3に，約因の不相当それ自体は，取引を無効とするものでないが，交換価値の完全な不均衡は，契約を非良心的と決する重要な要素となり得るし，また，それだけで，特定履行を拒否する充分な根拠になり得る（コメントc）．

　第4に，交渉力の完全な不均衡と強い当事者に非合理的に有利な契約条項が併存する場合には，その取引に，欺罔（deception）または強制（compulsion）が含まれている目印になる．または，弱い方の当事者に他の選択肢若しくは代替手段がなかった，または不公正条項に，現実には，合意していなかったことを示すものとなり得るのである（コメントd）．

　この法理の，このような曖昧性の是非は，契約効果の確実性の見地からは非難されるべきであるが，裁判所に健全な裁量を許す意味で肯定する意見が多い．この特長は，正に，アメリカ現代法の現実主義的解決指向性を代表しているのである．既に，述べたように，エクイティに淵源を持つこの法理の救済には，基本的には，履行請求を却下するだけで，金銭賠償は含まれないと解されている．しかし，非良心的な当事者の行為は，通常，それ以外の悪さに汚染されている．その取引に，欺罔（deception）または強制（compulsion）が含まれている目印になる．または，弱い方の当事者に他の選択肢若しくは代替手段がなかった，または不公正条項に，現実には，合意していなかったことを示すものとなり得るのである（上述）．このような場合，それが，損害賠償請求または原状回復請求できる基礎を提供するに，何の，疑問もない．もう一つの現実性は，この法理が，元々，契約をやり直させるベースを提供するために適用されていたことと関連する．これは，UCC（§2-302）が，多彩な救済オプションをこの法理に与えたことで，現代法に蘇った．この機能は，関連する法理またはルールを修正または補強する機能と繋がっているので，特に，約因の法理の修正及び免責条項の規制に課題を絞って，次の，分析を進めるものとする．

[参照注]

2）- 1：Earl of Ardglass v Muschamp, 23 Eng. Rep. 438, 1684.
2）- 2：Wiseman v Beake, 23, Eng. Rep. 688, 1690.
2）- 3：前出．23 Eng. Rep. 438, 1684
2）- 4：Doctors' Commons：オックスフォード，ケンブリッジ卒の博士号を持つ弁護士で構成する弁護士会所在地．教会法，海事法関係の裁判所所在地でもあった．
2）- 5：Lord Chancellor Thurlow：Gwynne v Heaton, 28 Eng. Rep. 949, 953 Ch. 1778.
2）- 6：Lord Hardwicke：Earl of Chesterfield v. Janssen, 28, Eng. Rep. 82, 100, Ch. 1750.
2）- 7：Woolums v. Horsley, 93 Ky. 582 ; 20 S. W. 781., 1892.
2）- 8：前出．20 S. W. 781, 782., 1892.
2）- 9：Marks v. Gates, 154 F. 481, 482., 9th Cir. 1907.
2）-10：前出．154 F. 481, 483, 484 9th Cir. 1907.
2）-11：Campbell Soup Co., v. Wentz, 172 F. 2d 80, 81, 82., 3d Cir. 1948.
2）-12：前出．172 F. 2d 80, 83., 3d Cir. 1948.
2）-13：Yorio：A Defense of Equitable Defense, 51 Ohio St. L. J. 1201, 1990.
2）-14：例えば；J. Selden：Table Talk 43, J. Pollock ed., 1927；それは，われわれが大法官の歩巾と呼ぶものを，あたかも自分の歩巾を標準にして測るようなものである；何んと不確実な測量だろうか！或る大法官は長い足を持っいるし，別の大法官は短い，そして，三番目は中ぐらいの足である；大法官の良心も同じ事である．
2）-15：White & Summers, Uniform Commercial Code § 4-3, 185, 3rd ed. 1988.
2）-16：Galvin v First Nat'l Monetary Corp., 624, F. Supp. 154, EDNY 1985 ; Barco Auto Leasing Corp. v PSI Cosmetics Inc., 478 NYS 2d 505, App. Div. 1984.

3） 関連の法理またはルールを修正または補強する機能

（1） 約因の法理の修正

約因の法理の修正は，正確には，'約因不存在'と'約因不相当'に分けて論ずる必要がある．

約因不存在：いうまでもなく，コモンローでは，'約因'を真意性の徴憑として扱い，契約と贈与，契約と約束を分ける指標として利用している．その逆に，胡椒の一粒理論（peppercorn theory）で知られるように，約因の不相当自体は，原則として，契約の有効性に影響を与えない．アメリカの裁判所は，約因

の法理が持つこの機能を使って，伝統的には，不公正な契約内容の修正（modification）または解消（discharge）にアプローチして来た[3)-1]．契約内容の修正または解消の合意に，約因がないことを取り消し理由にしたのである[3)-2]．

通常，既存義務のルール（pre-existing duty rule）と呼ばれ，約因の法理に付属するこのルールは，様々なタイプの契約に適用されて来た．例えば，追加金額を支払わなければ工事を中断するとの脅しに負けて，契約金額の変更に応じた発注者のケース[3)-3]，または，発注者の脅しに負けて，値引に応じたケース[3)-4]などは，その代表例である．

確かに，このルールには，交渉力の格差を利用して強制する，不公正な契約内容の修正を妨げる機能があるけれども，その適用を逃れる良く知られた技術が少なくとも二つある．一つは，契約修正時に，何か，契約内容の変更を追加することである．建築契約の例で見れば，若干の仕様変更または竣工時期の繰り上げなどを織り込めば約因として使えるだろう．もう一つは，原契約（一部未履行契約）を合意解除に持ち込むことである．合意解除の時には，お互い，未履行部分を残しているので，その放棄が合意解除の約因になるだろう．その上で新しい契約を結べば，少なくとも理論上，合意解除が両当事者に自由を与えるので，新しい条件で契約を結ぶのに何の制約もない．

裁判所は，徐々に，このルールの適用に慎重になって行った．契約の修正要求が，単なる，状況の悪用または貪欲によるものか，何等かのコスト増となる状況の発見または発生によるものなのか，その区別を，このルールが提供するものではない．このルールは，やりすぎ（overreach）の対象にされた被害者に救済を与えるけれども，他のケースでは，公正に再交渉して合意した約束者の期待を裏切るものになる．

司法的な後退としては，メリーランド州最高裁の判決（1907年）がある；
若し，原契約が明白に取り消されていれば，合意が有効と判決するための違いを技術的に指摘するのは難しい．しかし，契約の変更は，原契約の明白または現実的取り消しがなかったから無効なのではないのである．既

存義務のルールの例外は，制限されてはならないのであるが，履行拒絶が衡平または公正か，履行困難が重大なものか，そして原契約を結んだ時に当事者が予見または注意していなかったものである必要がある[3)-5].

この見解は，契約法第2次リステイトメントで追認された（§89）；

未履行契約の修正；契約義務を完全には履行しない旨の変更は；
 (a) 契約締結時に当事者が予見していなかった状況に照して，修正が公正または衡平なものであれば；または，
 (b) 制定法が定める限度において；または，
 (c) 約束を信頼する中で生じた立場の変更に照して，正義が強制を要求する限度において有効である．

なお，制定法が定める限度の対象としては，若干の州がサインのある書面を約因の代わりに認めている[3)-6]他，UCC（§2-209）は，詐欺防止法の要件またはUCCが別途要求する誠実義務の要件は満足する必要があるものの，契約の修正から，約因の要件を排除している．つまり，契約の変更には，約因を要しないのである．従って，約因の不存在を理由にする文脈でのアメリカ法の規制は，詐欺，強迫，不当威圧または，これらと類似の概念としての非良心性の法理が適用され，いわば，手続的不公正が規制されることになる．

これに対し，非良心性の法理からアプローチした場合は，約因の不相当を直接扱い，かつ実体的なものになる．

約因不相当：既に述べたように，アメリカ法における非良心性の法理は，一般法として成立しており，多様なアプローチを裁判所に認めている．UCC（§2-302(1)）は，基本的には，三つの救済オプションを裁判所に認めている．そこには，非良心的な結果を避けるために，非良心的条項の適用を制限して強制することが含まれる．これは，約因不相当の契約のやり直し（reopening）を命

ずる権能を裁判所に与える．これは，既に述べたように，17世紀の末までにイギリスのエクイテイ裁判所が認めた非良心性の法理の，基本的機能の一つだったのである．

従って，アメリカ現代法は，例えば，購入者の無知につけ込んで，冷蔵庫を法外な値段で売り付けた契約が，品物の原価プラス合理的な利益プラス運搬費その他のサービス料を払えば良いように修正されている[3)-7]．契約が双方にとって未履行の時は，強制の拒否が充分な救済になり得るが，一方当事者の義務が履行済であり，他方に反対履行の義務（例．支払債務）だけが残っている状況では，この種の救済が現実的になる．一体，どの程度の高値が非良心的とされるのだろうか？　また，約因不相当は，通常，優越的地位の乱用の結果であることが多いのだが，約因不相当だけでも非良心的とされるのだろうか？

ニューハンプシャーの或る判例（1964年）[3)-8]では，消費者が，959ドル相当の商品代プラス諸掛かりの契約で，販売手数料800ドル，金融諸掛かり809.60ドルを加算され，合計$2568.60の支払を求められた契約が非良心的と判決されている．或る学者は，この判決を約因不相当のランドマークと評価しており，その後，アメリカの裁判所は，約因不相当だけでも非良心的と判決するようになったと分析している[3)-9]．ただし，アメリカの裁判所は，約因の不相当を数学的フォーミュラに置き換えるには慎重で，原則的には‘値段が極端に高すぎる（grossly excessive）場合には介入しなければならない[3)-10]’と強調することが多い．もっとも，価格は，購入者の信用条件に左右されるのであるが，或る分析では，他の売買事例（市価）の少なくとも2倍半位から非良心的とされる傾向があると認識されている[3)-11]．

ただ，非良心的な契約は，通常，約因不相当以外の，‘悪さ’に汚染されていると見るのが現実的だろう．例えば，われわれが，‘ねずみ講類似商法’と呼ぶ，‘ピラミッド販売スキーム（pyramid selling schemes or referral franchises）’では，自分の下流に新規加入するフランチャイジーからの，コミッションが誘い文句であり，ビジネスモデルそれ自体が詐欺的で非良心的である．因みに，この類型の契約では，原価の6倍で商品を売り付けたケースが報告されてい

る[3)-12]. また，消費者向の割賦販売のケースでは，消費者の無知が利用されていることは，余り，説明を要しない．彼等は，そこに含まれるファイナンスチャージ（金利及手数料）の算出方法を理解しておらず，割賦代金に含まれる，商品代とファイナンスチャージの内訳すら理解していなのである．このため，一定のレートを超えるファイナンスチャージの請求及びバルーンペイメントと呼ばれる割賦販売の値増し（mark up）方式は，その後，制定法[3)-13]で禁止されることになった．

1968年に施行された，貸付真実法（Truth in Lending Act）[3)-14] は，クレジットで商品を購入する消費者に，その他の重要事項と共に，ファイナンスチャージを年利で開示する義務を課している．これにより，消費者は，クレジットで商品を購入するか否か，どのクレジットで購入するかの選択が可能となったが，金利を含むファイナンスチャージの上限は制定法の範囲内でなければならない．

次は，免責条項を規制する法理との関係である．イギリス法が，これを，不法行為責任を含むコモンロー領域の問題として捌こうとしたのに対し，アメリカ法が最後のより所としたのは，エクイテイの法理であった．

［参照注］

3)-1：von Mehren: Civil-Law Analogues to Consideration: An Exercise in Comparative Analysis., 72 Harv. L. Rev. 1009, 1959.
3)-2：Lingenfelder v Wainwright Brewing Co., 103 Mo 578, 15 SW 844, 1890; Rosellini v Banchero, 517, P. 2d 955, Wash. 1974.
3)-3：前出．103 Mo 578, 15 SW 844, 1890.
3)-4：前出．517 P. 2d 955, Wash. 1974.
3)-5：Linz v Schuck, 67 A. 286, 289, Md. 1907.
3)-6：例えば，NY Gen. Oblig. L. §5-1103, 1978.
3)-7：Frostifresh Corp v Reynoso, 281 NYS 2d 964. App. Term. 1967.
3)-8：American Home Improvement Inc. v MacIver, 201 A. 2d 886, NH 1964.
3)-9：A.H.Angelo and E. P. Ellinger: 14 Int'l & Comp. L. J. 499, Loyola of L. A. 1992.
3)-10：Jones v Star Credit Corp., 298 NYS 2d 264 Sup. Ct. NY 1969.
3)-11：前出．14 Int'l & Comp. L. J. 499.

3) –12：Lefkowitz v ITM Inc., 275 NYS 2d 303, 321, 322. Sup. Ct. 1966.
3) –13：Uniform Consumer Credit Code：§§ 2. 201, 2. 202, 2. 204；§ 3. 308.
3) –14：Truth in Lending Act §§ 127, 128.

(2) 免責条項の規制

免責条項の規制は，未履行契約の危険配分機能と関連する．UCC（§2–303）は，同法所定のリスク配分を明らかにしているが，同時に，それは，任意規定であり，当事者の合意によって変更できることを示している．

そこから，契約で自分のリスク限度を低く管理しようとする者は，様々な契約技術を使う．このうち，実務的に良く使われる契約条項は，いわゆる免責条項の他に；

① 排他的損害賠償（exclusive remedy）
② 責任制限（limitation of liability）
③ 損害賠償額の予定（liquidated damages）
④ 間接損害の排除（excluding liability for consequential damages）
⑤ 損失補償（indemnity）

などである．ただし，リスク配分は交渉力の格差の影響を受け易い課題であり，そこには常に，非良心性の法理が働く[3)–15]．

これらの特約が不公正に働くことを防止するために，アメリカ法が採用した，主たるアプローチは，一次的には，非良心性の法理ではなく；

・ 主目的ルールの適用による免責条項の有効な範囲の制限（UCC §2–719 (2)）
・ 損害賠償額の予定の規制：ペナルティ禁止及び非良心性の法理の適用（§2–718）
・ 黙示の保証の排除に関する顕著性の要件（§2–316(2)）と，
・ ビジネス契約への製造物責任（不法行為）の適用可能性，

などであった．ただし，非良心性の法理は，常に，最後の拠りどころとして残されているのである．上記の主たるアプローチのうち，主目的ルールの適用は

解釈のルールであり，既に様々な分析を試みたので，ここでは；

a) 損害賠償額の予定の規制：ペナルテイ禁止及び非良心性の法理（§2-718）

b) 黙示の保証の排除：顕著性の要件（§2-316(2)）と製造物責任の適用可能性

について，アメリカ現代法の基本的スタンスを分析しておこう．

a) 損害賠償額の予定 (liquidated damages)

救済の合意に対するコモンローの規制で特長的なことは，'ペナルティー禁止'である．それは，'私的制裁の禁止'に同調する規制で，17世紀後半までのイギリスで，エクイテイが，契約による違約金の回収を禁ずるようになり，ケースをコモンローの正式事実審理 (trial) に回すよう命じたことに発している．契約当事者は，ペナルティーと見做される合意をする自由を有しない．更に，アメリカ法に特長的な規制は，実損を大きく下回る'損害賠償額の予定'を非良心的と見做すことである．つまり，アメリカでは，契約違反と救済に関する当事者の合意は，驚くほど制限されており，上に外れても下に外れても強制できないのである．

1941年のケース[3)-16]で，コネチカット誤審控訴裁判所は，損害賠償額の予定を強制できる条件として；

① 違反の結果として予想されるべき損害賠償額が立証困難，

② 両当事者に，予め，清算額を決めておく意思があった，

③ 決定された金額が合理的なものであること，即ち，想定される損失または被害に照らして，一般に，不均衡でないこと，

の3要件を求めている．この'想定される損失または被害に照らして不均衡でないこと'は，UCC（§2-718(2)），契約法第2次リステイトメント（§356）に継承されている．

このケースで，裁判所が提示した最も重要な条件は，約定した清算金額が，

契約を締結した時点で，'推定した損失'に照らして'合理的'なものでなければならないことである．

裁判所は，次のように述べた；

　　ここでの測定の標準は，当該事象により明らかにされた，原告の現実の損失または被害に基づくのではなく，契約を締結した時に'合理的'に'予測'されたものでなければならないのである[3)-17]．

この伝統的な見方は，予測が合理的でさえあれば，被害者は，実損を証明する必要がなく，違反者にも予定額以上の補償義務を強制することはない．実務的には，違反の後処理が容易な，極めて便利な規定になる．筆者が実務担当者として経験した，航海用船契約では，契約運賃は，基準運賃に対する契約レートで表示されるのであるが，同時に，用船者の責に帰すべき本船の不稼動損失の補填，即ち，滞船料（demurrage）を，用船レートにスライドして特約する．これにより，船主と用船者は，本船の滞船時間だけを確認して記録すれば（time sheet の作成），不稼動損失は，契約に従って容易に清算される．ただし，この方式にも欠点がない訳ではない．市況変動を前提に考えれば，違反の時点で，被害者，違反者の双方に偶発利益または損失が生ずる可能性を含んだものとならざるを得ない．それこそが，スイスアトランティックケース（前出．第2章第2節3.1)(2)）で問題となった争点であった．そこで，アメリカ法では，違反の時点での違反者の意思は，別途，誠実かつ公正取扱原則に基づいて規制すべきものとなっている．ただし，ここでの論点の中心は，これとは異なり，上記の通り，免責類似条項としての，損害賠償額の予定の機能である．

UCC § 2-303（コメント1）が示唆しているように，現代法の課題として，損害賠償額の予定を用いた不公正な契約技術は，非常に小額の損害賠償額の予定を約定することによって，自分のリスクを低く管理することである．それは，当事者間の自由な意思の合致を装って，不公正なリスク配分の強制を求めることに繋がる．これと同様の認識は，イギリス法律委員会報告（前出．Law Com. No. 69（1975）itm. 62）も示していたところなのだが，彼等は，責任制限条項と

の接点で，この認識を明白にしているものの，損害賠償額の予定との接点では，必ずしも，明白にしていた訳ではない．

しかし，これに関するUCCの立場は，次の通りである；
　§2-718(1)：違反に対する損害賠償は，契約に基づいて清算することができる．ただし，予想された損失若しくは当該違反によって惹起された実損の証明困難性または他に適切な救済を受ける方法の不便性若しくは非現実性に照らして合理的な金額である場合に限られる．非合理に大きな額の損害賠償額の予定は，ペナルティーであり無効である．
　オフィシャルコメント1：非合理的に小さな金額も，同様な，批判の対象であり，非良心的契約または条項を規定したセクションにより否認される．

既に述べた通り，これと類似の契約技術として；
① 排他的損害賠償（exclusive remedy）：物品売買に良く見られ規定で，欠陥品に対する補償を商品の交換または修理に限定する規定．これは，必然的に，間接損害（consequential damages）の排除に繋がる．
② 損害賠償額の制限（limitation of liability）：サービス契約を含め，広く様々な契約に見られる規定で，通常，当該契約に基づく全ての契約違反と損害賠償を累積して，一方当事者の補償債務の上限を契約金額のX％と定めるものが多い．第三者損害（不法行為責任）の損失補償（indemnity）を併記するものも多い．

これらの規定は，違反者の過失責任の結果を相手方に転嫁する，極めて，不公正なものになる危険性があるのである．
　これらに対するUCCの立場は，次の通りである；
　§2-719(3)：間接的損害は，非良心的でなければ制限または排除することができる．消費者用品のケースでは，人身傷害に関わる間接損害の制限

は，始めから非良心的である，ただし，商業的損失の損害賠償額の制限は，そうではない．

§2-303：本編がリスクまたは負担を分配している場合，他に合意がない限り，(当事者の) 合意は分配を移動させるだけでなく，リスクまたは負担も分割する．

オフィシャルコメント 1：本節の目的は，'他に合意がない限り'本編が課したリスクまたは負担を，当事者が望む通り，修正または分配できることを明らかにすることである．勿論，常に非良心性の規定に従うことが条件である．

ただし，製造物には，別途，製造物責任が課せられるのであるが，ビジネス契約の場合，リスク配分の合意との抵触関係に配慮する必要が生じる．この問題は，次の黙示の保証の中で扱うことにしよう．

b) 黙示の保証（merchantability, fitness）と製造物責任

黙示の保証を排除または修正するディスクレーマーが非良心性の法理の対象になるか否かは明白でない．ただし，そのような規定は，中古品の特定物売買の場合などに合理性があると思われるが，一般品の場合には，予期せざる不意打ち，または使用上の過失に責任を転嫁する可能性に繋がる．

勿論，そのような不公正は，非良心性の法理からもアプローチ可能と思われるが，UCC の，一義的なアプローチは，伝統的な主目的ルール，矛盾のルールまたは顕著性の要件からのものである．

UCC §2-316 にいわく；
① 明示の保証の設定に関連する用語若しくは行動または保証の否定若しくは制限に資する用語若しくは行動は，お互いに，矛盾のないよう解釈（construe）されなければならない；ただし，パロールまたは外部証拠に関する本編の規定（§2-202）に従うことを条件として，否定若

しくは制限は，そのような解釈が非合理的である場合効力を有しない．

② サブセクション(3)に従うことを条件として，商品性の黙示の保証またはその一部を排除または修正する用語は，商品性 (merchantability) に言及すると共に，書面の場合は，顕著でなければならない，また，目的適合性 (fitness) の黙示保証を排除または修正する場合は，書面により顕著でなければならない．(保証書に記載された以外の)全ての目的適合性の黙示保証を排除する用語は，例えば，'この書面上の記述を超える保証は存在しない' と宣言していれば充分である．

③ サブセクション(2)とかかわりなく，
  (a) 別途の状況が示唆していない限り，全ての黙示保証は '....の如き (as is)'，'全ての過誤 (with all faults)' その他，常識的に保証排除に買手の注意を要求し，また何の黙示保証もないことを明白にする言葉によって排除される；また，
  (b) 買手が契約に入る前に，商品見本またはモデルを，彼が望む通り充分検査したか，検査(の要請)を拒否した場合，その状況で検査していれば明らかになっていた筈の欠陥については，黙示の保証は，存在しない；また，
  (c) 黙示の保証は，取引の過程，履行の過程または取引慣行によって排除または修正される．

④ 保証違反に対する救済は，本編の損害賠償額の予定または損害賠償額の制限及び契約による救済の修正 (§2-718, 719) に基づいて制限することができる．

　同条(2)項は，明文で顕著性を要件としているのであるが，コメント1は，'予期せざる，または交換取引の対象となっていなかった，ディスクレーマーの用語法から，買手を守ることを求めている' のであり，また '黙示的保証の排除は，顕著な言葉その他，買手を不意打ちから守るための状況' でのみ許さ

れると説明している．この成文規定は，ディスクレーマーの可否を，手続的な知不知または，ディスクレーマー自体が当事者間の取引範囲に入っていたか否かのテストで決め得る問題と示唆しているように見える．また，現に，そのように解釈した判決も存在する[3)-18]．多くの先例は，この見解を拒否したのであるが，この見解が根深いものであるように見える先例も存在するのである[3)-19]．

ビジネス契約に限定的なものになるが，これは，法理論として顕著性の要件と非良心性の法理または黙示の保証若しくは製造物責任（厳格責任）の，何れが上位規定になるのかという課題に繋がる．即ち；
① 商品には固有の品質条件があり，決められた取扱基準を守らなければ欠陥を生ずるという産業界の要求と，
② 安易に，この主張を認めれば，受約者が契約に寄せた信頼を裏切ることになるという保護政策との抵触関係である．

なかなか，難問と思われるこの問題の解は，コメント1が説明する同条の目的'取引の対象となっていなかったディスクレーマーの用語法から，買手を守ること'からアプローチすることができる．つまり，個別交渉を経たビジネス契約では，同条の顕著性の要件を満足すれば，黙示保証は，排除できるとする解釈である．

問題の所在を明確にするために，下級審判決ではあるが，ここで，ニュージャージー州の判例（ビジネス契約）を見ておこう．この判例は，上記の争点に関する多数の判例を引用しており極めて興味深い．

（3） Monsanto Co., v Alden Leeds, Inc（326 A. 2d 90, Super Ct. NJ 1974）

事件の概要：このケースの被告側の申し立てによれば，本件は，原告モンサントが売却した'無水有機塩素（dry organic chlorine）'の一部に品質上の欠陥があり，自然発火により，購入者である被告（Alden Leeds）及びその関連会社（Leeds Terminal）の在庫品及び施設に，尽大な被害を及ぼしたのである．

原告は，商品代約110万ドル（注．欠陥品質を前提にした相当額は，15万ドル程度でしかなかった）と延滞利息プラス訴訟費用の支払を求めて，サマリージャジメント（正式事実審理を経ないでなされる判決）を請求したが，被告側（同品を貯蔵した関連会社を含む）は，約200万ドルの損害賠償を求めて反訴した．契約準拠法は，ミズリー法であった．不法行為責任には，ニュージャージー法が適用された．

　この売買契約には，次の保証条項と免責条項があった；
　　保　　証：本契約に別段の定めのある場合を除き，モンサントは，権原及び本契約で販売された製品がモンサントの品質規定に合格したものであることを保証する．上記の文言に従いまた本契約に明文で定められた場合を除き，モンサントは，商品性，特定目的適合性その他本製品に関する，明示または黙示の，如何なる種類の表示または保証も行わない．この条件は，本製品が単独で使用される場合も他と混合して使用される場合も，同じく適用されるべきものとする．販売店による本製品の取扱，貯蔵または使用から生じた全ての人身傷害または財産被害に，モンサントは責任を負うことはなく，販売店がその責任を負う．
　　救　　済：製品の欠陥またはその他の理由から生じた全ての損失または損害に対して，販売店が受ける排他的救済及びモンサントが支払うべき債務の限度は，当該損失または損害が生じた特定の出荷分の売買代金プラス販売店が支払った運賃相当額とする．モンサントは，如何なる場合にも，偶発的または間接的損害に対し責任を負うことはない．

　小括：このケースは，専門業者の取扱を前提として流通販売されている，化学品原材料の売買契約であることに最初の注意が向けられなければならない．

その上で，上記，責任条項を読むと，モンサントは，契約に明示の場合を除き；
① 全ての黙示保証,
② 人身傷害に対かる責任,
③ 間接損害の賠償責任を排除しており，また，
④ 責任限度額及び排他的損害賠償,

を定めている．従って，上記の保証または救済条項を有効とすれば，仮に，当該製品の品質がモンサントの社内規格に合格していなくても，排他的救済条項に従い，モンサントの責任は，当該出荷ロット分の売買代金プラス運賃相当額が上限となる．

そこから，被告側反訴の法律構成を考えれば，このケースの争点は，専ら；
① 危険配分に関する契約法上の扱い，即ち，非良心性の有無，
② 黙示の品質保証または製造物責任と不法行為法上の厳格責任の関係（原材料取引契約も含まれるのか？），
③ 契約上の偶発または間接損害の排除と不法行為法上の厳格責任の関係，
④ 契約当事者ではない不動産貸主の原告適格,

などにならざるを得ないだろう．

勿論，一般的には，ミズリー州でもニュージャージー州でも，契約による危険配分は認められている．被告反訴に関連する手続法上の問題は，製品を貯蔵した関連会社 (Leeds Terminal) の訴訟参加であるが，関連の規定によれば，'適時の申し立てによって，若し，何れかの人の請求または防御が，主たる裁判の法または事実問題と共通性を有する時には，訴訟参加が認められる (R. 4：33-2)' ので何等障害がない．ただ，訴因を不法行為，契約違反の何れにするかは，別途考えなければならない．

以上を念頭に置いて，裁判官の意見の分析を進めることにしよう．

Dreier 裁判官意見：第1の問題は，明示または制定法による保証違反に関する被告の反訴である．被告の請求の基礎が間接損害であることは，明らかである．ミズリー法[3)-20]では，間接損害は，非良心的でない限り，制限または排除できる（注．UCC と同文）．従って，契約のディスクレーマーが非良心的であるか否かは，法の問題として裁判所が決定することになる．仮に，ディスクレーマーが非良心的と判断されれば，保証違反に関する請求が認められる当事者の範囲が問題になる[3)-21]．

売買契約の当事者 Alden Leeds が，制定法に基づく黙示の保証違反の請求に，適格なのは疑問の余地がないが，不動産貸主である Leeds Terminal は，制定法（Miss. & NJ UCC § 2-318）が認めた，原告の範囲には入っていない[3)-22]．同法によれば，制定法による黙示の保証の保護範囲は，商品購入者と，自然人であるその家族若しくは使用人または来客に限られており，法人である不動産貸主（Leeds Terminal）は，これに該当しない[3)-23]．しかし，ミズリー法では，先例上[3)-24]，制定法に基づく黙示の保証と厳格責任は，同様に取り扱わなければならないとされており，少くとも，'欠陥（defect）' のケースでは，ニュージャージーも，類似の立場を採っている[3)-25]．ミズリー法を準拠法とする契約に基づく保証請求は，...厳格責任と同じく取り扱われるので，実質的な債務の基礎は，ニュージャージー法の，不法行為請求と同じくアプローチできるだろう[3)-26]．

このケースで困難な問題は，不法行為法の厳格責任を，ビジネスユーザーに広げることができるか否かである．裁判所は，契約締結地法が機械的に適用されないケースでも，そのケースの問題に最も利害を有する州の法律が適用されるべきと述べた[3)-27]．このケースでは，製品は，ニュージャージーに向けて出荷されたことを原告は承知しており，欠陥の影響がニュージャージーに及ぶことを知り得た筈である．また，現実に，被告の損害は，ニュージャージーで発生した．当裁判所は，ニュージャージー法を適用することを躊躇しない[3)-28]．

不法行為の厳格責任に関するニュージャージーの判例法は，保証の用語からアプローチされた，Henningsen v Bloomfield Motors（1960）[3)-29]に始まり，真

の厳格責任のケースの嚆矢とされる，Santor v A&M Karagheusian（1965）[3)-30]を経て，最近の Realmuto v Straub Motors（1974）[3)-31]まで，全米で最も前進しているものである[3)-32]．

ニュージャージーの最高裁は，商業取引の流れに製品を投入した者の責任に対する，社会的な期待を裏切らないために，この分野の拡大の意思を隠さない．

或る裁判官の意見では；
　　正義が要求する製造業者の義務は，企業責任であって，売買法の複雑性に依拠すべきではない．このような責任の目的は，…欠陥品から生じた，人身傷害または財産損害のコストを，どちらかといえば，通常，自分を守るのに無力な被害者に負担させるのではなく，商業流通の流れに製品を投入した者に負担させることにある[3)-33]．
　　不法行為法の厳格責任の下では，目的適合性または商品性の保証と同じく，製造取扱に関する製造業者の過失の立証は求められていない．若し，製品に欠陥があれば，…そして，当該欠陥が設計，製造または製造業者が製品を支配していた間に生じたのであれば，そして，最終購入者または予想された消費者の被害または損害と直近の因果関係があるのであれば，責任は存在する[3)-34]．

他方，アイオアでは，1973年，全米各州の判例を調査した上で，州最高裁が，ビジネス契約の原告（commercial plaintiff）には，厳格責任の状況での損害の回復を認めないと決定した[3)-35]．この結論を出すに当って，同最高裁は，売買代金及び逸失利益の請求は，保証違反だけに依拠できるのであって，不法行為法の厳格責任では支持することはできないとした．カリフォルニア州の判決（Seelyケース，1965）[3)-36]に従うのではなく，ニュージャージーのケースだけを，特に，区別した．このアイオアの連邦裁判官は，ニュージャージーとカリフォルニアのルールに従って，広範なケースを参照した上で，アイオアは，このタ

イプの損害賠償請求を厳格責任の理論で求める原告には，認めないと結論した[3)-37]．ただし，この裁判官は，ニュージャージーの別の判例[3)-38]を参照して，ニュージャージー自体が，或る程度，Santor ケースから後退したと述べている．また，カリフォルニア自体も，Seely ケースの絶対的立場から Gherna ケース（1966）[3)-39]で後退していると述べている[3)-40]．

ビジネス目的の消費者に，厳格責任の法理を適用した最も説得力のある判例は，ミシガン州のケース（Cova v Harley Davidson, 1970）[3)-41]である．このケースは，'厳格責任'と'黙示の保証'を単一の用語'製造物責任'で扱っている．この製造物責任の法理の下で，ミシガンの裁判所は，当事者間の交渉力の格差如何では経済的損失の回復の余地を残した上で，ゴルフカートの修理代金の回復を認めている[3)-42]．

アイオアまたはその他の州が直面している困難と異なり，当裁判所は，一連の，厳格責任の拡大を目指しているニュージャジーの判例の利益を享受しており，Santor ケースが商業的損失に適用され得ると判決するに何の困難もない．...或る人の，ビジネスに関する被害も，彼の身体に対する被害同様，われわれの社会にとって有害である．...しかしながら，商業的損失に不法行為法の厳格責任が適用されるのは，リスク配分が非良心的でなければ，損失の配分が交渉できる立場にある者に至る手前までである．明白な合意がないのであれば，法人であれ個人であれ，加工業者であれ偶発的使用者であれ，ビジネスマンであれ家庭内の使用者であれ，だれ一人，保険料の支払または損害の負担によって，偶発損失のコストの吸収を求められてはならない．商業市場への欠陥品の流入は，契約当事者間で有効なリスク配分の合意がない限り，その製品を製造または流通に供した企業が負担すべき債務を生ずる[3)-43]．

次の課題は，ミズリー法によるリスク分配に戻る．...（製品の取扱，貯蔵から生ずる人身傷害または財産被害の）損失のリスクは，明らかに，契約で購入者に配分されており，更に，間接損害の請求も禁止されている．ミズリー法は，過失に関する取り決めでリスク配分を認めている．...しかし，そのようなリスク配分の合意は，常に，当事者の合理的な期待を実現するように解釈されなけ

ればならない．ビジネスの取り決めで，当事者は，明示若しくは黙示の保証または過失に対するリスク配分を許されているので，不法行為の厳格責任の下でのリスクに異なるルールが適用されなければならないとする理由はない[3)-44]．

ビジネスの取り決めで，非良心性は，保証に関してより不法行為の厳格責任でより厳しく推定されてはならない．しかし，ビジネスの取り決めにおいても，契約による責任制限が，常に，健全であるために，その何れについても，強制または不公正な不意打ちが無かったと断定的に推定してはならない．…

交渉力の不均衡及び代替手段の有無は，UCC のコメントが述べている通り，'不意打ち' または '強制' に関してのみ考慮される．…しかし，裁判所が，ビジネス契約であるとの認定だけで，この分析をストップすることはない．このケースには，被告が同じ化成品を購入できる別のソースがあったか，免責条項がなければ化成品を購入できる可能性が無かったのか，という事実問題がある．

この裁判所では，不法行為の厳格責任と契約の保証請求には，同じルールが適用されなければならないので，当該契約条項が非良心的であるか否か決めるためには，このビジネス取り決めの目的と効果について審問を必要とする．…

若し，当該条項が非良心的であったとしても，被告は，不安定な化成品を購入したことによって，不安定な化成品が持つ固有のリスクを厳格責任で追及することを不可能にされることがある．従って，この審問の範囲は，契約内容及び当事者の明白な意思に限定される[3)-45]．

われわれはまた，不動産貸主（Leeds Terminal）が，不法行為の厳格責任の利益を請求できるか否か考えなければならない．プロッサ法科大学長（Dean, William L. Prosser）の指摘にもあるように，初期のルールでは，売手の厳格責任は，製品の使用者または消費者に限られていた．これは，当初，第 2 次不法行為法リステイトメントにも採用されたルールである．…しかしプロッサ教授が指摘しているように，最近の判例は，直近の関係者（bystanders）も，消費者としてより多く保護されるように，原告の範囲を拡大しており，それが今日の支配的ルールである[3)-46]．しかしながら，リステイトメントは，厳格責任の議

論の中で,'最終使用者若しくは消費者またはその資産に生じたものまで'という限定を付している,また,(リステイトメントの編纂に当った)アメリカ法律協会は,このルールが,'使用者または消費者以外の人の被害'に及ぶか否か何も述べていない.

行為者をして注意せしめよ (caveat actor) のコメントの中で,法律協会は次のように述べた;
> このような原告を保護範囲に入れられないのは,市販品を購入した消費者と同じ保護を期待する理由を持ち合せていないという以外に必然的なものはなにもない;しかし,このルールの発展に大いに寄与した社会的圧力は,消費者の圧力を述べたものであって,偶然そばに居た者の保護に同じ要求があった訳ではない.このような人の請求にルールを拡大すべきか否か協会は態度表明を行わない[3)-47].

しかし,ニュジャージーでは,問題の製品の現実の使用者または購入者以外に,厳格責任の保護を拡大したケースが少くとも一つある[3)-48].プロッサ教授は,この法の方向性を,Elmore v American Motors Corp. (1969)[3)-49] が先導したと指摘している[3)-50].また,Doan 裁判官が,Lamendola ケース(注.上記[3)-48])で収集した,'善意の関係者 (innocent bystander)' のケースもある.この系統のケースは,購入者は,それぞれ欠陥のない製品に信頼を寄せなければならなかったと認められるのであるが,更に,社会的にも,一般論は,欠陥品が経済システムに投入されないであろうとする信頼が守られるべきという優れた見解を示している.若し,われわれが,'予見可能性の範囲内にある原告 (foreseeable plaintiff)' のテストを採用すれば,この購入者に対する不動産貸主は,確かに,このクラスに該当する[3)-51].

契約上の責任制限条項が,このケースの最初の被告に強制可能な場合,この法廷は,それが,法人不動産貸主に有効であるか否か決定しなければならない. ... それぞれの準備書面で,両当事者は,この問題を取り上げている. ...

今迄の記録上の事実関係では，この契約は，不動産貸主に及ぶと判決することはできない．Alden Leeds と Leeds Terminal との企業結合のベール見抜くためには，彼等の企業形態，見せかけその他を無視して，当事者の活動が示している証拠により，裁判所が，事実に基づく決定をしなければならない．...従って，不動産貸主の請求の認否は，非良心性の審問と一緒に行うことができる審問で，裁判所の事実認定に基づいて決定される[3)-52]．

過失問題については，通常のルールが適用される．仮に，購入者自身と法人不動産貸主が，共に，不法行為の請求で厳格責任を主張できるとした，この法廷の，結論が誤りだったとしても，予見可能性の範囲にある原告として，不動産貸主は，過失に対する個別の請求権を有する．この後者の請求は，テナント（購入者）が結んだリスク配分の合意には影響されない，また同じく，Leeds Terminal に，この合意の効果が及ぶか否かの審問を待たなければならない．

小括：以上の次第で，この裁判は，サマリージャッジメントを求めた原告の請求が棄却され，正式事実審理（trial）に付されたので，まずは，被告が反訴に成功したというところである．ただし，Dreier 裁判官引証に明らかように，契約によるリスク配分へのアプローチは州によって分かれており，アメリカ法としての統一性を見出すことはできない．しかし，そこには，二つの帰責事由の可能性が明白に述べられいる．即ち，一つは，製造物責任に基づく不法行為責任で，これには，制定法に基づく黙示の保証は厳格責任であると見る契約法的な側面も含まれる．もう一つの根拠は，契約条項の非良心性である．

コードの§2-316(2)（黙示の保証の排除に関する顕著性の要件）を，非良心性の法理に対する，特則と理解する判例[3)-53]に同調する意見は大勢であるが，製造物責任を排除できるとする判例[3)-54]は，少ない．

或る学者の，非良心性の法理の分析[3)-55]によれば，この法理が成功した判例の底流には；

　① 当事者間の交渉の不均衡，
　② 提供された約因の不均衡，

③　相手の弱味につけ込む取引,
④　公益政策違反,
などの傾向が見られるのである．従って，法的に洗練された二つの大企業が，…非良心性の法理に頼ることは，殆ど，意味を持たない[3)-56]という意見も有力になる．

　そして，正に，アメリカ法は，消費者契約を中心に，立法による保護を多数定め，この論争の司法的な重要性を，実質的に，削減する道を選んだ．それは，アメリカ法律協会のコメントのように，'このルールの発展に大いに寄与した社会的圧力は，消費者の圧力' であったことを，素直に，反映しているのだろう．ただし，そこでは，排他的なビジネス一貫体制 (integrated business model) の下流に位置する，フランチャイジーにも一定の保護を与えた事例[3)-57]が示しているように，交渉力の不均衡を改善する政策的配慮も維持されている．これは，現実主義の特長の一つで，法的に '不公正' と認識されるためには，概ね，'社会的に解決を要する課題' と認識されるプロセスが必要なことを示している．これは，彼等が司法的解決を要する問題に，社会科学的に証明された悪さの存在が必要と考えている証例と見ることができるだろう．

　ここで，若干，消費者保護に採用された法技術に付言すれば；それは，一般的禁止，開示方法の指定，開示による選択権の尊重，そして行政（FTC）観察または介入である．これらの制定法が対象とした保護対象は，高利を含む約因不相当と黙示保証の両方である．まず，統一消費者信用法典（UCCC：Uniform Consumer Credit Code, 1969, 1974）を受けて，多くの州は，一定のレートを超えるファイナンスチャージを禁止する法律を制定した[3)-58]．また，元本の償還を後まわしにして，取戻し（repossession）を容易にするバルーンペイメントも禁止された（UCCC§3-308）．そして若干の州では，黙示保証のディスクレーマー自体を禁止した[3)-59]．
　連邦法としては，1968年に施行された貸付真実法（Truth in Lending Act）と

1975年に施行されたマグナソン-モス保証法（Magnuson-Moss Warranty Act）が有名である．前者は，消費者が商品またはサービスをクレジットで購入する場合，情報開示を受けた上で選択（informed choice）できるように考えられた．

同法 §§ 127, 128 は，年率に換算したファイナンスチャージとその他の重要情報の開示を求めている．

マグナソン-モス保証法は，耐久消費材の品質保証を定めた，包括的な立法である．同法は，まず，保証項目，保証除外項目及び保証期間を含む，主要な（13項目の）保証内容について完全かつ顕著な開示義務を定めた上で（USCA § 2302 (a)），FTC による事前の合意がある場合を除いて，即ち，保証された条件に従って使用された時のみ適切に機能するとの表示を，FTC が納得した場合を除いて（§2302 (c)），消費者に条件を付けることを禁止している．次に，同法は，連邦最低保証基準（USCA § 2304）を定め，この基準に合格する保証を，'完全保証（full warranty, § 2303 (a) (1)）'，これに合格しない保証を，'限定保証（limited warranty, § 2303 (a) (2)）' と表示することを求めている．完全保証には，無料修理若しくは交換または払い戻し，書面による顕著な表示がある場合を除き，間接損害の排除の禁止及び黙示保証に関する期間制限の禁止が含まれる（§2304 (a)）．また，消費者の行う保証の履行請求に，複雑な条件を付けることを禁止している（§2304 (b)）．

これらの消費者保護法の構成から判断すれば，アメリカ法は，どちらかといえば，単純な介入政策ではなく，開示による選択（informed choice）を採用したように思われる．

［参照注］

3) -15：UCC § 2-303　オフィシャルコメント 1
3) -16：Banta v Stamford Motor Co., 92 A. 665, 667. Conn. 1941.
3) -17：前出．92 A. 665, 667. Conn. 1941, 667.
3) -18：Avery v Aladdin Prod. Div., 196 SE 2d. 357, Ga. App. 1973：非良心的であることに抵触した契約上のディスクレーマーは... 法自体が特に許した規定である．

3) −19：Martin v Joseph Harsis Co., 767 F. 2d 296, 6th Cir. 1985：地方裁判所は§2−302の制限として§2−316に正しく依拠した；Ford Motor Co. v Moulton, 511 SW 2d 690, Tenn. 1974：§2−316に適合する保証のデイスクレーマーを，§2−302に用いられた意味での非良心的と考えることができるか否かの質問に多くのコメンテーターは否定的に答える．
3) −20：VAMS：Vernon's Annotated Missouri Statutes § 400. 2−719(3)
3) −21：前出．Monsanto ケース，326 A. 2d 90, Super Ct. NJ 1974. Ⅱ [2, 3]
3) −22：前出．326 A. 2d 90, Super Ct. NJ 1974. 95 Ⅲ
3) −23：前出．326 A. 2d 90, Super Ct. NJ 1974. 95 Ⅲ [4]
3) −24：Keener v Dayton Electric Mfg. Co., 445 SW 2d 362, 364, Mo. Sup. Ct. 1969；Hales v Green Colonial Inc., 490 F. 2d 1015, 1022, 8th Cir. 1974.
3) −25：Realmuto v Straub Motors Inc., 65 NJ 336, 345；322 A. 2d 440, 1974.
3) −26：参照；Mellk v Sarahson, 49 NJ 226；229 A. 2d 625, 1967；前出．326 A. 2d 90, Super Ct. NJ 1974. Ⅲ [5, 6]
3) −27：49 NJ 228−230；229 A. 2d 625, 1967.
3) −28：前出．326 A. 2d 90, Super Ct. NJ 1974. Ⅳ [7]
3) −29：32 NJ 358, 409−412；161 A. 2d 69, 1960.
3) −30：44 NJ 52, 63−67；207 A. 2d 305, 1965.
3) −31：65 NJ 344；322 A. 2d 440, 1974.
3) −32：前出．326 A. 2d 90, Super Ct. NJ 1974. Ⅲ [8]．
3) −33：44 NJ 65, ；207 A. 2d 311−312, 1965.
3) −34：44 NJ 66−67；207 A. 2d 313, 1965.
3) −35：Iowa Electric Light & Power Co. v Allis−Chalmers Mfg. Co., 360 F. Supp. 25, S. D. Iowa 1973.
3) −36：Seely v White Motor Co., 63 Cal. 2d 9, Cal. Rptr. 17；403 P. 2d 145, 1965.
3) −37：前出．326 A. 2d 90, Super Ct. NJ 1974. Ⅲ [8]．
3) −38：Moreira Construction Co. Inc. v Moretrench Corp., 97 NJ Super. 391；235 A. 2d 211, App. Div. 1967.
3) −39：Gherna v Ford Motor., 246 Cal. App. 2d 639, 55 Cal. Rptr. 94 D. Cr. App. 1966.
3) −40：前出．326 A. 2d 90, Super Ct. NJ 1974. Ⅳ [8] 脚注　1．
3) −41：Cova v Harley Davidson Motor Co., 26 Mich. App. 602；182 NW 2d 800, App. Ct. 1970.
3) −42：前出．326 A. 2d 90, Super Ct. NJ 1974. Ⅲ [8]．
3) −43：前出．326 A. 2d 90, Super Ct. NJ 1974. Ⅳ [8]．
3) −44：前出．326 A. 2d 90, Super Ct. NJ 1974. Ⅴ [9, 10]．
3) −45：前出．326 A. 2d 90, Super Ct. NJ 1974. Ⅴ [9, 10]．
3) −46：参照．Prosser on Torts, 4th ed. 1971.
3) −47：第2次不法行為法リステイトメント§402 a，コメント o．
3) −48：Lamendola v Mizell, 115 NJ Super. 514；280 A. 2d 241, Law Div. 1971.

3) -49：70 Cal. 2d 578 ; 75 Cal. Rptr. 652 ; 451 P. 2d 84, Sup. Ct. 1969.
3) -50：Prosser 前出 663.
3) -51：前出．326 A. 2d 90, Super Ct. NJ 1974. Ⅵ ［13, 14］.
3) -52：前出．326 A. 2d 90, Super Ct. NJ 1974. Ⅶ ［15］.
3) -53：Avery v Aladdin prod. Div., 196 SE 2d 357, Ga. App. 1973.
3) -54：Marshall v Murray Oldsmobile Co., 154 SE 2d 140, Va. 1967.
3) -55：14 Int'l & Comp. L. J., 498, Loyola L. A. 1992.
3) -56：Continental Airlines v Goodyear Tire & Rubber, 819 F. 2d 1519, 1527 9th Cir. 1987.
3) -57：15 USC §§ 1221〜1225：自動車販売店保護（1956）；15 USC §§ 2801〜2806：石油販売店保護（1975）.
3) -58：UCCC §§ 2-201, 2-202, 2-401.
3) -59：Md. Com. Law Code Ann. § 2-316. 1 ; Mass. Ann. Laws ch. 106, § 2-316A.

3．違反者の意思の扱いと不法行為責任

　故意の違反の場合，契約違反と不法行為の境界域で，かなり難しい問題が発生する．また，アメリカでは，この問題の取り扱いが，かなり錯綜している．1903 年，ホウムズは，'仮に，契約が破られても，違反の原因が何であれ，損害賠償額の査定は同じである．...違反の動機は，一般に，契約の裁判では重要でない（後述[1]-[1]）' と述べている．一方，カードゥゾウは，1921 年，'意図的な違犯（willful transgression）では，違犯人がペナルティーを払わなければならない[1]' と判示している．

　前者の意見は，契約法は，その基本設計において，厳格責任とそれに付随する救済システムが，過失と関係なく働くことが前提になっている．しかし，今日，契約責任が厳格責任だとする見解には，数々の，例外則が働く．また，契約違反に対する不法行為法の適用可能性を強く示唆する後者の意見は，1980 年代後半まで相当の前進があったと認められるのだが[2]，今日では，この見解は，若干，後退しているように見える．それは，多分に 70 年代後半からの，'法と経済学' の影響ではないかと思われるのである．

　唯一，はっきりしていることは，"独立した '詐欺' の要件に該当する，充

分法外な行為"に対しては，不法行為の懲罰的損害賠償[3]が正当化されることである．そして，依然として，若干，不明確なことは，契約の不誠実違反が不法行為責任を生ずるか否かの問題である．これらに共通する課題は，違反者の意思と救済レベルの関係である．

契約違反の文脈では懲罰的損害賠償が殆ど問題とならないイギリス[4]と異なり，アメリカでは，仮に，契約違反ケースで不法行為責任との併存債務が認められるとすると，填補賠償（契約違反）プラス懲罰的損害賠償（不法行為）という，二重の救済が受けられることを意味することになるだろう．アメリカ法では，イギリス法と異なり，契約違反か不法行為か，二者択一的救済が受けられるという意味での併存債務（concurrent liability）ではないのである．また，不法行為責任へのアプローチの方法及び契約類型の範囲については，両国間で，相当な違いがあると指摘せざるを得ない．それは，その時代の要請に対応した，裁判官の法政策的な熱意に裏付けられたものだが，極めて，法技術的なアプローチなので，本節の中で，カリフォルニア州の判例を分析することによって，具体的に，その変遷を理解することにしよう．

そこで，その検討手順であるが，ここでは，まず；

- 違反者の意思に着目しない先例と着目する先例を対比的に分析し，次に，
- これが救済のルールに与えた影響を考察し，最後に，
- 不法行為責任（不誠実違反）からのアプローチと，これと抵触する契約違反の法理（効率的違反）の発展，

を対比的に見て行くことにしよう．ただし，上記の通り，法政策的に対立する二つの流れがあることを念頭においておくことが重要である．

［参照注］
1：Jacob & Youngs v Kent, 129 NE 889, 891, NY 1921.
2：契約領域に対する不法行為法の前進を分析した優れた文献として；
　(1) Gilmore, The Death of Contract（主要参考文献：Gilmore (1)）．

(2) Diamond, The Tort of Bad Faith Breach of Contract : When, if at all, should it be extended beyond Insurance Transactions ? (1981) 64 Marq. L. Rev. 425.
3 : 不法行為法第2次リステイトメント§908
4 : イギリス法の懲罰的損害賠償（不法行為責任）は，極めて，限定的で，懲罰的（punitive）というより加重賠償（aggravated damages）としての性格が強い．また，契約違反との併存債務には，引き受け義務としての duty of skill 違反からアプローチしているので，理論上，契約違反と重複することは考えにくい．

なお，懲罰的損害賠償に関する裁判官の意見には，次の様なものがある；
Rookes v Barnard (1964) 1 All ER 367 (per L Develine)：懲罰的損害賠償が認められるカテゴリー：① 国家公務員の抑圧的，恣意的または憲法違反の行為．② 支払うべき填補賠償をかなり上回る利得を計算して意図的になされた行為．③ 制定法が明確に定めた場合．
Cassell & Co Ltd v Broom (1972) 1 All ER 801 (per L Hailsham)：名誉棄損事件では，単なる義憤にかられて，損害について，必要かつ充分な慰謝料（solatium）を超えるようなことを陪審に奨励しても許してもいけない．...正確には，陪審がそれを慰謝料以外のものと考え，慰謝料として算定された金額に加えて，懲罰（penalty）として別の金額を加算することを奨励しても許してもいけないということである．それを許せば，一つの違法行為に二つの処罰を認めることになる．(per L Ried)：このような賠償を認めるのは，極めて，変則的であり，民法の機能と刑法の機能を混淆するものである．理論的に見ると，純粋な懲罰的損害賠償は，これまで，貴族院が認めたことはない．ある種の事件で，単に，填補賠償では説明がつかない損害賠償を認めなければならなくなっているが，それでもなお，...変則的なものは許すべきではないのである．懲罰的（punitive or exemplary）という言葉は，純然たる填補賠償の時にも使われているので，変則的処理がなされたケースを知る徴憑としては役に立たない．（参照：主要参考文献．田井義信．pp. 143～166：懲罰的損害賠償）．

1) 違反者の意思に着目しない先例

(1) Globe Refining Co v Landa Cotton Oil Co. (190 US 540., 1903)[1]-1

このケースは，被告工場の鉄道引込線渡し条件で結ばれた，タンク車10台分の棉実油（prime crude C/S oil）の売買契約で，売手の不履行が争われたものである．契約は，ブローカー経由で結ばれたものであるが，ブローカーから被告に送られた書簡で，契約が適正に結ばれたこと，及び価格（fob ¢15 3/4 per gallon），引渡し条件（売手工場側線渡し，タンク車購入者手配）並びに引渡し時期（8月下旬及び9月上旬）が明白に通知されていた．

この契約を履行するために，原告は，商品代を事前に支払う必要はなかったが，タンク車を手配して，遠隔地から被告工場まで回送する必要があり，鉄道会社との協定で，無条件で，事前に，空車回送料及び実車輸送料を支払う必要があった．原告は，このような手配を済ませ，契約に基づき，積荷指図（shipping instruction）を被告に送ったのであるが，被告は，期日に出荷せず，また原告側主張によれば，キャンセル通知も迅速には行われなかった．

契約違反事件としての損害賠償の請求金額の中に，商品の契約金額と市場価格の差額は含まれていなかった（価格差は生じなかった）が，原告側は；遠隔地からタンク車を回送する必要があったこと；そのために，輸送料を鉄道会社に支払う必要があったこと，また，タンク車の不稼動が30日間生じたこと；また，売手は，買手が何回も契約していたこと及び契約目的が何か良く認識していたこと；また，売手は，契約破棄を熟慮しており，悪意を持って（maliciously），タンク車の所定距離の回送及び所要のコストを発生させたと述べた．原告側請求の損害賠償では，これらを合算して約$5700であったが，被告側は，これらは，裁判のために誇張されており，本当のところは，$2000以下だと主張した．

両者の異議申し立てを認めた控訴審で，ホウムズ裁判官は，原判決を維持したのであるが，原告側請求は，殆ど，特別損害に当ることを述べた文脈の中で；

　人々が契約する時には，違反ではなく履行を予期しているのではあるが，違反の時に，どうすべきかについては，殆どか全く何もいわないのが普通である，...しかし，人は，誰でも，履行の時が来た時に，絶対確実に履行できる訳ではない．また，多くのケースで，彼等は，自分のコントロールを超えて，全面的な，または或る程度のリスクを引き受けているのである．

　'このようなケースにおける責任は，彼の予測（contemplation）の範囲内

であるべきと思われる．また，予測の範囲内にあるか否かの決定は，彼が気が付く形で提示されていれば，合意したであろうと公正に推定できる条項に従って決定されなければならない[1)-2)]'．

'仮に，契約が破られても，違反の原因が何んであれ，通常，損害賠償金額の査定は同じである[1)-3)]'．

原告は，被告が，悪意を持って，タンク車の数千マイルに及ぶ回送の原因を作ったと主張したが，…この事実は，契約時と関係がない．従って，契約時の基準で決定される損害賠償額の査定に影響することはない．

'違反の動機は，一般に，契約の裁判では重要でない[1)-4)]'，

と述べているのである．

また，彼は；

'購入者の何らかの利益または彼が採る行動の売却人への単なる通知は，仮に，品物の引き渡しに不履行が生じたとしても，必然的にまたは法の問題として，彼に，特別損害が課される充分条件とはならない[1)-5)]'，

とも述べている．

小括：ここでの課題は二つある．即ち，（不法行為には当らない）契約違反ケースで，通常認められる補償基準と特別損害の主張立証に必要な通知の要件である．

この判旨からいえることは，ホウムズ裁判官は，契約ケースの場合，間接損害（または特別損害）に対する救済として，Hadley v Baxendale（1854 年，イギリス）以来の，伝統的な予見可能性テスト（foreseeability test）を継承したと見ることができる[1)-6)]．現に，彼は，このケースで，Hadley v Baxendale を引証しているのである[1)-7)]．

ホウムズの判旨を素直に反映した判決に，Lamkins v International Harvester Co（Ark., 1944）がある[1)-8)]．このケースの原告は，夜間でも農作業ができるように，その旨を告げて，ライト付のトラクターを発注したのであるが，納入さ

れたトラクターには，ライトが無かった．しかも，納入時，業者は，3週間以内に届けると約束したのであるが，実際に届けられたのは，ほぼ，1年後であった．その間，原告は，夜間の作付も収穫も出来なかったのである．原告の請求に対し，裁判所は，それ以前のアーカンサスのケースを参照した上で；本件では，仮に，購入者の証言を信じたとしても，'この証言には，この取引と，納入業者が，仮に，20ドルの照明用付属品を付け忘れたとしたら，数百ドルに達する収穫減の責任を引き受けるよう期待されていると承知した上で契約したことを結び付ける状況が何も示されていない'と述べて，原告の請求を退けている．

予見可能性の基準自体は，UCC（§2-715）も，第2次契約法リステイトメント（§351）も継承しているので，この通常損害と特別損害を分ける救済基準が，アメリカ法の本筋であることは，疑う余地がない．しかし，予見可能性が成立する要件自体が，その後，被害者有利に緩和されている．

例えば，Hector Martinez & Co. v Southern Pacific Transp.Co., (5th Cir. 1979, US 1980：露天掘り鉱山で使用するドラッグライン掘削機の運輸遅延ケース)[1)-9]では，このテストに合格の要件は，'現実の予見'または'極めて高い予見可能性'ではなく，'合理人であれば，契約時に，予見可能性を失するほど遠い損害ではない'ことを示せば良いとされている．

また，Prutch v Ford Mortor Co. (Colo.1980：農業用機械の欠陥による収穫減少)[1)-10]では，フォード側は，予想される損害に対する，何等かの，事前の，現実の知識が基礎となるべきと主張したが，裁判所は，制定法にいわゆる；承知理由（reason to know）とは，'現実に予見した（actually foreseen）'ではなく'予見可能（foreseeable）'であると述べて，被告の抗弁を退けている．

違反者の意思に着目しないアプローチを正当化するものとして，ファーンスワースは，三つの理由をあげている[1)-11]；
 ① 経済性の支持がある：仮に，結果的に違反の当事者が損害賠償を支払っても，純益が残る有利性があるなら，その違反は，効率を促進し

経済を発展させる（この考え方は明らかに'効率的違反の法理'を支持するものだが，これについては後に述べる）．
② 倫理的課題を排除する：この正当化は，ホウムズ自身が述べている；法的と倫理的な思想の間で重大な混乱があるのは，契約法を除いてどこにもない．...コモンローにおいて，契約を守る義務は，それを守らなかった時に損害賠償を支払わなければならないことを意味し，それ以外の何物でもない[1)-12]．コービンも'意図的（willful）'の使用には，同じような嫌悪感を示している；意図的（willful）が，その意味またはケース分類を伴って議論されたことは滅多にない．この言葉の使用は，善と悪または，不運な結果と許すべからざる罪の間に明白な線が存在すると信ずる，子供じみた感性を示唆する[1)-13]．
③ 立証の困難性を排除する：違反の動機を無視することは，客観的な違反の事実のみに着目すれば良いことを意味する．違反の当事者が，自己の動機を明らかにすることは稀であり，彼等は，不正確な契約の解釈に基づいて不履行の防御をするか，重要でもない相手の瑕疵ある履行に責任を転嫁するか，または全く不適切な言い訳をするのが通常である．若し，契約責任に，客観的な厳格性を求めなければ，善意の当事者には立証の負担が増加し，裁判所の対応は，難しくなる．

同時に，ファーンスワースが分析しているように，上記の正当化事由には，欠点も認められる[1)-14]．即ち，

後に述べる，（違反者の意思に着目しない）効率的違反の法理を認めるにしても，損害賠償は，支払わなければならないのであるが；
① 裁判所は，経済的側面を必ずしも正確に分析できる訳ではない．
② いわゆる，埋没原価または機会利益の可能性を無視している．若し，被害者が，当該取引に煩わされていなければ，彼は，他で利益を上げていたのかも知れないのであるが，そのような利益に蓋然性が認めら

れる可能性はない．
③　損害賠償の計算は，契約時の予測に基づいて行われるのだが，受約者が目的物の利用目的を変更しない訳ではない．即ち，被害者の潜在的利益を侵害することになる．
④　社会的コストを増加させる；訴訟の維持も含めて，紛争解決には，相当のコストを要するのであるが，その中には，当事者以外の負担となるものも多い．
⑤　そして何よりも，契約の神聖性及び道徳的義務の概念が入る余地を許さないものとなる．

つまり，上記ホウムズの判旨は，現実には，絶対的に受け止めない方が良いのであって，裁判所も，そのように処理して来た．つまり，Hadley v Baxendale ルール自体は，操作可能な概念手段，または司法裁量の可能な概念手段なのである．

ギルモアいわく[1]-[15]；
　このケースが判決されて以来の，この不思議な百年の間，この簡明なフォーミュラは全ての人に全てのことを意味していた．われわれは，現在，(Hadley v Baxendale で述べられた) Aldersen 男爵のルールに対する 19 世紀後半の反応：即ち，Aldersen は，'特別' または '間接' 損害と呼ばれるようになったものの回復を許容する方向に進み過ぎたとの基礎に立つ，明らかに，敵対的な反応に関心を寄せている．...
　'予見可能性' と '伝達' の概念は，明らかに，操作可能である．この反作用の期間に，これらの概念は，大いに洗練され，高額の損害賠償を求める原告に不利に，被告に有利に操作されていた．

ただし，その軸足の置き方は，時代と共に変化している．それが，次に述べる，違反者の意思に着目するケースである．

［参照注］

1) – 1 : Globe Refining Co v Landa Cotton Oil Co., 190 US 540, 544, 547., 1903.
1) – 2 : 前出．190 US 540, 543, 544.
1) – 3 : 前出．190 US 540, 544.
1) – 4 : 前出．190 US 540, 547.
1) – 5 : 前出．190 US 540, 545.
1) – 6 : 主要参考文献．Dawson p. 70.
1) – 7 : 前出．190 US 540, 544.
1) – 8 : Lamkins v International Harvester Co., 207 Ark. 637, 182 SW 2d 203（1944）
1) – 9 : Hector Martinez & Co. v Southern Pacific Transp.Co., 606 F. 2d 106（5th Cir. 1979），466 US 982（1980）
1) –10 : Prutch v Ford Motor Co., 618 P. 2d 657（Colo. 1980）
1) –11 : 主要参考文献．Farnsworth：§ 12. 17a. pp. 290～396.
1) –12 : Holmes : The Path of the Law, 10 Harv. L. Rev. 457, 462, 1897.
1) –13 : 5. A Corbin, Contract §1123, 1964.
1) –14 : 主要参考文献．Farnsworth：§ 12. 3：経済性の側面．
1) –15 : 主要参考文献．G Gilmore pp. 50～53.

2) 違反者の意思に着目する先例

(1) Jacob & Youngs v Kent（129 NE 889, NY 1921）

このケースは，7万7千ドル強の邸宅の建築請負契約で，業者の不注意で，発注仕様以外の配管材料を使ったことが争われたものである．家が完成し，引き渡しが済み，発注者が入居してから，約1年後の最終検査の時に，使用されたパイプの一部が指定したメーカーのものでないことが判明した．この契約には，'仕様厳守' の明文の規定があった．そこで，発注者側の建築士（施工監理者）が，正規のパイプへの交換を指示したが，業者側が拒否，建築士は，最終支払を受けるに必要な証明書を発給しなかった．この裁判自体は，最終金の支払を求めて業者側が起こしたもので，裁判所は，実質的履行の法理を適用して原告勝訴の判決を下している．控訴審では；

① メーカーが異なる以外に，2種類のパイプ材の性能の違いは余りない．そして，

② パイプ材の交換には多額のコストを要するのに較べて，仮にそのまま

でも，邸宅の市場価値には影響しないと判断された．

州最高裁判所の控訴審の多数意見を代表して，カードゥゾウ裁判官は，次のように述べている；

> 裁判所は，契約当事者が完全履行以下でもその義務を全て満たしたと発言したことは一度もない．しかしながら，確かに裁判所は，些細で単なる不注意から生じた不作為は，それによって生じた損害の程度如何で許されることがある，または不作為は，常に没収につながる条件違反に当る訳ではないと発言したことがある．...意図的な違犯者（willful transgressor）は，違犯人がペナルティーを払わなければならない．...彼には，黙示的条件の厳格性を緩和する機会は与えられない．（ただし）その不履行が意図的でなく，また些細なものであれば，贖罪を申し出て慈悲を望むことが許されるのである[2)-1]．

小括：一般に，間接損害に対する補償を除いて，不完全履行に対する補修のコストを損害賠償請求額の基礎とすることに無理はない．しかし，本件では，配管は，既に，建物の構造に埋め込まれており，修理に要するコストは，相当かかるのに対し，違反を追認した場合の建物の価値の低下は，それほどでもない．問題は，損害賠償の基礎を，契約の履行に要するコストに求めるか，不完全履行により生じた，市場価値の差額に求めるかの違いである．このような，判断基準の中に，違反の当事者の意思を介在させたカードゥゾウの考え方には，明らかに，契約責任の厳格性を緩和する傾向が背景にあるようだ．しかし，余り工業化されていない建築現場では，仕様の逸脱が起きるのは日常的で，それを素人の発注者が指摘しも，'これでも大丈夫'といい返されるのが関の山である．このような違反を防止するために，または技術的に必要な，'仕様変更若しくは現場合せ'を可能とするために，実務上，仕様変更は，監理者の許可事項とする条件を挿入して，更に，契約に厳格性を持たせる必要があるのである．そこで，契約責任の厳格性と実質的履行とを整合させる手段と

して，カードゥゾウが採用した，違反者の意思は，極めて，現実的，現代的な意味を持ちうる．

若し違反者が，誠実に行動しベストを尽くしたにもかかわらず，不注意で（または善意で）違反を犯してしまったのであれば，損害賠償額は，建物の価値の減少額（実質的履行が認められていれば，事実上，名目的）になる．しかし，違反が計画的（deliberate）であれば，現実の補修に要するコストが認められる．しかし，これは，何れの補償基準を採用するかという，補償理論の操作の範囲内の問題であって，懲罰的損害賠償（第2次不法行為法リステイトメント§908）に当るものではない．ただ，契約法と不法行為の境界域の問題とはいえるだろう．このアプローチを継承したのが次のミネソタ最高裁の判例である．

(2)　Groves v John Wunder Co, (286 NW 235., Minn. 1939)

原告は，ミネアポリス郊外に24エーカーの土地を持つ土砂採取業者である．彼は，7年間の土地のリースと表土の採取権を合わせて，或る，同業者に認めた．この契約には，契約終了時に，土地は，道路と同じ高さ（ground level）に，整地して返すとの特約が付いていた．

ところが，被告人は，意図的に良質の砂とジャリ（建築骨材）のみを採取し，跡地を整地することなく，ぬかるみのまま返却した．原告は，残土処分と整地に要するコスト6万ドルの補償を求めて提訴．ただし，この土地の市場価値は低く，整地したとしても1万2千ドルにしかならないと評価された．第1審は，経済性の棄損（economic waste）を主張した被告の抗弁を認め，原告敗訴としている．

しかし，控訴審は，被告の違反は，意図的で誠実性のかけらも見られないと断罪し，先例として，Jacob & Youngs v Kent を引証して，法は，'受約者が約束されたものを履行するに必要な金額である限り，それを与えることを目的としている[2)-2']' と判示した．この判旨から見る限り，控訴審の裁判官は，問題を契約違反の側面から捉えているといえるだろう．ただし，このアプローチは，更に，1950年代のカリフォルニアで，不法行為的性格を強くした，不誠

実違反の法理の展開の先駆けと見ることもできる．

　これは，時代的には，第 1 次から第 2 次契約法リステイトメントに至るポジションの変化である．そこで，救済のルールの変遷を辿ると，この変化は，更に，一層鮮明に浮かび上がる．

［参照注］
2）- 1：Jacob & Youngs v Kent, 129 NE 889, 891, NY 1921.
2）- 2：Groves v John Wunder Co,. 286 NW 235, 236, 238, Minn. 1939.

3）　契約違反と救済のルールの変遷

　ここでは，二つの方向からの救済のルールの変遷を見ておこう．即ち，一つは，善意の当事者が受けた利益の返還という意味での，違反の当事者に認められる原状回復請求権（restitution right）の扱いであり，もう一つは，欠陥または不完全履行の当事者に対する，善意の当事者の損害賠償請求権の制限の問題である．このような問題は，何れも，一部履行または不完全履行に基づく契約違反の時に生ずる．

　最初の問題については，契約法第 1 次リステイトメント（1932.§357 及びコメント e：履行不能の原告に有利な原状回復）に，次の，記述がある；

　　認識がありながら（knowingly）犯した違反であっても，それが，単純な過失または事実若しくは法の判断の誤り若しくは錯誤の場合のように，意図的（willful）または計画的（deliberate）とまではいえない時には，またはハードシップ，支払不能，または明らかに倫理的正当化につながる状況に起因する時には，（違反者に）原状回復が許されるのは明らかである．

　これは，期間の途中で退職した被用者の賃金請求権を認めた；Britton v Turner（6 NH 481, 1834）を一般化したものといわれている[3)-1]．しかし，第 2 次

リステイトメント（§374）には，このようなコメントはない．現在では，契約違反者に認められる，不当利得返還請求権は，違反の結果と相関するのであって，過誤（fault）のレベルと相関するのではないことが明白である．即ち，違反の当事者が給付した利益が，善意の当事者が受けた損失より大きければ，その差額の支払が受けられるし，小さければ，差額に見合う損害賠償を支払わなければならないのである[3)-2]．

次に，損害賠償請求額の制限の側から見てみると，欠陥建築のケースで，契約法第2次リステイトメントのドラフトに以下の証例がある（この証例は，1970年の Draft 5 まで採用されていた）；

　　Bの土地にBのためにAが構造物を建てる契約で，仕様の逸脱があった場合，出来上がった構造物が実質的に契約内容と同一であって，価値の差を大きく超える支出をしなければ，仕様に適合させることができない時は，Aが誠実に履行したのであれば，価値の差を差し引いた契約金額の回収が認められる．しかし，逸脱が計画的（deliberate）であれば，損害賠償は，欠陥の補修に要するコストで算定される[3)-3]．

正に，Groves ケースを追認する内容である．ただし，この証例は，1981年の公布版では削除されており，契約法第2次リステイトメント§348(2)は；若し，或る違反が欠陥または未完成を生じた時に，被害者が受けた損失額の証明が充分な蓋然性を持たない場合，彼は，

(a)　市場での資産価値の減価差額，または，
(b)　彼が被った損失額に対して著しく不均衡でなければ，履行の完了に要する合理的なコストまたは欠陥の補修に要するコスト，

の何れかの方法で，損害賠償を請求できると述べて，補償基準を選択する要件の中から，意思の要件を排除すると同時に，エクイテイの要素を加味してい

る．

　同条のコメントによれば，救済の範囲は，市場での資産価値の減価額を上限とすることが原則なのであるが，同時に；減価額の立証困難のために，被害者が救済を受けられないのは好ましくないこと，同時に，当事者にとって特別な価値がなくても，市場価値の差額は，最低限の損失補償になることが示されている（コメントc）．また，証例3では，欠陥建築の補修に要するコストが，或る程度，補修による資産価値の増加を上回わったとしても，欠陥の補修に要するコストが損害賠償額になる場合があることを例示している．

　従って，§348の損害賠償が依拠する原則は，コモンローが例外的救済と位置づけている，特定履行と実質的に同じ意味合いになる可能性がある．履行に要するコストを排して，市場価値の差額に統一することが，一義的には，考えられているにしても，これは，損害賠償を名目に，大きな偶発利益が，善意の当事者にもたらされることを排除する目的（履行に要するコストで損害賠償を受けながら現実には修補せず，これを利得する方法）で考えられている．従って，現実に，修補が行われ，そのコストが支払われるのであれば，彼は，市場価格との差額を回復しただけのことであって，彼に，偶発利益がもたらされたことにはならない．この意味で，(b)項後段の；当事者が被った損失額に対して著しく不均衡でなければ（if that cost is not clearly disproportionate to the probable loss in value to him）の解釈は，なかなか，微妙である．

　このような条件付で，契約法第2次リステイトメントは，違反者の意思に依拠した，不法行為法的な性格の強いアプローチを廃して，原則として，市場価格の差額という客観基準に統一することが，司法判断の大勢であることを示している．ただし，エクイテイ的な司法裁量で，履行に要するコストも認められる余地も，依然として，残されているのである．

　実は，先に検討した，特別な事情の予見可能性から導びかれる，特別損害の認定限度についても，司法裁量の余地が成文化されている[3)-4]．そこで，重視されている要件が，均衡と正義であることも興味深い．この時代は，明らかに，悪質な違反を抑止のために，違反者の意思に着目するか否かで揺れてい

る.

これと関連する，コモンロー領域の問題が，契約違反と不法行為責任との関係である．これについては，1950年代から，カリフォルニアを中心に，法の興味深い発展があった．つまり，契約の一方当事者が，前言を翻し，意図的に約束を履行せず，または契約債務の存在そのものを否認したら，それは，不法行為責任を生ずるのかという問題である．

[参照注]
3)-1：Britton v Turner, 6 NH 481, 1834；主要参考文献．Farnsworth § 12. 17a p. 295.
3)-2：参照：G. Palmer, Law of Restitution § 5. 1. p. 572 (1978).
3)-3：Tent. Draft Nos. 1-7, 1973 § 231 (現行 § 205) 証例6. この証例1970年のDraft 5で採用された．
3)-4：第2次契約法リステイトメント§351(3)：裁判所は，信頼利益の回復だけを認めることによって，または，均衡を失した補償を避けるために正義が求めているのであれば，逸失利益の回復を排除することによって，予見可能な損害を制限することができる．

4) 不法行為からのアプローチ：不誠実違反の法理

不誠実違反の法理 (doctrine of bad faith breach) は，1950年代の後半に，カリフォルニア州の最高裁が創設した，不法行為法の法理であると考えられる．コモンローの法律家は，伝統的に，契約違反事件に不法行為を適用するに慎重である．それは，今日でも同様である．特に，アメリカでは，よこしまな動機 (evil motive) または認識がありながら過失で他人の権利を冷淡に (reckless indifference to the rights of others) 侵害する法外な行為 (outrageous conduct) に懲罰的損害賠償[4)-1]を認める，法政策的意味が強いので，救済レベルに与える影響が，極めて，大きいことにも留意しなければならない．

先例にいわく；
① 不法行為法と契約法は，別々のポリシーに立却するのであり，懲罰的

損害賠償に関して別々のルールを正当化する[4)-2].
② 回復可能な金額は，契約違反の態様に基づいて決められてはならない，また違反しなかった当事者が，相手側の高レベルの故意または過失若しくは低レベルの注意から生じたと認定された違反から，余分なボーナスを得ることがあってはならない[4)-3].

　一般的にいわれているところでは，懲罰的損害賠償を可能にする不法行為の請求は，特定の状況でのみ認められる．即ち，過失が重過失でも不充分なのであって，違反行為が，'独立した不法行為の要件'に該当するものであって，'意図的に (willfully)，未必の故意により (wantonly)，害意のあるものであり (maliciously) または被害者のコモンロー上の権利を意図的に無視した許しがたい (outrageous)' ものであることが必要なのである[4)-4]．しかし，一部の裁判所は，この要件を緩和し始めた．その代表例は，'南カロライナ・ルール (South Carolina rule)[4)-5]' と呼ばれるもので，そこでは，独立した不法行為の要件に欠けるものであっても，'契約違反が詐欺的な行為を伴っているときには，被告に，填補賠償と同時に，懲罰的損害賠償に対応させることができるルールが…充分確立している[4)-6]'と判示された．このルールの下では，侵害行為は'一見して，…許しがたい (outrageous) または極端な (excessive) なものである必要はない[4)-7]' のである．インディアナ州最高裁は，何回も修理に出しても直らなかった自動車の欠陥のケース (1977年) で，'陪審は，保証違反とないまぜになった，詐欺，悪意，重過失または抑圧の要素を合理的に発見することができた[4)-8]' と述べて，7千500ドルの懲罰的損害賠償を認めている．また，送行距離メーターを巻き戻した中古車のケース (1969年，アイダホ) では，1万2500ドルの懲罰的損害賠償を認めているのである[4)-9]．ただ，これらのケースは，やや，消費者契約の性格を有しているということができるだろう．

　このような契約違反に，'独立した不法行為' または '詐欺的な行為が併存する状況' を要件として，不法行為の方からアプローチして，更に，用語的に

'不誠実違反'を使えば，そこでは，契約違反と不法行為が重複した時，殆ど，不法行為のルールが適用されることを意味することになるだろう．また，法政策的には，懲罰的損害賠償のリスクが悪質な契約違反を抑止する効果を期待することになるだろう．このような，法の展開を始めたのは，1950年代のカリフォルニアであった[4)-10]．

カリフォルニアで，上記の文脈の不誠実違反が判決され始めたのは，損害賠償責任保険（第三当事者ケース：第三者からの請求に備えるケース）であった．そこでは，約款の限度額を超える第三者の請求ではあったが，被保険者に，合理的な紛争解決の同意を与えなかった保険会社の責任が問われている．彼等は，約款の限度を超える債務が保険会社に及ぶ危険性を恐れたのである．ただし，これは，紛争解決の機会を失った，被保険者の合理的な期待の侵害に当るのである[4)-11]．この法理は，1970年代に，保険会社が，約款に基づく保険金の支払を不合理に拒否したケース（第一当事者ケース：被保険者自身の損失を補償するケース）[4)-12]に広げられた．保険金を当てにしていた被保険者に，保険金が支払われなければ，思わぬハードシップに直面することは，容易に想像できるからである．また，不法行為の認定と懲罰的損害賠償を切り離した判例も見受けられる（第一または第三当事者ケース）[4)-13]．ここでは，救済のレベルが同じになるので，言わば契約違反と不法行為が同居している状態であるが，訴訟原因の選択の自由度を増す意味で，やはり不法行為の追求が有利になる場合がありうる．

その後，カリフォルニア最高裁は，Seaman's ケース（1984）[4)-14]で，陪審に対する誤まった説示を正すために差し戻した意見の中で，この新しい不法行為を定義して；不誠実違反による不法行為は，'契約に違反すると共に，…不誠実に，また，特別な理由もなしに，契約の存在を否定することによって，責任の隠蔽を図るもの'と述べた．同時に，傍論の中で，'黙示の（誠実かつ公正取扱原則）約款違反が，常に，不法行為の訴訟原因になるかどうかは，…余り明白でない'とも述べた．また，裁判所は，'保険会社と被保険者の関係は，公共の利益，附合または信認関係'に基づく特別な関係であることを強調した

が，'同様の法律上の扱いに値する' それ以外の関係の存在を認めたものの，特定することはしなかった．また，ビジネス契約の違反が，どの時点で，不法行為に当るのか否かの '微妙な問題' に立ち入るのを避けた．

そして，その後，カリフォルニア州の裁判所自身が，保険のケース以外に，不誠実違反の法理を適用するのに慎重になって行った．そして，最終的に，1994年12月，カリフォルニア州最高裁は，控訴裁判所の審査請求（petition for review）を受け入れ[4]-15，Freeman & Mills ケースで，批判の多かった Seaman's のルールを覆して，当該契約の存在自体または当該契約に基づく義務の不誠実な否認以外に，'少くとも，独立した（または，コモンロー上，既に確立している）不法行為法上の義務違反がない時には，特別な関係の存在を，不法行為に基づく損害賠償請求の要件にする' ルールを認定した．

従って，現行法では，'不誠実違反の法理' は，保険のケース以外には，余り，広がっていない．さりとて，カリフォルニア州最高裁判所が，特別な関係の存在を，保険契約に限定した訳でもない．逆説的には，交渉力が均衡している当事者間のビジネス契約では，詐欺の要件などに該当しない限り，'誠実かつ公正取引義務[4]-16' 違反は，契約違反になることはあっても，それが，不法行為責任に繋がることはないとの結論が妥当するのだろう．

なぜ，保険契約では不法行為責任が妥当するのかについて，或る裁判官は，次のように述べている；

　　保険契約は，他の多くの契約と類似性がある，即ち，一方当事者（被保険者）が最初に履行（保険料の支払）し（保険金）請求時の反対履行を待つ．しかし，若し，保険者が反対履行を拒否し契約に違反すれば，保険には相違点が生ずる．典型契約では，違反が無かった当事者は，その時の市場価格で，違反の当事者の履行を他に求めることができるが，保険では全く不可能である．従って，保険契約の特長は，他の契約と異なり，特定の状況で，懲罰的損害賠償の可能性を正当化する（DuPont v Pressman, Del. 1996）[4]-17．

この判例については，後に，効率的違反の法理の中で別に述べることにして，ここでは，上に述べた，不誠実違反と不法行為責任に関する，二つの先例；Seaman's ケース（1984）及び Freeman & Mills ケース（1994）の分析に進むことにしよう．この 10 年間の，その他の判例にも注目する必要があるのであるが，この二つのケースが引証した判例及び判決理由を対比的に分析し理解する時，契約違反ケースで不法行為責任にまで踏み込むに足る，アメリカ法の要件と理論の概要を明らかにすることができるのである．

［参照注］
4)－1：不法行為法第2次リステイトメント§908⑴，⑵，コメント a & b.
4)－2：Morrow v LA Goldschmidt Assoc., 112, Ill. 2d 87, 492 NE 2d 181, 1986.
4)－3：Paiz v State Firm Fire & Cas. Co., 118 NM 203, 880 P. 2d 300, 1994.
4)－4：⑴　主要参考文献　Farnsworth §12. 8 pp.189～192. 特に，notes. 21～23.
　　　　⑵　Excel Handbag Co. v Edison Bros. Stores, 630 F 2d 379（5th Cir 1980）; buyer's conscious decision ... to wrongfully take the goods and withhold payment therefore ... was "an independent tort ... committed willfully, wantonly, maliciously, or with conscious disregard for the legal rights of the injured party".
　　　　⑶　Anderson, Damages Under the Uniform Commercial Code §11. 35 ; Unless the bad faith rises to the level of an independent tort, which itself would support an award of punitive damages, mere bad faith on the part of a party to a contract will not give rise to punitive damages.
4)－5：主要参考文献　Farnsworth § 12. 8 p. 192. note 24.
4)－6：Welborn v Dixon, 70 SC 108, 49 SE 232（1904）
4)－7：Hibschman Pontiac v Batchelor, 266 Ind. 310, 315, 362 NE 2d 845, 848（1977）
4)－8：前出．362 NE 2d 845, 848（1977）
4)－9：Boise Dodge v Clark, 92 Idaho 902, 453 P. 2d 551（1969）
4)－10：R. Keeton & A. Widiss : Insurance Law §§ 7. 8, 7. 10, 1988；主要参考文献. Farnsworth：§12. 8.
4)－11：Communale v Traders & Gen. Ins. Co., 328 P. 2d 198, Cal. 1958.
4)－12：Vernon Fire & Cas.Ins. Co. v Sharp, 349 NE 2d 173, Ind. 1976：被保険人が，直接関係ない請求で，（保険会社の）関係付けを解除するのでなければ保険金を支払わないとした，火災保険会社の拒絶は，意図的または未必の故意若

しくは威圧的であるとして，懲罰的損害賠償が認められた．
- 4) –13：Best Place v Penn Am. Ins. Co., 920 P. 2d 334, Haw. 1996：第1または第3当事者ケースの保険契約において，誠実かつ公正取引義務違反は訴因として独立した不法行為に該当するが，証拠が，必然的に，不法行為の成立を示す以上のものを反映しているのでなければ，懲罰的損害賠償を与えないこともできる．
- 4) –14：Seaman's Direct Buying Service v Standard Oil Co of Calif., 36 Cal. 3d 752；206 Cal. Rptr. 354；686 P. 2d 1158（Supre Court of Cal., 1984）．
- 4) –15：Freeman & Mills, Inc. v Belcher Oil Co., 28 Cal. App. 4th 745；33 Cal. Rptr. 2d 585（Cal. App. 2nd Dist. Div. 1., Sept. 1994）；37 Cal. Rptr. 2d 57；886 P. 2d 606（Supre. Court of Cal., Dec. 1994）
- 4) –16：UCC § 2–103(b)，契約法第2次リステイトメント § 2–205.
- 4) –17：DuPont v Pressman , 679 A 2d 436. 447., Del. Supr., 1996.

（1） Seaman's Direct Buying Service v Standard Oil Co of Calif.（Supre. Court of Cal., 1984）

事件概要：このケースは，カリフォルニア州沿岸のユリーカ市（City of Eureka）で，小規模な海上給油事業を営んでいた原告（Seaman's）が，市のマリーナ整備計画に合わせて，事業の拡大を計画したことに始まる．シーマンズの用地取得（45年間のレンタル）申請に対し，港湾管理者は，石油元売の供給保証を取り付けるよう指示した．そこで，同社は，モービル石油及びスタンダード石油（被告）と交渉を行い，スタンダードの方が有利な条件を提示したので，同社と販売特約店契約（dealership agreement）を結ぶことにした．一方，港湾管理者は，石油の供給保証を示す書面の提出を求めたので，被告，スタンダード石油は，契約予備書面（letter of intent）を発給し，更に，1972年10月11日，有効な合意の証しとして，契約の基本項目を記載した証書（letter of agreement）を交付した．原告は，これに，カウンターサインをして一部を返送した．

その内容は，シーマンズに極めて有利なもので；
- ① 第1期として，10年間の海上給油販売代理店契約の締結，
- ② 設備資金7.5万ドル（ただし，限度額）の貸付，

　　　　③　卸売公示価格（posted price）マイナス，ガロン 4.5 セントの値引，
　　　　④　シーマンズが債務不履行になった時，スタンダードの権利を保全する措置，

が含まれていた．シーマンズは，この証書を，直ちに，港湾管理者に提出，ほどなく，予定区画のリース契約に調印した．

　しかし，この直後，第 4 次中東戦争に端を発した産油国の戦略により，国際石油需給は急変した（注：所謂，1973 年，79 年のオイルショックとして知られるエネルギー危機）．その結果，スタンダードは'新規ビジネス停止政策'を採用した．一方，連邦政府は，'石油供給プログラム'を発表，新しい連邦規則により石油会社に，'1972 年実績ベース'で，顧客に製品を供給しなければならないと伝えた．これを論拠として，スタンダードは，シーマンズに，予定していた，ファイナンス，販売代理店契約及び石油供給計画の停止を通知した．その後，シーマンズの申し立てにより，連邦政府は，両者間に，有効な販売代理店契約があるのなら，スタンダードに'供給命令'を出す用意があると表明したのだが，スタンダードは，態度を変更せず，契約の存在を否認し，シーマンズの協力要請に耳を貸さず，'裁判所で会いましょう'と伝えたのである．

　シーマンズは，1975 年初め，営業停止，その直後，スタンダードに対する訴訟を開始した．訴訟原因は；契約違反，詐欺，黙示の誠実かつ公正取引義務違反及び第三者（市当局）との取引妨害である．正式事実審理の結果は，詐欺を除き，全ての訴訟原因で原告有利の決定が得られた．評決は，契約違反に対し，39.7 万ドルの填補賠償，黙示の誠実かつ公正取引義務違反に対し，懲罰的損害賠償を含め，1145.6 万ドル，取引妨害に対し，懲罰的損害賠償を含め，1264.0 万ドルであった．スタンダードは，これを不服として上訴．なお，被告側から，フラストレーションの抗弁は行われていない．

　控訴審：控訴審における，法律判断の要点は，次の通りである[4]-[18]．
　　・両者間でサインされた証書（letter of agreement）は，詐欺防止法に規定されたところの，契約書の要件を満足しているか？

- 契約関係を故意に妨げる‘意図（intent）’は，法的訴訟原因の一つになり得るのか？
- 保険契約ではない契約で，原告は，黙示の誠実かつ公正取引原則の違反に対し，不法行為で損害賠償を請求できるのか？

上記の争点のうち，最初の争点は，第1審，控訴審共，契約要件を満足していることを認定しているので，被告の行為が契約違反であることは明白で争う余地がない．問題は，後の二つの争点である．

ここまでの文脈で明らかなように，ここで検討すべきは，不法行為責任を導びく争点に関する判決理由または裁判官の意見である．結論を先に述べれば，不法行為責任に関する，第1審裁判官の説示には，陪審をミスリードした，または破棄事由となり得る誤りがあったとして，この部分の判決は破棄され，控訴審裁判官の意見と一致する更なる審理を行う指示と共に，差し戻しとなっている．そこで，ここでは，同裁判所が設定した課題（上記の設問）のうち，不法行為責任に関する部分のみを抜粋して，帰責事由の概要を明らかにして行こう．

① 契約関係を故意に妨げる‘意図（intent）’は，法的訴訟原因の一つになり得るのか？
- 契約関係の意図的な妨害のルーツは，契約違反を導びく不法行為にある．ただし，契約違反を導びいた行為は，故意でなければならない．仮に，行為者が契約の存在を知らず，または契約違反を導びくことを意図していたのでなければ，彼の行為から，現実の違反が導びかれたとしても，彼が，（不法行為で）有責とされることはない．ただし，この意図は，近年，文字通り契約違反を導びいたのではない場合にも拡大されて来た．即ち，有責性のある意図（culpable intent）も要件に含まれて来ているのである[4)-19]．
- 原告が，‘妨害の意図（an intent to interfere）’の証明に成功した時は，被告側に‘正当化（justification）’の抗弁が認められる．また，有責性

のある意図が認められた時には，積極的抗弁（affirmative defense）が問題となる[4)-20]．
- 勿論，被告の意思は，直接証拠以外に推定によっても立証される．しかし，それは，契約違反を予見していたというだけでは，不充分なのであって，'契約違反を導びくことを意図していた' という主張立証が不可欠である[4)-21]．

② 黙示の誠実かつ公正取引約款違反は，果たして，またはどのような状況で，不法行為の請求要件を満足するのか？

- カルフォルニアでは，全ての契約に，誠実かつ公正取引約款が黙示されている．…また，裁判所は，保険会社の誠実かつ公正取引約款違反は，契約違反と同時に，不法行為責任を生ずると判決して来た．同様の性格を持ち同様の法的処理に値する関係が他にも存在することは，疑う余地がない[4)-22]．
- ただし，通常のビジネス契約の文脈で，不法行為の救済を考えることは，未知の危険水域に船を進めることになる．彼等は，この黙示の約款を否定することはできないが，少なくとも，合理的な範囲で，この原則を適用する標準を設定することはできる．このような契約に，不意に，不法行為責任を差し挟むことは，当事者の期待に割り込むことになる[4)-23]．
- これは，ビジネス契約では，不法行為責任が生じないことを述べているのではない．その範囲または適用に充分注意すべきことを述べているのである[4)-24]．
- 若し，契約の一方当事者が，訴因の正当性に確たる信念もなく，訴えると脅して，契約以上の金額の支払を強制すれば，懲罰的損害賠償を含めて，不法行為責任が発生すると判決されて来た．原則的には，このような方法で余分な支払を強制する方法と，訴因または防御理由の

正当性に確たる信念もなく，(裁判での結着を強制する) 障壁を設けて，契約義務の排除を狙う行為の間には，殆ど，差はない．このような行為は，単なる契約違反の域を超えており，不法行為の救済を認めても，当事者の合理的な期待を覆すものにはならない[4)-25].

・勿論，契約上の義務者が，債務の存否を争っても，それが正直または不当性の認識なしに (in honest and undertaken in good faith) 採られた措置であれば，不法行為責任は生じない．有効な契約の存在を否認しても，それは，同じである．このことが，評決前の陪審への説示に含まれていなければ，破棄事由となり得る誤ち (reversible error) になる．また，契約の不誠実否認を認定するためには，被告が，契約の有効性を認識していたことの主張立証が必要である[4)-26].

小括：以上の文脈から明らかなように，カリフォルニア州最高裁判所は，上記の設問二つに，何れも'是'と回答している．問題は，不法行為責件を生ずる要件である．そこから，この法理の持つ，いくつかの重要な要件が指摘できる．即ち；

・不法行為責任の帰責事由は，契約違反を導びいた行為の意図 (intent) または動機 (motive) の不当性にある．これによって，契約違反とは別に不法行為の帰責事由を求めたのである．また，このアプローチは，極めて，意思理論に振れている．次に明らかなことは，

・この意図には，近年，若干拡大され，有責性のある意図 (culpable intent) が含まれているにしても，契約違反の予見可能性があったというだけでは不充分としている．また，

・'特別な関係' の要否が曖昧なことである．確かに，裁判所は，公共の利益，附合または信認関係を強調した．しかし，裁判所は，保険契約以外に，これらの性格を有する契約の存在を否定せず，ビジネス契約に，この法理の適用を禁止した訳でもなかった．

・最大の問題点は，多分，どの要件が支配的なのか明らかでないことで

ある．

　この曖昧性は，下級審で，この法理の様々な解釈を許すことになった．問題の焦点は，シーマンズケースが創設したといわれる'契約の不誠実否認'という不法行為の要件である．そこで，次に述べる，フリーマンケース（1994）までの，10年間の判例の推移を見ておく必要があるだろう．

　① 不誠実違反の要件に特別な関係は含まれるのか？
　シーマンズケースを積極的に解釈した裁判官が，契約当事者が，不誠実にまたは適切な理由もなく，契約の存在を否認し，自分の責任を免れようとした時には，'特別な関係'は必要ないと判断した．これには；
　　Quigly v Pet, Inc.（Cal. App., 1984），
　　Multiplex Ins. Agency, Inc. v California Life Ins. Co.（Cal. App., 1987），
などが含まれる[4)-27]．
　その逆に，'特別な関係'が必要と判決したケースも見られる．これには；
　　Okun v Morton（Cal. App., 1988），
が含まれる[4)-28]．
　従って，同州控訴裁判所の判決には，それぞれ，Quigly と Okun に繋がる，抵触した一連の判決が生ずることとなる．この矛盾は，フリーマンケース（1994）で，州最高裁判所が，再審理申し立てを認めるまで解決しなかった．

　② '意図的な不法行為（intentional torts）'とは，如何なる概念か？
　不法行為責任が認められたか否かに関係なく，不誠実違反に関する，カルフォルニアの判例を読んで最も気になるのは，この設問に対する答である．確かに，若干の控訴裁判所は，新しい'意図的な不法行為（intentional torts）'の概念を特定したように認められるが，その他の裁判所または多くの学者は，'新しい不法行為'と'不誠実違反'を分ける細かい分析的な要件の違いを疑問視した[4)-29]．

カリフォルニア州，第1地区控訴裁判所第7部は，シーマンズの中で述べられた'意図的な不法行為 (intentional torts)'の概念を定めた用語法は；不法行為としての，黙示の誠実かつ公正取引約款違反を，1978年に；契約上の権利の享受を意図的に挫折させる動機を持った，そして，契約に付随的 (extraneous；または外生的) な，不誠実な行為と定義した先例[4)-30]と著しく類似していると述べた[4)-31]．ここから，不法行為の帰責事由は，契約違反そのものにではなく，契約に付随的 (extraneous) な，契約違反を招いた行為という要件が注目されるようになった[4)-32]．これは，契約の不誠実違反の不法行為責任は，必然的に，被告の行為が，契約に付随的な時だけに存在することを意味する．これは，契約違反と不法行為の帰責事由を分ける機能を有するだけでなく，更に，'独立した不法行為'の要件を特定する機能を持ち得るだろう．

しかし，そもそも，不誠実違反とは，例外的に，独立した不法行為なのかという疑念も発生している．例えば，Kaufman 裁判官は，1986年のケース[4)-33]の中で；シーマンズケースで，裁判所は，…と述べたが，判決は，必ずしも，黙示の誠実かつ公正取引約款だけに求める必要はない．…，そうでないと，裁判所が繰り返し，'誠実'または'不誠実'に言及することを理解するのは困難であると述べた．また，更に，相当数のコメンテーターが，この判決は，少くとも，一つの側面で，誠実かつ公正取引約款に支えられていると理解すべきだと指摘していると述べた．

若し，不誠実違反を独立した不法行為と理解すれば，仮に，敗訴の危険性があるにしても，契約上の債務者が，債権債務関係を裁判で争う権利と不誠実違反の間に線引が必要となる．それが，特別な関係の要件なのだろうか？

最も有名なのは，1985年の，Commercial Cotton Co. v United Calif. Bank ケース[4)-34]で，裁判所は；被告銀行は，自分の過失により善意の預金者の預金を紛失し，正当化することのできない，ありもしない法的抗弁をなし，善意の預金者の預金の回復を妨げ，因って，この黙示約款に違反したと判決した．また，裁判所は，銀行と預金者の関係は，不法行為責任を課すに値する，特別な関係の範囲内と認定した．

③　不法行為責任を生ずる特別な関係とは？

これについては，レイオフされた従業員に，約定の解雇手当を払わなかった雇用者の不法行為を認めた，1984年の判決[4)-35]に，保険契約との類似性を特定する，五つの特長が述べられている．即ち；

- 契約当事者間に，固有の，交渉力の不均衡があること，
- 契約を結んだ動機に利得目的がないこと；即ち，安心，安全，将来の保障の確保であること，
- 契約上の，通常の損害賠償が妥当しないこと；即ち，(a) 優越的地位にある当事者に対し，行動に責任を持つよう要求することがない，(b) 劣後的地位にある当事者能力を完全にすることがない，
- 一方当事者だけが，被害を受けやすいタイプで，相手の履行に信頼を置かざるを得ないので，特に，攻撃されやすい，
- 一方当事者が相手の弱味を認識している，

などである．

また，第5地区控訴裁判所は，1993年の判決[4)-36]で，パブリックポリシーの侵害という新しい不法行為責任が生ずるビジネス契約違反を認めなかった．この判決に至る過程で，同裁判所は，Okun v Morton（前出）を参照せず，現行のカリフォルニア法の下では，基本的には，契約に基づく請求が不法行為責任に繋がるには；① 当該違反自体が不法行為である，② 契約当事者間に固有の特別な関係がある，または ③ 当該違反が不誠実な契約の否認を伴っている場合にのみ認められたと結論付けた[4)-37]．

ここに，非良心性の法理との共通性を感ずるのは，一人，筆者だけではないであろう．ただし，エクイティに依拠する非良心性の法理とは異なり，コモンローの不誠実違反の法理では，大法官の良心に，依拠することはできない．何等かの定義または限定が求められることも，理論上，避けられない．それが，評決前に，陪審に示されなければ，破棄事由となる誤ち（reversible error）にな

り得るのである．そこで，最後に，参照するのが，フリーマンケースである．

(2)　Freeman & Mills,Inc. v Belcher Oil Co.（Cal. App., 1994）

　事件概要：このケースは，被告，石油会社が，或る法律事務所を経由して，原告，会計事務所に依頼した，役務提供契約の存否が争われたものである．

　被告，石油会社は，フロリダでの同社の裁判を弁護してもらうために，或る法律事務所（Morgan, Lewis & Bockius）を起用した．両者間でサインされた同意書によれば，依頼人は，依頼人のために生じた経費の支払に応ずることになっていた．Morgan, Lewis は，被告の代理人弁護士の了解を得て，同会計事務所を会計分析と裁判事務補助のために雇った．しかし，その後，被告は，同法律事務所の努力に満足できなくなり，解約を通知した．併せて，同会計事務所の実績をたずね，その後の作業を停止させるよう指示した．同会計事務所の，最終請求額は，経費を含め，7万7537ドルであった．原告は，同法律事務所に請求書を送ったが支払を受けられなかったので，被告に，直接請求し，何度も電話した．しかし，何の役にも立たなかった．そして，最終的に，被告は，同法律事務所から，会計事務所の役務範囲について説明を受けておらず，原告は，同法律事務所からの支払を当てにすべきだとの回答に接した．

　原告の請求は，契約違反，契約関係の不誠実否認（不法行為）または提供役務相当金額の請求（quantum meruit）に基づく損害の回復である．

　正式事実審理（trial）の評決は，填補賠償：2.5万ドル（注．7万7537ドルではない）プラス懲罰的損害賠償：47万7538ドルであった．正式事実審理後，3件の申し立てがあり，裁判長は，職権で評決の内容を修正し；填補賠償：13万1614ドルプラス懲罰的損害賠償：40万ドルを認定した．被告は，判決を不服として控訴，原告は，詐欺を訴訟原因に追加するために控訴．

　例によって，ここでの検討課題は，契約違反または提供役務相当金額の請求と余り関係がない．そこで，契約関係の不誠実否認（不法行為）を中心に，以下の論述を進めなければならない．

このケースを担当した，第2地区控訴裁判所第1部は，不誠実違反に関する，シーマンズ以来の判決理由を詳しく参照した後で，以下のごとく判示した[4)-38]．

- 契約の不誠実否認の不法行為は，特別な関係が存在する場合に限り認められるもので，また特別な関係の存在が認められざる限り，原告は，この理論に基づいて不法行為の損害を回復することはできない．
- 契約の不誠実否認（の不法行為責任）は，被告の行為が契約に付随的または外生的な時のみ認められる．
- 交渉力が均衡した企業間の単純な契約違反の紛争では，契約の不誠実否認理論（不法行為）に基づく請求は認められない．
- 詐欺の請求には，約束をした時に履行の意思がなく，それ故に，表示が行われた時に，偽りであり，また欺く目的であったことの主張立証が必要である．

小括：勿論，このケースでは，契約違反は認められたものの，契約の不誠実否認という不法行為及び詐欺は認められなかった．そして，州最高裁判所が，この法理の適用に‘特別な関係’を必要要件とする申し立て（petition for review）を認めた[4)-39]ので，シーマンズのルールの適用範囲に一定の制限が加えられたのである．ただし，特別な関係の範囲は，保険契約に限定されたのではなく，また，その定義が明定された訳でもない．また，シーマンズの判決理由が，一言半句たりとも修正されたものではなく，その解釈に関する審査請求が認められたに過ぎない．ここで重要なことは，契約違反の特則として，不誠実否認が不法行為責任を生ずる要件が，或る程度，限定されたという経緯の確認である．依然として，裁判官の裁量の余地は大きいのである．

不誠実違反の法理を導いた法政策的な意図は，懲罰的損害賠償のリスクが悪質な契約違反を抑止する効果にあったこと，または司法手続が不公正に利用

されることを裁判所が嫌ったことにあったのだが，面白いことに，この法理を制限的に運用する法の発展も，同じ，現実主義的または経験主義的な法政策に依拠していたことが，逆説的に説明できるのである．それは，制限的な運用に賛成した裁判官の意見[4)-40]に如実に表われている．

　シーマンズは，懲罰的損害賠償を認めたことによって，裁判という火災に油を注ぎ，そうでなければ，違いを解決したいと思っていた当事者に，金の褒美を与えて，裁判で争う気にさせた．懲罰的損害賠償は，一旦，本当に法外な行為にでも適用可能になると；仮に，金額が比較的小さくても，...今日では，明らかに，悪意のない行為に対してでも，しばしば，訴状を起草する代理人の，ゼロを並べたてる能力次第で変動する限度まで認められているのである．
　裁判官が，不法行為責任を拡大する熱意は，より内面的な病気の徴候を表している：全ての問題は，裁判所が介入できた時だけ改善するという新奇な考えである．(本当は) そうではなく，裁判所は，時間がかかり，動きのにぶい不器用な機関で，企業間の交渉を監督するには適さない．...更に，裁判には費用と時間がかかるので，多くの商業取引に司法が介入するのは，法外な負担を強いることになる．

　...伝統的には，契約が支配していた関係に，不法行為責任を浸透させようとする最近の裁判官の傾向は，正に，このようなやり過ぎなのである．それが疑われなかったのは，たまたま，政府の役人が法衣を纏っていたからに過ぎない．
　幸い，この流れは変わりつつあるように見える．カリオルニア州最高裁判所は，再び，この道を先導している．Foleyケースは，...雇用契約では，黙示の誠実かつ公正取引約款違反に不法行為責任が生じないと判決したことによって，シーマンズの棘を一つ取り除いた．...しかし，課題は多く残り，シーマンズは，再考を要する優先課題である．

もう一点，敢えて，確認して置いた方が良いと思われる事項は，この法理の適用が争われた損失が，全て，経済的損失（economic loss）のケースだということである．これは，独立した不法行為に該当する厳格責任（例．人身傷害）のケースなどは，別の法律構成で，容易に，不法行為の主張立証が可能なので，この法理に頼る必要がないことを示唆している．何れにしろ，現実主義的な法の発展は，それぞれ，別々の背景から発達した法理の均衡の上に成り立っているという特長があり，興味深い．次は，この法理と直接抵触する，効率的違反の法理である．

［参照注］
4) −18：Seaman's Direct Buying Service v Standard Oil Co of Calif.（1984）686 P. 2d 1158. Ⅱ，1162〜1164，Ⅲ. 1164〜1166，Ⅳ. 1166〜1770.
4) −19：前出：(1984) 686 P. 2d 1158, 1164, Ⅲ［4］．
4) −20：前出：(1984) 686 P. 2d 1158, 1165, Ⅲ［6］．
4) −21：前出：(1984) 686 P. 2d 1158, 1165〜1166, Ⅲ［6］，［7］．
4) −22：参照：1 Witkin, Summary of Cal. Law（8th ed. 1973）Contracts § 576, p. 493；一般的に述べれば，この約款は，何れの当事者も合意で得た相手の利益を奪うべきでないことを要求している．
　　　　先 例：Crisci v Security Ins. Co.（1967）66 Cal. 2d. 425, 429, 58 Cal. Rptr. 13, 426 P. 2d 173；保険の約款を含め，全ての契約には，黙示の誠実または公正取引約款が含まれている．同旨：Comumale v Traders & General Ins. Co., 50 Cal. 2d 654, 328 P. 2d 198.　前出：(1984) 686 P. 2d 1158, 1166〜1167, Ⅲ［8］．
4) −23：前出：(1984) 686 P. 2d 1158, 1166〜1167, Ⅲ［8］．
4) −24：前出：(1984) 686 P. 2d 1158, 1166〜1167, Ⅲ［8］．
4) −25：前出：(1984) 686 P. 2d 1158, 1167, Ⅲ［10］．
4) −26：前出：(1984) 686 P. 2d 1158, 1167, Ⅲ［11］．
4) −27：Quigly v Pet, Inc.（1984）162 Cal. App. 3d 877, 208 Cal. Rptr. 394；Multiplex Ins. Agency, Inc. v California Life Ins. Co.（1987）189 Cal. App. 3d 925, 235 Cal. Rptr. 12.
　　　　後述：Freeman & Mills, Inc. v Belcher Oil Co.（1994）33 Cal. Rptr. 2d 585, 591, B. 1., 592, B. 2.
4) −28：Okun v Morton（1988）203 Cal. App. 3d 805, 250 Cal. Rptr 220.
　　　　後述：(1994) 33 Cal. Rptr. 2d 585, 593, B. 4.

4) -29：後述：(1994) 33 Cal. Rptr. 2d 585, 593〜595.
4) -30：Sawyer v Bank of America (1978) 83 Cal. App. 3d 135, 139, 145 Cal. Rptr. 623.
4) -31：Rogoff v Grabowski (1988) 200 Cal. App. 3d 624, 246 Cal. Rptr. 185.
4) -32：後述：(1994) 33 Cal. Rptr. 2d 585, 592〜593 C 3 [5].
4) -33：Koehrer v Superior Court (1986) 181 Cal.App. 3d 1155, 1170, 226 Cal. Rptr. 820.
4) -34：Commercial Cotton Co. v United California Bank (1985) 163 Cal. App. 3d 511, 209 Cal. Rptr. 551.
　　　　後述：(1994) 33 Cal. Rptr. 2d 585, 594.
4) -35：Wallis v Superior Court (1984) 160 Cal. App. 3d 1109, 207 Cal. Rptr. 123；
　　　　後述：(1994) 33 Cal. Rptr. 2d 585, 594.
4) -36：Harris v Atlantic Richfield Co．(1993) 14 Cal. App. 4th 70, 17 Cal. Rptr. 2d 649.
4) -37：前出：(1993) 14 Cal. App. 4th 70, 80. 参照：後述 (1994) 33 Cal. Rptr. 2d 585, 595. 脚注．10.
4) -38：Freeman & Mills, Inc v Belcher Oil Co. (1994) 28 Cal. App. 4th 745, 33 Cal. Rptr. 2d 585〜586. itm. 4〜7.
4) -39：Freeman & Mills, Inc v Belcher Oil Co. (1994) 37 Cal.Rptr. 2d 57, 886 P. 2d 606.
4) -40：Oki America, Inc. v Microtech Int'l., Inc (9th Cir. 1989) 872 F. 2d 312, per J. Alex Kozinski.

5) 契約違反への揺り戻し：効率的違反の法理

　法と経済学者の主張によれば，法と経済学がもたらした最も重要な洞察は，'契約違反の方が履行よりも効率的になる場合が存在する' ことの認識である[5)-1]．

　彼等は，効率的違反 (doctrine of efficient breach) を次のように定義する；

　　　契約違反が契約の履行よりも効率的となるのは，契約の履行費用が全ての当事者に生ずる利益を凌駕する時である[5)-2]．

　法と経済学者のこの考え方は，既に 1970 年代から様々な形で発表されていた[5)-3]．そして，既に，1981 年の，契約法第 2 次リステイトメントでも次のように認識されていた；

契約法上，救済の伝統的なゴールは，約束者に約束の履行を強制することでなく，契約違反による受約者の損失を補填することであった．"故意(willful)"の違反は，今迄，他の違反と区別されなかった．懲罰的損害賠償は，契約違反には認められなかった．そして特定履行は，損害の補填が被害者に適切な代替になる場合には認められなかった．従って，一般的に，当事者は，仮に，被害者の損失を完全に補償しても，未だ自分の純益が残るのなら，契約の履行拒絶に利益を見出しうる[5)-4]．

　若し，調達可能な物資または資源が，それぞれ最も生産性の高い方法で使用されなければならないとすれば，個々の物資は，それを最も高く評価した人に消費されなければならず，また個々の'生産要素'は，最大の価値を生みだす方法で投入されなければならない．…両当事者に利益をもたらす交換取引は，より高い使用目的の方向へ資産を交換移動することによって，結果的に，'経済効率面'で増加利益をもたらす．…[5)-5]．
　この理論によれば，若し，当事者が予定した違反で，相手の被る損失より自分の利得の方が大きいと評価すれば，契約違反は，結果的に経済効率的にプラスとなる．また，相手側当事者の主観的選好に基づいた損失を補償したとしても，違反の当事者に純益が充分残る場合にも同じことがいえる[5)-6]．

　この結論は，契約法の前提，即ち，契約違反に関連するルールの基本的目的，即ち，被害者を契約が履行された時と同じ立場に置くことと良く調和する．この被害者の，'期待利益'を守るベースでの損害賠償額の認定は，若し，違反の当事者の利得が被害者の損失を補填してもなお残る場合には，その場合に限り，契約違反のインセンティブになる[5)-7]．

　一方，英米法では，損害賠償をコモンロー上の救済（remedy）とし，特定履

行をエクイテイ上の救済と位置づけている．そして，特定履行は，損害賠償が妥当しない時の例外的救済なのである．従って，効率的違反の法理を概念的に考えてみると，これは，契約違反に伴う損害賠償だけに妥当する法理であって，特定履行及び不法行為責任並びに信認（信託）義務違反には，妥当しないのではないかとの推定が働く．

更に，契約違反の領域でも，既に，述べたように金銭賠償には，市場価値の差を補填する場合と履行コストを補填する場合の二つがある．ところが筆者の理解では，履行コストの補償と特定履行では，金銭への換算の有無の違いはあるものの，救済のレベルは同じと思われるケースが多いのである．契約違反があり，既に，当事者間の信頼が失われた状況では，現実の履行より，金銭による補償を選好する被害者も多い．まして，コモンローは，契約違反ケースの救済には，損害賠償を原則としている．

契約責任の厳格性から出発すれば，救済に，現実の履行か金銭による履行コストの補償の違いはあるにしても，客観的に見た履行利益の補償に止まらず，当事者の主観が求めた，履行利益の補償が必要とされる場合があることを忘れることはできない．

このような推定を前提として，効率的違反の法理が適用された判例分析に入ることにしよう．

(1) Patton v Mid-Continent Systems, Inc. （F. 7th Cir. 1988）

このケースは，トラック・ストップ（service station：S/S）のフランチャイズ契約で，フランチャイザーの契約違反（テリトリー侵害：営業権侵害）をフランチャイジーが訴えたものである．第１審では，填補賠償及び懲罰的損害賠償が認められたが，第２審では，填補賠償の減額及び懲罰的損害賠償の否認があり差し戻しとなった．

事実関係：被告（２審控訴人）は，トラック用S/S網を展開する業者で，給油その他の便宜のため，運転手用のクレジットカードを発行していた．また，

個々のS/Sは，フランチャイズ制で，別の，複数の，独立業者（dealer）に依存していた．原告（2審被控訴人）は，被告とテリトリー制で契約を結び，インディアナ～ミシガン州間の94号線沿いに，3ヶ所のS/Sを経営していた．契約は，テリトリー制であったが，被告は，新設S/Sのライセンスを別の業者に許諾する権利を留保すると共に，原告に，'優先契約権（first refusal right）'を与えていた．ただし，原告が優先契約権を行使するには，追加権利金（new coverage）の支払が必要であった（注．このテリトリー条項の曖昧性が，後に，争点になる）．

1974年，被告は，原告に通知することなくテリトリー内で，新規S/Sを別の業者にフランチャイズ，1976年には，営業を開始した．これに対し，原告がテリトリー侵害でクレーム．これに対し，被告は，優先契約権の行使には，追加権利金の支払が必要である旨回答．更に，15日以内の意思表示及び30日以日の履行を求めた．2ヶ月後，原告は，追加権利金の支払を検討中であるが，その前に，貴方がわれわれのテリトリーで何を考えているのか知りたいと回答した．また，3年前の交渉時には，そこが確かに，われわれのテリトリー内であると確認したではないかとクレームした．その後，被告は，他社への新規フランチャイズ契約は，解約する用意があることを通知，原告に追加権利金の支払が可能か即時回答を求めた．ところが，更に，近隣でもう一ヶ所，他社のS/Sのサインポールが取り外され，被告のサインポールが地面に置かれている事実を原告が現認する状況が生じていた．ただ，この新設S/Sでのクレジットカードの扱いは，1980年11月まで停止されていた[5)-8)]．

控訴審判決理由要旨：当事者間の協議を最終合意（entire agreement）とするために文書化した場合には，パロールエビデンスルールが働き，法律紛争の時に，当該文書に集約されるまでの交渉に関する証拠採用は，厳しく制限される．なぜそうなのか，これはコモンローの永遠の謎である．…時には，当事者のごちゃごちゃした表現が，そのケースで文理解釈だけの目的で，口頭証言の扉を開けると述べることができる．この場合，パロールエビデンスの慣行

第3章 本論：アメリカ法の分析　369

は，妨げとならない．

　この結論は，フランチャイズ契約の完結性条項（integration）と整合しないように見えるかも知れない．しかし，インディアナ法では，そのような条項は，証拠を排除するより，単なる当事者の意図の立証なのである．（契約の）完結性に関する予備的な疑問は，裁判所が，口頭であれ文書であれ，関連証拠を審理することを必要とする[5)-9]．

　帰責事由の一つは，被告が，追加権利金の提供のために充分な時間を原告に与えなかったことにより，契約を破ったか否かである．この契約には，…優先契約権が存続する期間が明示されていない，しかし永久ということはない．また，合理的な期間は，推定できる．…被告は，自分達が要求していたことの全ては'新設計画'であったが，原告は，計画提出に消極的だったと述べた．（これは）いつまでに原告が要求を満足すべきだったかを，暗黙に，陪審の問題であると認めたことになる[5)-10]．

　被告は，違反の事実があったことを認め，今日，追加権利金の支払があれば，これを治癒すると約束している．この条件は，法外なものと見做すことができる：被告は，自分の契約違反を治癒する義務に，条件を付けることはできない．他方，原告は，被告の違反が，自分の義務，優先契約権に付属する条件の履行を免除したとは主張していない．契約条件全体としての課題は，複雑なものである：原告の利権を前提にしても，被告の契約違反は，問題を謀略的にしたが，原告の追加権利金を支払わなければならない義務を妨げるものではない．しかし，仮に，被告が，既に，（違反の事実によって）フランチャイズ契約のテリトリー条件を守ることができなくなっているのであれば，原告が，自分の投資を回収できるチャンスは減少するので，（原告にとって）この条件の遵守は，危険なものになる．…原告が，不動産業者と共同で，適地を探しているが，他社の侵害問題の解決を望むと書いてから7週間後に，被告が優先契約権の失効を通知した行為は，フランチャイズ契約の弾力条項に照して，余りにも，高圧的であると結論するのは，陪審の裁量の範囲内である[5)-11]．

被告は，しぶしぶながら，インディアナ法が適用されるとの裁判官の判断に同意した．…インディアナは，契約違反事件にも，懲罰的損害賠償を認めているのであるが，当該違反に，'詐欺の要件，悪意，重過失または抑圧'が混在していることが条件になる．…これらの用語（特に抑圧）に具体的な意味を与えるに当って，契約責任の一定の基礎を想起することが重要である．第1に，契約違反の責任は，基本的には，厳格責任である．即ち，若し，約束者が同意した通り履行しなければ，自分が，防げなかった原因によるものであっても，契約違反に当るのであるが，それは決して非難に値するものではない．…　仮に，違反が故意であっても非難される必然性などない．約束者は，もっと単純に，自分の履行には他所でもっと評価される値打ちがあると気付くことができる．若しそうなら，彼が，受約者の被った，実損を償うことを条件にして，約束を破ることを認めれば'効率（efficiency）'は増進される[5)-12]．

被告が，原告のテリトリーで，第三者に新規のライセンスをしたことが便宜主義または故意と認められる証拠はない．裁判記録から判断される限り，それは，テリトリー条項の曖昧性に基づく善意の違反である．しかし，被告は，原告が問題を指摘した後，何年も是正措置を採らなかった．これは，善意の違反を故意に変換する；しかし，悪意，詐欺，抑圧または重過失に当る証拠はない[5)-13]．

小括：この判決には，この論文で，これまで議論して来なかった，新しい，課題が取り上げられている．それが，最終的合意条項（entire agreement clause）または完結性条項（integration clause）といわれるものである．通常，実務者は，契約書に，かなり習慣的に；本契約は，ここに，当事者間の完全なる合意を構成し，それに関する従来からの交渉，合意，約束などの全てにとって代わるものとする (this Agreement constitutes the entire agreement between the parties hereto and supersedes all previous negotiations, agreement, commitments in respect thereto, …)，という趣旨の文言を挿入する．その狙いは，交渉段階の中間的な

合意または協議内容で，契約内容に移行しなかったものを排除することにある．同時に，この規定は，黙示の保証または不実表示の効果を否認することに繋がる．現に，この裁判官も，この規定があれば，パロールエビデンスが働くと述べている（上述）．しかし，同時に，この裁判官は，完結性条項があれば，何故，パロールエビデンスが働くのか，'これはコモンローの永遠の謎である'との意見を述べた上で，'インディアナ法では，そのような条項は，証拠を排除するより，単なる当事者の意図の立証に過ぎず，完結性に関する予備的な疑問は，裁判所が，口頭であれ文書であれ，関連証拠を審理することを必要とする'と述べている（前述5)-9)．つまり，今日では，パロールエビデンスのルールは相当後退しており，依然として，事実審理の対象なのである．

このケースの原告は，'3年前の交渉時には，そこが確かに，われわれのテリトリー内であると確認したではないか'とクレームして，被告に，'不実表示'があったことを主張したが，結論的に，この裁判官は，これは，'不実表示'の問題ではなく，テリトリー条項の曖昧性が招いた，'契約解釈'の問題であると判断した．そこから，このケースは，契約違反ケースとして裁かれることになった．そして，この違反が，インディアナ法で，懲罰的損害賠償が認められる，契約違反に当るのか否かという最終判断に進むことになる．

インディアナは，契約違反にも，懲罰的損害賠償を認めている．その要件は，契約違反に，'詐欺の要件，悪意，重過失または抑圧'が混在している場合である（同判例．[12] p. 750）．結論的に，このケースでは，この3要件は，認められず，原告に認められた損害賠償は，損失補償に過ぎなかった．

(2) DuPont v Pressman （Del. Supr., 1996）

本件は，期間の定めのない雇用契約（employment at-will）で解雇された従業員が，黙示の誠実かつ公正取引義務（good faith and fair dealing）違反で雇用者を訴えたものである．ニューキャッスル郡裁判所は，原告の訴を認め，未払賃金42.3万ドル，慰謝料2.5万ドル，懲罰的損害賠償7.5万ドルの支払を命じた．しかし，デラウエア州最高裁は，被告の申し立てを認め原審差し戻しとしてい

る．

　法律判断の要点は，期間の定めのない雇用契約での雇用者の正当な解雇権の範囲とコモンロー上の誠実義務との抵触関係である．効率的違反の法理への州最高裁の言及は，やや傍論部分で，不法行為責任との関連で述べられている．

　事実関係：提出された最も原告に有利な事実は，彼の直属上司（supervisor）が，その上位者に，原告は，解雇されるべきとのキャンペーンを行っていたことである．一方，会社側は，原告が上級技術者としての期待に応えられなかったので解雇したと説明した．原告は，博士号（Ph. D.）を持つ生体工学（biomedical engineering）の科学者で，1986年12月，ジョンホプキンス大医学部から，デュポンに雇われた．それから，彼は，同社のメディカルイメージングプロジェクトで相当の実績を上げ，会社もこれを評価していた．しかし，1988年，直属の上司がジェネシスの同種のプロジェクトに技術顧問として参加したことから意見の対立が起きるようになった．直属上司は，ジェネシスから月額2千ドルを得ていた．利害の抵触を恐れた原告は，1988年1月直属上司との話し合いを求めた[5)-14]．

　原告が自分の懸念を伝えた時，直属上司は，怒り出し，翌週には，彼を外出禁止にした．また，来訪者との面会禁止にした．更に，この上司は，人事部門の責任者に，彼の実績について懸念を伝え始めた．彼の成績評価は下がり続け，1989年2月には，最低ランクに落された．そして，同年4月12日解雇通知を受け，現実に，同年6月退職した．

　第1審の決定を逆転した主な判決理由は，デラウェア州最高裁が，期間の定めのない雇用契約への誠実かつ公正取扱原則（good faith and fair dealing）の黙示に極めて消極的であり，限定的と認識していることである．

　判決要旨：ヴィゼイ裁判官（Veasey CJ）は，信義則違反の制限的な先例[5)-15]を引証した上で次のように述べた；

このケースで，誠実かつ公正取扱原則の適用は，雇用者の明白な不誠実または欺罔若しくは不実表示よってもたらされ雇用の終結の基礎となった，不公正な人事記録の偽装または操作に限られる．なぜなら，雇用継続の保証は，期間の定めのない雇用契約とは対照的なもので，終結そのものからは，法的に認識可能な侵害は発生しない．ここでの侵害は，終結の基礎を作るための直属上司による記録の偽装または操作から発生する．原告に最も有利に解釈された証拠は，直属上司が原告の実績について消極的な情報を流し，肯定的な情報を隠したことである．ねじ曲げられた記録に基づき，直属上司は，自分の上司と話し原告を解雇させた．

　若し，直属上司がこれらの行為を成し，それが意図的であると陪審が信じたのなら，それは契約違反に該当する．しかし，第1審の裁判官は，陪審への説示の中で，若し，デュポンが，原告を'悪意で，即ち，憎しみ，反感または傷つける目的で，または不誠実，即ち，詐欺，欺罔若しくは意図的な不実表示などを介して'解雇を達成したと陪審が認めるのであれば，原告に有利に評決できると述べて，この課題を誇張した[5-16]．

　…それ故に，陪審への説示の幅は，期間の定めのない雇用契約の法理及び信義則の黙示条項に期待される制限的効果と整合しない[5)-17]．

次いで，同裁判官は，慰謝料及び懲罰的損害賠償の可能性について，次のように述べている；

　伝統的な契約の法理は，最近の効率的違反の理論で支持されている．この理論は，適正に計算された損害賠償の予測が'他の当事者に，仮に，違反の当事者の利得が被害者の損失を補填してもなお残る場合には，その場合に限り，契約違反のインセンテイブを与える[5-18]'ことによって効率を促進すると考える．

　…効率的違反の概念は，契約法の伝統的な救済の前提と良く調和する．…懲罰的損害賠償は，受約者の期待利益を超過する可能性があり，また非効率な結果に繋がる可能性がある[5)-19]．

当裁判所は，保険契約の'不誠実（違反）'の文脈で，懲罰的損害賠償を認めて来た．...保険契約は，他の多くの契約と類似性がある，即ち，一方当事者（被保険者）が最初に履行（保険料の支払）し（保険金）請求時の反対履行を待つ．しかし，若し，保険者が反対履行を拒否し契約に違反すれば，保険には，相違点が生ずる．典型契約では，違反が無かった当事者は，その時の市場価格で，違反の当事者の履行を他に求めることができるが，保険では全く不可能である（注．保険事故の後では取り返しが付かない）．従って，保険契約の特長は，他の契約と異なり，特定の状況で，懲罰的損害賠償の可能性を正当化する[5)-20]．

　従って，われわれは，原告請求の再審理（new trial）で，陪審が認め得る如何なる雇用契約違反にも，懲罰的損害賠償は，認められないと判決する[5)-21]．

小括：ところで，効率的違反の法理は，近代ミクロ経済学の効率性定理に理論的基礎を置くものと理解される．即ち，効用最大化消費者と利潤最大化企業の独立した意思決定が，すべての市場において同時に，必然的で自発的な均衡に到達するための条件が特定できたのである．法と経済学者は，そのような均衡を'一般均衡（general equilibrium）'と呼ぶ．近代ミクロ経済学は更に進んで，完全競争として知られる状態の下で達成される一般的均衡は，社会的にも最適（social optimum）であることを示すと説明する．勿論，現実の市場が，全て，一般的均衡をもたらす条件を満足する訳ではないが，彼等の理解では，必ずしも，非現実的な条件ではないのである．また，彼等は，少くとも，様々な市場を評価し公共政策上の提言をする上でのベンチマーク（評価基準）を作成することができたと主張しているのである．また，完全競争の市場環境を阻害するものは，少くとも，四つあると説明する；① 独占，② 外部費用の発生，③ 公共財の存在，④ 非対称的情報の共有である．勿論，阻害要因は少ないに越したことはないのであり，内部費用に転換する必要があるのである[5)-22]．

この文脈の中で，効率的違反の法理を理解すると，概念的には，契約の法的規制を緩和する一般法（general law）としての位置付けが，充分，考えられるところである．しかし，上記で引証した二つの判例の文脈では，この法理は，契約違反と不法行為との境界域の事例で，伝統的な契約法の法理の補強または懲罰的損害賠償を否定するための補足的な法理として用いられている．また，概念的には，不誠実違反の対概念となっているように思われる．このように見て来ると，効率的違反の法理の使い方は，伝統的なコモンローの損害賠償理論を補強する機能が重視されている段階と考えられる．ここにも，アメリカ司法の現実主義的側面があると考えるのは筆者一人だけだろうか？

［参照注］

5)-1：主要参考文献．Cooter/Ulen（大田勝造訳日本語版）：p. 263.
5)-2：主要参考文献．Cooter/Ulen（大田勝造訳日本語版）：p. 264.
5)-3：契約法第2次リステイトメント：第16章　救済，リポーター注．pp. 101, 102.
5)-4：前出．第16章　前書　注．pp. 99, 100.
5)-5：前出．第16章　リポーター注．p. 101.
5)-6：前出．第16章　リポーター注．p. 101.
5)-7：前出．第16章　リポーター注．p. 101, 102.
5)-8：Patton v Mid-Continent Systems, Inc., 841 F 2d. 742, 743, 744., 7th Cir. 1988.
5)-9：前出．F 2d. 742, 745, 746., 7th Cir. 1988.
5)-10：前出．F 2d. 742, 746, 747., 7th Cir. 1988.
5)-11：前出．F 2d. 742, 747., 7th Cir. 1988.
5)-12：前出．F 2d. 742, 750, 751., 7th Cir. 1988.
5)-13：前出．F 2d. 742, 751., 7th Cir. 1988.
5)-14：DuPont v Pressman 679 A 2d 436, 438, 439., Del. Supr., 1996.
5)-15：Merrill v Crothall-American Inc., 606 A 2d 96, 101., Del. Supr. 1992；信義則の黙示違反となることは，雇用者の当該行為が'詐欺の様相，欺罔または不実表示'に該当することである．　われわれは，この表現は，この原則の下における雇用者の義務の性格付けとして正確だと思う．この指針は公平無視である．雇用者が雇用契約を結ぶ時に，行動，言動，または本質的な部分で意図的な欺罔に当る情報の不開示によって，他人を雇用契約に誘えば，それは，雇用者の不誠実である．そのような行為は'詐欺の様相，欺罔または不実表示'に該当する．同．p. 103；ここには，期間の定めのない雇用契約をビジネス上の合法的な理由で，または，仮に，主観的な理由であっても，雇

用者が契約を終結させる自由を制限すると解釈すべきものはなにも述べられていない．そのような契約は，不誠実な動機に依るのでなければ，依然として，両当事者が終結可能なのである．

5) -16：前出．679 A 2d 436, 444., Del. Supr., 1996.
5) -17：前出．679 A 2d 436, 444., Del. Supr., 1996
5) -18：前出．第16章リポーター注．101, 102.
5) -19：前出．679 A 2d 436, 445, 446., Del. Supr., 1996.
5) -20：前出．679 A 2d 436, 446, 447., Del. Supr., 1996.
5) -21：前出．679 A 2d 436, 448., Del. Supr., 1996.
5) -22：主要参考文献　Cooter/Ulen：Law and Economics（大田勝造訳日本語版）68, 69.

第4章　終論：比較法的分析

1. 不公正契約を規制するアメリカ法とイギリス法の異同

　同じ法系に属する両国の法は，比較法的アプローチの容易な条件下にあるといえる．そこでは，同じキャプションを持つ原則，法理，法準則が同じように現れる．しかし，個々の射程距離や適用の仕方には，相当の違いも存在する．本節の目的は，そのような異同を指摘することにあり，それが，何らかの，実体的な法規範の違いに繋がっているのか発見することにある．

　第二次大戦後（1945年以降）のイギリスもアメリカも，更に，いくつかの戦争を経験したが，大局的に見れば，戦時経済（または統制経済）体制を採らなければならない時代ではなかった．これは，自由主義経済体制と一体化したコモンローが機能する社会態勢が維持された時代と述べて支差ないだろう．既に，述べたように，この時代にも，いくつもの傾向の異なる時期があった．それを現実主義的法学の視点から考えると，1970年代までと，80年代以降に分けることができるだろう．1970年代までは，どちらかといえば，理念としての個人主義が尊重される一方で，社会経済は，全体として，相互依存的な混合経済体制にあることが是認されていた．その傾向は，労働党政権下のイギリスで顕著であった．また，アメリカでは，ニューディールに象徴される，民主党政権下で顕著であった．古典的な契約自由は，官僚制国家，近代福祉国家の制度論（instrumentalism）の中に埋没して行ったのである．しかし，80年代以降は，経済の規制緩和，民営化政策の下で，法の回帰現象が起きているのである．

　サッチャー政権の成立（1979年）まで，労働党内閣の期間が長かったイギリスの政治姿勢は，概して，保護主義的であり介入的であった．彼等の政策は，ケインズ経済学の裏付けを得た計画経済的側面を多分に内包するものであっ

た．石炭や鉄道のように，基幹産業の多くが国有化・国営化されていた．理念としての個人主義が貫かれていたのに反し，経済は，集団化され組織化されていた．この時代のイギリスが，相互依存型の競争制限的社会であったことは，既に，述べた通りである．勿論これは，当時のイギリス社会が要求したものであった．このような社会構造は，法の発展にも影響する．それは，古典的な契約法が現代法に修正されるプロセスに影響した．

アテイヤは，'イギリス法は，現実主義者の革命を受けたことがない[1]'と評しているのだが，これは，イギリス法が現実主義的な改革をしなかったことを意味するものではない．控訴院のデニング裁判官[2]のような，現実主義的な裁判官も輩出した．彼の意見は，余りにもエクイテイに振れ過ぎているとして，時に，批判されることがあった程である[3]．しかし，大局的に見れば，彼等は，それを，判例法の発展という形ではなく，議会と司法の権能分担の中で実現して行ったのである．同時に，法の近代化，民主化を議会の権能に依存したイギリスでは，多分に，コモンローの形式主義（または司法消極主義）的側面が生き残る余地を残したように見える．

これに反し，パウンドに先導されたアメリカの現実主義的法思想は，司法に直接働きかけ，社会の現実に即した司法介入を生んで行った．それは，ロックナー判決批判が，現実の不平等を無視して，契約の自由を憲法上の権利と認めたことに対する，強烈な反発であったことから生じた歴史的必然だったのかも知れない．勿論，アメリカも第一次大戦後の不況を脱出するために，ニューディールで知られる，大規模な公共投資中心の経済運営が成果を見た時代があった（ただし，アメリカでは，イギリスの様な基幹産業の国有化は起きなかった）．この時期から，契約自由は，制度論的統制に服さざるを得なくなって行ったのである．ただし，アメリカ司法は，今日まで，少なくとも，現実の不平等または市民的自由を保護する側面では，パウンドに先導された現実主義的姿勢を貫いているといえる．

ただ，アメリカ式，現実主義的法学に問題が生じなかった訳ではない．既に，述べたように，ハーバードの学長で前の法学部長だったB.C.ボックは，

1983年の年次報告[4]で；

> ...社会のこのセクターでは，ルールが増加し，法律紛争も増加し，法律サービスのコストは生計費の上昇を超えて増大している．...従って，法システムは，概ね，不衡平で非効率だと遠くから見られている．（裁判所に）提出できる法の数は余りにも多く，できない法の数は余りにも少ない．...われわれの法の綿密さ及び手続の複雑性は，...サービスのコストを上昇させ，...（下層または中層階級への）アクセスの欠如が発生するのを助長した，

と述べているのである．社会科学の知見を応用して，法の客観性を維持しようと試みた現代概念法学[5]が，社会の伝統的な正義感や単一の価値観または倫理観から離れて存在することを特質としている以上，時代の要請や変化に応えて，法準則が複雑化することは，或る程度，避けられない．この現実は，イギリスでも同じことなのだが，パン工場の労働者保護（ロックナー判決批判）から始まった，アメリカ式現実主義的法学が，皮肉にも，専門知識がなければ手に負えない，下層または中層階級の人にはアクセスが困難なシステムへと育ってしまった実態が示されている．

1980年代以降のアメリカ法は，批判的法学研究と法と経済学の見地から，見直しの過程に入ったようにも思われるが，なぜか，在来的な概念法学は，依然として，強力なのである．この章の主題は，主として，第二次大戦後の現実主義的法学が積み上げたところを中心とした英米法比較である．なぜなら，それが，現在でも有効な法だからである．

［参照注］

1：主要参考文献．Atiyah(2)　p. 388.
2：A. T. Denning：1944年高等法院，1948〜1982年控訴院裁判官．1962年 Master of the Rolls.

3：参照：第2章第2節　3.1）：基本的違反の法理の消長，2）：不当威圧または経済的強迫と交渉力の不均衡．
4：前出．12 Student Lawyer pp. 46〜51., Sept., 1983.
5：参照：第3章第1節　2.要因分析：法思想の変化　nn. 17, 29.

1) 規制の方法と発展の異同

　同じ法系に属する彼等が，不公正契約を規制するために採用した法技術は，基本的には類似のものである．これについては，既に，第2章から第3章の分析の中で；契約成立と関連する法技術，契約の解釈による内容規制，違反の深刻さに対応する規制，現実的規制とエクイテイ，違反者の意思と不法行為などの項目別に整理して，できるだけ同じ見出しの下で，現代法の発展を分析して来た．これは，両国法の比較検討を容易にするための工夫の一つである．

　ただし，不公正契約にアプローチする方法の違い及び，恐らくは，そこから論理的に生じた実体的な基準の違いと評して支差ないと思われる司法判断の結果については，差異も認められる．ただ，これを，本質的な実体的差異と捉えるか，いずれ収斂する時間的差異と捉えるかは，微妙なところである．以下，これらの異同を'違反の深刻さに対応する規制'を中心に見て行こう．そこには，ほぼ三つ位の問題が含まれる．即ち；

　　・契約の基本的目的を達成しなかった違反の取り扱い，
　　・当事者間の関係の重視と約束者の義務違反の扱い，
　　・違反者の意思と不法行為責任，
などである．

(1) 契約の基本的目的を達成しなかった違反の取り扱い

　両国のアプローチの違いは，まず，'契約の基本的目的を達成しなかった違反の取り扱い'のところに見られる．即ち，イギリス法は，1893年の動産売買法で確認された方法を踏襲し，契約条項を契約の基本的条項と位置付けしたコンディションと，付随的条項と位置付けしたワランティーに分け，コンディ

ション違反に対しては契約解除権を，ワランティー違反に対しては損害賠償請求権のみを与えることで対処して来た．だが，結局，やや形式主義的アプローチと思われるこの方法は成功しなかった．それは，1960年代から，中間的な条項（intermediate stipulation）という概念手段を，裁判所が，持ち出したことに現れている．

同時に，イギリスでは，1950年代に，違反と契約条項との関連性に縛られることなく適用できる法理を控訴院が開発した．それが，基本的違反の法理[1]-1である．この法理は，主に，契約の基本的目的を達成しなかったにもかかわらず，免責条項に依存して，不履行責任を免がれる約束者の行為を規制してきた．この法理は，動産売買法の規制を免がれる，新しい契約方式（例えば，買取選択権付賃貸借契約：hire-purchase agreement）などが突き付けた難問を解決するのに，大いに，役立ったと評価されている[1]-2．しかし，貴族院は，予て，この法理の存在に否定的な姿勢を示していた[1]-3．それは，この法理が，契約の解釈の領域を超えて，あたかも，法準則のように適用されたことにあった[1]-4．ただ，貴族院の，明確な否定は，不公正契約条項法（Unfair Contract Terms Act, 1977）の成立を契機にして行われた[1]-5．この経緯は，貴族院側にも，現実主義的配慮が働いていたことを示唆する証拠と見ることもできるが，控訴院を含む下級審の司法積極主義と貴族院の司法消極主義の対立の結果と見ることもできるだろう．

更に，興味深い事実として，次の経緯が指摘できる．即ち，フォトプロダクションケース[1]-6を担当した，ウィルバーフォース裁判官（貴族院）は；このケースが，不公正契約条項法成立前のケースであったにしても，所謂，基本的違反の規制については，既に，議会が対策を取ったと言及し，交渉力の不均衡が認められない，ビジネス契約にあっては，危険の配分は，当事者の選択に任せるべきだというのが議会の意思であるとまで断言した．彼は，不公正契約条項法の規定に従い，危険の配分の徴憑として，保険によるリスクカバーの有無（同法．s. 11(4)(b)）が支配的とする判断を示しているのである[1]-7．

ところが，ジョージミッチエルケース[1]-8を担当した，ブリッジ裁判官（貴

族院）は；このケースは，裁判所に契約条項を排除する権限を認めた，新しい制定法（即ち，不公正契約条項法）の規定を，貴族院が考えなければならなくなった最初の機会だとの認識を示した上で，（第11条の全ての規定を参照するの中で）同法が，何が'公正で合理的'か決定する，更なる，柔軟性を，裁判所に与えたと理解しているのである[1)-9]．彼は，特に，保険によるリスクカバーの有無を重視する姿勢は示していない．彼の意見では，制定法に基づく解釈指針にある複数の要件を参照して，最終的に，何れのサイドに落ち着くかを決定するのは，裁判所の裁量権の範囲内にあるのである[1)-10]．

確かに，貴族院は，基本的違反の法理の適用を禁止した[1)-11]．しかし，フォトプロダクションを担当したウィルバーフォース裁判官の意見と，ジョージミッチェル[1)-8]を担当した，ブリッジ裁判官の意見には，法技術的なテスト基準の上では説明がつくにしても，基本的なアプローチの違いも感じられたのである．即ち，ウィルバーフォースの判断は，制定法がある契約領域では，文理解釈原則に忠実であり，ブリッジ裁判官のアプローチからは，むしろ，制定法の解釈を含め，裁量権の行使を伴う，現実的で実質的な判断基準に忠実なのだという示唆を受けるのである（前述：第2章第2節 5.1）：介入的／非介入的アプローチ？）．この視点から，ブリッジ裁判官の意見とこれを先例として引証した判決を読む時，控訴院のデニング裁判官（MR）の法思想は，不公正契約条項法などの制定法の中に吸収され，更に，イギリス司法に継承されたと見ることができると考えるのは，一人，筆者だけだろうか？

一方，アメリカは，違反の内容が'完全（total）'か'部分的（partial）'かで'解除権'の帰趨を決めるという，実体的な，対処をしてきた．

規制のかけ方が類型的か一般的かと言う見方をすれば，両国とも，契約類型毎の規制（categorical control）と一率的禁止（general ban）の併用である．特に，人身傷害の損害賠償責任は，契約では排除または制限できないこと，黙示の保証が成文化され，契約では排除し難いものになっていることも共通である．また，制定法の下における裁判所の裁量権が強化されて来ているのも共通といえよう．

深刻な違反に含まれる約束者の不正行為には，当該契約が依って立つ当事者間の関係を破壊する行為が含まれる．次は，この視点からの異同を分析しておこう．

［参照注］

1) －1：前出．〔1956〕1 WLR 936.
1) －2：前出．〔1980〕1 LLR 545, 549 左.
1) －3：前出．〔1967〕AC 361
1) －4：前出．〔1980〕1 LLR 545, 549 左.
1) －5：前出．〔1980〕1 LLR 545.
1) －6：前出．〔1980〕1 LLR 545, 549 左.
1) －7：前出．〔1983〕2 AC 803.
1) －8：前出．〔1983〕2 AC 803, 815 G.
1) －9：前出．〔1983〕2 AC 803, 815 H, 816 A.
1) －10：前出．〔1983〕2 AC 803, 816 A.
1) －11：〔1983〕The Times, July 1 '83.

(2) 関係の重視とエクイティ及びコモンローの法理の扱い

そもそも，深刻な違反というキャプションの下に含まれる違反には，いろいろなアプローチが可能である．一般社会人（素人）の感覚からすれば，故意または悪意に基づく違反は，不法行為責任を想起させる，ひどい違反だろう．ただ，どちらかといえば，契約関係とは異なる意味での，信認関係（fiducial relationship）の概念を持つ国の法律家は，当事者の意思を問題とするというより，当事者間の特別な関係（special relationship）に伴う約束者の義務違反の視点からアプローチすることに慣れているといって支差ないだろう．この関係は，類推適用の形で，依存と被依存または交渉力の不均衡を伴う関係に，随時，拡大されて行った．即ち，強迫，不当威圧，経済的強迫，財物を押えての強迫，ビジネスの強制など，一方当事者の意思が相手方の意思の強制に有効に作用しうる関係である．また，これらの補足概念として，抑圧（oppression）も用いられた．ここで，問題視された，不公正（unfair）または不当（unjust）とは，交渉力の格差を利用して，相手の意思または利益を踏みにじる行為であった[1)-12].

これらの法理は，エクイティとコモンローに，別々の淵源を持つ法理が混在していたにもかかわらず，一般化され，しばしば，両義にとれる使われ方をしてきたのである[1)-13]．ただし，コモンロー領域では，交渉力の一時的不均衡が回復した後での，何等の留保もない反対履行は，契約の追認と見做される可能性が高く，エクイティとの違いも残っている．

また，これらに見合う救済は'契約を取り消すことができる'であった．これらの法理の使い方は，イギリスとアメリカで若干異なるのであるが，それは，大きな問題ではない．

問題は，より広範な概念手段としての，非良心性の法理と合理性の基準の使い方のところに見られる．

そもそも，非良心性の法理は，17世紀までに，コモンローとしての契約自由の原則が成立したイギリスで，苛酷で非良心的交換取引 (harsh and unconscionable bargains) の結果を救済するために，限定的な状況 (例えば，reversionary interest) で，エクイティ裁判所が認めた法理であった．また，ペナルティ禁止，エクイティ上の受戻権の起源でもあった[1)-14]．その後，イギリスのコモンロー裁判所は，解釈のルール，特定の法理（基本的違反，経済的強迫など）に依存する傾向が強まったので，現行法上は，狭い分野 (Money-Lending) でしか使われなくなってしまった．

一方，アメリカでは，適用範囲の特別な限定を伴わず，この法理を裁判所が認めて来た．今日でも Earl of Chesterfield (イギリス，Ch. 1750)[1)-15] が歴史的先例として参照されるように，それは，非良心性の法理が最も広く適用されていた，19世紀中頃までのイギリスを継承したものである．そして，1951年 U.C.C. で定式化され，また1981年第2次契約法リステイトメントで一般法化されるなど，一貫して，正当な解約事由として認められて来た．

一方，合理性 (reasonableness) の要件は，元々，特定の定義を伴わない，極めて慣用的な用語であった．その意味は，1851年の人民間訴訟裁判所 (Common Bench) の判例[1)-16]などから，誠実 (good faith) とは区別され，むしろ，気まぐれ (caprice) の対概念で，そこに依存することが許される理由 (reason) が

あることと理解される．

　イギリスの裁判所は，これを法的な概念手段として利用し，非合理性と契約無効を結び付けるか否か，なかなか，慎重だったのだが，結局，議会は，不公正契約条項法（1977）で，免責条項に限って，制定法による裏付け（statutory endorsement）を与えた．それは，免責条項の有効性を判断するに，コモンローの基準を採ったことを意味している．

　一方，アメリカには，契約類型にも，契約条項にもとらわれることなく適用される，エクイテイ上の法理（非良心性の法理）が，契約を無効にする中核的法理の中に生き残ったのである．アメリカでは，非良心性の法理が，約因の不相当及び免責条項の規制に大きな役割を果たしていることは，既に，述べた通りである[1)-17)]．

　これは，単なる歴史的偶然の結果とはいい切れない，実体的で微妙な違いをもたらしている．つまり，違反者の意思と救済との関係である．これは，最終的に，不法行為責任との競合問題に繋がる重要な論点の一つである．次は，これを，総括しておこう．

［参照注］
1) -12：前出．〔1975〕QB 327, 339 C〜E.
1) -13：前出．〔1975〕QB 327, 339 C〜E.
1) -14：前出．Loyola of L. A. Int' l & Comp. L. J. vol. 14., 1992.
1) -15：前出．Earl of Chesterfield v Janssn 28 Eng. Rep. 82, 100 Ch. 1750.；第2次契約法リステイトメント§208　コメント b.
1) -16：Booth v Civil〔1851〕10 CB 827, pp. 834〜837.
1) -17：参照．第3章第2節　3)（1），（2）.

（3）　不法行為責任からのアプローチ

　違反者の意思を重視する傾向は，イギリスよりアメリカで顕著である．ここには，二つの問題が含まれる．第1は，違反者の意思が救済のレベルに与える影響である．第2は，違反者の意思が不法行為責任を生ずる要件である．元々，非良心性の法理であれ，エクイテイに淵源を持つその他の法理であれ，

(故意または悪意など）違反者の意思を直接問題にするというより，当事者間の関係から約束者に課せられた義務違反を問題とする傾向があった．

しかし，アメリカ法では，違反者の意思に直接アプローチする法の展開があった．その一つは，違反者の故意または過失の別と救済のレベル（即ち，故意の時は，現実の履行に要するコスト，過失の時は，市場価値の差額）を結び付けたことである[1)-18]．この先例とされる，1921年のカードゥゾウの意見[1)-19]は，契約法リステイトメントの中に吸収され，1970年代まで継承された（参照：Tent. Draft No. 1～7., 1973 §231；対比. 現行§205）．更に，これを前進させたのが，不誠実違反の法理（doctrine of bad faith breach）である．この法理は，1950年代の後半に，カリフォルニア州最高裁が創設した，不法行為の法理であると理解される[1)-20]．この法理が適用されのは，主に，損害保険契約のケースであった[1)-21]．

ここで，第2の問題；契約違反と不法行為責任に進まなければならない．元々，契約責任が厳格責任であるとの理解に立てば，法律構成の違いを乗り超えて，契約違反のケースで不法行為責任を追及する必要性は，余り，生じなかった．この前提に立てば，債権債務関係の不履行が，仮に，約束者の影響力が及ばない原因で生じたとしても，彼は，それに責任を負わなければならないからである．しかし，この厳格性は，法的には，約束者に与えるハードシップ回避のため，また，契約技術的には，当事者間のリスク配分の自由を保障するため，緩和されて来た．錯誤，不能，フラストレーション，黙示条項の排除，免責条項の効果などを思い出してもらいたい．ところが，契約から不当な利益を得ようとする者は，これらのルールを利用するのである．そこで，実務者は，契約違反ケースで不法行為責任の追及を意図するようになった．結論的には，イギリスもアメリカも，契約違反の状況に不法行為責任が生ずることを認めている．しかし，常に，そうなる訳ではない．

イギリスは，この問題に，ネグリジェンスの法理からアプローチした．具体的には，当事者間の関係から生ずる，コモンロー上の注意義務（duty of care and skill）違反からのアプローチである．このアプローチを示唆する先例は，いく

つもあったが[1)-22]，最初に，これを'一般原則（general principle）'として確認したのは，'Hedley Byrne 原則'といわれる，モリス卿の意見であった．彼は，次のように述べた；

　　　何らかの特別な能力（skill）を有する者が，...その能力に依存する相手の助力のために，その能力の行使を引き受けた時には，注意義務が生ずる[1)-23]．

このケースは，非契約環境での間違った陳述（false statement）の責任が問われたものだが，1979年，高等法院（Ch.Div）判決で，契約環境，非契約環境の別なく適用可能な，一般的法理であることが確認され[1)-24]，更に，貴族院が，1995年，この意見を追認[1)-25]したので，完全に，イギリス法として定着した．

ここでの要点は，通常の注意義務ではなく，何等かの専門知識または能力の行使を引き受けて，それに失敗した者は，契約の存否に関わりなく，不法行為上の責任を負うことにあった．勿論，契約関係にあっては，履行上の義務である．問題は，duty of skill が発生する関係の範囲である．1951年の，デニング裁判官の意見[1)-26]などから考えると，その関係は，伝統的な信認関係だけでは救済されない状況を意図したもののように考えられるが，Hedley Byrne 原則で一般化されたので，この関係を制限する格別の前提は無くなった．そのリストは，未だ，閉鎖されていない．しかし，貴族院が制限的に適用する姿勢を見せていることは，先に，指摘した通りである[1)-27]．

ここで話をアメリカに戻す必要がある．カリフォルニア州最高裁は，保険のケースで認められた'不誠実違反の法理'を，Seaman's ケース（1984）[1)-28]で一般法化したのであるが，現実には，この法理を保険のケース以外に適用することに慎重であった．そして，結局，カリフォルニア州最高裁自身が，その後の判決（Freeman & Mills., 1994, 1995）[1)-29]で，保険以外のケースでは，要件として，'契約義務の不誠実な否認'以外に，'特別な関係'を追加したのである．つまり，この時点で，'不誠実違反（bad faith breach）'は，独立した不法行為の条件から外れたと見ることができるだろう．

この背景には，1970年代まで，契約法領域まで急速に拡大した，不法行為

法の時代[1)-30]に対する反作用が感じられる．例えば，裁判官の意見として；

　イリノイでは；不法行為法と契約法は，別々のポリシーに立却するのであり，懲罰的損害賠償に関して，別々のルールを正当化する[1)-31]と述べられており，ニューメキシコでは；違反しなかった当事者が，相手側の高レベルの故意または過失若しくは低レベルの注意から生じたと認定される違反から，余分なボーナスを得ることがあってはならない[1)-32]，

と述べられているのである．ただし，これは，契約違反が不法行為責任を生じないことを意味する訳ではない．

　問題は'独立した不法行為の要件'である．彼等は，これに，違反者の意思からアプローチした．一般的にいわれているところでは，この当事者の意識レベルは，違反の認識があった (knowingly) とは異なる高レベルのもので，'意図的に (willfully) または未必の故意により (wantonly)，害意のあるものであり (maliciously)，または被害者のコモンロー上の権利を意図的に無視した，許しがたい (outrageous) もの'であることが必要なのである[1)-33]．ただし，一部の州では，この要件を緩和している．例えば，南カロライナでは，'契約違反が詐欺的な行為を伴っている時は，…填補賠償と同時に懲罰的損害賠償も認めることができる[1)-34]'のであり，インディアナでは，重過失及び抑圧を含めることができる[1)-35]．また，アイダホでも，'保証違反とないまぜになった，詐欺，悪意，重過失または抑圧を含めることができる[1)-36]'のである．

　このように見て来ると，イギリスは，この問題に，ネグリジェンスの法理から，アメリカは，違反者の悪意に代表される故意からアプローチしていることが鮮明になった．ただし，いずれの国も，不法行為責任の追及は，特定の状況でのみ認めらることに変わりはない．つまり，イギリスでは，コモンロー上のduty of skill からアプローチして，この義務レベルを決定する'特別な関係 (special relationships)'の特質を裁判所が決定することによって，また，アメリカでは，独立した不法行為の要件に，違反者の悪意レベルを読み込むことによって，全ての契約違反に不法行為責任が及ぶ歯止めとした訳である．そこに裁判所の裁量が，大きく，働くことは，両国とも同じである．

［参照注］

1) -18：参照．第3章第2節3：違反者の意思と不法行為責任1），2）．
1) -19：前出．Jacob & Youngs v Kent., 129 NE 889, 891., NY (1921)
1) -20：参照．第3章第2節3.4) 不法行為からのアプローチ：不誠実違反の法理
1) -21：参照．第3章第2節3.4) 不法行為からのアプローチ：不誠実違反の法理
1) -22：参照．前出．Midland Bank Trust Co Ltd v Hett, Stubbs & Kemp., 1979 Ch 384, 403〜418
1) -23：前出．Hedley Byren & Co Ltd v Heller & Partners., 1964 AC HL（E）465, 502, 503.
1) -24：前出．Midland Bank Trust Co Ltd v Hett, Stubbs & Kemp., 1979 Ch 384.
1) -25：前出．Henderson v Merrett Syndicates Ltd., (1995) AC HL（E）145, 194 C〜F
1) -26：Candler v Crane, Christmas & Co., (1951) 2 KB 164, 179〜180.
1) -27：D&F Estates v Church Commissioners for England., (1989) AC 177 ; Murphy v Brentwood Council., (1991) 1 AC 398
1) -28：前出．Seaman's Direct Buying Service v Standard Oil Co of Calif. (1984) 686 P 2d 1158, 1167, 36 Cal. 3d 752, 206 Cal. Rptr. 354. Supre Court of Calif., In Bank Aug. 30, 1984.
1) -29：前出．Freeman & Mills Inc v Belcher Oil Co., 28 Cal App. 4th 745 ; 33 Cal. Rptr. 2d 585（Cal App. 2 Dist. 1994）; 37 Cal. Rptr. 2d 57. Supre Court of Calif., In Bank Dec. 15, 1994. 886 P. 2d 606（1995）．
1) -30：参照．主要参考文献．G. Gilmore(1)　The Death of Contract
1) -31：前出．Morrow v LA Goldschmidt Assoc., 112, Ill. 2d 87, 492 NE 2d 181, 1986.
1) -32：前出．Paiz v State Farm Fire & Cas. Co., 118 NM 203, 880 P2d 300, 1994.
1) -33：主要参考文献．Farnsworth vol. 3. §12. 8 pp. 194〜199.
1) -34：Welborn v Dixson, 49 SE 232（SC 1904）；契約違反が詐欺的行為を伴っている時には，被告に，填補賠償と共に懲罰的損害賠償に応じさせることができるルールは，...充分確立している．
1) -35：(1)　前出．Hibschman Pontiac v Batchelor, 266 Ind. 310, 315, 362 NE 2d 845, 848., 1977.
(2)　前出．Patton v Mid-Continent Systems, Inc., F 2d 742, 750, 751., 7th Cir. 1988.
1) -36：前出．Boise Dodge v Clark, 454 P 2d 551（Idaho 1969）

2) アメリカ法の急旋回

アテイヤが'古典法原則への回帰[2)-1]'と評する現象は，特に，1980年以降のアメリカで激しい．法と経済学（Law and Economics）のパイオニアの一人である，ポズナーによれば，この現象は，古典派の政治経済学者の信念であった富の最大化（wealth maximization）が，'コモンロー環境における，合意原則からの支持に由来するものであり，今日でも，政治的，経済的に広い支持を得ている[2)-2]'からなのである．

彼等の主張[2)-3]によれば，ミクロ経済学の手法を応用して；
① 個々の利益を最大化（maximization）しようとする行動が，
② 完全競争の環境下では，数学的な均衡（equilibrium）に繋がり，
③ それが，（資源）配分において効率的なことを証明し，それが，
④ 政策立法のルールよりも，コモンローのルールと整合する，

ことを証明できるのである．

確かに，この傾向は，1970年代後半からの；
① 競争法分野での'当然違法の法理（per se illegal）'の放棄を招き[2)-4]，
② 誠実かつ公正取引義務の中で，実質的履行または経済性の棄損の抗弁を排し，履行に要するコストの損害賠償を認めていたルールが，1980年頃までには，裁判官の裁量権の中に吸収された[2)-5]，
③ 不誠実違反の法理が，保険のケースを除いて適用されなくなった[2)-6]，そして，
④ 効率的違反の法理の前進があった[2)-7]，

などの現象の中で実感できるものである．

ただ一つ，古典経済学者の大らかな信念と異なることは，彼等が，このような均衡の成立を阻害する外部経済の存在を認識していることである．彼等の認識では，それらは，少くとも四つ（独占，外部費用の発生，公共財の存在，非対称的情報の共有）ある[2)-8]．筆者の理解では，この認識の有無の差は大きい．

彼等は，当初，これらの阻害要件を排除する市場環境の整備（例えば，市場

規模の拡大または規制緩和による制限の排除)，または，少々のことは，完全競争市場成立の上で，現実的な，阻害要件にはならないと見做すことによって，自分達の理論的合理性を主張したのである[2)-9]．ただし，これらの阻害要件は，当事者間の不均衡の問題としても，パブリックポリシーの問題としても，現代法が解決を迫られてきた主要課題であり，特に，外部費用の発生のところで，法と経済学の主張が，そのまま，社会的な認知に繋がるかどうか分らない状況となって来ている．むしろ，法と経済学者自身が，効率性の規範的主張を弱め始めているのである．

さて，ここまで，過不足はあるにせよ，契約法の分野で，'不公正' と認識され，何等かの規制を加えられて来た，現代法上の諸課題について述べて来た．次は，これらの分析から得られた結論に移らねばならないところであるが，ここで，日本法に採用された法技術について，若干，付言しておこう．最初に述べた[2)-10]ように，ケッツやトリーテルは，各国法が実質主義（substantialism）に向かう傾向を，例外則の視点から説いたのであるが，筆者は，法技術の共通性から，これに注目したのである．

［参照注］

2)-1：主要参考文献．Atiyah(2)　30 ff. 5 Developments since 1980 : Return to Classical Principles

2)-2：前出．R A Posner : The Ethical and Political Basis of the Efficiency Norm in Common Law Adjudication, 8 Hofstra L Rev pp. 487〜507., 1980.

2)-3：参照．主要参考文献．Cooter/Ulen : Law and Economics ; 23 ff　ミクロ経済学概説，203 ff　契約法の経済性分析．

2)-4：主要参考文献．村上政博(2)　pp. 212〜219 ; 1975年司法省が表明した9項目の当然違法の法理が80年代に放棄された．

2)-5：参照．第3章第2節 3) 契約違反と救済のルールの変遷

2)-6：参照．第3章第2節 3.4)：不誠実違反の法理

2)-7：参照．第3章第2節 3.5)：効率的違反の法理

2)-8：主要参考文献．Cooter/Ulen : Law and Economics, pp. 68, 69：市場の失敗．

2)-9：主要参考文献．Cooter/Ulen : Law and Economics, pp. 68：効率性定理．

2)-10：参照．第2章第1節 2.3)：本節のまとめ

2. 日本法に採用された法技術の類似性

わが国で，近時，紙上を賑わした契約問題は，「約款（標準契約）」に関するものが多い．火災保険契約に折り込まれた保険金を支払わない範囲の特約（免責条項），1980年代のバブル経済後遺症として問題になった変額保険，割賦販売法（30条4項）で規制対象になった金融機関からの抗弁権切断（no privity）の主張，そして多くの欠陥マンションで問題となった契約解除または瑕疵担保期間短縮の是非などである．

ここでは，その中から，例示的に，'変額保険' と '欠陥建築' のケースなどに注目して，なぜこれらのケースが社会問題になったのかを明らかにした上で，判例分析に進むことにしよう．

前者の '変額保険' がもたらした社会問題は，この保険が，1986年（昭和61年）に（旧）大蔵省が認可した新種保険であり，その危険性が余り良く認識されず，有利性のみが喧伝されたことに起因していた．これは，「一時払い終身型生命保険特約付投資信託」とでもいうべきものであって，商品名称が示すように，保険会社の運用成績如何で保険金（基本部分プラス変動部分）または解約返戻金（全額変動部分）が変動するものであった．利回り保証はおろか元本保証も付いていなかった．

旧大蔵省は，この保険の認可に当り通達[1]を出し，これにより；

① 将来の運用成績について断定的判断を提供する行為，
② 募集人が恣意的に過去の特定期間を取り上げ，それによって運用成績を予測する行為，
③ 保険金額あるいは解約返戻金を保証する行為，

を禁止した．

問題は，この商品が相続税対策に有効との宣伝の下で，金融機関の融資とのセットで売り込まれたことにある．不動産バブルがピークにあったこの時期，都市部で古くから不動産を所有していた者（個人）は，子供達が相続税を払い切れなくなると真剣に心配していた．彼等の多くは，不動産は所有していた

が，金銭納付が原則の相続税を払うに足る金融資産を持っていた訳ではないのである．

ところが，1990年代の始め，バブル経済は崩壊し，株価の下落に伴い投資信託は，軒並み元本割れになった．同時に，不動産価格も値下りに転じた．これは，銀行にとって担保不足を意味する．当然，彼等は，資金回収を急ぐ．保険会社や銀行の説明を信頼して，借入金で保険料を支払った保険契約者には，何も，良いことはなかった．問題は，一時払保険料自体が極めて高額であったことである．銀行が資金回収を急ぐことは，収入の乏しい老人から，最後の資産（住宅）を取り上げるに等しい行為であった．彼等には，契約を解除して原状回復を求めるより他に道はなかった．英米法の法理を借りれば，信認関係義務違反（breach of fidutiary duty），経済的脅迫（economic duress）または不実表示（misrepresentation）が充分疑われる状況だったのである．

後者の欠陥建築の問題は，マンションといわれる鉄筋コンリート造の集合住宅，木造の建売住宅その他建物の種類を問わず多数発生し，民間建築の分野で，近時，紙上を賑わしてきた．その原因は，造成地や埋立地の地盤を改良せず，不適切な基礎工事から生じた不同沈下，設計不良，手抜工事，施工ミスまたは不適切な材料の使用による構造欠陥など様々である．

しかし，欠陥建築の問題は，昭和50年代までは，余り深刻な社会問題としてはクローズアップして来なかった．即ち，戦後の経済復興期には，金融資本は産業資金供給に特化していたので，一般市民が借入金で住宅を購入することは稀であった．都市生活者は，社宅または公営もしくは戦前からの民間住宅を賃借するものが多かったのである．しかし，昭和40年代から，企業は，福利厚生政策の一環として，資金を貸し付け社員に持ち家を奨励するようになった．また，個人住宅向の制度融資や金融機関の個人向融資が充実するにつれて，彼等は，超長期（30～35年）の資金を調達して，一生に一度の投資に踏み切ったのである．このため，住宅の売買または建築契約は，消費者契約の色彩を帯びるに至った．この時期，わが国経済は，インフレ基調だったし，特に不動産価格は，常に，右肩上がりだった．これは，仮に，建物に欠陥があったと

しても，その後のインフレ（名目）利益の中に，欠陥による損失が吸収されてしまうことを意味した．ところが，1980年代のバブル経済は，1990年代初頭に崩壊し，不動産価格は，一転して，急落した．長期ローンの返済原資になる給与所得も縮減した．つまり，70年代後半から80年代にローンで不動産を手当したものは，インフレベースの債務の償還をデフレベースの所得で続けなければならなかったのである．そこに，欠陥が追い撃ちをかける．彼等には，不動産を転売してローンを清算する選択岐は残されていなかったのである．

既に述べたように，これらの契約は，全て，業者側が用意した「約款（標準契約）」に基づいていた．そこで約款の解釈が現代法上の課題となった．しかし，わが国では，大正4年の大審院民事部判決[2]依来，先例上[3]も学説上[4]も，契約関係に入ったことの任意性は問題にすることがあっても，概して，個々の契約条項の解釈には踏み込まないとする意見が有力だったのである．

しかし，規制の要否は時代の要請によって変わる．即ち，近時，多数説となっているのは，約款を用いた契約の附合性に着目したもので'契約説'[5]と言われているものである．契約説が目指しているところは，概ね；

① 交渉力の不均衡に由来する不公正の是正，
② 約款による法基準の修正または排除の防止，
③ 大量取引の適正かつ円滑な基準の維持，
④ 適正な対価関係の維持（給付の不均衡の防止），

であると考えられている．

ここに，標準契約書の効力を規制した，イギリスまたはアメリカ現代法と別の考慮が働いていると見ることは難かしい．

これらの現状認識に沿つて，社会的な注目を集めたケースに焦点を当てて，比較法的分析を試みてみよう．

［参照注］
1：変額保険募集上の留意事項について（昭和61年7月10日付蔵銀第1933号）
2：大審院民事部判決．大正4年12月24日；民録21, 2182. この裁判を担当した裁

判官は；保険契約者が任意調印して申込を為したる場合に於いては...契約当時約款の内容を知悉せざりしときと雖も一応之に依るの意思を以て契約したるものと推定す，と述べて「意思推定説」の根拠を提供したと見られている．一方，商法419条（火災による損害のてん補：現行665条）には特段の配慮は行われていない．

3：参照：大審院昭和2年12月22日判決，法律新聞2824.12；東京控訴院大正7年1月30日判決，法律新聞1394.21；東京地裁大正13年5月31日判決，法律新聞13．商法247．

4：法源説：谷川久：企業取引と法．現代法9, pp. 156 ff., 岩波 1966. 自治法または商慣習説：西原寛一：商行為法．pp. 44 ff., 有斐閣 1960. 白地商慣習説：石井昭久：普通契約條款．法学選集4, p. 33., 勁草 1959.

5：契約説：河上正二：約款規制の法理．p. 123., 有斐閣 1988.

1) 契約成立のルールの操作：錯誤無効または債務不履行による契約解除

(1) 変額保険のケース

変額保険に関する判例は，下級審判決が多いのであるが，調査の結果，少なくとも最高裁判決2例[1]-1，高裁判決2例[1]-2 が含まれることが分かった．

変額保険の判例のうち，錯誤無効または債務不履行による契約解除が認められたケース[1]-3 の事実は，酷似している．即ち，高齢の原告が保険勧誘員または銀行員に信頼を寄せ，相続税対策のために，変額保険契約に同意したのである．更に，一時払保険料支払のための高額の銀行借入及び家産の担保提供に同意したのである．しかし，彼等（保険契約者）には持病があり被保険者になれなかったのであるが，それでも，若年の相続人を被保険者として契約が結ばれたのである．これでは，本人死亡時の相続税対策には成り得ない．

これらの事実を認定した裁判所は，保険契約または融資契約には，原告に要素の錯誤があり，それが被告等の勧誘に依って生じたものであることを認め，原告請求を容認している．被告等は，原告に重大な過失があったと主張したが，裁判所の認めるところとはならなかった．

これ以外にも，錯誤を理由に変額保険契約の無効を認めた判例（横浜地裁判

決.平成8年9月4日)[1]-4 がある.

　裁判所が認定した事実は,エクイテイまたはコモンローの要件と酷似している.しかし,'違反者または違犯者(wrongdoer/transgressor)'の,何等かの,義務違反または不実表示から直接判決理由を導びくのではなく,受約者(表意者)の意思の欠缺を支配的要件として契約無効を導びいている.被告が原告の錯誤を知っていたことも支配的要件となる.これは,意思理論に基づく,契約成立のルールの操作の一例と見てよいだろう.

(2) 欠陥建築のケース

　この問題は,少なくとも,売買のケースと請け負いのケースに分けて論ずる必要があるのである.即ち,売買では,錯誤無効または通常の契約違反若しくは債務不履行の請求から契約解除権を導くのが可能なのに対し,請け負いでは,注文者の解除権(参照:民法635条但書)が制限されているのである.これが司法救済のレベルに影響していないか調べる必要が生じる.

　まず,第1の売買のケースから述べれば,基礎工部の不良など'部分的改修では建物の機能回復が期待できず,改築以外にない'[1]-5 と認められた時に,錯誤による契約解除及び原状回復請求が認められている.また,売買契約の'本来の債務として,瑕疵なき建物の給付義務を認定し,修補では償われない損害の場合は,債務不履行に基づく契約解除損害賠償請求が認められると判示されることもある[1]-6.

　しかし,第2の請け負いのケースでは,上記但書の解釈が問題となる.原則(通説または我妻説)に忠実な裁判官は,これを不完全履行の特則と考え,工事の瑕疵が如何に重大であろうとも,注文者は債務不履行を理由に契約を解除することはできないと考える[1]-7.しかし,実質に注目する裁判官は,'契約の目的に従った建物等として未完成である場合にまで,...契約を解除することを禁じたものではない'[1]-8 または'目的物の瑕疵が極めて重大であって本来の効用を有せず,注文者が目的物を受領しても何ら利益を得ない場合は,仕事が完成していない場合に準じ,...支払を拒むことができるものと解するのが相

当'[1)-9]と考え，契約解除・原状回復請求を認めている．しかし，これらの判旨が妥当する範囲は，建物の完成引き渡し以前に限られるように思われる．

そこで，更に，実質に注目する裁判官は，'目的物たる建物が建て替えるほかないような場合には，その建て替え費用が瑕疵のない目的物の価格相当額に当る'[1)-10]または'個々の部分的な補修より，新規に建て替えた方が経済的'[1)-11]と述べて，修補請求に代わる損害賠償請求を極限まで認めている．これは，損害賠償のケースでも契約解除による原状回復と同等のレベルまで査定額を積み増す補償理論の操作と見ることができるだろう．これら，欠陥建築の判決理由から指摘できることは，契約不履行がもたらす受約者のハードシップを救済するために，法律または契約の目的論的解釈が行われたことである．即ち，売買のケースでは，不完全履行の一般則が働くので，修補不能の欠陥が安全かつ快適な通常の居住の用に供し得ないとの認定に結びついたのであれば，契約解除（錯誤無効）を正当化するに無理はない．しかし，請け負いであれば，仮に，引き渡し前に修補不能の欠陥が明らかであれば，未完成（履行を期待し得ない）という認定が契約解除権を導びいたのに対し，引き渡し後であれば，修補の意味を拡大解釈して，再築費用相当の損害賠償を認めたのである．だし，これらのルールは，瑕疵担保の請求にかかる除斥期間（民法638条①②）経過後のケースにあっては，適用されないことに注意する必要がある（ただし，建築士の義務懈怠から不法行為責任を追及することは可能．これは，後に述べる）．

これを，英米と同旨の，ケースの実質に注目した裁判官による法技術的操作と見るのは，一人，筆者だけではないであろう．更に，契約の解釈を積極的に行う方法もある．そこでは，国の認可を得た約款も司法解釈の対象とされる．それが，次のテーマである．

［参照注］

1)－1：(1) 平成8年10月28日第2小法廷判決．金融法務事情　1469．49．原審．東京地裁平成7年3月24日判決．判例時報　1559．70．同控訴審：東京高裁平成8年1月30日，同　1580．111．

　　　　　(2)　平成12年3月17日第2小法廷判決.
1)-2：(1)　平成7年2月28日大阪高裁判決. 金融法務事情　1420.34；原審：大阪地裁平成6年7月6日. 金融法務事情　1397.48.
　　　　　(2)　平成8年12月5日大阪高裁判決. 金融・商事判例　1010.29；原審：大阪地裁堺支部判決　平成7年9月8日　判例時報　1559.77.
1)-3：(1)　平成8年7月30日東京地裁判決. 判例時報　1567.103.
　　　　　(2)　平成6年5月30日東京地裁判決. 判例時報　1493.49；旬刊金融法務事情　1390.37.
　　　　　(3)　平成8年3月25日東京地裁判決. 判例時報 1572.75.
1)-4：平成8年9月4日横浜地裁判決. 金融・商事判例　1007.31.
1)-5：平成6年5月25日東京高裁判決. 判例タイムズ　874.204. 原審東京地裁平成4年9月16日判決；判例時報1458.87. 判タイムズ　828.252.
1)-6：平成3年10月21日東京高裁判決. 判例時報　1412.109. 原審：千葉地裁平成3年3月22日判決.
1)-7：参照文献：我妻栄　民法講義　V3.633.岩波1962；幾代通，広中俊雄　編　新版注釈民法(16).〔内山尚三〕136～138, 152. 有斐閣1989；末川博　契約法（下）184～ 岩波　1975.

　　　判決動向に関する裁判官の意見として：大阪高裁判事　後藤　勇：民事判例研究　判例タイムズ　725.4. その反論として：都立大教授　池田恒男　民事判例レビュー　判例タイムズ　794.42. 参照判例：大阪地裁昭和42年4月4日判決　判例時報　495.72, 76. 東京高裁昭和47年5月29日判決. 判例時報　668.51.
1)-8：契約解除原状回復請求事件：東京高裁平成3年10月21日判決. 判例時報1412.109, 112, 113.
1)-9：目的物引き渡し請負代金請求事件：大阪高裁昭和59年12月14日判決. 判例タイムズ　549.187.
1)-10：修補請求に代る損害賠償請求事件：大阪高裁昭和58年10月27日判決. 判例時報　1112.67, 68.
1)-11：修補請求に代る損害賠償請求事件：大阪地裁昭和59年12月26日判決. 判例タイムズ　548.181.185.

2)　契約の解釈による方法：起草者に不利に

(1)　保険契約と起草者に不利に

ここには，昭和39年6月16日の新潟地震で発生した製油所火災に関するケース[2)-1]が該当する．このケースでは，地震免責条項の解釈が争われた．

この約款（5条1項8号）には，地震免責特約として；原因が直接であると間接であるとを問わず，地震または噴火に因って生じた火災及びその延焼その他の損害には保険金を支払わない旨を記載していた．

このケースの裁判官は，当該条項の解釈ついて；

> 一般に，約款は，企業者が集団的取引の便宜のために作成するものであるが，それは，結局において経済的優位に立つ企業者が譲歩しうる限度において自己に有利なように定型的な規律を設けたものというべきであって，保険契約の場合にも，監督官庁の認可を要するとはいえ，その例外とはいえない[2)-2]，

という意見を述べた上で，立証責任を保険会社に負担させた上で，火元が地震により発生した火災であることの立証に加え，保険の目的物への延焼との間の因果関係が充分立証されなければならないと判示した．そして，保険会社の特約により免責されるとの主張を失当としたのである．

ただし，この判旨は，その後，地震保険に関する法律（昭和41年5月18日施行．法律第73号）により，火災保険に追加して，保険会社が地震保険の引き受けを開始したこと及び地震免責条項の表現が改められたことにより，若干改められている．即ち，平成7年の阪神・淡路大震災後のケース[2)-3]では，地震から3時間後に発生した火災で，地震免責条項が有効とされた．裁判所は，地震と保険の目的物への延焼火災の間に因果関係の立証を余り厳しく求めず，大規模地震によって消火活動自体が制限されていた事態から，地震と延焼火災との間に相当因果関係があると推定[2)-4]したのである．それは，裁判官に認められた解釈権の範囲内なのであろう．

(2) 建築契約と起草者に不利に

この契約類型での争点は，概ね，瑕疵担保の問題に集中している．更に，これを項目別に整理すると；

① 瑕疵担保の請求と徐斥期間短縮の特約に基づく抗弁，
② 瑕疵担保の請求と実質的履行の抗弁，

などに集約される．この問題は，まず；

① 民法635条但書が債務不履行の一般則に優先すること（既述），
② 徐斥期間短縮の合意は有効であること[2)-5]，

から出発する．その何れも，請求人に不利な条件であることは指摘するまでもない．

そこで，実質に注目する裁判官は，限定解釈，例文解釈，補充解釈または知りて告げざりしは信義則違反とする法技術的アプローチを採用する．

限定解釈に当る判例としては，新築木造住宅（瑕疵担保期間2年）[2)-6]，中古戸建住宅売買（瑕疵担保期間2ケ月）[2)-7]のケースがある．即ち，前者を担当した裁判官は，'瑕疵担保期間短縮の特約は，通常の不具合を無償補修する意味で，民法572条による担保責任の特則までは含まれない'，また後者を担当した裁判官は，'一般人にも発見することが比較的容易な瑕疵につき修補請求の期間を制限したもの' と述べ，特約の範囲を起草者に不利に解釈している．また，瑕疵担保期間を引き渡しの日から，屋根防水10年，外壁防水3年，その他2年と特約した鉄筋コンクリート造のビル建築請け負いのケース[2)-8]では，問題の瑕疵が'極めて重大な瑕疵には当らない' として原告の請求を棄却している．これらの判例から，瑕疵担保期間短縮の特約には，少なくとも'極めて重大な瑕疵' または'通常の不具合を超える瑕疵' は含まれないと解釈されていることが分かる．

例文解釈に当ると思われる判例としては，駆除困難な害虫（イエヒメアリ）の営巣により'快適な居住を達成することが不可能' として契約解除を認めた中古マンションの売買契約[2)-9]がある．この契約には，瑕疵担保期間を引き渡しから2ケ月とする特約があったが，本件を担当した裁判官は，'右条項は，契約書の印刷文言中にあり，原告らは，契約当時，これを意識していなかった' と述べた上で，'右特則は，買主が瑕疵を発見してから2ケ月内に除斥期間を限定する限度で有効' と判示している．これには，裁判官の裁量で，法定の除斥期間（566条③：事実を知りたる時より1年）が短縮されていることに

疑念を生ずるが，やはり，目的論的解釈と理解すべきだろうか？

しかし，契約で法律構成をした場合には，何れにしろ，契約法上の除斥期間（請負：638条①②，売買：570条，566条③）を超えて請求することはできない．そこで，次の，不法行為での法律構成が必要となる．

[参照注]
2)-1：東京地裁判決昭和45年6月26日判例時報　602.3.
2)-2：前出．判例時報　602.
2)-3：大阪地裁　平成9年12月16日判決．判例時報　1661.139.
2)-4：前出．判例時報　1661.
2)-5：最高裁　昭和49年3月28日．金融法務事情　718.32：請負契約において契約当事者が請負人の瑕疵担保責任の存続期間を2年に短縮する旨約したる場合，この合意は有効であり（参照：民法639条），同法638条1項に違反するものとはいえない．
2)-6：大阪地裁　平成10年12月18日判決．欠陥住宅判例［第1集］82.　（株）民事法研究会
2)-7：大阪地裁　平成11年2月8日判決．前出．欠陥住宅判例［第1集］148.
2)-8：東京地裁　平成4年12月21日判決．判例時報　1485.41.
2)-9：神戸地裁　平成11年4月23日判決．　前出．欠陥住宅判例［第1集］359.

3) 不法行為責任を認めた事例

(1) 変額保険の勧誘と不法行為

これには，最高裁第2小法廷判決（平成8年10月28日)[3)-1]が含まれる．この事件の原告は，契約当時63歳，文京区に193.71平方メートルの宅地及び3階建の建物を所有していたが，年収は，少なかった．そして，相続税を払い切れなくなることを心配した，原告の妻の要請に基づき，同家を訪問した保険外務員が設計した設計書に従い，変額保険契約が締結された．保険契約者，被保険者は，原告本人，保険金受取人は，同人妻であった．

このケースを支配した事実は，被告外務員が，運用実績は，9％を下回ることはないと繰り返し強調した[3)-2]ことであった．その上で，裁判所は，この事

実は，保険募集の取締に関する法律（昭和23年法171号：16条1項1号，4号）に抵触する違法行為であることを認め，信義則上 'これに違反してなした募集行為は，当該保険契約の結ばれた経緯，保険契約者の職業，年齢，財産情況，知識経験等の具体的状況の如何にもよるところであるが，原則として私法上も違法の評価を受ける' と判断したのである．同時に，損害賠償額の算定には，原告の過失割合（60%）も算入した．

最高裁判決も '原審の事実認定は，原判決挙示の証拠関係に照らして首肯するに足り，右事実関係の下においては，上告人らは違法な勧誘行為の結果上告人が被った被害を賠償すべき義務があるとした原審の判断は正当' [3)-3]と述べ高裁判決を維持した（裁判官全員一致）．

(2) 欠陥建築と不法行為責任

これらのケースでは，まず，請負人（法人）の使用人である設計監理者の義務懈怠（建築士法18条③違反）が建物の構造欠陥に結びついたとして，建築士の不法行為責任を，次いで，請負人の使用者責任（民715条）を追及する法律構成がとられる[3)-4]．

ここでは，その中から，兵庫県南部地震（平成7年1月）で3階部分が損壊し滅失した9階建のビルのケース[3)-5]を参照しておこう．損壊の原因は，鉄骨柱継手部分の溶接不良で，事後採取されたテストピースから，実際の強度は，設計値を満足していない（46%～54%）ことが証明された．原告請求の法律構成は，不法行為，債務不履行及び瑕疵担保であるが，裁判所は，瑕疵担保の除斥期間10年は過ぎていると認定した上で，瑕疵担保責任及び債務不履行責任は問えないと述べた．そして，被告の不法行為責任について次の様に判示した．

① 建築基準法が建物使用者のみならず周辺住民や往来者の生命及び財産等を保護しようとして詳細な規定を設けている，
② 設計監理者A（訴外人）の行った設計仕様は，建築基準法の要求を満

たしており，溶接方法も剛溶接（日本建築学会鋼構造設計基準所定の方法）が指定されていた．また，本件，確認申請に当り，神戸市は，柱接合部要所の超音波探傷を指示し，訴外人Ａも，設計図書にその旨追記していた．

③　しかし，施工者（下請人Ｉ鉄工）は，この試験を実施せず，実施されたものとして建物を完成させた．従って，施工者の義務の懈怠は，違法性が高く，不法行為にあたる．

④　被告請け負い人と施工者Ｉ鉄工は，元請・下請の関係にあり，…被告の派遣した管理者の管理の下で鉄骨の作成組立に従事していたのであるから，被告は，施工者Ｉ鉄工の使用者に当り，民法715条により損害を賠償する責任を負う．

　小括：以上の判例分析から明らかなことをまず変額保険から指摘すれば，裁判所が，従来の定額保険とは性格が全く異なる新種保険の社会的な認知度の低さを勘案して，保険契約者の属性に基づく配慮をしていることである．それは，'投資経験，商品知識，購入目的，資金の性格等を総合的に考慮して，個々具体的に決定されるべき'という意見に示されている．即ち，若し彼が，全くの素人で，銀行または保険会社の説明に，盲目的な信頼を寄せていたのであれば，錯誤無効が成立するし，若し彼が，社会人・経済人としての常識があり，相応の注意を払えば，自分の契約（投資）目的には合わないと気が付く可能性があったのであれば，業者側の不法行為責任を認めた上で，過失相殺により債務の低減を図る方法がとられている．

　このアプローチでは，生保会社側の義務は，重要情報の開示義務に始まり，次に，相手の属性に応じた説明義務と注意義務に繋がるのである．しかし，契約解除権には，なかなか，繋がりにくい．また，これらの義務を課した法令の違反は，むしろ，契約を離れて不法行為に該当し，損害賠償請求権のみを生ぜしめると考えられるのである．これは，英米契約法の，関係を重視するアプローチに近いといえるだろう．ただし，業者側の専門家としての注意義務のレ

ベルが問題になる一方で，契約受諾者として表意者の注意能力のレベルが，錯誤無効か不法行為責任を分ける支配的要件ということになる．また，民法95条は，錯誤無効の要件に，'表意者に重大な過失がない'ことを求めている．この意味で，契約受諾者の注意能力が或る程度認められる場合は，不法行為責任に依拠せざるを得ない．同時に，保険会社側に，注意義務，保護義務が課せられているといっても，保険契約者の能力如何で，不法行為の請求が棄却される可能性を懸念させるものとなる．これに該当するものとして，地裁段階で認められた不法行為責任が高裁段階で否定されたケースが少くとも二つある[3)-6]．これらの原告（保険契約者）は，幼稚園の女性園長と中小零細企業の経営者であった．

次に，欠陥建築の例で，不法行為責任が認められたケースについて述べると，これらのケースでは，まず，請負人（法人）の使用人である設計監理者の義務懈怠（建築士法18条③違反）が建物の構造欠陥に結びついたとして，建築士の不法行為責任を，次いで，請負人の使用者責任（民715条）を追及する法律構成がとられている．これは，イギリス法で，duty of skill 違反に併存債務（請求権競合）の基礎を求める法律構成と殆ど同じであるといって良いだろう．欠陥建築の例で不法行為責任を追求する実務的重要性は，二つある．その一つは，契約法上の除斥期間（最長：引き渡しから10年）を超えて損害賠償請求が認められる（最長：行為の時から20年）ことであり，残りの一つは，契約関係（privity）の壁を超えて請求が可能なことである．一般に，鉄骨または鉄筋コンクリート造の建物の構造欠陥は，新築から10年程度は現れないのが常であり，発注者が気が付いた時には除斥期間が過ぎていることが多い．現に，先に，参照したケース（注[3)-5]）の構造欠陥も大地震で建物が倒壊するまで露見しなかったのである．ただし，一旦，修補不能の構造欠陥（例えば，鉄筋コンクリート造の配筋不良）が表面化すると，建物の耐久性が極端に短縮されるのみならず，強度不足から行政的に使用停止命令が下されることも多い．このような場合，契約法上の除斥期間の壁を超えて損害賠償請求が認められる利益は大きい．また，契約関係の壁を乗り越えて，真の違反者に請求できる余地を残す意

味は，多言を要しない．

　実質に立脚した法の適用を考えれば，何らかの条件が付されるにせよ，請求権競合を認める意味は，極めて大きいのである．

［参照注］

3)−1：最高裁第2小法廷　平成8年10月28日判決．金融法務事情　1469.49；原審：東京地裁　平成7年3月24日　判決．判例時報1559.70；同控訴審：東京高裁平成8年1月30日判決．同1580.111．

3)−2：前出．判例時報1559.70.73～74．

3)−3：前出．　金融法務事情　1469.49.52．対比：大阪高裁　平成8年12月5日判決．金融商事判例1010.29；原審：大阪地裁堺支部　平成7年9月8日．判例時報1559.77；大阪高裁　平成7年2月28日．金融法務事情1420.34．原審：大阪地裁平成6年7月6日．金融法務事情1397.48．

3)−4：神戸地裁姫路支部　平成7年1月30日判決．判例時報1531.92；大阪高裁平成1年2月18日判決．判例タイムズ　705.185．名古屋地裁昭和48年10月23日判決．判例タイムズ302.179．大阪地裁昭和53年11月2日．判例時報　934.81．

3)−5：神戸地裁　平成10年6月11日判決．前出．欠陥住宅判例［第1集］318．

3)−6：参照：前出．注3)−3 対比ケース．

第5章　結論：
契約法は何を不公正と認識し，如何に規制したのか？

1. 法的または法技術的な規制の流れ

　私は，この研究を始めるに当り，不公正契約及びその規制は，かなり技術的な性格の強い分野であり，契約の成立，履行，救済，そして不法行為との関連に分けて，アプローチするのが適当なのだと考えた．この方針で論述を進め，ここで，結論を書くに当り，不公正契約の規制技術が，時系列的にも，或る程度，この順番で発展して来たことに気が付いて興味深い．

　まず，第1の展開を契約の成立に関連して述べれば；彼等は，不実表示と契約を分けるところから始めたといえる．この法理は，既に，19世紀には，実体的な機能を果たしていた．不実表示に基づいて成立した契約は，契約に当らないのである．ただ，彼等が，不実表示と契約条項を分けるという発想をしたところから，表示（representation）と契約条項（term）を分ける技術的な基準が必要になった．論理的な明快性とは別に，この作業は，なかなか，難問であった．控訴院のデニング裁判官は，一時，不実表示は，一義的には黙示のワランティに当ると推定して[1)-1]，全ての不実表示に，契約違反からのアプローチと善意不実表示に対する立証責任の転換を試みたが，広範な支持を得ることはなかった．

　不実表示の，もう一つの難点は，論理的な帰結として，契約全部の取り消しを招くことである．不実表示の有無と関係なく，当事者間で紛争が起きた時には，契約は，履行済であることが多い．そのような段階で，一方当事者に解除権を認め，原状回復または損害賠償に繋ぐことが，現実的かどうか分からな

い．彼等は，この難点を克服するに，今日では，伝統的な方法または隠された道具（covert tools）[1)-2] と呼ばれる，契約成立のルールの操作も併せ行った．

チケットケースと呼ばれる，その初期のケースは，鉄道会社の手荷物輸送または一時預りに付された免責条項である．この規制は，イギリスで，鉄道会社が独占的地位を享受し始めた，19世紀中頃には，充分，確立していた．ここに採用された法技術は，顕著性（conspicuous）の要件と立証責任の転換である．これらの法が担保していたものは，当事者の合意または受約者の信頼の保護であった．ただし，このアプローチは，不当性の有無は別問題として，有能な実務者が繰り返し挑戦すれば，要件を満足する可能性が残されているし，標準約款の一部として，社会的認知が進めば，客観論では，法理としての有効性を失う可能性があった．このような難点は，主に，標準約款の普及の過程で認識されていった．事業者は，法的経営資源に恵まれており，一般市民（素人）には，契約内容を判断する能力はなく，仮に，あったとしても，契約するかしないかの選択しか残されていなかった．このような経緯から，コモンローの裁判所でも，次第に，解釈のルールに軸足を移す方向に移動した．この分野の法の発展は19世紀から20世紀にかけて著しい．

この，第2の展開からの見た法技術には，二つの方法が採用された．一つ目は，黙示条項の挿入であり，二つ目は，契約条項の目的論的解釈である．一つ目の方法は，更に，法の黙示と当事者の意思の補充に分かれる．しかし，この概念区分は，実態としては，些か，曖昧である．ファームストンによれば，'裁判所は，当事者の了解事項を補充すると主張しながら，現実に契約に黙示されたものは，大陸の商事法または民事法から分岐した，追加の法準則だった[1)-3]' のである．そして，主要な法の黙示は，制定法の裏付けを得て，契約では排除しがたいものとなっていった．その代表格は，動産売買法の中核に置かれた，品質保証と，交通関係の法律と雇用者責任の法律に採用された人身傷害に対する免除の禁止である．ただし，法の黙示といっても，任意性のものは契約で排除できる訳だし，意思の補充には，それを推定する基準が必要であった．そこで，コモンローの裁判官は，当事者自治を尊重して，裁判所による契

約の変性を避ける見地から，複数の基準を設けて，これに挑戦したが，必ずしも，100％成功とはいい兼ねる実情が浮かび上がった．それは，地理的概念または数値的表示のように，解釈の余地がなく，顕著性の要件を満足する契約条項がある場合でも，目的論的に黙示を行ったケースがある[1)-4]ことから明らかである．更に付言すれば，イギリス法のところで詳述したように，黙示には，①慣行の黙示，②事実の推定，③合理人としての当事者の意思の推定というようなキャプションを付けられるケースが多々あり，これが，当事者の意思を補充したのか取引慣行等に法的効果を認めたのか判然としないことである．

　二つ目の目的論的解釈は，多分に，標準契約書の利用の拡大と連動している．高等法院のステファン裁判官によれば，19世紀中頃には，一方当事者が作成したフォームで契約する慣行が社会現象として定着していたのである[1)-5]．ただ，この契約方式は，契約法の骨格が形成された取引環境（arm's length dealings）とは，全く，異なる環境で発達したものであった．そこで，裁判所が採用した基準は，顕著性の要件と起草者に不利に（contra proferentem）という解釈原則である．これは，明らかに，裁判所が，当事者間のインバランスを認め，弱者に有利に介入する姿勢を見せたことに他ならない．勿論，この方法も完全なものではなかった．それは，デニング裁判官の厳しい指摘；契約条項の字句がそれ（非合理）を許すほど明瞭な時，…仮に，非良心的になるまで非合理的であっても，または非良心的になるほど非合理に適用されても，当事者を許すのだろうか？[1)-6]に現れている．ただ，大局的に見れば，コモンローの裁判所は，この段階までに，形式主義的な古典法の縛りから脱出する現実主義的な姿勢を明らかにしたものと認められる．例えば，黙示条項の読み込みによって，ケイヴィアットエムプトールが，事実上，骨抜になってしまったことなどが指摘できるだろう．ただし，それは，立法権との機能分担の中で達成されたことも併せて指摘されなければならない．ここから，法の発展は，更に，実体的な方向に進む．それが，深刻な契約違反と救済の関係である．それには，免責条項の規制が不可欠であった．

　これを第3段階の法の発展と名付ければ，そこには，契約関係が依って立

つ，当事者間の関係の破壊の問題と，基本的違反または完全な違反の問題が含まれる．前者の，当事者間の関係の破壊の問題は，契約違反とは別の意味で，信託違反 (breach of trust) の法理を持つコモンロー諸国には，伝統的なものであった．この関係の法は，コモンローに淵源を持つ法と重複しながら，ビジネス契約の方向へ拡大して行った．即ち，強迫，経済的強迫，財物を押えての強迫，ビジネスの強制，非良心性の法理などである．そこでは，エクイティの法理が裁判官の裁量の中に強く反映した．そこでは，当事者間の関係の破壊という側面と同時に，相手側当事者の意思の強制という側面が重視されたのである．それは，意思の不合致を扱うと同時に，不法行為との境界域の問題を扱うことになる．後者の，基本的違反の問題は，或る意味で，契約法の基本設計に含まれる問題である．即ち，イギリスは，コンディション違反とワランテイ違反の法理を持つし，アメリカは，完全な違反と部分的違反の法理を持つ．ただし，現実の違反は，多種多様な形態を示し，契約解除権の是非を二者択一的に判断することは難かしい．そこに，免責条項が加わると，当該違反が免責範囲に収まるか否かで，更に，複雑な判断を必要とすることとなる．結局，この難題に，一応の結着を見たのは，20世紀の後半だった[1]-[7]．

イギリスとアメリカでは，この問題へのアプローチが異なり，同列に論ずることはできない．即ち，イギリスは，二度にわたる法律委員会の勧告[1]-[8]を経て，不公正契約条項法 (Unfair Contract Terms Act, 1977) を成立させた．同法の目的は；契約違反，過失，その他の義務違反について，民事責任を契約により逃れることに対する追加的規制である[1]-[9]．この条文自体が示すように，ここでは，ネグリジェンスの法理の前進が著しい．そこで，免責条項を規制するために採用された基準は，合理性の有無 (s.2(2)) であった．一方，アメリカは，統一商事法典 (Uniform Commercial Code, 1951) に成文化されたように，多分に，非良心性の法理 (§2-302) に依存することになった．非良心性の法理は，ほとんど同文で，第2次契約法リステイトメント (1981) に継承されているので，この頃までに，一般法化されたと述べることができる訳である．非良心的にまでは至らない違反は'誠実かつ公正取扱原則 (good faith and fair dealing：UCC §§

1-201, 2-103；第2次契約法リステイトメント§205)' の対象となる．アメリカ判例法には，これとは別の法理が，少くとも，一つある．それが，不法行為法の'不誠実違反の法理（doctrine of bad faith breach)' である．そこでは，違反者の意思がテストされる．ギルモアの指摘[1)-10]のように，1970年代までの不法行為法の前進の中で，カリフォルニア州最高裁が開発したこの法理は，結局，保険の被保険者保護以外の目的には，余り，適用されることがなかった．そこで，第4の法の発展段階として，指摘しなければならないのは，契約違反と不法行為責任との関係である．

　既に述べたように，契約によって生じた義務が厳格責任と考えられていた時代には，契約違反に不法行為責任を追及する実務的必要性は，殆ど，無かった．ファームストンも，'伝統的に，契約の法律家と不法行為の法律家は，相手の目的の詳細について，殆ど，関心を払って来なかった[1)-11]'と述べているほどである．しかし，恐らく，1950年代頃から，多くの実務者は，深刻な契約違反または権利侵害に対し，不法行為責任の追及で損害の回復を目指すようになった．結論的にいえば，両国とも，この請求を認めているのである．つまり，イギリスでは，裁判所が適宜認定する，当事者間の関係から生じた，duty of skill 違反の視点から，アメリカでは，違反者の悪意（または害意）を問題にする，独立した不法行為の要件からアプローチするのである．また，この問題は，契約で不法行為責任を排除できるのか？　という設問に答える必要性に繋がる．その答は，不法行為法上の厳格責任（代表的には，人身傷害，製造物責任）は，排除しがたいという共通の前提を置いた上で，イギリスでは，非合理的にならざる限り[1)-12]可能であり，アメリカでは，非良心的にならざる限り[1)-13]または誠実かつ公正取扱原則に違反せざる限り[1)-14]可能ということになる．

　ここで，現実主義的司法に特長的な，裁判官の裁量権について言及しなければならない．私は，ここまで，裁判官の'裁量 (discretion)'，'ルールの操作 (manipulation)' という言葉を両義にとれる文脈で使って来た．ルールの操作とは，裁判官の裁量に基づく操作の意味で，裁量権の行使とルールの操作は，同じことなのである．強いて，違いを求めれば，イギリスの法律家は，裁量の方

を好み，アメリカの法律家は，極めて素直に，ルールの操作を使う．しかし，この違いを指摘することは，ここでの本旨ではない．裁判官の裁量権の行使は，既に，19世紀の中頃には是認されていたこと，現実主義的法学では，司法裁量の必要性が益々増大せざるを得なかった事実が指摘すべきことなのである．ただし，現代法が依拠したものは，大法官の正義感や倫理観ではなく，社会学的に認識された'不公正（unfairness）または不正（wrongs）'の是正であった．

以上の発展の経過から，彼等が'不公正'と認識した事実（operative facts）は；
①不意打ち，②信頼関係の破壊，③意思の強制または抑圧，④契約責任の否認または権利侵害の四つに集約できると思う．その論拠を示すことが，この論文の結びになる．

［参照注］
1）-1：前出．Dick Bentley Production Ltd v Harold Smith（Motors）Ltd.,〔1965〕1 WLR 623. 参照．第2章第2節 1. 1)(1)：表示と契約条項の区別
1）-2：UCC（Master ed）：§2-302 official comment 1；主要参考文献．Farnsworth vol. 1. p. 496.
1）-3：主要参考文献．Farnsworth (2) pp. 14, 15.
1）-4：前出．Damodar General T. J. Park.,〔1986〕2 LLR 69.
1）-5：前出．Watkins v Rvmill〔1883〕10 QB 178, 188.
1）-6：前出．Gillespie Bros. & Co Ltd v Roy Bowles Transport Ltd〔1973〕QB 400, 415, 416.
1）-7：不公正契約条項法（1977）の成立，第2次契約法リステイトメント（1981：§208）による一般法化．
1）-8：Law Com. Rep. No. 24., 1969 ; Law Com. Rep. No. 69., 1975
1）-9：参照．不公正契約条項法 前文．
1）-10：参照．主要参考文献．G Gilmore (1) 契約の死：Ⅲ，Ⅳ．
1）-11：主要参考文献．Furmston (13th ed) p. 25.
1）-12：参照．不公正契約条項法 s. 2(2)
1）-13：第2次契約法リステイトメント（1981：§208）．

1）-14：第2次契約法リステイトメント（1981：§205）

2．彼等は，何を不公正と認識したのか？

　第1の不意打ちの不公正性は，不実表示及び契約成立のルールの操作のところで述べたものである．当事者の直接的な認識または社会的な認知の有無の何れからアプローチするかは別にして，彼等は，これを，明らかに，知不知の問題として扱っている．意思の合致が見られない契約は，不公正であり，契約に当らないのである．それは，契約全体または当該条項を取り消し可能にする．また，'不公正な不意打ち（unfair surprise）'という表現が採られることがあることからも，殆ど，自明の理と述べて支差ないであろう．この延長線上には，黙示条項の挿入により，不完全な契約が不公正に働くのを防止した法技術がある．

　第2の信頼関係の破壊は，契約違反とは異なる意味で信託違反の法理を持つ，両国の法律家には慣れた視点であった．そこでは，一方当事者が相手側当事者に，一方的に依存する関係が，信認関係（fiducial relationship）と認識された．信託法の中で，受益者には，当事者能力（capacity）に欠けるところがあるとの認識から出発したこの法理が，契約当事者間のインバランスに類推適用されるのは自然の流れだった．この概念手段の拡大は，消費者契約などで明らかなように，'保護を要する階級（protected class）'という表現に現れている．これは，現代福祉国家の制度論と良くなじむものであった．

　第3の，相手側当事者の意思の強制または抑圧は，コモンローの強迫（duress）及びその拡張概念（財物を押えての強迫，経済的強迫またはビジネスの強制など）のところで見られる不公正である．元来，コモンロー上の強迫とは，意思能力のある当事者の身体に実現の脅威を加え，その意思を拘束して，一方当事者の意思に従わせる行為との性格が強かった．これは，次第に，経済的または精神的な脅威にも拡大された．そして，エクイテイからの，不当威圧（undue influence）と，ほぼ，同義に使われるようになっていった．結論的に述べれ

ば，そこには，合理的な意思の合致が見られない．

　第4の，契約責任の否認または契約違反に伴う権利侵害は，免責条項の効果によって，違反者の故意または過失責任を否認する不公正である．契約によるリスク配分の結果だとして，違反者の故意または過失責任を免れる行為は，法の問題として，許されない．彼等は，免責条項の規制に当り，当初，顕著性の要件からアプローチした．しかし，この方法では，満足な結果は得られなかった．結局，イギリス，アメリカ共，より実体的な規制に進んだ訳である．それは，免責条項の効果を規制する法の制定であり，もう一つは，不法行為責任の認定だった訳である．

　以上を，契約の取り消しまたは損害賠償を正当化する，不公正の4要件だとすれば，救済または補償を支配しているのは，効率性の概念である．補償理論の詳細に立ち入ることは，この論文の本旨ではないので，やや，傍論的に扱って来たが，違反者の意思は，原則として，救済のレベルとは関連しないのである．ただし，効率的違反の法理を認めるにしても，損害賠償は払わなければならないのである．これは，懲罰的損害賠償に法政策的な意味を込めて適用している，アメリカ法のところで，主に，述べて来た．これで，不公正の概念と救済の関連を明らかにすることができた．残る問題は，彼等が，不公正の是正を，手続的公正の担保で実現しようとしたのか，より踏み込んだ実体的正義に求めたのかであろう．慣習法の国といわれるイギリス及びアメリカの法律家が，この問題を，如何に，解決しようとしたのであろうか？

3．手続的（procedural）公正か実体的（substantive）正義か？

　私は，この論述を進めるに当って，非良心性または非合理性の有無を判断する時は何時か？　という設問にかなりこだわって来た．それは，この法理が，手続法，実体法何れのものであるかの徴憑であり，射程距理が大幅に異なって来るからである．ただ，この議論を進めるためには，手続的（procedural）また

は実体的 (substantive) と言う言葉の定義を特定する必要があるのであるが，残念ながら，それは，指導的な学者間でも，相当，異るというのが実情である．そこで，ここではアテイヤの定義[3)-1]，即ち；

　　手続的 (procedural) 公正：交渉過程の公正を保証するもの，

　　実体的 (substantive) 正義：結果の公正を保証するもの，

を採用して議論を進めることとする．

　前述の通り，多くの法準則は，契約締結時の状況でテストされるとされているので，その意味では，これらは手続的公正の要求であると位置づけざるを得ない．それは，契約締結時以降の状況を判断基準に反映させることは，当事者の予測の範囲外の要素を司法解釈に持ち込むことを意味し，契約効果の確実性または契約自由の原則を犯すことになると考えたからであろう．

　かつて，イギリス法律委員会は，免責条項に関する第2次報告[3)-2]で，合理性の存否を'そのケースの全ての状況において，問題の条項に依存することが公正または合理的であるか否かである[3)-3]'と強く勧告した経緯がある．実は，議会はこの勧告を採択しなかった（不公正契約条項法 s. 11(1)）のであるが，この経緯は，この基準を名実共に実体的なものと考えるか，名目的には手続的な形式を採るかの微妙な違いを表しているように思う．

　しかし，元々，アメリカは，形式主義を脱却して以来，司法積極主義を採っいるし，非良心性の法理自体がエクイティに由来しており，余り，制限を伴わず適用されて来た．これに加えて，契約履行段階の要求として，誠実かつ公正な取引義務を課している（UCC § 1–203，第2次契約法リステイトメント§205）．また違反の重大性を決する時（UCC § 2–608：実質的侵害テスト）は違反の時である．勿論，これは，アメリカで，司法裁量が無制限に認められたことを意味するものではない．司法が自己抑制的姿勢を示した分野（経済または福祉分野）では，制度論に裏付けられた政策立法が効いていた．これらのことから考えれば，アメリカには'全ての状況からみて'是非を弁別する法的基盤が整っているように思われる．

　これに対しイギリス貴族院は，依然として司法消極主義から抜け出すことが

できていない．アテイヤは，イギリス判例法が確立した法技術の多くは，手続的で実体的なものはそう多くないと言っている[3)-4]．それは，古典的な契約法の信念が裁判所に；

① 当事者は，契約の条件を選択して契約すべきであって，裁判所は，これに介入してはならない．
② 一旦，当事者が決定した契約の内容を，裁判所が，積極的な意味で，再決定することはできない．
③ 書面においては，当事者が明確に規定したもののみを，文字どおり解釈しなければならない．
④ 裁判所は，取引の公正を確保するために，契約内容に介入する権限を有しない．
⑤ 裁判所は，当事者が特定の権利を行使した場合，その動機についてまで審理することはない，

という規範[3)-5]をもたらしたもかかわらず，現実には，実体的不正義を座視することもできず，手続的なルールを援用する形で，契約に介入して来た結果であるといえる．現実主義が目指していたものは，社会学的に認識された'悪さ'の是正なのである．ただし，この方法の最大の難点は，採用された法技術が，必然的に難解になることである．不公正契約条項法（Unfair Contract Terms Act, 1977）を作ったイギリス議会も，この桎梏から抜け出すことができなかった．その結果として極めて複雑な条文構成と解釈指針を残すことになった．

ただ，一つ明らかなことは，法大系または法理論が，何らかの所与の前提から出発しているということである．コモンローについて述べれば，それは，合理人モデルであった．人は，独立した人格を持ち，合理的判断ができる主体または客体として登場すべく期待されているのである．ところが不公正契約は，しばしば，合理人モデルが妥当しないところで起きる．人は，能力不足，錯誤，欺罔，抑圧などの結果，しばしば，非合理な行動に踏み切る．自立した判断能力があると思われる個人であっても，しばしば，交渉力の格差に打ち負かされて，不衡平な決定に合意する．その結果は，富の収奪と経済的非効率以外

第5章 結論：契約法は何を不公正と認識し，如何に規制したのか？　*417*

の何物でもない．経験的に証明された自由経済市場モデルの優位性と不公正契約に対する法的介入の妥当性の相克は，理論だけでは解決出来ない二律背反であった．現代法のルールが複雑化したのは，歴史的必然だったのかも知れない．

　この論文を終わるに当って，もう一度，ホウムズの至言[3)-6]を振り返っておこう；

　　法は，数世紀にわたる国家の発展を内包しており，それは，あたかも，数学の教科書にある公理や一つの定理から付随的に証明できる，命題だけを含んでいるがごとく扱うことはできない．…

　　法は，常に安定性に向って進んでいるのであるが，決して安定することはない．法は，永遠に，一つの終焉から新しい原則を採用し，また法は，未だ同化されていない，または過ぎ去っていない歴史から原則を継承する．…しかしながら，われわれは，法を，自己完結型の，一連の定理に成文化することはできるだろう．しかし，これらの定理は，法の持続的な成長過程の一様相に過ぎない．…

　　若し，過ちによって真実が示されないことが多ければ，若し，古い適用を新しい適用に合わせるべく調整することができなければ，社会の進歩は遅れるだろう．それ故に，綿密な再検査と見直しが正当化されるのである．

［参照注］
3)-1：主要参考文献．Atiyah (2)　pp. 300 ff.
3)-2：前出．Law Comm Rep. No. 69, 1975.
3)-3：前出．Law Comm Rep. No. 69, 1975. itm. 183.
3)-4：主要参考文献．Atiyah (2)　pp. 300 ff (Fairness and Contract Law)；pp. 315 ff：The Striking Down of Express Contract Terms at Common Law.
3)-5：主要参考文献．Atiyah (1)　pp. 388〜397.
3)-6：O W Holmes：The Common Law Lec. I. pp. 32, 33.

項 目 索 引 (50音順)

〔あ行〕

曖昧（ambiguity）：189, 190.

悪意（malice）：8, 183, 337, 349, 370, 388, 411.

一率的禁止（general ban）：参照→完全禁止（complete ban）

遺言法（The Statute of Will, 1540）：17.

以前からの義務・既存義務（pre-existing duty）：292, 294, 295, 312.

一般均衡（general equilibrium）：374.

一般原則（general principle）：387.

一般的公共性のある職業（common callings）：163.

意図（intent・willful）：183, 340, 349, 355.

 ……な違犯（willful transgression）：334, 343, 366.

 妨害の……（an intent to interfere）：355.

 有責性のある……（culpable intent）：355, 357.

 ……的な不法行為：参照→不法行為

違反（breach of contract）

 完全な……の法理（doctrine of total breach）：9, 129, 275, 276, 279, 382, 410.

 基本的……（fundamental breach）：130, 135, 137, 142, 184, 410.

 基本的……の法理（doctrine of fundamental breach）：6, 9, 126, 129, 131, 136, 141, 146, 181, 182, 183, 201, 233, 381.

 効率的……の法理（doctrine of efficient breach）：8, 255, 335, 340, 364, 365, 374, 390, 414.

 重大な……（material breach）：276, 277, 279.

 不誠実……の法理（doctrine of bad faith breach）：129, 335, 348, 350, 351, 386, 387, 390, 411.

 部分的な……（partial breach）：276, 279, 382, 410.

 ……後の行動（post-breach conduct）：231.

 ……者の意思・動機（the motive for the breach）：7, 334, 336, 338, 339, 340, 342, 344, 385.

ウォーレン コート（Warren Court）：269.

英国嫌い（Anglophobia）：239.

おせっかいな第三者テスト（officious bystander test）：103, 105, 125.

〔か行〕

解釈（construction or interpretation）：103, 114.

 文理……（interpretation）：39, 111.

目的論的 ‥‥‥ (construction)：39, 125, 401, 408, 409.
　　　限定 ‥‥‥：400.　　補充 ‥‥‥：400.　　例文 ‥‥‥：400.
買取請求権付賃貸借契約（hire-purchase contract）：55, 58, 131.
　　‥‥‥法（Hire-Purchase Act, 1965）：49, 129.
買主をして注意せしめよ（caveat emptor）：3, 28, 56, 102, 329, 409.
介入（渉）主義（Paternalism）：9, 51.
解約返戻金：392.
革新的法思想（progressivism・radicalism）：244, 251.
隠れた方法（covert tools）：60, 265, 272, 408.
過誤（fault）：346.
貸金業法（Moneylending Act, 1900）：44.
瑕疵担保：399.
過失（negligence）：164, 175, 386, 410.
　　‥‥‥責任（liability for negligence）：54, 119, 163, 189, 190, 194.
貸付真実法（Truth in Lending Act, 1968）：315, 331.
割賦販売法：392.
過程論（proceduralism）：251.
寡婦産権（dower claim）：302.
関係（relationship）
　　信認 ‥‥‥（fiduciary relationship）：130, 150, 151, 160, 295, 296, 306, 383, 393.
　　信任 ‥‥‥（confidential relationship）：150, 295, 296.
　　信頼 ‥‥‥（credibility）：294, 295, 413.
　　特別な ‥‥‥（special relationship）：296, 360, 362, 383, 387.
完全禁止（complete ban）：193, 382.
完結性条項（integration clause）：参照→最終合意.
概念主義（Conceptualism）：251.
　　現代 ‥‥‥法学（modern conceptual jurisprudence）：268.
期間の定めのない雇用契約：参照→契約.
危険配分（risk distribution）：参照→リスク配分.
起草者に不利に（contra proferentem）：4, 54, 55, 101, 126, 189, 273, 398, 409.
寄託（bailment）：132, 189.
規範・規範性（norm・normativity）：249, 258.
　　‥‥‥的法思想・法学（normative legal thought・jurisprudence）：259.
基本権論（Fundamental Rights Movement）：266, 268, 269.
客観論（objective theory）：1, 52, 59, 265.
強制・（司法的に）強制可能（enforcement・enforceable）：301, 306, 308.

‥‥‥不能（unenforceable）：201, 309.
共同雇用の準則（common employment rule）：164.
救済（remedy・relief）：345, 366.
　　　エクイティ上の‥‥‥（equitable relief）：305.
　　　コモンロー上の‥‥‥（legal remedy）：305.
救貧法（Poor Relief Act, 1839）：32.
強迫（duress）：130, 151, 158, 281, 282, 284, 287, 293, 295, 383, 410, 413.
　　　脅しによる‥‥‥（duress per minas）：282.
　　　経済的‥‥‥（economic duress）：126, 130, 147, 148, 151〜4, 156〜8, 184, 282, 295, 383, 393, 410.
　　　財物を押えての‥‥‥（duress of goods）：148, 150, 151, 153, 282, 383, 410.
禁反言（estoppel）：6, 65, 89, 211, 231, 294.
金銭的結びつきだけの関係（cash nexus）：30.
義務懈怠：402.
クララダン〔クラレンドン〕法（Assize of Clarendon, 1166）：14.
グラッドストウン　会社法（Gladston's Company Act, 1844）：32.
軍事的土地保有態様廃止法（Military Tenures Abolition Act, 1660）：17.
偶然性に支配される・きまぐれな（capricious）：214.
経済的自由主義（economic liberalism）：240.
経済的損失（economic loss）：参照→損害・損害賠償.
経済性の棄損（economic waste）：344, 390.
契約（contract）：161.
　　　‥‥‥違反（breach of contract）：5.
　　　‥‥‥解除（discharge of contract）：127, 312, 382, 395, 396.
　　　‥‥‥関係（privity of contract）：123, 165.
　　　‥‥‥の意思（animus contrahendi）：70, 71, 73, 82.
　　　‥‥‥の成立（incorporation）：82.
　　　‥‥‥のやり直し（reopening of contract）：313.
　　　‥‥‥の追認（affirmation of contract）：77, 152, 153, 156, 157, 160, 199, 290, 291, 293.
　　　‥‥‥の修正（modification of contract）：286, 301, 312.
　　　‥‥‥自由の原則（doctrine of freedom of contract）：5, 7, 13, 22, 26, 31, 37, 48, 242.
　　　‥‥‥自由と個人主義（freedom of contract and individualism）：30, 31.
　　　‥‥‥法リステイトメント（Restatement of the Law of Contracts）：7, 300, 307, 309, 317, 365, 410.
　　　‥‥‥予備書面（letter of intent）：353.
　　　期間の定めのない雇用‥‥‥（employment at-will）：371, 372.

消費者……（consumer contract）：159, 349.
　　　生産量一括購入……（out put contract）：304.
　　　定額請負……（fixed lump sum contract）：152.
　　　定期用船……（time charter contract）：154.
　　　販売特約店……（dealership agreement）：353.
　　　必要量購入……（requirements contract）：47.
　　　ライセンス……（license contract）：283.
　　　連続航海用船……（consecutive voyage charter contract）：132.
経験・経験主義（experience・Empiricism）：248, 251.
形式主義（Formalism）：1, 28, 52, 59, 240, 241, 251.
　　　経済学的……（economic formalism）：254.
結果的正義（substantive justice）：60, 61, 286.
欠陥建築：392, 402.
建築工事に関するリーエン（mechanics lien）：288, 293.
顕著性（conspicuousness）：83, 98, 100, 272, 320, 322, 408, 409.
権利・利益（interest）
　　　……の均衡（interest balancing）：251.
　　　……放棄（release）：289.
　　　公共の……（public interest）：252.
　　　個人の……（individual interest）：252.
　　　社会の……（social interest）：252.
原状回復（restitution）：65, 69, 75, 345.
　　　……の不能（restitutio in integrum impossible）：77.
厳格責任（strict liability）：4, 7, 54, 97, 165, 189, 324, 411.
現実主義（Realism）：5, 28, 248, 268.
　　　……法学（legal realism）：244, 245, 268.
原理主義（Fundamentalism）：251.
交差訴状（cross-complaint）：284.
交渉力の不均衡（inequality in bargaining strengthen）：63, 150, 151, 160, 161, 310.
鉱物採取権（mineral rights）：301.
効率的違反の法理（doctrine of efficient breach）：参照→違反.
胡椒の一粒理論（peppercorn theory）：311.
雇用者責任（employers' liability）：193.
　　　……法（Employers' Liability Act. 注. 雇用者責任を規定する制定法の総称）：165.
　　　……〈強制保険〉法（Employers' Liability〈Compulsory Insurance〉Act, 1969）：193.
航空輸送法（the Carriage by Air Act, 1961）：193.

工場法（the Factory Act, 1833）：33, 34.
効率的違反（efficient breach）：参照→違反.
合理人・合理人モデル（reasonable man・reasonable man model）：11, 254, 265, 416.
合理性・的（reasonableness・reasonable）：204, 384, 410.
　　　公正で‥‥‥（fair and reasonable）：54, 209.
　　　‥‥‥のテスト・基準（reasonableness test）：54, 179, 188, 195, 196, 199, 203, 206, 220.
　　　‥‥‥で充分な事前通知（reasonably sufficient notice）：94, 98.
　　　‥‥‥な注意（reasonable care）：164.
　　　非‥‥‥（unreasonable）：100.
個人主義（Individualism）：30.
　　　社会的メカニズムとしての‥‥‥：31, 263.　　理念としての‥‥‥：31.
コンディション（condition）：57, 69, 127, 181, 380, 410.

〔さ行〕

債権債務関係（obligations）：57, 75, 161.
催告（protest）：277, 278.
最終合意・完結性条項（entire agreement・integration）：368, 369, 370.
債務者法（Debtors Act, 1869）：42.
債務不履行：277, 395.
再融資取引（refinancing transaction）：44.
裁量（discretion）：388, 411.
　　　制定法に基づく‥‥‥（statutory discretion）：206.
詐欺（fraud・deceit）：60, 66, 291, 293, 334, 349, 370.
　　　擬制‥‥‥（constructive fraud）：306.
　　　‥‥‥の訴え（Action of Deceit）：67.
　　　現実の‥‥‥（actual fraud）：67.
錯誤（mistake）・錯誤無効：60, 65, 79, 90, 395, 396, 403, 404, 416.
　　　要素の‥‥‥：395.
サッチヤー改革（Mrs. Thatcher's Reform）：50.
サマリージャジメント（summary judgment）：290.
社会学的法学（sociological jurisprudence）：244, 245.
社会的最適（social optimum）：374.
集産主義（Collectivism）：31.
残余権者（remaindermen）：299.
紳士的な義務の引き受け（undertakings binding in honour）：73.
支配原則（governing principle）：178.

商品性・商品適合性（merchantability）：51, 323.
消費者信用販売法（Consumer Credit Act, 1974）：44, 49, 58.
　　‥‥‥保護法（Consumer Protection Act）：58, 250.
事実（fact・operative fact）：412.
実証的な現代法（positivistic law）：259.
実用主義（pragmatism）：246, 258.
巡回陪審裁判の慣行（nisi prius practice）：57.
使用者責任：6, 141, 234.
主観的テスト（substantive test）：60, 62.
主目的ルール（main purpose rule）：3, 187, 201, 309, 320.
証書否認の答弁（non est factum）：79, 84, 88, 89, 90.
信託（trust）：16, 20.
信託違反（breach of trust）：401.
地震免責特約：398.
実質・実体（substance）：272.
　　‥‥‥主義（substantialism）：5, 251, 391.
　　‥‥‥的権利・義務（substantive right・duty）：201.
　　‥‥‥的権利放棄（substantive release）：201.
　　‥‥‥的正義（substantive justice）：10, 100, 414.
実質的履行（substantial performance）：277, 342, 343, 390, 399.
譲渡抵当権（mortgage）：225.
　　エクイティ上の‥‥‥（equitable mortgage）：20.
条項（term・clause）：407.
　　基本‥‥‥（fundamental term・condition）：参照→コンディション.
　　中間的‥‥‥（intermediate stipulation）：128, 381.
　　必須‥‥‥（essential clause）：127.
　　付随的‥‥‥（incidental term・warranty）参照→ワランティー.
　　履行期は契約の必須‥‥‥（time is of the essence）：128, 279, 280.
除斥期間：397, 399, 401.
条理の完成（perfection of reason）：257.
人種差批判論（critical race theory）：253.
推定相続人（expectant heirs）：299.
政治経済学・者（Political Economy・ist）：25, 26.
誠実な確信の欠如（absence of honest belief）：66.
制限的取引協定（restrictive trade agreement）：45, 47.
　　‥‥‥慣行（restrictive trade practices）：48, 56.

項目索引 *425*

請求権競合：参照→併存債務.
正式事実審理（trial）：284, 293.
正式文書以外の証拠排除の原則（parol evidence rule）：3, 108, 368, 371.
誠実（good faith）：205, 308.
　　‥‥‥ かつ公正な取扱い（good faith and fair dealing）：8, 279, 286, 351, 371, 390, 410, 415.
　　不 ‥‥‥ 否認（bad faith denial）：362, 387.
　　不 ‥‥‥ 違反の法理（doctrine of bad faith breach）：参照→違反.
製造物責任（product liability）：40, 165, 250, 320, 322, 324.
制定法による裏付け（statutory endorsement）：385.
正当化（justification）：355.
制度論・道具論（instrumentalism）：248, 251, 268.
責任制限（limitation of liability）：53, 195, 196, 316, 319.
積極的抗弁（affirmative defense）：356.
先行条件（condition precedent）：57.
船主責任条約（the International Convention relating to the Limitation of Liability of the Owners of Seagoing Ships, 1957）：193.
専門家責任（professional liability）：40, 171, 236.
占有者（所有者）責任（occupier's liability）：165.
先例（authority）：255.
　　支配的 ‥‥‥（ruling authority）：215.
　　先例解釈（construction of authority）：67.
　　‥‥‥ 拘束の原則（stare decisis）：89, 90, 206.
善意（innocent）：279.
善意有償の第三者（bona fide holder・purchaser）：83, 87, 92, 100.
疎遠性・因果関係（remoteness）：78.
訴訟進行令状（judicial writ）：57.
訴訟方式（forms of action）：57.
損害・損失・傷害（damage・loss・injury）8.
　　‥‥‥ 賠償（damages）：65, 69, 127, 132, 366, 414.
　　‥‥‥ 賠償額の予定（liquidated damages）：112, 113, 280, 304, 307, 316, 317.
　　‥‥‥ 補償（indemnity）：75, 316, 319.
　　間接 ‥‥‥（consequential damages）：316, 319, 323, 338.
　　経済的 ‥‥‥（economic loss）：68, 75, 166, 177, 364.
　　人身 ‥‥‥（human injury）：165, 193.
　　懲罰的 ‥‥‥ 賠償（punitive damages）：8, 335, 344, 348, 350, 351, 363, 366, 367, 370,

　　　　373, 414.
　　通常 ‥‥‥（general damages）：278, 339.
　　特別 ‥‥‥（special damages）：278, 337〜339, 347.
　　排他的 ‥‥‥（exclusive remedy）：316, 319, 323.
　　物理的 ‥‥‥（physical damage）：68, 75, 166.
〔た行〕
滞船料（demurrage）：132, 318.
堪航性（seaworthiness）：128.
代位請求権（subrogation right）：146.
代位責任（vicarious liability）：145, 232.
第三者の権利侵害（intervention of third parties' right）：77.
代替的不法行為請求（alternative tort action）：参照→不法行為.
団結禁止法（the Combination Act, 1800）：33.
団体協約（collective bargaining）：72.
チケットケース（ticket case）：83, 93, 94, 272, 408.
注意義務（duty of care and skill）：163, 198, 234, 236, 386, 411.
中立性原則（neutral principles）：268, 269.
懲罰的損害賠償（punitive damages）：参照→損害賠償.
遅滞（delay）：77, 156.
治癒（cure）：277, 278.
直近の関係者・居合せた者（bystander）：328.
　　善意の ‥‥‥（innocent bystander）：329.
追認（affirmation）→契約.
提供役務相当金額の請求（quantum meruit）：99, 361.
手続的公正（procedural fairness）：10, 60, 61, 100, 414.
鉄道及び水路交通運輸法（Railway and Canal Traffic Act, 1854）：54, 94, 189.
填補賠償（compensatory damages）：参照→損害.
統一商事法典（UCC：Uniform Commercial Code）：300, 307, 317, 319, 320, 410.
　　‥‥‥ 消費者信用法典（UCCC：Uniform Consumer Credit Code）：331.
当然違法の法理（per se illegal）：390.
特定履行（specific performance）：68, 366.
特別な関係：参照→関係.
富の最大化（wealth maximization）：255, 390.
取り決め（arrangement・agreement）：71.
取り消し（rescission）：65, 87, 185.
同意あれば被害なし（volenti non fit injuria）：1, 120, 125, 164.

項目索引　*427*

動機（motive）：
　　よこしまな‥‥‥（evil motive）：348.
動産供給（黙示条項）法（Supply of Goods〈Implied Terms〉Act, 1973）：348.
動産供給及び役務提供法（Supply of Goods and Services Act, 1982）：192.
動産売買法（Sale of Goods Act, 1893, 1973）：49, 51, 57, 58, 192.
道徳的義務（moral obligation）：29.
道路輸送法（the Road Traffic Act, 1960）：193.
〔な行〕
荷役許容時間（allowed lay time）：114, 133.
農業用地借地人保護法（Agricultural Holdings Act, 1948）：49, 58.
〔は行〕
破棄事由となり得る誤ち（reversible error）：357.
判例法システム（case law system）：197.
パブリック　ポリシー（public policy）：266, 309.
売買証書（bill of sale）：41, 42.
引受訴訟（assumpsit）：102, 165.
　　債務負担支払‥‥‥（indebitatus assumpsit）：102.
必要量購入契約（requirements contract）：参照→契約.
必須条項（essential clause）：参照→条項.
　　時間は契約の‥‥‥（time is of the essence）：参照→条項.
批判的法学研究（CLS：Critical Legal Studies）：4, 9, 237, 246, 252, 253, 256, 269.
標準契約書（written standard form of contract）：53, 202, 301, 304.
非良心性の法理（doctrine of unconscionability）：7, 151, 275, 297, 299, 304, 307, 313, 322, 384, 410,
ピラミッド販売スキーム・ねずみ講類似商法（pyramid selling schemes・referral franchises）：314.
ビジネスの実効性テスト（business efficacy test）：103, 105, 109, 125.
ビジネスの強制（business compulsion）：282〜284, 383, 410.
フェミニスト法律論（feminist legal theory）：252.
不意打ち（surprise・unfair surprise）：413.
不可抗力（force majeure）：304, 307.
不確定性（indeterminacy）：257, 258.
福祉立法（welfare legislation）：249.
不公正（unfairness）：62, 65, 383, 412, 413.
　　‥‥‥契約条項法（Unfair Contract Terms Act, 1977）：2, 6, 49, 58, 121, 130, 141, 144, 179, 183, 188, 189, 196, 197, 227, 231, 381, 382, 385, 410, 416.

不実表示（misrepresentation）：5, 60, 65, 74, 77, 78, 393, 407.
　　過失による ‥‥‥（negligent misrepresentation・misstatement）：75.
　　詐欺的 ‥‥‥（fraudulent misrepresentation）：65, 68, 75.
　　‥‥‥ 法（Misrepresentation Act, 1967）：76, 179.
　　善意 ‥‥‥（innocent misrepresentation）：68, 69, 74～78, 169.
不誠実（bad faith）：参照→誠実.
不争条項（not to sue）：201.
不当威圧（undue influence）：124, 126, 130, 147, 148, 150, 151, 157, 184, 281, 282, 296, 383, 413.
　　‥‥‥ の推定（presumption of undue influence）：61.
　　‥‥‥ な説得（improper persuasion）：282.
不当利得金返還訴権（money had and received）：156, 185, 346.
不動産権譲渡法（Statute Quia Emptores, 1290）：15.
不動産賃借権（leasehold）：87, 283.
普遍的真理（universal truth）：257.
不法行為（tort）：65, 161, 163, 348, 401, 402.
　　‥‥‥ 責任（torts liability）：6, 68, 167, 172, 250, 334, 385, 404.
　　‥‥‥ 法リステイトメント：348, 352.
　　意図的な ‥‥‥（intentional tort）：358.
　　代替的 ‥‥‥ 請求（alternative tort action）：179.
　　独立した ‥‥‥（independent tort）：349, 388, 411.
物理的損失（physical damage）：参照→損害.
併存債務・交差債務または請求権競合（concurrent／alternative liability）：40, 165, 174, 335, 404.
　　契約違反と不法行為の ‥‥‥：5, 69, 122, 126, 163, 171, 177, 179, 223, 411.
　　不実表示と契約違反の ‥‥‥：74.
ヘドレイ バイアン 原則（Hedley Byrne principle）：166, 170, 171, 177.
ペナルティー・制裁金（penalty）：113, 317.
法形成過程（legal process）：258.
法と経済学（Law and Economics）：2, 246, 252～255, 257, 269, 334, 390.
法と文学論（Law and Literature）：253.
法の自律性（autonomy of Law）：248.
法の経済分析（economic analysis of law）：254.
法改革〈人身傷害〉法（Law Reform〈Personal Injuries〉Act, 1948）：193.
封建制度・封建的土地保有態様（feudal institutions・feudal tenure・duty）：14.
　　財政目的の ‥‥‥（fiscal feudalism）：16, 17.

項目索引　*429*

保険（insurance）：55, 350, 351.
　　損害賠償責任保険（liability insurance）：166, 234, 350.
　　　定額‥‥‥：403.
　　　変額‥‥‥：392, 395, 400, 403.
保護を要する階級（protected class）：159, 265, 413.
ホーバークラフト法（the Hovercraft Act, 1968 ; the Hovercraft〈Civil liability〉Order, 1971）：193.

〔ま行〕
マグナソン−モス 保証法（Magnuson-Moss Warranty Act, 1975）：332.
マッカーシズム（McCarthyism）：250.
南 カロライナ・ルール（South Carolina rule）：349.
明白な意味の原則（plain meaning rule）：3.
明文の記述がある時，黙示のものは一切排除される（expressum facit cessare tacitum）：124.
身分から契約へ（from status to contract）：31.
民営化政策（privatization）：50.
免責（exemption・exclusion・disclaim）：195, 223〜225, 227.
　‥‥‥条項（exemption・exclusion clause）：1, 53, 54, 82, 94, 97, 129, 131, 137, 142, 145, 183, 194, 196, 197, 200, 206, 301, 316, 323, 385, 408, 410.
　‥‥‥補償（indemnity）：107, 108, 199, 205.
無効・当初から無効（void・void ab initio）：79, 87.
矛盾の法理（doctrine of repugnancy）：201, 273, 320.
無名の客体（unnamed individual）：263, 265.
黙示（implication）：41.
　　法による‥‥‥（implication by law）：125, 192, 408.
　　解釈による‥‥‥（constructional implication）：104.
　　慣行の‥‥‥（implication by custom）：105, 106, 107.
　　事実による‥‥‥（implication by fact）：125.
　‥‥‥条項（implied term）：101, 123, 408.
　‥‥‥の保証（implied warranty）：56, 57, 83, 98, 102, 192, 320, 322.
　‥‥‥の免責補償義務（implied indemnity）：107, 108.
目的論的解釈（construction・true construction）：参照→解釈.
目的適合性（fitness）：57, 323.

〔や行〕
約因（consideration）：70, 73, 152.
　‥‥‥の法理（consideration theory）：1, 52, 59, 311.

‥‥‥不相当（inadequacy of consideration）：60, 151, 300, 301, 303, 306, 307, 310, 311, 313, 314, 385.
有害食品防止法（Adulteration of Food and Drink Act, 1860）：57.
家賃統制（rent control）：51, 58.
　　　‥‥‥法（Increase of Rent and Mortgage Interest Act, 1915）：49, 58.
有限会社法（Limited Liability Act, 1855）：32.
ユース（use）・ユース法（Statute of Uses, 1535〔1536〕）：16, 17.
優先契約権（first refusal right）：368.
輸送法（Carriers Act, 1830 ; the Transport Act, 1962）：53, 94, 189, 193.
要素の錯誤：参照→錯誤.
予見可能性（foreseeability）：329, 338, 339.
予測（contemplation）：337.
〔ら行〕
リーガル プロセス 学派（Legal Process School）：251, 257, 269.
履行拒絶（repudiation）：126.
リスク配分（risk distribution）：301, 304, 308, 381.
利息制限法（Usury Laws）：34, 39.
立証の困難性（problems of proof）：340.
隣人原則（neighbor principle）：164, 167.
倫理的課題（moral issue）：340.
類型毎の規制（categorical control）：62, 382.
ルール・準則（rule）
　　　‥‥‥の操作（manipulation of rules）：60, 100, 265, 411.
　　　解釈の‥‥‥（rule of construction）：54, 100, 146, 188, 190, 408.
　　　法の‥‥‥（rule of law）：188, 190.
冷戦・東西冷戦（Cold War）：249.
労働組合法（Trade Union Act, 1871）：32, 33.
〔わ行〕
ワランティー・保証（warranty）：65, 69, 127, 181, 324, 380, 410.
　　　連邦最低‥‥‥基準（Federal minimum standard for warranties）：332.
　　　完全‥‥‥（full warranty）：332.　　限定‥‥‥（limited warranty）：332.

判 例 索 引 (アルファベット順)

[イギリス法]

Alderslade v Hendon Laundry Ltd., [1945] KB 189 : 190, 192.

Anns v Merton LBC, [1978] AC 728 : 167, 168.

Arthur White (Contractors) v Tarmac Civil Engineering, [1967] 3 All ER 586, [1967] 1 WLR 1508 : 219.

Astley v Reynolds, [1732] KB, 93 Eng. Rep. 939 : 282, 297.

Attorney-General Australia v Adelaide Steamship Co., [1913] AC 781 : 46, 50.

Bagot v Stevens Scanlan & Co., [1966] 1 QB 197 : 161, 162.

Balfour v Balfour, [1919] 2 KB 571 : 71.

Bennet v Bennet, (1876) 43 LT 246 n., 247 : 27, 36.

Booth v Clive case, [1851] ER vol. XXXIII CB 327 : 205, 384, 385.

Bradshaw v Nicholson, [1601] Inner Temple Ms. Barrington 6, fo. 127v : 163, 168.

Cadman v Horner, [1810] 18 Ves 10 : 68, 80.

Canada Steamship Lines Ltd v The King, [1952] AC 192 : 190, 191.

Candler v Crane, Christmas & Co., [1951] 2 KB 164 : 387, 389.

Carlisle and Cumberland Banking Co. v Bragg, [1911] 1 KB 489 (Bragg's case) : 91, 94.

Carr v Lancashire and Yorkshir Rly Co., [1852] 7 Ex. 707 : 53, 58.

Cassell & Co Ltd v Broome, [1972] 1 All ER 801 : 335, 336.

Chapelton v Barry Urban District Council, [1940] 1 KB 532 : 96.

Charterhouse Credit v Tolly, [1963] 2 All ER 432 : 140.

Clark v Kirby-Smith, [1964] Ch 506, [1964] 2 All ER 835 : 161, 162.

Coward v Motor Insurers' Bureau, [1963] 1 QB 259 : 72, 80.

Crofter Hand Woven Harris Tweed Co. v Veitch, [1942] AC 435 : 46, 48.

CTN Cash and Carry Ltd v Gallaher Ltd, [1994] 4 All ER 714 : 157, 185.

Curtis v Chemical Cleaning and Dyeing Co., [1951] 1 KB 805 : 97.

D&C Builders Ltd v Rees, [1966] 2 QB 617 : 147.

D&F Estates v Church Commissioners for England [1989] AC 177, [1988] 2 All ER 922 : 180, 181, 387, 389.

Davise Contractors v Fareham UDC, [1956] AC 696 : 59.

Derry v Peek, [1889] 14 App Cas 337 HL : 66, 69.

Dick Bentley Productions Ltd v Harold Smith (Motors) Ltd, [1965] 1 WLR 623 : 69, 80.

Dodd v Churton, [1897] 1 QB 562 : 113.

Donoghue v Stevenson, [1932] AC 562 : 165, 168.

Earl of Ardglass v Muschamp, [1684] 23 Eng. Rep. 438 : 299, 300, 311.

Earl of Chesterfield v Janssen, [1750] Ch 28 ER 82 : 7, 300, 304, 384.
Earl of Oxford's case, [1615] 1 Ch. Rpt 1.6 : 20.
East India Co., v Sandys, [1684] Skin. 132, 90 ER 62 : 19.
Edwards v Skyways Ltd, [1964] 1 WLR 349 : 72, 73.
English Hop Growers v Dering [1928] 2 KB 174 : 46, 50.
Erlanger v New Sombrero Phosphate Co, [1878] 3 App Cas 1218 : 75, 81.
Esso Petroleum v Harper's Garage Ltd. [1968] AC 269 : 47.
Ford v Beech, [1848] 11 QB 852 : 201.
Ford Motor Co Ltd v Amalgamated Union of Engineering and Foundry Workers, [1969] 1 WLR 339 : 72, 73, 80.
Foster v Mackinnon, [1869] LR 4 CP 704 : 84, 88, 91, 92.
Gallie v Lee, [1968] 1 WLR 1190., [1969] Ch 2. 17., [1971] HL 1004 : 87, 92.
Gardiner v Gray, [1815] 4 Camp. 144 : 57, 58.
Gardner v Coutts & Co., [1968] 1 WLR 173 : 110.
Garnham, Harris & Elton v Alfred W Ellis (Transport), [1967] 2 All ER 940 : 139.
George Mitchell (Chesterhall) v Finney Lock Seeds, [1983] 2 AC 803 : 6, 183, 207, 208, 232, 233, 234, 381, 382.
Gibbon v Paynton, [1769] 4 Burr. 2298 : 52, 58.
Gillespie Bros. & Co Ltd v Roy Bowles Transport Ltd., [1973] QB 400 : 190, 192, 196, 409, 412.
Gore v Van der Lann, [1967] 2 QB 31 : 72, 80.
Gwynne v Heaton, [1778] Ch. 28 Eng. Rep. 949 : 300, 311.
Harbutt's Plasticine Ltd v Wayne Tank & Pump Co., [1970] 1 QB 447, [1970] 1 All ER 225, [1970] 1 LLR 15 : 136, 144, 146, 191.
Hadley v Baxendale, [1854] 9 Ex. 341, 156 Eng. Rep. 145 : 278, 338, 341.
Hedley Byrne & Co Ltd v Heller & Partners Ltd., [1964] AC HL(E) 465, [1963] All ER 575 : 68, 168, 387, 389.
Heilbut, Symons & Co v Buckleton, [1913] AC 30 : 68, 70, 79.
Henderson v Merrett Syndicates Ltd, [1995] AC HL(E) 145, [1994] 3 All ER 506 : 167, 168, 175, 236, 237, 387, 389.
Holroyd v Marshall, [1862] 10 HLC 191, 11 ER 999 : 43, 50.
Home Office v Dorset Yacht Co., [1970] AC 1004 : 167, 168.
Hong Kong Fir Shipping Co Ltd v Kawasaki Kisen Kaisha, [1962] 2 QB 26 : 128.
Honywood v Bennett, [1675] Nottingham Rep. (73 SS) 214 : 20, 24.
Hutton v Warren, [1836] 1 M&W 466 : 106.
Interfoto Picture Library Ltd v Stiletto Visual Programmes Ltd., [1988] 1 All ER 348 : 99,

100.
In re a Solicitor, 〔1945〕 1 KB CA 368 : 205.
Istros v Dahlstroem, 〔1931〕 1 KB 247 : 201, 206.
Johnstone v Bloomsbury Health Authority, 〔1991〕 All ER 293 : 118, 124, 161.
Jones v Bright, 〔1829〕 5 Bing 533 : 57, 58.
Jones v North, 〔1875〕 LR 19 Eq., 426 : 45, 50.
Jones v Padavatton, 〔1969〕 1 WLR 328 : 71.
Junior Books v Veitchi Co Ltd., 〔1983〕 1 AC 520, 〔1982〕 3 All ER 201 : 179.
Karsales (Harrow) Ltd v Wallis, 〔1956〕 1 WLR 936 : 129, 131, 134, 146, 183.
K.C. Sethia (1944) Ltd v Partabmull Rameshwar, 〔1950〕 1 All ER 51 : 109.
Laing v Fidgeon, 〔1815〕 6 Taunt. 108 : 57, 58.
Leaf v International Galleries, 〔1950〕 2 KB 86, 〔1950〕 1 All ER 693 : 74.
Le Lievre v Gould, 〔1893〕 1 QB 491 : 66, 79.
Les Affréteurs Réunis Société Anonyme v Walford, 〔1919〕 AC HL(E) 801 : 103, 105, 117.
Liverpool City Council v Irwin, 〔1977〕 AC HL(E) 239 : 125.
Lloyds Bank Ltd v Bundy, 〔1975〕 QB 326 (Bundy case) : 61, 130, 147, 148, 185, 295, 383 ～385.
Luxor (Eastbourne) Ltd v Cooper, 〔1941〕 AC 108 : 104.
Maskell v Horner, 〔1915〕 3 KB 106 : 156.
Matthews v Kuwait Bechtel Corporation, 〔1959〕 QB 57 : 167, 168.
Maynard v Moseley, 〔1676〕 3 Swan. 655 : 20, 24.
McLoughlin v O'Brian, 〔1983〕 1 AC 410 : 167, 168.
Mears v Safecar Securities Ltd, 〔1983〕 QB 54 : 124.
Midland Bank Trust Co Ltd v Hett, Stubbs & Kemp. 〔1979〕 Ch 384 : 167, 168, 170, 387, 389.
Mogul Steamship v McGregor and others, 23 QBD 544., 23 QBD 598., 〔1892〕 AC 25 : 45, 50.
Morris v C.W. Martin & Sons Ltd, 〔1965〕 2 LLR 63, 〔1966〕 1 QB 716 : 145.
Mosvolds Rederi v Food Corpn of India, (Damodar General T.J. Park), 〔1986〕 2 LLR 68 : 105, 114, 125, 409, 412.
Murphy v Brentwood Council, 〔1991〕 1 AC 398, 〔1990〕 2 All ER 908 : 180, 181, 387, 389.
National Westminster Bank Plc v Morgan, 〔1985〕 1 AC 686 : 159, 161, 162, 185.
Newbigging v Adam, 〔1886〕 34 Ch D 582 : 75, 81.
Nocton v Lord Ashburton, 〔1914〕 AC 932 : 172.
Norndenfelt v Norndenfelt Guns and Ammumition Co., 〔1894〕 AC 535 : 46.
North Ocean Shipping v Hyundai, 〔1978〕 3 All ER 1170 : 151, 185.

Northern Ireland in Curran v Northern Ireland Co-Ownership Housing Association, [1986] 8 NIJB 1 : 226.
Nunan v Southern Ry. Co., [1923] 2 KB 703 : 96.
Olley v Marlborough Court Ltd., [1949] 1 KB 532 : 98.
Oscar Chess v Williams, [1957] 1 All ER 325 : 70, 80.
Pao On v Lau Yiu Long, [1979] All ER 65 : 151.
Parker v South Eastern Railway, [1877] 2 C.P.D 416 : 94.
Peek v North Staffordshire Rly Co., [1863] 10 H.L.C. 473 : 54, 58.
Pelly v Royal Exchange Assurance, [1757] 1 Burr 341 : 105.
Pennsylvania Shipping Co v Compagnie Nationale de Navigation, [1936] 2 All ER 1167 : 74, 81.
Pettitt v Pettitt, [1969] 2 WLR 966 : 72, 80.
Phillips Products v T. Hyland & Hampstead Plant Hire, [1987] 2 All ER 620 : 212, 217, 232.
Photo Production v Securicor, [1980] 1 LLR 545 : 6, 141, 146, 182, 207, 234, 381~383.
Pollock & Co v Macrae, [1922] SC HL 192 : 139.
Priestley v Fowler, [1837] 3 M&W 1 : 165, 168.
Printing and Numerical Registering Co v Sampsson, [1875] LR 19 Eq., 462 : 27, 36.
Rawlins v Wickham, [1858] 3 De G&J 304 : 68, 79.
Redgrave v Hurd, [1881] 20 Ch.D.1 : 70, 80.
Ree-Hough Ltd v Redland Reinforced Plastics Ltd, [1985] 2 Con LR 109 : 212, 215, 232.
Reigate v Union Manufacturing Co., (Ramsbottom), [1918] 1 KB 592 : 104.
Reynolds v Smith, [1893] 9 TLR 494 : 107.
Robinson v National Bank of Scotland Ltd, [1916] SC(HL) 154 : 169, 180.
Rookes v Barnard, [1964] 1 All ER 367 : 335, 336.
Schuler A.G. v Wickman, [1974] AC 235 : 127.
Shirlaw v Southern Foundries (1926) Ltd., [1939] 2 KB 206 : 103, 105.
Smith v Bush (and Harris & Another v Council), [1990] AC HL 831 : 212, 224.
Southcote v Stanley, [1856] 1 H&N 247 : 165, 168.
STAG Line Ltd v TYNE Shiprepair Group Ltd and others (the Zinnia), [1984] 2 LLR 211 : 212, 213, 232.
Suisse Atlantique Société d'Armement Maritime S.A. v N.V. Rotterdamsche Kolen Centrale, [1967] AC 361 : 132, 144, 146, 191, 318, 381, 383.
Tai Hing Mill v Lui Chong Hihg Bank, [1986] AC 80 : 121.
Tailby v Official Receiver, [1888] 13 App. Cas. 523 : 43, 50.
The Moorcock, [1889] 14 PD 64 : 103, 105.
Thompson v London, Midland & Scottish Ry. Co., [1930] 1 KB CA 41 : 95.

Thornton v Shoe Lane Parking, [1971] 2 QB 163 : 98, 100.
Thoroughgood's case, [1584] 2 Co. Rep. 9b : 84, 91.
Torrance v Bolton, [1872] 8 Ch App 118 : 68, 79.
Trollope and Colls Ltd v North West Metropolitan Regional Hospital Board, [1973] 3 WLR 601 : 104, 111.
United Shoe Machinery Co. of Canada v Brunet, [1909] AC 330 : 46, 48.
Wallis v Pratt, [1910] 2 KB 1003 : 127.
Watkins v Rymill, [1883] 10 QB 178 : 202, 207, 409, 412.
Wilkie v LPTB, [1947] 1 All ER 258 : 72, 80.
William Sindall plc v Cambridgeshire County Council, [1994] 3 All ER 932 : 78, 81.
Wiseman v Beake, [1690] 23 Eng. Rep. 688 : 299, 311.
Whittington v Seale-Hayne, [1900] 82 LT 49 : 76.
Yianni case, [1982] QB 438 : 229.

[アメリカ法]
Abbadessa v Moore Business Forms, 987 F 2d 18, 1st Cir (1993) : 287, 298.
American Home Improvement Inc. v MacIver, 201 A 2d 886, NH (1964) : 314, 315.
Austin Inst. Inc v Loral Corp., 272 NE 2d 533, NY (1971) : 287, 298.
Avery v Aladdin Prod. Div., 196 SE 2d 357, Ga App (1973) : 322, 330, 332, 334.
Banta v Stamford Motor Co., 92 A 665, Conn (1941) : 317, 318, 332.
Barco Auto Leasing Corp. v PSI Cosmetics Inc., 478 NYS 2d 505, App Div (1984) : 309, 311.
Best Place v Penn Am Ins Co., 920 P 2d 334, Haw (1996) : 350, 353.
Boise Dodge v Clark, 92 Idaho 902, 453 P 2d 551 (1969) : 349, 352, 388, 389.
Britton v Turner, 6 NH 481 (1834) : 345.
Brown v Board of Education, 374 US 537 (1954) : 269, 271.
Campbell Soup Co., v Wentz, 172 F 2d 80, 3rd Cir (1948) : 304.
Centric Corp. v Morrison-Knudsen Co., 731 P 2d 411, Okl (1986) : 285, 298.
Commercial Cotton Co v United California Bank, 163 Cal App 3d 511, 209 Cal Rptr 551 (1985) : 359.
Communale v Traders & Gen Ins Co., 50 Cal 2d 654, 328 P 2d 198, Cal (1958) : 350, 352, 356, 364.
Continental Airlines v Goodyear Tire & Rubber, 819 F 2d 1519, 9th Cir (1987) : 331, 334.
Cova v Harley Davidson Motor Co., 26 Mich App 602, 182 NW 2d 800 App Ct (1970) : 327.
Crisci v Security Ins Co., 66 Cal 2d 425, 58 Cal Rptr 13, 426 P 2d 173 (1967) : 356, 364.
Cutler Corp. v Latshaw, 97 A 2d 234, Pa (1953) : 272.

DuPont v Pressman, 679 A 2d 436., Del. Supr (1996) : 255, 261, 351, 371.
Eckstein v Eckstein, 379 A 2d 757, Md App (1978) : 297, 299.
Elmore v American Motors Corp., 70 Cal 2d 578, 75 Cal Rptr 652, 451 P 2d 84 Sup Ct (1969) : 329.
Excel Handbag Co v Edison Bros Stores, 630 F 2d 379, 5th Cir (1980) : 349, 352.
Ewing v National Airport Corp., 115 F 2d 859, 4th Cir. (1940) : 266.
Eye Assocs., P.C. v IncomRx Systems Ltd., 912 F 2d 23, 2d Cir (1990) : 291, 298.
Freeman & Mills Inc v Belcher Oil Co., 28 Cal App 4th 745, 33 Cal Rptr 2d 585, 37 Cal Rptr 2d 57, 886 P 2d Supre Court of Cal (1994) : 351, 352, 358, 361, 387.
Frostifresh Corp v Reynoso, 281 NYS 2d 964, App Term (1967) : 314, 315.
Galligan v Arovitch, 219 A 2d 463, Pa (1966) : 273.
Galvin v First Nat'l Monetary Corp., 624 F Supp 154, EDNY (1985) : 309, 311.
Gibson v City of Cranston, 37 F 3d 731, 1st Cir (1994) : 277.
Gherna v Ford Motor., 246 Cal App 2d 639, 55 Cal Rptr 94 D. Cal. App (1966) : 327.
Globe Refining Co v Landa Cotton Oil Co., 190 US, 540 (1903) : 336.
Goff v Weeks, 517 NW 2d 387, Neb (1994) : 297, 299.
Groves v John Wunder Co., 286 NW 235, Minn (1939) : 344, 346.
Hackley v Headley, 8 NW 511, Mich (1881) : 287, 298.
Hales v Green Colonial Inc., 490 F 2d 1015, 8th Cir (1974) : 325, 333.
Harris v Atlantic Richfield Co., 14 Cal App 4th 70, 17 Cal Rptr 2d 649 (1993) : 360, 365.
Healy v NY Central & Hudson River R.R., 138 NYS 287, App. Div. (1912) : 272.
Hector Martinez & Co v Southern Pacific Transp. Co., 606 F 2d 106, 5th Cir (1979), 466 US 982 (1980) : 339.
Henningsen v Bloomfield Mortors, 161 A 2d 69, NJ (1960) : 274, 325.
Hibschman Pontiac v Batchelor, 266 Ind 310, 362 NE 2d 845 (1977) : 349, 352, 388, 389.
Humana v Fairchild, 603 SW 2d 918, Ky App (1980) : 287, 298.
Iowa Electric Light & Power Co v Allis-Chalmers Mfg. Co., 360 F Supp 25, S.D. Iowa (1973) : 326, 333.
Jacob & Youngs v Kent, 129 NE 889, NY (1921) : 334, 335, 342, 344, 386, 389.
Jones v Star Credit Corp., 298 NYS 2d 264, Sup. Ct NY (1969) : 314, 315.
Kaiman Realty v Carmichael, 655 P 2d 872, Haw (1982) : 280.
Kakalik v Bernardo, 439 A 2d 1016, Conn (1981) : 281.
Kaplan v Kaplan, 182 NE 2d 706, Ill (1962) : 287, 298.
Keener v Dayton Electric Mfg. Co., 445 SW 2d 362, Mo Sup Ct. (1969) : 325, 333.
Keller v Hummel, 334 NW 2d 200, ND (1983) : 280.
Koehrer v Superior Court, 181 Cal App 3d 1155, 226 Cal Rptr 820 (1986) : 359, 365.

Kovian v Fulton County National Bank & Trust, 857 F.Supp., 1032 NDNY (1994) : 288.
Lamkins v International Harvester Co., 207 Ark 637, 182 SW 2d 203 (1944) : 338.
Lamendola v Mizell, 115 NJ Super 514, 280 A 2d 241 Law Div. (1971) : 329, 333.
Lefkowitz v ITM Inc., 275 NYS 2d 303, Sup. Ct (1966) : 315, 316.
Le Roy Dyal Co v Allen, 161 F 2d 152, 4th Cir (1947) : 280.
Liddle v Petty, 816 P 2d 1066, Mont (1991) : 277, 278.
Lingenfelder v Wainwright Brewing Co., 103 Mo 578, 15 SW 844, Mo (1890) : 312, 315.
Link v Link, 179 SE 2d 697, NC (1971) : 287, 298.
Linz v Schuck, 67 A 286, Md (1907) : 312, 313, 315.
Lochner v New York, 198 US 45 (1905) : 23, 242.
Long Inv Co. v O'Donnell, 88 NW 2d 674, Wis (1958) : 280.
Malone v Schaffer, 363 SE 2d 523, W. Va (1987) : 281.
Mailloux v Dickey, 523 A 2d 66, NH (1986) : 280, 281.
Marks v Gates, 154 F 481, 9th Cir (1907) : 303, 306.
Marshall v Murray Oldsmobile Co., 154 SE 2d 140, Va (1967) : 330, 334.
McCollough v Rogers, 431 So 2d 1246, Ala (1983) : 296, 299.
Mellk v Sarahson, 49 NJ 226, 229 A 2d 625 (1967) : 325, 333.
Merrill v Crothall-American Inc, 606 A 2d 96, Del Supr (1992) : 372, 375.
Monsanto Co v Alden Leeds Inc., 326 A 2d 90, Super Ct NJ (1974) : 322, 325.
Moreira Construction Co Inc v Moretrench Corp., 97 NJ Super 391, 235 A 2d 211, NJ App. Div. (1967) : 327, 333.
Morrow v LA Goldschmidt Assoc., 112 Ill 2d 87, 492 NE 2d 181, Ill (1986) : 349, 352, 388, 389.
Muller v Oregon, 208 US 412 (1908) : 243, 245.
Newmam v Newman, 653 P 2d 728, Colo (1982) : 296, 299.
O'Callaghan v Waller & Beckwith Realty Co., 155 NE 2d 545, Ill (1958) : 273.
Odorizzi v Bloomfield School Dist., 54 Cal Rptr 533, Ct App (1966) : 296, 299.
Oki America Inc v Microtech Int'l Inc, 872 F 2d 312, 9th Cir (1989) : 363, 365.
Okun v Morton, 203 Cal App Div 3d 805, 250 Cal Rptr 220 (1988) : 358, 360.
Paiz v State Farm Fire & Casualty Co., 118 NM 203, 880 P 2d 300 (1994) : 349, 352, 388, 389.
Patton v Mid-Continent Systems, Inc., 841 F 2d 742, 7th Cir (1988) : 255, 261, 267, 388, 389.
Plumlee v Paddock, 832 SW 2d 757, Tx App. (1992) : 266.
Prutch v Ford Motor Co., 618 P 2d 657, Colo (1980) : 339.
Ramp Buildings Corp. v Northwest Bldg. Co., 4 P 2d 507, Wash (1931) : 283.

Realmuto v Straub Motors Inc., 65 NJ 336, 322 A 2d 440 (1974) : 325, 326, 333.
Riess v Murchison, 329 F 2d 635, 9th Cir (1964) : 279, 281.
Robert O. v Ecmel A., 460 A 2d 1321, Del (1983) : 296, 299.
Rogoff v Grabowski, 200 Cal App 3d 624, 246 Cal Rptr 185 (1988) : 359, 365.
Rosenberg v Lipnick, 389 NE 2d 385, Mass (1979) : 296, 299.
Rosellini v Banchero, 517 P 2d 955, Wash (1974) : 312, 315.
RW Power Partners v Virginia Elec. & Power Co., 899 F Supp 1490 ED, Va (1995) : 277, 278.
Sackett v Spindler, 56 Cal Rptr 435, Ct App. (1967) : 281.
Sawyer v Bank of America, 83 Cal App 3d 135, 145 Cal Rptr 623 (1978) : 359, 365.
Seaman's Direct Buying Service v Standard Oil Co of Calif, 36 Cal 3d 752, 206 Cal Rptr 354, 686 P 2d. 1158, Supre Court of Calif (1984) : 350, 351〜353, 358, 362, 363, 386.
Seely v White Motor Co., 63 Cal 2d 9, 45 Cal Rptr 17, 403 P 2d 145 (1965) : 326, 333.
Septembertide Publishing v Stein & Day, 884 F 2d 675, 2d Cir (1989) : 279, 281.
Street v J.C. Bradford & Co., 886 F 2d 1472, 6th Cir (1989) : 290, 298.
Totem Marine Tug & Barge v Alyeska Pipeline Serv. Co., 584 P 2d 15, Alaska (1978) : 287, 298.
United States v Carolene Products Co., 304 US 144 (1938) : 249.
Ujdur v Thompson, 878 P 2d 180. Idaho App (1994) : 277.
Vernon Fire & Casualty Ins Co. v Sharp, 349 NE 2d 173, Ind (1976) : 350, 352.
Vulcan Trading Corp. v Kokomo Steel & Wire Co, 268 F 913, 7th Cir (1920) : 280.
Wallis v Superior Court, 160 Cal App 3d 1109, 207 Cal Rptr 123 (1984) : 360, 365.
Welborn v Dixon, 70 SC 108, 49 SE 232 (1904) : 349, 352, 388, 389.
West Coast Hotel Co v Parrish, 300 US 379, 57 S. Ct. 578, 81 L. Ed. 703 (1937) : 245.
Woollums v Horsley, 20 SW 781, 93 Ky 582 (1892) : 301.

〔日本法〕
(変額保険のケース：錯誤無効または債務不履行)
平成8年10月28日 最高裁第2小法廷判決：金融法務事情 1469, 49.(改1行年) 同控訴審：東京高裁平成8年1月30日判決. 判例事報 1580, 111：395, 397.
平成12年3月17日 最高裁第2小法廷判決：395, 398.
平成7年2月28日 大阪高裁判決：金融法務事情 1420, 34：395, 398.
平成8年12月5日 大阪高裁判決：金融・商事判例 1010, 29：395, 398.
平成8年7月30日 東京地裁判決：判例事報 1567, 103：395, 398.
平成6年5月30日 東京地裁判決：判例事報 1493, 49.旬刊 金融法務事情 1390 37：395, 398.

判例索引　*439*

平成 8 年 3 月25日　東京地裁判決：判例事報 1572, 75：395, 398.
平成 8 年 9 月 4 日　横浜地裁判決：金融・商事判例 1007, 31：396, 398.
(欠陥建築のケース：錯誤無効，債務不履行または修補請求に代る損害賠償請求)
平成 6 年 5 月25日　東京高裁判決：判例タイムズ 874, 204：396, 398.
平成 3 年10月21日　東京高裁判決：判例事報 1412, 109：396, 398.
昭和42年 4 月 4 日　大阪地裁判決：判例事報 495, 72：396, 398.
昭和47年 5 月29日　東京高裁判決：判例事報 668, 51：396, 398.
平成 3 年10月21日　東京高裁判決：判例事報 1412, 109：396, 398.
昭和59年12月14日　大阪高裁判決：判例タイムズ 549, 187：397, 398.
昭和58年10月27日　大阪高裁判決：判例事報 1112, 67：397, 398.
昭和59年12月26日　大阪地裁判決：判例タイムズ 548, 181：397, 398.
(保険契約のケース：約款の解釈)
大正 4 年12月24日　大審院民事部判決：民録 21, 2182：394.
昭和 2 年12月22日　大審院民事部判決：法律新聞 2824, 12：394, 395.
大正 7 年 1 月30日　東京控訴院判決：法律新聞 1394, 21：394, 395.
大正13年 5 月31日　東京地裁判決：法律新聞 13.商法 247：394, 395.
昭和45年 6 月26日　東京地裁判決：判例事報 602, 3：398, 399, 401.
平成 9 年12月16日　大阪地裁判決：判例事報 1661, 139：399, 401.
(建築契約のケース：約款の解釈)
昭和49年 3 月28日　最高裁判決：金融法務事情 718, 32：400, 401.
平成10年12月18日　大阪地裁判決：欠陥住宅判例［第 1 集］82.㈱民事法研究会：400, 401.
平成11年 2 月 8 日　大阪地裁判決：欠陥住宅判例［第 1 集］148.㈱民事法研究会：400, 401.
平成 4 年12月21日　東京地裁判決：判例事報 1485, 41：400, 401.
平成11年 4 月23日　神戸地裁判決：欠陥住宅判例［第 1 集］359.㈱民事法研究会：400, 401.
(保険契約のケース：契約の勧誘と不法行為)
平成 8 年10月28日　最高裁第 2 小法廷判決：金融法務事情 1469, 49.同控訴審 東京高裁
平成 8 年 1 月30日判決．判例事報 1580, 111：401, 402.
平成 8 年12月 5 日　大阪高裁判決：金融商事判例 1010, 29：404, 405.
平成 7 年 2 月28日　大阪高裁判決：金融法務事情 1420 34：402, 405.
(建築契約のケース：不完全履行と不法行為)
平成 7 年 1 月30日　神戸地裁姫路支部判決：判例事報 1531, 92：402, 405.
平成 1 年 2 月18日　大阪高裁判決：判例タイムズ 705, 185：402, 405.
昭和48年10月23日　名古屋地裁判決：判例タイムズ 302, 179：402, 405.

昭和53年11月2日　大阪地裁判決：判例事報　934，81：402，405．
平成10年6月11日　神戸地裁判決：欠陥住宅判例［第1集］318．㈱民事法研究会：402，405．

著者略歴

百 瀬 睿 三（ももせ　えいぞう）

1934 年　東京都 生まれ
1958 年　中央大学法学部（政治学科）卒業
1958～1994 年　石油会社・プラントエンジニアリング会社勤務
1998 年　中央大学大学院修士課程修了（法学修士）
2006 年　中央大学大学院博士課程修了（法学博士）

不公正契約を規制する法理の研究

2008年 3 月 1 日　初版第 1 刷発行

　　　　　　　著 者　百 瀬 睿 三
　　　　　　　発行者　福 田 孝 志

郵便番号 192-0393
東京都八王子市東中野742-1
発行所　中央大学出版部
電話 042 (674) 2351　FAX 042 (674) 2354
http://www2.chuo-u.ac.jp/up/

Ⓒ 2008　Eizou Momose　　　　　　　　　印刷・藤原印刷
ISBN 978-4-8057-0723-4